고려대학교 무크(MOOC) 강의록 1권

한국교육

Korea education

무엇을 고민해야 하는가? 1

신창호

박영story

머리말

여러 가지 교육적 지표로 이해하면, 대한민국은 교육 선진국처럼 보입니다. 국내적으로는 고등학교 졸업자의 대부분이 대학을 진학할 정도로 교육열이 높고, 국제적으로는 국제학업성취도평가PISA에서 한국의 중등학생들이 상위권을 차지할 정도로 평판이 높습니다. 특히, 경제협력개발기구OECD 회원국으로서 한국의 고도 경제성장의 밑바탕에 교육의 힘이 있었다고 강변합니다. 그만큼 우리는 경제적으로 풍요로운 나라의 국민으로서 물질문명을 누리며 이 시대를 살아가고 있습니다. 그러나 민주시민사회의 의식 수준이나 삶에 관한 만족도, 인생의 행복 등 정신문화의 측면을 조사하면, 경제협력개발기구 회원국은 물론 후진국 수준에도 미치지 못할 정도로 전 세계국가 중에서 거의 꼴찌 수준으로 전락합니다. 정말 아이러니irony입니다. 그 아이러니를 품에 안은 수많은 국민들과 지성인들은 안타까움과 회한悔恨을 답답한 가슴에 묻습니다.

이 책은 그런 문제에 관한 교육학적 반성과 성찰 그리고 대안적 고민과 논의를 담은 물음입니다. 이때 여기, 21세기 초반의 대한민국은 어떤 교육적 고민을 해야 하는가? 한국교육은 무엇을 요청해야 하는가? 명실상부한 세계적 선진국으로 도약하기 위해 한국교육이 자임해야 할 사명감은 어디에 있는가? 등 우리 교육에 관한 비판적 성찰이기도 합니다.

교육은 동서고금을 막론하고 인간의 삶과 유리될 수 없는 핵심가치입니다. 사회적으로도 첨예한 문제에 해당합니다. 그러다 보니 많은 사람들이 교육문제에 관심을 갖고 자신이 이해한 방식대로 교육에 관한 이론을 주장하거나 교육에 대한 현실적 개선책을 내놓기도 합니다. 교육학자는 물론 철학, 정치학, 사회학, 심리학 등 다양한 분야의 학자들이 교육에 관심을 갖기도 합니다. 세계 여러 나라의 교육이 그렇겠지만 한국교육의 경우, 한국사회를 발전시키는 추동력 역할을 담당한 반면 그에 상응하는 여러 문제점도 발생시켰고 시대 변화에 따라 고민해야 할 사안들도 상존하고 있습니다.

21세기 현재의 대한민국은 전 세계적으로 볼 때 경제적·교육적 측면에서 대단히 수준 높은 국가입니다. 지구상에 분포되어 있는 200여 개의 나라 가운데, 상·중·하 세 층으로 나누어볼 때 상위에 속하는 나라입니다. 대한민국이 선진국 대열에 속하게 된 것은 경제 발전을 밑바탕으로 정치적 민주화를 비롯하여 다양한 영역에서의 사회 문화적 성장에 힘입은 결과입니다. 겉으로 뚜렷하게 드러나지는 않지만, 그 성장을 추동하는 힘의 중심에 교육이 존재한다고 볼 수 있습니다.

하지만 어떤 사람들은 한국교육의 문제를 바라볼 때, 대단히 부정적으로 인식합니다. 심한 경우, '한국교육의 대부분을 완전히 갈아치워야 한다!'라고 말하기도 합니다. 또 어떤 사람들은 지나치게 긍정적으로 이해하기도 합니다. '한국교육은 세계 여러 나라에 수출할 정도로 훌륭하다! 그러므로 이런 수준의 교육을 왜 비판하고 난리냐? 지속하고 노력하면 큰 문제가 없다!'라고도 합니다.

어떤 사회건 그 사회에서 구체적으로 발생하는 사건들, 또는 생활 속에서 일어나는 다양한 상황은 긍정적 측면과 부정적 측면이 동시에 존재하기 마련입니다. 우리 한국교육도 마찬가지입니다. 그러므로 우리 교육의 긍정적 측면은 보다 긍정적 차원으로 이어갈 수 있도록 고민하고, 부정적 측면은 시대정신에 맞도록 보다 건전한 방향으로 개선하려는 노력이 필요합니다. 때문에 우리 교육에 대해 무조건 부정적 시선으로 비하하거나 무조건 긍정적으로만 찬양하는 관점은 교육을 정확하게 파악하는 데 치명적 약점으로 작용할 수 있습니다. 양 극단의 사고는 문제를 선명하게 대비하며 비판하는 요소로는 충분한 가치가 있습니다.

현재 우리에게 중요한 것은 '객관적이고 냉정하게 한국교육을 살피면서, 어떤 방식으로 고민을 더해 가면, 지금보다 발전적이고 생산적일까?'라는 교육적 세계관의 확보입니다. 개인의 성장과 국가 사회의 발전을 동시에 도모할 수 있는 건강한 교육을 심사숙고하는 문제입니다.

이 책은 <한국교육의 시대적 요청>이라는 주제로 고려대학교에서 개설한 한국형 온라인 공개강좌K-MOOC의 강의록을 기초로 작성되었습니다. 일종의 교육학 강의록이자 강연집입니다. 강의는 14주로 구성되어 있으나 소주제는 60여 가지에 이릅니다. 그 내용은 목차에도 대략적으로 소개되어 있습니다만, 교육학의 주요 이론과 한국교육의 문제 가운데 핵심이라고 판단되는 내용을 몇 가지 제시하고, 그것을 현재의 한국교육이 어떤 방식으로 수용하고 적용해 왔는지 비판적으로 성찰하며 문제제기를 했습니다.

무엇보다도 분량이 많아 1주-7주는 1권에, 8-14주는 2권에 담았습니다. 요점은 21세기 현재의 시대정신과 대한민국의 교육현실이 어떤 지점에서 만나는지 반성하고, 지금 한국교육은 무엇을 요청해야 하는지 교육적 대안을 함께 고민하고 논의해 보려는 데 있습니다. 이에 한국교육의 시대적 요청에 관한 대답이나 해결책을 제시하기보다 독자나 강의 수강자들과 더불어 문제를 모색하며 교육적 희망을 꿈꾸는 차원에서 질문을 많이 남겼습니다. 그리고 책 제목도 『한국교육, 무엇을 고민해야 하는가?』로 붙여 보았습니다. 강의 내용을 전사轉寫하여 정돈하면서 가능한 한 실제 강의의 목소리를 살리기 위해 존댓말을 그대로 두었고, 부분적으로 약간의 내용을 첨삭하고 거친 표현을 정돈하기는 했지만, 여전히 문맥이 매끄럽지 못하거나 구어체로 표현한 투박한 용어도 군데군데 있습니다. 부족한 만큼 널리 헤아려 주시고, 관심 있는 독자들의 많은 동참을 소망합니다.

끝으로 본 강좌 개설에 큰 도움을 준 고려대학교 대학교육개발원과 폭염과 폭우에도 아랑곳하지 않고 강의내용을 정돈하는 데 애써 준 한지윤, 우버들, 위민성, 장우재 군 등 고려대학교 대학원 교육사철학 전공의 여러 제자들에게 고마운 마음을 전합니다. 또한 여러 가지 어려운 상황에도 불구하고 흔쾌히 출판을 맡아준 박영스토리에 깊이 감사드립니다.

2017. 8
남양주 청옹정사(淸瓮精舍)에서
신창호(이메일: sudang@korea.ac.kr)

차 례

제1강

한국교육은
어떤 유산을
남겼는가?

교육과 관련한 원초적 질문을 한 번 던져봅니다. '우리는 과연 왜 이 땅에 살고 있는가?', '교육이 삶 속에서 왜 중요한가?' 어떤 학자는 이렇게 얘기합니다. '교육은 그 자체가 삶의 원현상(原現象)이다!' 여기에서 원현상은 원질(原質)이나 본질과 같다는 의미입니다. 교육이 삶의 원현상이라고 하는 것은 인간이 태어남과 동시에 교육이라는 작용이 존재해 왔다는 말입니다. 교육은 그만큼 우리 삶 속에 녹아 있는 것입니다. 때문에 교육을 포괄적으로 이해할 때 우리 인간의 생활과 동일시하여 인식합니다. 생활 자체(life itself)로 보는 거지요. 그렇다면 한국인의 삶, 그 원현상에 녹아 있는 한국교육의 유산은 어떤 것일까요? 이 시대에 짙게 드리운 삶의 원현상으로서 교육의 그림자, 혹은 교육의 정신을 감싸는 영혼의 숨소리는 어디에서 찾을 수 있을까요? 여기에서는 한국교육의 유산으로 숭문의식과 학력주의, 출세주의 등을 살펴보고, 인간의 본성 이해를 통해 한국교육의 현실을 직시해 보려고 합니다. 동시에 한국교육이 기쁘고 즐겁고 알차고 유용한 교육의 길로 나아갈 수 있기를 소망합니다.

01

숭문의식과 학력주의를 경계하라

조상들로부터 유전자를 물려받은 우리는 어떤 생각을 통해 삶을 지속하고 있을까요? 우리는 살면서 '인간'이라는 말 이외에, '공부', '배움', '돈', '출세' 등과 같은 말을 많이 합니다. 교육적으로 볼 때 이것을 가능하게 만드는 전통이 숭문의식 崇文意識입니다. 숭문의식은 일종의 글, 즉 문文에 대한 숭상입니다. 쉽게 말하면, 출세하여 돈을 벌고 지위를 갖고 살아가기 위한 하나의 기준이 '글을 배웠느냐?', '못 배웠느냐?'라는 데 있다는 겁니다. 우리 선조들이 살아왔던 수많은 시대들, 고조선 이후 삼국, 신라, 고려, 조선을 거쳐 대한민국에 이르기까지 상당수의 사람들은 '글을 얼마나 배웠느냐? 배우지 못했느냐?'에 관심을 가집니다. 글을 배웠으면 유식한 사람, 배우지 않았으면 무식한 사람으로 규정됩니다. 그것은 우리의 삶을 좌우하는 주홍글씨같은 상징이기도 합니다.

또 다른 삶의 원현상으로서 한국 사람에게 중요한 유산이 있습니다. 바로 학력주의學歷主義입니다. 학력은 말 그대로 '한 사람이 배움을 진행해온 역사'입니다. 배움의 이력서입니다. 배움의 이력이 어떻게 되느냐! 그것은 이런 물음과도 연관됩니다. '당신은 어떤 학교를 졸업했습니까? 초등학교? 중학교? 고등학교? 아니면 대학교를 졸업했습니까? 명문대학교? 그리고 졸업 후 어떻게 되었습니까?' 학력을 따지는 일은 생활 속에서 흔히 일어납니다. 그런데 이것이 문제입니다. 학력이 한 사람의 모든 것을 평가하는 잣대가 되는 경우가 비일비재하기 때문이지요.

3   01 숭문의식과 학력주의를 경계하라

••• 숭문의식: 열심히 뛰지 않고 편히 살려는 사무직을 향한 열정들

유학儒學이 국가 이념이었던 조선시대 이후, 우리 사회가 끌어안고 있는 중요한 의식 중의 하나가 문文과 무武의 관념입니다. 문의 관념을 대변하는 엘리트 계층은 조선시대의 방식으로 얘기하면, 학자이자 관료입니다. 조선시대의 학자는 바로 관료였고 관료는 바로 학자였습니다. 이들은 군주와 더불어 지배계급의 지위를 갖고 국가를 운영해가는 주체 세력이었습니다. 무의 관념을 대변하는 계층은 장수將帥를 비롯한 고위층 군인을 의미합니다. 일반적으로 말하는 무인들이지요. 장수들은 국가가 위기에 처했을 때 전쟁에 나가 국토를 방위하는 중요한 책임을 맡고 있습니다. 문과 무는 문반文班과 무반武班으로 서열에 따라 상징되고, 그 두 계급계층을 흔히 양반兩班이라고 했습니다.

그런데 조선시대부터 현대까지도, 문과 무, 이 두 계급계층을 가운데 두고, 사람들은 어떤 생각을 많이 하느냐? 물론 오늘날은 사람들의 의식이 상당히 달라지기는 했습니다만, 유교적 사고방식에 익숙한 과거세대들은 무보다는 문을 선택하거나 선호하는 경향이 아주 강합니다. 현실적으로 '초·중·고등학교를 거쳐 대학에서 배운 다음, 무엇을 할 것이냐?'라고 물어 보십시오. 상당수의 사람들은 '높은 사람 되어야지! 좋은 직장에 취직해야지!'와 같은 조선시대에 비유하면 학자관료와 유사한 계층을 지향하는 발언을 많이 합니다. 무의 관념이 특성이 낮은 사람이나 좋지 않은 직장을 의미하는 것은 절대 아닙니다. 문의 관념에 비해 상대적으로 낮은 개념으로 설정되어 있다고 보는 거지요. 특히, 고려시대 무신의 난 이후, 무의 개념은 문에 비해 상대적으로 낮은 수준으로 전락되어 있습니다.

오늘날 우리 사회에도 이런 사유가 매우 팽배해 있습니다. 산업사회 이후 현대사회의 직업이나 직무로 비유해 볼 때, 문은 사무事務를 보는 쪽에, 무는 기술技術을 다루는 쪽에 가깝습니다. 이런 사회분위기는 다음과 같은 슬픈 자화상을 드러냅니다. '너 사무실에서 근무하는 사무직으로 취직할 거야? 육체노동을 많이 하는 현장기술직으로 갈 거야?'라고 물었을 때, 많은 사람들이 사무직을 선호한다는 것입니다. 그것이 숭문의 경향과 상통합니다. '그렇지 않다!'라고 이런 부분을 애써 부인하거나 부정해서는 곤란합니다. 그렇지 않다! 그건 아닙니다.

대학을 졸업하는 제자들에게 '졸업 후 뭐 할 거야?'라고 물어보면, 대부분의

경우, 연봉이 높은 대기업, 복지가 좋은 공기업, 안정된 공무원이나 교직 등으로
진출하려고 합니다. 아무리 보람이 있다할지라도 육체노동이 많이 요구되고 험한
일이 예상되는 직장을 선뜻 취하지는 않습니다. 물론 옛날 사람들에게 문과 무로
구성되는 양반은 높은 지위입니다. 높은 지위인 양반으로 많이 나아가려는 경향성
은 당연합니다. 그러나 민주 시민사회에서 과거 문과 무 사이에 존재하는 그런 계
층적 높낮이가 강조되어서는 곤란합니다. 모두가 자유롭고 평등하게 각자가 삶의
주체로서 자신의 인생을 다양하게 펼쳐 가야 합니다. 이런 시대임에도 불구하고
한국사회에 여전히 힘을 발휘하고 있는 숭문의식에 대해 우리는 많은 고민을 해야
합니다.

••• 화이트-블루-그레이컬러를 구분할 줄 아는가

앞에서 전통적인 문과 무 개념으로 사람들이 선호하는 부분을 크게 나누어 보
았습니다. 이는 산업사회에서 '화이트컬러white color'와 '블루컬러blue color'라는
개념으로 분류하여 직업 세계를 이해하던 데 견주어 볼 수 있습니다.

화이트컬러는 말 그대로 흰 와이셔츠를 입고 사무실에 앉아 사무를 보는 직업
군의 사람을 일컫습니다. 블루컬러는 사무직과 달리 육체노동을 하면서 현장에서
뛰어 다니는 사람들로 이해할 수 있습니다. 그렇다고 화이트컬러는 좋은 직업이고
블루컬러는 나쁜 직업이라는 의미는 전혀 아닙니다. 문제는 현재 우리의 의식입니
다. 우리의 인식 속에는 알게 모르게, 부모들이나 주변 사람들이 '너는 대학을 졸
업한 후에 무엇을 하고 살거냐?'라고 물으면, 대부분의 사람들은 화이트컬러를 지
향하는 의식의 차원이 있다는 겁니다. 사무직이면서 연봉을 많이 주는 좋은 직장!
이런 의식이 전통적으로 내려오던 문무 의식에 비유하면, 문 개념으로 연결된다는
것입니다.

문과 무는 원래 양반 계급에 해당하므로, 단순 생산직에 종사하는 농민이나
상공인과는 계급적으로 다릅니다. 하지만 문과 무로 구분한 것에 비유하면 화이트
컬러는 무보다는 문 개념에 연결된다는 말입니다. 이런 살아있는 유산을 이 시대
에 우리가 조심스럽게 분석해 보아야 합니다. 물론 오늘날 형식적으로는 직업에

01 숭문의식과 학력주의를 경계하라

귀천이 없습니다. 직업 선택의 자유가 보장되어 있습니다. 옛날에는 상대적으로 우대받지 못했던 직업인 영화, 음악, 예술이나 체육 등 문화 분야에 종사하는 사람들이 이제는 돈을 잘 법니다. 문화 예술계의 한류 스타, 축구나 야구 등 인기 종목의 스포츠 스타를 보십시오. 특히, 젊은 계층에서 그런 계통을 선호하기도 합니다. 여러 가지 사회적 요인이 있으니까요.

그러나 실제 교육현장에서 교육적 측면에서 보면, '화이트컬러냐? 블루컬러냐?'라고 했을 때, 자신의 진로를 화이트컬러 쪽으로 고민하는 사람이 많다는 것입니다. 정말 그래야만 하는지, 우리가 그런 부분을 진솔하고 세심하게 의식해보자는 것이죠. 이런 의식이 조상 대대로 내려와 현재에도 살아있는 유산 가운데 하나일 수 있으니까요. 산업사회 이후, 과학기술문명은 점점 발전해 갑니다. 컴퓨터 영역의 발달이 급격하게 진행되면서, 정보화, 지능정보사회로 치닫습니다. 이제 전통 산업사회에서의 화이트컬러도 아니고 블루컬러도 아닌, '그레이컬러gray color'라는 새로운 직업군이 등장하기도 합니다. 사회가 급변하고 산업혁명이 새로운 차원으로 진행되면서 다양한 형태의 직업군은 끊임없이 대두할 것입니다.

교육적으로 볼 때, 우리의 전통은 문과 무에서 산업사회의 화이트컬러, 블루컬러, 그레이컬러를 경험했습니다. 지금은 이런 것들을 넘어 훨씬 발달한 형태인 정보전문가 또는 다양한 영역의 직업군들이 있지만, 과거의 문이나 무, 화이트, 블루, 그레이컬러와 같은 직업군 가운데 어느 하나에 비유해 볼 수 있을 겁니다. 그러나 우리의 무의식 가운데, 진정으로 나의 내면에 자리하고 있는 것은 무엇일까요? 다시 살펴봅시다. 지금 이 시대에도 숭문주의라는 것이 팽배해 있지는 않은가요?

확정해서 말하기는 힘들지만, 아직도 상당수의 우리 이웃들 가운데는 은연중에 숭문주의를 내비치거나 그것을 내재화하여 삶의 지침으로 삼는 경우가 있습니다. 현재 한국사회를 살아가는 청소년들을 보십시오. 특별한 경우를 제외하고, 대부분의 청소년이 대학에 진학하려고 합니다. 왜 그럴까요? 왜 모두가 일괄적으로 대학에 진학하려고 할까요? 혹시 숭문주의라는 유산 때문은 아닐까요? 그런 의식이 할아버지 할머니 세대로부터 아버지 어머니 세대를 거쳐 현재의 자식 세대로 이어지면서, 숭문의 표상인 대학에 진학하려는 성향으로 표출된 것은 아닐까요? 그것이 아니라면, 굳이 대학에 가서 글을 잘해서 높은 자리만 차지하려는 생각을 하지 않을 수도 있다는 겁니다. 그런 사회 풍조와 관계없이, 자신의 능력에 따라

일하고, 자신이 하고 싶은 일을 즐기면서 잘 살면 되는 거예요. 그런데 현실은 자신의 의지와 전혀 다른 방향으로 진행될 수 있다는 것입니다. 앞에서 얘기한 숭문주의에 도취되면 충분히 그렇게 됩니다. 문을 계속 숭상하다 보니까, 많은 사람들이 대학 이상의 간판으로 학력 수준을 자꾸 높이려는 경향이 생긴다는 겁니다.

한 사례를 들어 볼까요? 지금은 상황들이 많이 달라졌습니다만, 20여 년 전만해도 9급 공무원 시험을 보는 사람의 대부분은 고등학교 졸업자였습니다. 공무원에 응시하는 수준이 그렇게 맞추어져 있거든요. 2년제 대학인 전문대학 수준의 경우는 7급 공무원, 4년제 대학교를 졸업하는 수준은 오늘날로 따지면 5급 공무원, 즉 행정고시를 보는 정도로 인식했습니다. 그런데 지금은 어떻게 되었느냐! 4년제 대학교를 졸업한 사람이 9급 공무원 시험에 응시하는 경우가 상당히 많아졌습니다. 9급 공무원 시험 응시자 가운데 고등학교만 졸업한 사람이 오히려 드물게 되었습니다. 그만큼 학력이 높아졌다는 말이기도 하지요. 이런 현상에는 여러 가지 요인이 있겠습니다만, 많은 사람들이 안정된 직장과 사무직으로 일하려는 풍조에 기인하고, 일종의 숭문주의와 연결됩니다. 대부분의 사람이 문을 숭상하므로 문을 통해 끊임없이 인생의 발전을 유도하고 계층을 상승하려는 인간의 욕구성향과 연관이 되는 겁니다.

••• 학력주의: 사람대접을 받기 위한 면허 취득

한국교육의 유산 가운데 또 하나 눈여겨 보아야 할 것이 학력주의입니다. 학력은 말 그대로 배움의 내력입니다. 초등학교, 중학교, 고등학교까지는 일반적으로 기초교육이나 보통교육의 단계입니다. 초등학교와 중·고등학교에서 기초교육과 보통교육을 받으면, 대한민국 사회에서 보통 시민으로서 국민으로서 열심히 잘 살아갈 수 있는 기본 요건을 충분히 갖출 수 있어야 합니다. 그것이 정상적으로 이루어진 교육입니다. 초·중·고 시절 습득한 기본 능력을 통해 자신이 맡은 일을 해나가면 잘 살게 되는 거거든요. 그럼에도 불구하고 대부분의 청소년들은 그냥 대학 진학을 합니다. 왜 그러냐? 학력주의 때문입니다. 한국사회는 아주 강력하게 한 사람의 배움의 역사, 배움의 이력서가 어떠해야 하는지, 사회적으로 요청하고

요구하고 있습니다. 그것이 이유입니다. 한국사회에 뿌리 깊게 남아 있는 박제된 유물이자 유산과 같은 겁니다.

초·중·고등학교는 기초교육과 보통교육을 실시하지만, 대학교는 전문교육을 다루는 학문의 마당입니다. 대학교육은 전공이 있고, 그 전공을 통해 그 분야의 전문가나 지도자를 양성합니다. 현대사회를 전문가의 시대라고 하지만, 일반 시민사회의 구성원 모두가 전문가 그룹으로 이루어지는 것은 아닙니다. 전문가 그룹은 그 사회에서 필요한 특수한 소수의 인력들입니다. 대학을 졸업한다고 해서, 누구나 어떤 분야의 전문가이자 지도자로서 특수한 인력이 되느냐? 아니라는 말입니다. 그런데도 왜 고등학교를 졸업하고 취업하여 자신의 능력을 발휘하지 않으려고 하지요? 고등학교를 졸업하면 이미 성인인데 왜 스스로 자신의 인생을 만들어가려고 하지 않지요? 대부분의 청소년이 왜 대학을 진학하려고 하는가요? 그것은 다름 아닌, 뿌리 깊은 학력주의 때문이 아닐까요? 학력을 높여야 된다! 그래야 사회적으로 대접을 받는다! 이런 인식은 앞에서 언급한 숭문주의와도 연결됩니다. 그런 사회 풍조가 이어지고 이어져 이러한 현상을 지속적으로 벌어지게 만듭니다.

다시 한 번 봅시다. 우리가 교육적으로 진지하게 고민해야 할 것이 무엇일까요? 과연 우리 인생에서 숭문의식과 학력주의로 치닫는 것이 올바른 삶을 담보할까요?

••• 내 인생의 싹: 자질을 길러 능력을 확보하라

모든 사람은 각자의 재능才能을 타고납니다. 재능은 소질素質이라고도 하고 자질資質이라고도 합니다. 이 재능을 지니고 있지 않은 사람은 없습니다. 동서고금의 많은 사상가들이 그렇게 얘기를 합니다. 재능才能에서 재才는 식물에 비유하면 '싹'을 의미합니다. 식물의 씨앗이 발아하여 싹이 올라오지 않습니까? 예컨대 콩에서 싹이 나와 콩나물이 되잖아요. 그 때 틔어 나오는 싹을 말합니다. 그 싹을 형상화하여 글자로 만든 것이 재才란 말입니다. 식물의 씨앗이 적절한 조건을 확보해주면 발아하지 않습니까? 씨앗에서 싹이 트는 것처럼, 모든 인간은 자신이 틔어 나갈 싹을 지니고 있습니다. 교육은 바로 그것을 길러가는 작업입니다.

그런데 문제는 사람입니다. 사람들이 숭문주의와 학력주의에 매몰되다보니까 어떤 상황이 발생하느냐? 숭문! 학력! 말은 좋습니다. 배워야 힘이 생기지요. 그렇지요? 배워야 산다! 그거예요. 안 배우면, 다른 사람에 비해 인간으로서 수준이 낮아 보이거나, 학력 때문에 급여를 적게 받거나, 사람대접을 못 받거나 등등, 다양한 불평등 현상이 벌어질 수 있습니다. 말은 이렇게 합니다만, 그 속에는 '배워야 된다!', '글을 배워야 한다!'라는 '문을 숭상하는 의식'과 '학력을 높여야 한다'라는 인식이 암묵적으로 전제되어 있습니다.

이러한 숭문의식과 학력주의로 점철되면, 우리 인간에게서 우리 사회에서 무엇이 사라져 버리느냐? 자신도 모르게 삶의 의지가 증발해 버릴 수 있다는 겁니다. 내가 사람으로서 지니고 있는 재才, 즉 싹이 있는데 그 싹을 바탕으로, 그 싹을 틔어 나가, '할 수 있다'는 능能의 세계로 나아갈 수 있는데, 이런 '할 수 있다'는 의지, 내 인생의 '싹을 틔워갈 수 있다'는 힘이 수증기 증발하듯 묻혀버린다는 겁니다. 다시 강조하면, 재능이 진정한 능력으로 이어지지를 못합니다. 이것이 큰 병폐이자 문제라는 겁니다.

때문에 우리에게 숭문의식과 학력주의가 고질병처럼 남아 있다면, 그런 유산과 유물을 신중하게 돌아볼 필요가 있습니다. 그러니까 모든 사람들은 재才를 지니고 있는데, 이걸 갖다가 싹을 틔워 줄기와 잎이 무성한 나무로 만들어야 하지 않습니까! 이런 교육의 본질을 망각할 수 있다는 것입니다. 얼마든지 나의 재능을 자기의 힘으로 길러나갈 수 있는데, 그렇게 하지 않고 다른 사람에게 의존해서 배우려고만 합니다. 이런 식으로 교육이 진행될 수 있다는 겁니다.

그렇다고 숭문주의나 학력주의 그 자체가 무조건 나쁘다는 것은 아닙니다. 그것으로 인해, 사람이 원래 갖고 있던 재능 자체를 망각할 가능성이 있다. 그래서 되짚어 봐야 한다는 것이죠. 이 재능을 실제 능력으로 연결시켜야 하는데, 그런 교육적 노력은 하지 않고, 학교를 졸업한 후에 능력이 '있다! 없다!'라고 하며 멋대로 재단하는 경우가 있습니다. 사람은 누구나 재능을 지니고 있고 자신의 능력으로 발전시킬 수 있습니다. 사람에 따라 능력의 수준이나 정도의 차이가 있을 뿐이지요. 그런 것들에 대한 교육적 고민이 중요합니다. 자꾸 숭문의식과 학력주의로 흐르다 보면, 글을 배운 이력만을 중시하게 됩니다. 진짜 그 사람의 실력은 보지 않고, 극단적으로는 '어느 대학을 졸업했느냐, 어떤 공부를 했느냐 안했느냐' 형식

01 숭문의식과 학력주의를 경계하라

만을 따지기도 합니다.

　학력을 한자로 쓰면 다양한 의미가 드러납니다. 배움의 이력을 나타내는 '학력學歷'이라는 말도 있지만, 배워서 힘을 확보하는 '학력學力'이라는 말도 있습니다. 학력에서 우리에게 중요한 것은 무엇입니까?

　재능은 사람이면 '누구나 할 수 있는 가능성'이라고 했습니다. 식물의 싹이 자라날 수 있듯이, 그것은 소질이요 자질인 사람의 싹이기 때문이지요. 사람이 배우면 그 싹은 점점 자라나 성숙되면서 단단해져요. 그러면서 힘이 생깁니다. 이렇게 해야 삶의 능력이 생기는데, 단순한 숭문의식이나 학력주의에 치우쳐 교육에 임하면, 그 사람에게 생겨야 할 진정한 힘은 점점 그 활력을 잃어갈 뿐입니다. 형식주의에 빠지죠. 그러니까 그 사람의 실력을 제대로 점검하지도 않고, 앞에서 언급한 것처럼, '당신은 어느 대학교를 졸업했습니까?'라고만 얘기합니다. 어떤 능력과 실력을 지니고 있는지 진지하게 얘기를 하지 않는단 말입니다. 이런 점에서 학력은 단순하게 배움의 과정만을 거친 이력이 아니고, 진짜 힘을 가졌을 때 실력으로 드러나는 삶의 생명력과 같은 것입니다.

　우리 한국교육의 문제는 능력과 실력이라는 부분을, 우리 전통의 유물과 유산으로 구태의연하게, 혹은 대충 적당하게 그렇게 이해하며 얼버무리고 있는 건 아닌지 반성해야 하는 것입니다. 진짜 대한민국 국민이라면, 누구나 자신의 재능을 발휘하여 능력과 실력을 갖출 수 있는 여건을 만들어가야 합니다. 그럼에도 불구하고, 그런 여건들, 자신에게 틔어 가고 자라게 해야 할 싹이 있는 것을 망각하고, 다른 사람을 핑계대거나 사회를 탓하는 경우도 발생할 수 있습니다. 나에게, 그리고 우리에게 남겨진 것은 무엇입니까? 숭문의식과 학력주의라는 교육적 디엔에이DNA를 어떤 관점에서 고려해야 할까요?

02

출세주의를 넘어 인간의 본성을 재고하라

여러분! 우리는 교육을 통해 무엇을 염원합니까? 한 마디로 말하면, 인간으로서 인간성을 보다 아름답게 다듬고 사회를 건전하게 만들려는 것 아닌가요? 그런데 우리 조상들은 교육을 통해 진정으로 인간성을 성숙시켜 왔을까요? 사회를 발전시켜 왔는가요? 이런 문제에 대해 우리는 좀 진지하게 깨달아야 합니다. 깨닫지 않고 그냥 배우면 된다고요? 그런 사유는 아주 위험합니다. 배워서 해결되는 것도 있지만, 해소할 수 없는 문제들도 많습니다. 때문에 정말 뼈저리게 성찰하면서 한국교육에 대한 고민을 해야 합니다.

앞에서는 숭문의식과 출세주의를 다루었는데, 이번에는 한국교육의 유산 가운데 아주 뿌리가 깊은 출세주의를 생각해 보려고 합니다. 제가 볼 때, 이 출세주의는 인간의 욕망과 연관되어 있을 뿐만 아니라, 과거로부터 현재, 미래로 이어지는 영원한 진행형일 수 있습니다. 어떤 출세를, 얼마나 출세해야 만족할 수 있는지, 우리 선조들은 한국인의 인간성을 어떤 방식으로 생각했기에 그렇게 열성적으로 교육에 투자했을까요? 여러분도 출세하고 싶으신가요? 이 글을 쓰고 있는 저는 어떤 것 같습니까? 출세한 것처럼 보입니까?

••• 출세 — 정말 성공을 말하는가

'출세出世'는, 문자 그대로 이해하면, 사람이면 누구나 이미 한 것입니다. 출세! 모든 사람은 태어나잖아요. 엄마 배 속에서 자라나다가 세상에 나오잖아요. 사실, 우리가 교육적으로 언급하는 출세는 생물학적으로 '출생出生'하는 출산의 상황과는 구분해야 합니다. 인간은 누구나 세상에 나옵니다. 그렇다면 생물학적 출생이 아니라 교육받은 인간으로서 출세의 진정한 의미는 무엇일까요? 그 출세의 의미와 맥락을 삶의 과정에서 짚어보아야 합니다. 사람들은 '출세'라고 하면 '성공의 정도나 양상'을 가지고 따집니다. 겉으로 볼 때, 어느 정도 '권력을 가졌느냐?', '경제력을 확보했느냐?', '사람들에게 부럽지 않은 지위를 갖고 있느냐?' 등등, 남들과 다른 우월적 지위나 삶의 상황이 하나의 기준이나 척도가 되어 출세 문제를 논의하게 됩니다.

여러분! 초등학교, 중학교, 고등학교의 동창회나 동문회, 또는 어떤 특별한 모임에 갔을 때, '그 친구 참 출세했어! 그 사람 어떠어떠한 기관에서 높은 자리에 재직한대!'라고 사람을 소개할 때, 그런 사람을 부러워하거나 선망의 대상으로 생각하는 경우가 종종 있지요. 이런 현실이 무엇을 보여줄까요? 앞에서 출세주의나 출세를 지향하는 성향이 한국교육의 유물과 유산 가운데 하나라고 했습니다. 이렇게 말하는 이유가 뭐냐 하면, 이 시대에 한국교육의 핵심 문제를 제대로 돌아보기 위해서는, '출세'라는 사안에 대해 그 알맹이가 무엇인지를 캐물어야 하기 때문입니다.

예를 들어, 여러분! 한 국가의 최고지도자인 대통령이 있습니다. 이 사람은 출세했습니까? 물론 출세했지요. 최고로 출세한 사람 가운데 하나일 겁니다. 다시 물어봅시다. 진짜, 정말로 출세한 사람입니까? 다시 물으니까 무언가 메시지가 담긴 것 같지요? 잘 생각해 보십시오. 세계 각국의 대통령 가운데 성공한 사례도 있지만 실패한 대통령도 있잖아요? 역사적으로 칭송받는 대통령도 있고 비난받는 대통령도 있지 않습니까? 대통령이라는 지위의 확보와 이행의 과정에서 볼 때, 자리 자체의 출세 여부와 관계없이, 성공의 양상은 다양합니다. 그러므로 진짜 그 사람이 인생 자체에서 성공했는지 교육적으로 고민해봐야 합니다.

••• 성공 ─ 인생이 행복감으로 충만한가

그렇다면 성공이란 무엇일까요? 어느 언론인이 소개한 글을 인용해봅니다. 미국의 철학자 랄프 와일드 에머슨은 이렇게 말했다고 합니다.

"자주 그리고 많이 웃는 것! 현명한 이로부터 존경받고 아이들에게서 사랑받는 것! 정직한 비평가의 찬사를 듣고 친구의 배신을 참아내는 것! 아름다움을 식별할 줄 알며 다른 사람의 최선을 발견하고 자신이 태어나기 전보다 세상을 조금이라도 더 살기 좋은 곳으로 만들어 놓고 떠나는 것! 자신이 한 때 이곳에 살았으므로 단 한 사람의 인생이라도 행복해지는 것! 이것이 진정한 행복이다."

사실 이 글의 원래 필자는 앤더슨 스탠리라는 여성이 글짓기 대회에서 성공이란 제목으로 쓴 시라고 합니다. 그 원문은 이렇습니다.

성공한 사람은
잘 살고 잘 웃고
사랑을 많이 하는 사람이다.

순결한 여성의 신뢰와
영리한 남자의 존경과
어린이의 사랑을 받는 사람이다.

부여된 임무를 다하는 사람이다.

지고의 아름다움을
이해하고 표현하는
감수성이 풍부한 사람이다.

태어날 때보다
더 좋은 세상을 만들어 놓고
떠난 사람이다.

영혼을 구하고 완벽한 시를 남기며

02 출세주의를 넘어 인간의 본성을 재고하라

다른 사람의 장점을 찾으려 하고
그들에게 최선을 다하는 사람이다.

영감을 주는 삶
추억만으로도 축복이 되는 삶
이것이 성공이다.

　　숭문의식, 학력주의, 출세주의 등을 거론하며 지속적으로 한국교육의 유산을
거론하는 이유가 여기 있습니다. 미국 철학자의 성공에 대한 인식을 보면서 그런
생각이 더욱 많이 듭니다. 더구나 현대사회는 산업혁명이 새로운 전기를 맞이하며
혁명적으로 바뀌는 제4차 산업혁명의 시대라고 합니다. 인공지능, 빅 데이터, 생명
공학, 나노기술 등 다양한 수식어를 통해 시대의 특징을 드러냅니다. 갑자기 과학
기술문명을 도입하여 말하니까, 좀 어색하기도 하지만, 이런 사회에서 진짜 출세
라는 것이 무엇일까요? 기존의 한국교육이 남겨준 유물이나 유산의 측면에서 볼
때, 출세는 어디에 의존하고 있습니까? 그 바탕은 도대체 무엇입니까?
　　우리가 흔히 '출세했다'고 하는 사람들의 삶이 어떤지, 그 형태를 돌아보십시
오. 출세한 사람들의 대부분은 좀 바쁜 것 같지 않습니까? 자신의 일에 집중하고
몰입하는 것 같기도 하고요. 상당히 성취욕구가 높은 것 같습니다. 이런 느낌을 역
설적으로 표현하면, 출세하기 위해서는 '경쟁'을 해야 한다는 의미입니다. 경쟁!
최소한 한국교육의 현장에서는 그렇게 생각됩니다. 초·중·고등학교, 심지어 대학
에 들어와서도 친구 사이에, 다양한 공동체 내부에서 경쟁하여 살아남았을 때 출
세의 가능성이 보장됩니다.
　　세상에는 A, B, C, D처럼 수많은 존재가 있습니다. A라는 존재가 있고 B라는
존재가 있을 때, A라는 존재가 B라는 존재를 밖으로 밀어내고 자신의 영역에 침
범하지 못하도록 쫓아냈을 때, A는 생존하게 됩니다. 생존 이후에 보다 자유로운
어떤 활동이 이어지겠지요? 그런 자기만의 활동을 통해 인간은 성공이라는 출세의
길에 한 발짝 더 나아갑니다. 이런 경쟁의식이 눈에 띄게 보이지는 않지만, 출세와
성공의 전제로 작용합니다. '당신 출세했군요!'라고 했을 때, 그 이면에는 이미 많
은 경쟁자를 물리치고 그 자리에 서 있다는 의미가 담겨 있습니다. 누구보다 알차
게 살아남았다는 것, 그 사실이 중요한 것입니다. 우리는 그것에 환호하고 존경을

표하면서 부러워합니다. 출세는 그런 어둠을 먹고 성장합니다. 물론 출세를 위한 그 사람의 노력은 당연히 인정해야 하고 존중되어야 합니다. 그것을 폄하하려는 의도는 없습니다. 본질을 보자는 것이지요.

••• 출세주의 ─ 체면과 겉치레, 그리고 돈

우리가 출세라고 말은 하지만, 그 이면을 정확히 들여다봐야 합니다. 그래야 한국교육의 문제를 해결하는 방법적 실마리를 찾기 쉽습니다. 그렇지 않으면, 출세를 당연시 여기고, 겉치레 형식 수준에 머문 출세 지향적 상황이 후손들에게 왜곡된 유산으로 전해질 수 있습니다. 그렇다고 출세가 나쁘다는 말은 결코 아닙니다. '출세라는 삶의 상황에 무엇이 담겨 있느냐?' 그것을 보아야 합니다.

정말 출세라는 것이 뭘까요? 한국문화의 측면을 잘 보여주는 사례가 또 있습니다. 다른 각도에서 보면, 그것은 일종의 체면이기도 합니다. 예를 들어, 어떤 사람이 서울에서 태어났다고 합시다. 그런 상황에서 이런 표현을 쓰기도 합니다. '서울 출신의 학생이 저 시골구석이나 산골 어촌에서 올라온 학생보다 못해서 되겠는가?' 또는 '나는 양반 가문의 후예인데 이런 누추한 상황에 처해 있어서야 되겠는가? 우리 집안이 어떤 집안인데.' 이런 의식으로 인간과 사회를 바라보는 거죠. 문제는 이러한 체면의식이 외부로부터 나를 밀어 붙이며 압박을 가한다는 데 있습니다. 긍정적으로 얘기하면, 이런 말 표현이나 생활태도 자체는 그런 상황에 직면한 인간에 대한 기대입니다. 대부분의 사람은 자신은 물론 다른 사람에 대해 상당한 기대를 합니다. 부모나 친인척이나 친구들이 '너는 어느 정도의 수준이 되니까 그 정도로 잘하게 될거야!'라고 말합니다. 그런 기대치에 벗어나면, 사람들은 또 그만큼 고민을 하게 되지요.

이외에도 출세를 향한, 출세를 위한 외부적 요인들은 다양하게 존재합니다. 출세를 지향하는 사회 풍조가 어떤 사안과 연관되느냐가 관건입니다. 무엇보다도, 출세는 한 사람이 선택한 직업이나 사회적 지위, 경제적 빈부 등과 관련됩니다. 민주사회에서 직업에 귀천은 없다고 말합니다. 하지만 여러분! 그 귀천의 기준을 '연봉이 낮다, 혹은 연봉이 높다'로 규정한 적은 없습니까? 아니면 '정신노동을 한다.

혹은 육체노동을 한다'로 구분한 적은 없습니까? 이런 것들이 존재한다면, 출세지향은 앞에서 말한 숭문주의나 학력주의와 연관하여 신중하게 성찰해야 합니다. 상대방이 직업에 대해 얘기할 때, 어떤 사람은 '어, 그래? 좋은 직장 다니는구먼!'이라고 그냥 넘어가듯이 얘기할 수 있어요. 어떤 사람은 '우와! 거기 연봉, 복지 등 엄청 센 곳이라고 하던데, 정말 좋겠다!'라고 감탄사를 연발하며 얘기할 수도 있어요. '어, 그래?'하면서 대충 넘어가는 쪽과 '우와!'라고 감탄사를 내뱉는 쪽은, 그렇게 말하는 순간에 이미 사람의 출세 여부나 성공의 정도를 가늠해 버린 겁니다. '우와!'라고 얘기하자마자, 벌써 '저 사람 출세했구나!'라는 감정의 표현이 담기는 겁니다. 우리의 일상생활에서 이런 일들은 곳곳에 자리하고 있습니다. 아무리 이론적으로 '직업에 귀천이 없다! 지위고하를 막론하고 공평하게 처리한다!'라고 말하더라도, 현실적으로 교육적 관점에서 이해할 때 그렇지 않은 경우가 많습니다. 그런 부분들이 고질병처럼 한국교육의 부정적 현실로 남아 있지 않느냐는 겁니다.

왜 이런 얘기를 하느냐? 우리가 보통 '출세'라고 했을 때, 그것은 일반적으로 외면적 겉치레를 보고 판단하는 경우가 있어 그렇습니다. 외면적 겉치레로 출세한 것처럼 보이는 현상을 출세의 본질이나 출세한 인간의 척도로 볼 수 있느냐는 겁니다. 그렇다면, 예를 들어, 지위가 높은 사람은 출세한 사람이므로 사람답고, 지위가 낮은 사람은 출세하지 못한 사람이므로 사람이 아닙니까? 그건 아니지요. 사람이면 모두 일단은 사람이지, 출세 하나만을 가지고 사람인지 아닌지의 기준으로 삼아서는 곤란하지요. 이상한 논리가 되어 버리지 않습니까? 우리가 정말 고민해야 할 문제는, 정말 출세라는 것이 사람을 가늠하는 '기준이 되느냐?', '잣대가 되느냐?'라는 것입니다.

교육의 결과 차원에서 볼 때, 우리는 출세한 사람을 인간 가운데 높은 레벨level, 즉 상층이나 상급, 고차원으로 간주합니다. 반면, 상대적으로 낮은 단계에 있는 사람들은 인간 가운데 낮은 수준, 아주 저 아래 쪽에 있는 천한 존재로 인식합니다. 이게 과연 민주주의 사회에서 정당한 일입니까? 제가 회의하는 문제의식은 그것입니다. 그런 점에서 군주가 다스리던 왕정시대나 계급사회를 지나서, 자유와 평등을 부르짖는 민주주의 사회로 넘어오면서 사회가 발전하고, 더구나 첨단 과학기술이 발달한 이 시대에, 그런 겉치레식 출세주의가 한국교육의 유산으로 남아 있어서야 되겠습니까? 여러분도 그렇고 저도 그렇고, 인간의 척도가 출세라는 것, 이 한 가지에만 의존해서야 되겠습니까?

　오늘날의 경우, 자본주의가 극도로 발달했습니다. 그러다 보니 어떤 현상이 등장하느냐? 출세의 기준이 '돈money'이 되어 버렸습니다. '당신 돈 잘 벌어? 못 벌어?' 이런 물음 속에 출세의 모든 것이 녹아들었습니다. 그런 상황을 비판하면서 많은 학자들이 얘기합니다. '돈으로 인해 인간이 소외되었다!' 그리고는 '인간성을 회복해야 한다!'라고 하며, 교육적으로 문제를 제기합니다. 그럼에도 불구하고 현실은 단도직입적으로 묻습니다. '당신 돈 많이 벌었어? 안 벌었어?'라고. 어떤 유행가의 가사도 있었던 같습니다. '뭐니 뭐니 해도, 뭐니money!'라고요. 이런 노래가 자본주의 사회를 풍자하는 것일 수도 있겠습니다만, 돈이 세상과 출세의 기준이 되다 보니, 노랫말까지 재미있게 패러디 되어 쓸쓸하게 다가옵니다.

　진짜 출세, 아름다운 시대에 교육적으로 알찬 성공을 창출하기 위해, 인간은 무엇이어야 할까요? 출세가 인간의 겉모습을 통해 재어보는 하나의 척도로 될 수 있겠느냐는 겁니다. 이 지점에서 출세지향의 문제를 교육적으로 심사숙고 해봐야 한다는 거예요. 이런 판단을 하다 보니, '출세지향이 한국교육에서 거대한 유산으로 남아있는 것은 아닌가?'라는 의심을 해보는 것입니다. 우리 선조들이 전해준 문화유산들, 그리고 한국을 발전시켜온 교육적 과제들을 앞에 두고, 사람들은 교육에 대해 어떤 고민을 해왔기에, 현재 한국의 교육문화가 출세주의라는 형태로 우리에게 남아 있는가요? 그것에 대해 토론하고 논의해 보자는 것입니다.

••• 교육의 재고 — 개인의 성장, 사회의 발전

　교육이 무엇인지 다시 돌아봅시다. 여러분! 현재 한국사회에서 교육은 과연 무엇입니까? 교육은 인간의 삶을 아름답게 지속시키고, 인간이 살아가는 세상을 평화롭게 만들려는 이념과 목적, 목표를 추구합니다. 어떤 교육을 막론하고, 교육은 사회진보에 기여해야 합니다. 현재의 모습으로 머물러 있기보다는 더 나은 모습으로, 뭔가 알찬 형태로, 지속적으로 발전해 가야 합니다. 그 과정에서 교육은 개인의 성장과 성숙을 꾀해야 하고 사회의 발전을 모색해야 합니다. 그러므로 교육은 개인적 문제이기도 하고 사회적 문제이기도 합니다.

그렇다면 대한민국의 교육은, 개인의 성장과 성숙, 한국사회를 평화적으로 지속시키는 데 어느 정도 기여해 왔을까요? 교육이 끊임없이 개인을 성숙하게 만들고 사회 발전에 긍정적으로 기여해 왔다면, 왜 개인의 삶은 질적 향상을 거듭하지 못하고, 이 사회는 갈등과 반목, 그리고 인간 사이에 불통과 단절이 생기느냐 말이에요. 물론 때로는 어떤 교육내용이 대단히 훌륭한 것임에도 불구하고, 드러난 결과가 참담해질 때, 그것을 해명하기 어려운 상황이 벌어지기도 합니다.

과연 우리 사회는 진보하고 발전해 왔는가? 보다 아름답게 나아가고 있는가? 그리고 개인으로서 대한민국 사람들은 성장하고 성숙했느냐? 민주사회가 진전될수록 개인이 성장하고 성숙했다면, 개인에게 행운이 가득한 일들이 많아야 할 텐데, 왜 개인의 삶에서 불행한 사태들이 끊임없이 발생하는가? 시간이 지날수록 이런 문제들이 교육적으로 해명이 되지 않아 안타깝습니다. 때문에 '교육이란 무엇인가?' 이런 본질적 물음으로 되돌아가서 성찰해야 한다는 것입니다. 그렇게 탐구하다 보면, '우리 선조들은 무엇을 가지고 이런 문제들을 풀어내려고 했느냐?' 거기에 포인트가 맞춰지는 거죠.

다시 돌아가, 교육을 봅시다. 우리 한국부모들은 어떻게 얘기합니까? '내 자식, 내 새끼들 챙겨야 된다!' 이렇게 말하는 의미의 중심에 무엇이 자리하고 있을까요? '내 아이', '내 새끼'라고 했단 말입니다. '아이'를 이해하는 대한민국 부모의 이런 마음을 어떻게 이해할 수 있을까요? 여기에 인류의 지속과 평화, 진보와 발전, 개인의 성장과 성숙, 개인과 사회와 같은 주제들이 녹아 있습니까? 정말 교육적인 자세가 묻어납니까? 끊임없이 교육을 되풀이하여 강조하면서도, 정작 그 내용은 전혀 교육적이지 않은 경우가 있습니다. 사람을 배척하고, 왕따 시키고, 도망가고, 갈등을 조장하는 등, 그런 경우가 많습니다. 왜 이런 사태가 벌어질까요?

이런 말도 있지 않습니까? '옆집 아이가 잘 되면 배 아파!' 사람들은 일상에서 흔히 내 아이와 비교해서 조금만 우월적인 경우, 비꼬는 듯한 소리도 한단 말입니다. 왜 이런 말들이 생겨나 사람들에게 상처를 줄까요? 그런 비교육적인 언사는 어디에 근거를 두고 튀어나오는 건가요? 그런 문제들은 '인간을 어떻게 바라보느냐?'에 따라 다르게 표출됩니다.

••• 인간의 본성 — 내 씨앗과 싹은 어떻게 길러져 왔는가

교육학을 강의하는 여러 학자들이 교육의 본질이나 목적을 언급할 때, 많이 다루는 내용이 뭐냐 하면, 바로 '인간성'입니다. 인간성은 '본성本性; nature'이라 해도 좋고 '성품性品'이라고 해도 좋습니다. 교육은 이런 인간성을 잘 길러 개인적으로 성장·발전하고 사회적으로 기여하며 진보를 이끌어 내어야 합니다. 교육학자들은 이런 내용을 담고 있는 삶의 양식을 교육의 주요 문제로 끄집어냅니다.

그런데 진정으로 중요한 사안은 따로 있습니다. '인간의 본성, 혹은 인성'이라고 끊임없이 얘기하면서도, 인간성이 무엇인지 진지하게 고민하지 않는다는 것입니다. 대부분의 경우, 인간성의 차원에서 보면, '내 아이는 문제가 없다!', '내 아이는 영재다!', '내 아이는 천재다!' 등 단순한 인식에 사로잡혀 있습니다. 그러니까 내 아이는 '거의 모든 것을 잘 할 수 있다!'라는, 좀 재미있게 얘기하면, 부모들이 착각 속에 살아가는 거예요. 어릴 때 아이들, 자녀의 모습을 잘 보십시오. 똑똑하지 않은 아이가 있습니까? 대부분 똑똑하죠. 말 잘하고 재빠르게 행동하고, 발달 속도가 무지하게 빠릅니다. 그런데 아이들은 자라나면서 달라집니다. 유치원에서 초등학교, 중학교로 진학하면서 여러 가지가 바뀝니다. 어릴 때는 그렇게 똑똑하던 아이가 학업 성적이 뒤처지기도 하고, 생각한 만큼 여러 측면에서 성취가 되지 않아 부모들은 당황합니다. 왜 그러냐? 그것은 부모가 자식에 관한, 자식의 인간성에 대한 성찰이 상대적으로 적어서 그렇습니다.

인간의 본성을 '휴먼 네이처human nature'라고 합니다. 네이처nature는 본성本性으로 번역하지만, 자연적으로 타고난 자연성自然性입니다. 자연성은 앞에서 얘기했던 스스로 타고난 '싹'입니다. 이 싹은 인간이라면 누구에게나 있습니다. 그런데 이 싹이 '어떤 싹이냐?'라는 겁니다. '무슨 싹이냐?'라는 거죠. 그것에 대한 파악이 정확하게 되지 않으니까, 본성을 제쳐두고 무조건적으로 출세지향이나 학력주의나 숭문의식에 따라 인간성을 굴절시켜 나간단 말입니다.

교육을 하면서도 '그냥, 배우면 돼!', '노력하면 돼!'라고 해버리고 맙니다. 그건 결코 아닙니다! 물론 민주사회에서 개체로서의 사람을 차별해서는 안 됩니다. 그러나 이는 인간성의 이해를 말하는 것이지 사람의 차별에 관한 얘기가 아닙니다. 분명한 것은 인간 사이에 다른 점을 구분해야 한다는 것입니다. 인간 사이에 차이나는 부분에 대해 철저하게 인정하고, 상호 존중해야 합니다. 그런데 잘못 이해하면, 인간 사이의 모든 부분을 얼버무려, '그런 거 없어!'라고 획일적으로 말해 버리기도 합니다. 아주 위험합니다.

인간의 본성은 그 특성에 따라 다양하게 논의됩니다. 사람에게는 사람이면 보편적으로 지니고 있는 인격人格이 있습니다. 사람으로서 보편성을 띠는 어떤 특성이지요. '사람은 사람이다!', '사람에게는 사람다운 특성이 있다!' 학문의 특성에 따라 사용하는 용어나 개념이 다르기는 합니다만, 인격은 흔히 '퍼스낼러티personality'라고 합니다. 일반적으로, 보편적으로 사람에게 존재하는 특성을 인격이라고 해요. 성격性格은 인간이 개인적으로 특수하게 갖고 있는 특징으로 '캐릭터character'라고 합니다. 사람은 누구나 개인적으로 갖고 있는 성격과 사람으로서 다른 사물과 구분되는 인간의 보편적 특성으로서 인격을 지니고 있습니다. 인격과 성격, 이 둘을 합쳐, 즉 인격의 '인人'과 성격의 '성性'을 통합하면 '인성人性'이 되는 겁니다.

여러분! 최근 우리사회에서 인성교육이 붐을 일으키고 있지 않습니까? 교육에서 별도의 인성교육을 강조하며 언급하는 것도 어폐가 있습니다만, 그만큼 이 시대 한국교육이 무엇을 화두로 진행되어야 하는지 고민과 문제의식을 표출한 것이기도 합니다. 교육은 개인으로서의 특수한 성격을 잘 길러가는 작업임과 동시에 인간으로서 보편적 특성을 잘 길러가는 일, 이 두 가지가 어우러져야 합니다.

그런데 우리는 어떻게 교육을 해왔습니까? '내 아이만 잘 되면 된다!' 이런 생각에 사로잡혀 있지는 않은가요? 이럴 경우, 부모로서 자식의 개인적 성격은 상당히 발달시키고 성숙시킬 수가 있겠죠. 문제는 지나치게 개인적 성장에만 몰입하다 보면, 인간으로서 지켜야 될 보편적 도덕이라든가, 윤리라든가, 이런 부분들이 무시되는 경향이 생길 수 있어요. 그렇다고 보편적 인격만 지나치게 아름답게 만들려고 하다 보면, 그런 자신이 너무 희생당하기 쉬워요. 어떤 경우건, 한쪽으로 치우치는 방식은 올바른 교육이 아닙니다. 인격과 성격이 함께 잘 길러지는 그런 것이 참된 인성교육입니다. 인격과 성격이 함께 길러지는 인성교육이 되어야 하는데, 그런 교육은 어디에서 찾아야 할까요? 그것은 인간 본성에서 다시 깊이 성찰해야 합니다. 인격이나 성격은 철저하게 인간이라는 '사람과 사람 사이'에서 찾아야 합니다. 단독 개체에서만 찾아서는 곤란합니다. 왜냐하면 인간의 삶은 사람과 사람 사이의 관계망을 이루면서 탐색해야 하기 때문입니다. 사람을 배려하는지, 사람들과 어떤 관계를 맺어야 하는지, 이런 고민들을 심도 있게 하는 가운데 찾을 수 있는 문제입니다.

그동안 우리 한국교육은 그런 사람 사이의 관계보다는 끊임없이 지식을 중심으로 하는 교육을 추구해 왔습니다. 지식을 위주로 하는 시험에 매몰되어, 쉽게 말하면 점수가 높은 인간을 추구하면서, '점수 인간'을 길러 낸 것입니다. 점수 인간을 길러내니까, 인간 본성에 관한 성찰, 사람 생각을 못했다는 겁니다. 점수 인간을 초월하여 인간 본성을 재점검하려면 어떤 시도가 필요할까요?

02 출세주의를 넘어 인간의 본성을 재고하라

03

한국교육의 현실을 직시하라

우리는 앞에서 숭문의식, 학력주의, 출세지향, 인간의 본성에 대해 재고해보았습니다. 이런 주제들이 정말 우리에게 심각하고 부정적인 교육적 유산인가요? 아니면 긍정적인 부분도 포함하고 있는 어떤 자산인가요? 이 주제들 가운데 현대에도 여전히 유효하고 올바른 내용이 조금이라도 존재하고, 긍정적으로 검토할 요소가 있다면, 그것을 보다 강화시켜 가는 것도 중요합니다. 그렇게 대응했을 때 그것은 단순한 유산이 아니라 전통으로 이어져 우리 사회에 교육적 기여를 할 수 있습니다. 그러나 만에 하나라도 부정적 요인이 있다든가, 이 시대에 맞지 않아 개선할 부분이 있다면, 그것은 합당하게 고쳐야 합니다. 그래야 우리 사회가 교육적 유산을 새로운 차원의 전통으로 만들어 갈 수 있는 계기를 마련할 수 있습니다.

··· 우리 교육의 현실 ― 조타수 부재의 항해선

그렇다면 이러한 교육적 유산을 이어받은 한국교육은 현재 어떤 현실을 맞이하고 있나요? 이런 부분들을 구체적으로 따져보면서 우리교육을 건전하게 만들 수 있도록 고민해 봅시다.

여러분! 지금 한국교육의 현실은 어떻습니까? 이런 물음을 불쑥 던지면, 여러 가지 문제를 제기할 수 있습니다. 그렇지요? 21세기 초반인 현재, 한국교육에서 가장 큰 문제가 뭘까요? 아마 수능시험을 중심으로 하는 대학입시가 쟁점 사항이 아닐까요? 우리의 현실은 정말 서글프게도 유치원, 초등학생 때부터 벌써 대학입시를 고민합니다. 대학, 특히 명문대학에 가야 한다는 압박감에 시달립니다. 안타까움에 안타까움을 더하지만, 대학입시를 비롯하여 상급학교 진학에 대한 입시부담에 대한 그 뿌리가 너무 깊어요. 아니, 대학 안 간다고 우리 아이들이 죽습니까? 인생을 망칩니까? 죽지도 않을 뿐만 아니라 인생을 망치지도 않습니다. 그것은 한국교육을 에워싸고 있는 거대한 허상이자 유령입니다.

다른 나라의 경우, 대학에 진학하지도 않고 자신의 인생을 즐겁게 영위하며 잘 사는 사람이 많습니다. 우리 한국은 왜 그런가요? 초등학교는 의무교육이잖아요. 그런데 어떤 통계에 의하면, 우리나라 초등학교 진학률보다 대학교 진학률이 더 높다고 합니다. 재미있는 현상이지요! 이런 현상을 어떻게 이해해야 합니까?

한국교육의 현실을 돌아볼 때, 이런 문제들로 인한 부조리가 다양하게 존재합니다. 문제를 부정적으로만 인식하면, 모든 것이 잘못되었고, 왜곡되었고, 그릇된 방향으로 가고 있는 것처럼 느껴집니다. 때문에, 올바르고 좋은 방향으로 나아가기 위해서는 기존의 교육을 혁명적으로 뒤집어야 하는 현상이 발생할 수도 있습니다. 하지만 교육혁명만이 능사는 아닙니다. 기존의 교육 가운데 수정 보완할 것과 폐지할 것을 구분하여 정돈하는 작업이 중요합니다. 뿐만 아니라 유지할 필요가 있는 것은 전통처럼 지속해 나가야 합니다.

보다 알차게 한국의 교육현실을 고민하기 위해, 네 가지의 문제제기를 합니다. 물론 여러 가지 문제가 많이 있겠지만, 지면상 네 가지를 핵심으로 제시합니다.

한국의 교육현실 가운데 첫 번째로 고민해보아야 할 것은, 우리 국민이 인지하고 있는 '교육에 관한 의식'입니다. 과연 한국 국민들, 한국의 어린 아이, 아동들, 한국의 청소년들이나 대학생들이, 나아가 한국을 바라보는 외국 사람들이, 한국에서 구현되고 있는 교육에 대해 어떤 의식을 갖고 있을까요? 여러분은 교육에 대해 어떻게 인식하고 있습니까?

'교육'에 대해 말해 보라고 하면, 그냥 길을 지나가는 일반 시민을 비롯하여, 교육학을 전공한 학자에 이르기까지 모두가 한 마디씩 할 수 있습니다. '교육은 이러 이러한 것이다!'라고 나름대로 얘기할 수 있습니다. 그러나 그것이 교육에 관한 정의로 '정당한가?' 교육을 '올바르게 설명한 것인가?'라는 질문에 대해서는 정확하게 '그렇다'라고 얘기하기 힘든 것이 현실입니다. 우리 한국인은 교육에 대해 어떤 의식을 갖고 있을까요? 그 문제를 한 번 짚어 봅시다.

그 다음으로 한국사회에서 뜨거운 감자인 대학입시 문제를 고민해 보겠습니다. 대학입시는 과연 우리에게 어떤 존재인가요? 수험생 당사자는 물론 수험생을 둔 부모이건 아니건, 한국사람 상당수가 여기에 관심을 갖고, 목매달고 있다고 해도 과언이 아닙니다. 언젠가 좀 답답한 마음에, 저는 제 딸에게 이렇게 얘기한 적이 있습니다. '너는 고등학교를 졸업한 후 대학에 가지 않고, 바로 사회에 나가 취직하고 싶은 생각은 없니?' 그랬더니, 제 딸이 한참 동안 아무 생각을 못하고 멍하게 저를 바라보았습니다. 한심하다는 듯이 말이지요. 아니, 고등학교를 졸업하면 성인이 되었는데, 그런 문제에 대해 아무 생각을 하지 못하고 있으니, 어떻게 세상을 헤쳐 나가나요? 또 주변 사람들에게도 물어봤습니다. '대학을 안 가고 살 수는 없는가요?' 그러면 즉각 반응이 옵니다. '대학을 안 가면 뭘 합니까?', '대학 안 나오고 취직할 수 있습니까?' 이런 냉소적인 대답이 돌아옵니다. 아니, 대학을 안 가면 못삽니까? 대학을 가지 않아도, 20세가 넘은 성인으로서, 얼마든지 사회에 나가 스스로 일하며 자신의 생애를 꾸려갈 수 있을 정도로 성숙했지 않습니까!

그런데 한국사회의 청소년 대부분이 대학을 가야 된다고 하는, 집단 히스테리 같은 현상이 발생한단 말입니다. 제 개인적으로는 굉장히 허전하고 아쉽고 안타까운 마음이 밀려 왔습니다. 한국인들은 진정으로 대학입시에 대해 어떤 고민을 하고 어떤 생각을 하고 있을까요? 많은 사람들은 '대학 안 나오고 어떻게 살아? 뭐 해?'라고 얘기하는 것이 현실입니다. 아, 교육철학자로서 저는 굉장히 곤혹스럽습니다.

이 뿐만 아니라, 한국교육에서 현실적으로 신중하게 바라봐야 할 것이 있습니다. 교육진입과 교육결과의 효용성에 대해 따져봐야 합니다. 쉽게 말하면, 어떤 학생이 어떤 학교에 입학을 하고 졸업을 해요. 그것이 학교가 되었건, 사회의 어떤 배움터가 되었건, 배우러 들어갔는데, 그 과정을 마칠 때, 무엇을 어느 정도로 배워서 나오느냐의 문제입니다. A와 같은 상태로 들어갔는데 특별한 변화나 발전 없이 A인 상태 그대로 나오느냐? 아주 다르게 변화된 모습을 보이느냐? 경제적으로 보면, 투입input과 산출output에 비유할 수 있겠지요. 이런 현상에 대해 진지하게 고민해봐야 합니다.

대부분의 사람은 부푼 꿈을 안고 배움터에 입학합니다. 자신이 바라며 요청했던 여러 가지 내용들, 소망했던 것들이 많이 있을 겁니다. 그런 내용들이 졸업할 때 얼마만큼 효용성 있게 드러났을까? 이 부분을 생각해야 합니다. 이런 부분을 교육결과의 효용성이라고 합니다. 교육결과의 효용성과 결부해 볼 때, '교육을 받았다'라고 하는 사람들은 어떤 사람인지 진지하게 성찰해야 합니다. 우리는 초등학교, 중학교, 고등학교를 거쳐 대학교를 졸업합니다. 이런 진학과 졸업을 통해 '교육받은 사람educated man'을 배출합니다. 그렇다면 '교육받은 사람'은 과연 뭘까요? 어떤 모습을 하고 있을까요?

교육받은 사람을 논의하기 전에, 우리의 대화 모습을 봅시다. '너 대학 졸업했어?', '그 회사에서 스펙으로 요구하던 과정은 수료했어?' 대학 졸업, 스펙 등과 같은 이미 재단된 것이 교육받은 내용의 핵심으로 등장합니다. 그것을 획득해야 교육받은 사람처럼 이해됩니다. '무엇을 어디에서 어느 정도로 배웠는가?' 이런 인식이 앞에서 말했던 학력주의와 자연스럽게 연결됩니다. 이 지점을 우리는 진지하게 성찰해야 합니다. 정말 대학을 졸업하거나 스펙을 쌓으면, 진정으로 교육받은 사람인가요?

••• 교육에 관한 의식 — 자식에 대한 투자처

여러분! 우리 같이 한 번 생각해 봅시다. 지금부터 제가 설명하는 사안은 상황에 따라 오해를 불러일으키거나 잘못 이해한 내용일 수도 있습니다. 그러나 털어 놓고 얘기해 보자고요. 제가 20여 년 이상, 대학을 비롯한 여러 기관에서 교육학과 철학을 가르치면서 많은 학생들과 대화도 해보고 여러 사람들의 설문도 받아 보았습니다. 그 결과, 우리나라 사람들의 상당수가 교육에 관한 재미있는 의식을 지니고 있었습니다.

그 의식 중에 첫 번째가, 교육을 '자식에 대한 투자'라고 생각했습니다. 사업에 투자하듯이, 자식에게 '투자한다!' 이겁니다. 물론 투자投資라는 말이 경제적 개념이긴 합니다만, 한국인 부모들은 교육에 대해 자식에게 정신적으로, 영적으로, 여러 가지 형태로 투자한다는 생각을 갖고 있습니다. 투자하여 기업을 설립하여 사업하듯이, 농업에 투자하여 농사를 짓듯이 말이지요. 어떤 사람은 자식교육을 '자식농사'라고도 합니다. '자식농사를 제대로 지었는가?'라고 표현하며 돌아봅니다. 이런 인식에 치우쳐 있을 경우, 부모가 자식에게 제대로 투자하지 않으면, 비난을 받기도 합니다. '당신은 왜 부모가 되어 자식에게 적절한 교육적 배려를 하지 않습니까?' 이렇게 욕을 얻어먹을 수도 있어요. 그것은 법으로 따지기 전에 부모로서 당연히 해야 되는 겁니다. 어떻게 보면, 부모로서, 한 사회의 어른으로서, 자식에 대한, 혹은 이 사회의 미래세대에 대해 우리는 끊임없이 교육적으로 보살펴야 합니다. 그게 복지가 되었건, 다른 무엇이 되었건, 아이들에게 투자해서 우리 사회를 지속시켜 나가려는 노력을 해야 합니다. 그러나 대부분의 경우, 한국인 부모들은 자기 자식에 대한 투자의 개념으로만 교육을 바라보는 경우가 상당히 많습니다.

그 다음 두 번째는 뭐냐 하면, 교육을 받으면 받을수록, 교육의 단계가 수준이 높아지면 높아질수록, 인생에서 성공의 전제, 성공을 보장할 수 있는 요건이 되는 것으로 교육을 이해합니다. 뒤집어 얘기하면, 교육을 적게 받으면 받을수록 '인생에서 성공보다는 실패의 확률이 높다. 성공을 보장 받지 못할 것이다'라는, 보이지 않는 어떤 이상한 의식들이 형성되어 있습니다. 그러니까 많은 사람들이 '배워야 산다!', '배워야 훌륭한 사람이 될 수 있다!', '배워야 인간이 된다!' 이런 인식에 사로 잡혀 있어요.

여러분은 어떻게 생각하십니까? '교육은 자식에 대한 투자라기보다 다른 수준의 어떤 차원이 있다!' 또는 '교육을 통해 인생의 성공을 보장하거나 성공의 전제가 된다!'라는 생각 이외에, '다른 교육적 인식이 나에게는 있다!' 그렇습니까? 단순한 투자 개념을 넘어선 교육적 차원의 어떤 영역을 고려한다면, 상당한 의식 수준을 갖춘 사람입니다. 그러나 대부분의 경우, 한국인들의 의식 속에는, 암묵적으로 보이지 않게 이러한 인식이 스며들어 있다는 겁니다. 그것도 아주 켜켜이 쌓여 있습니다. 그렇다고 해서 이런 생각들이 '무조건 잘못되었느냐?', '완전히 엉터리냐?' 그것은 아닙니다. 사람에 따라 이해를 달리해야 합니다.

예를 들면, 특별한 사정에 의해 제대로 배우지 못한 어떤 부모도 있습니다. 그 사람이 돈을 많이 벌었다고 가정해 봅시다. 아마, 자식에게 투자할 확률이 훨씬 높을 것입니다. '아! 내가 제대로 못 배웠으니까, 내 자식에게는 내가 못 배운 만큼 그 이상을 투자해야지!' 이런 생각이 강렬하게 나타날 수도 있습니다. 그러니까 그런 사람에게 자식에게 투자하는 행위를 잘못되었다고 얘기할 수 없는 거죠. 제가 말씀 드리는 것은 일반적으로 교육에 대해 고민할 때, 자식에 대한 단순한 경제적 투자를 염두에 두기 쉽다는 것입니다. 어떤 부모들은 심심찮게 말합니다. '내가 너에게 100만원을 투자를 했는데, 그 100만원으로 너는 한 것이 무엇이냐?' 심한 경우, 이렇게 얘기하기도 합니다. '내가 너를 공부시키려고 지금까지 얼마를 들였는데, 결과가 이게 뭐야?!', '내가 너를 공부시키려고 뼈 빠지게 돈 벌어 투자했는데, 어떻게 된 거야?!' 이런 식으로 지나친 투자 개념을 개입시킨단 말입니다. 그래서 부모−자식 사이에, 혹은 교육을 지원해주거나 지원받는 다양한 주체들 사이에 갈등이 일어나기도 합니다. 참 안타까운 현실입니다.

그래서 우리가 한국의 현실 교육에 관해 진지하게 고민해야 합니다. 과연 교육이라는 것이, '자식에 대한 투자에만 그치는가?' 그것보다 조금 더 '두텁고 풍성하게 만들어야 할 어떤 의식은 없는가!' 그것이 다름 아닌 '인간의 성숙'에 관한 고려입니다. 저는 이 문제에 대해 일단 물음표(?)를 쳐두겠습니다. 이유는 간단합니다. 한국의 부모들, 우리 사회의 어른들은 자식이나 미래세대에 대해 얼마만큼 그들이 성숙하기를 고민하고 있습니까? 그들의 성숙도에 대해 우리 사회는 무엇을 어떻게 담보하는지요? 그들과 함께 손을 맞잡아 주고는 있습니까? 이런 부분에 대해 반성해 볼 때, 저는 우리 사회의 어른들이 아이들 걱정을 아주 강한 수준에서 하는 것처럼 보이지만, 사실은 굉장히 약한 수준에 있다고 느끼는 겁니다.

아이들의 '성숙'이라는 말이 나오기 전에 무슨 말부터 먼저 나오느냐? 대부분이 이렇습니다. '너 배워서 빨리 돈 벌어야 돼!', '성공해야 돼!', '출세해야 돼!' 이런 요청이 앞서는 기이한 현상들이 발생한단 말입니다. 그것은 부모로서 투자한 만큼 거두어 들여야 한다는 효율성의 논리를 담고 있습니다. 교육은 일시적인 효율성만을 바라보아서는 곤란합니다. 그것보다 훨씬 더디게 우러나오는 인간의 참 모습을 기다리고 참아야 할 수도 있습니다. 이런 점에서 볼 때, 한국교육의 현실 가운데 '교육에 관한 의식'이 생각보다 낮을 수 있다! 인간의 성숙 차원에서 교육을 생각하다 보면, 그런 느낌이 아주 강하게 다가옵니다.

그 다음, 교육을 통해 우리가 많이 얘기하는 것이 무엇이냐? '정의로운 삶'에 관한 것입니다. 그것은 일종의 '교육정의론'과도 상통합니다. 우리 교과서에도 보면, 안중근 의사義士, 윤봉길 의사 같은 독립투사들이 있잖아요. 김구 선생도 있고요. 옛날, 일제 강점기 때 독립운동에 기여한 선각자들이 어떤 형식으로 보면, 교육을 통해 정의로운 삶에 대한 고민을 했던 분들이란 말입니다. 그런 분들이 모범적인 삶을 산 사람으로 교과서에 수록되어 있습니다. 물론 경제적으로 성공한 기업인이라든가 유명한 정치인, 발명가 등 훌륭한 사람들도 많이 있지요. 어떤 인물이건 교과서에 실릴 정도로 올바른 혹은 건전한 삶의 차원에서 객관성을 확보한 사람들을 통틀어 얘기해보면, 정의로운 삶을 살려고 노력했던 사람들입니다. 정의로운 삶의 모습은 교육을 통해 나오는 거거든요.

그런데 과연 우리가 교육에 관해 고민하면서, 정의로운 삶에 대한 고려를 먼저 했겠느냐는 의구심이 듭니다. 앞에서 말한, 출세라든가, 성공이라든가, 돈이라든가, 지위라든가, 권력이라든가, 이런 것보다 사회정의의 문제를 먼저 생각했느냐는 말입니다. 현재 한국교육의 현실을 돌아보면, 이런 의식들이 상당히 약한 고리를 형성하고 있는 것이 아닌가? 이런 고민들이 생긴다는 것입니다.

여러분! 우리는 과연 교육을 어떻게 이해하고 인식하는가요? 여기에 대해 내면적으로 솔직하게 털어놓고 얘기해보자는 겁니다. 그래야만이, 그런 고민이 진지하게 진행될 때, 대학입시 문제도 조금 알차게 생각할 수 있다는 겁니다.

••• 대학입시 — 교육의 종결판이자 인생의 목표?

자, 그럼, 다시 한국교육의 현실 가운데 '교육에 관한 의식'을 염두에 두고, 대학입시를 되돌아봅시다. 대학입시! 이게 도대체 무엇이냐? 앞에서 언급한 것처럼, '유치원 때부터 이미 대학입시를 준비한다!' 한국의 현실에서는 실제로 이런 우스꽝스런 소리가 나온단 말이죠. 농담이 아니라 진담이고 사실입니다.

그러면 대학입시를 어떻게 이해하고 있기에 그런 말이 나오느냐는 겁니다. 대부분의 경우, 대학입시는 '교육의 종결판'으로 이해됩니다. 그래서 초등학교, 중학교, 고등학교를 졸업한 이후, '대학교는 어디에 갔느냐?!'라는 물음이, 부모들 사이에 회자됩니다. 예를 들어, 명문대학이나 자기가 원하는 대학을 갔다고 얘기하면, '우리 애는 자기가 원하는 대학, 그 명문대학에 갔어!'라고 하며, 자랑스럽게 얘기합니다. 그렇지 못할 경우, 상당수가 서로 얘기를 하면서도 그에 관한 대답을 회피하거나 얼버무려 버립니다. 가만히 생각해 보십시오. '대학에 입학했다'는 사실 자체가 절대 교육의 끝은 아닙니다. 어떻게 보면, 이제 진정한 시작이죠.

대학입시 자체를 '교육의 종결판'으로 이해하니까, 재미있는 현상들이 벌어집니다. 어떤 청소년이 명문대학에 진학을 하면, 바로 '성공의 열쇠를 쥐었다'고 생각합니다. 세상 모두를 얻은 것처럼 자랑스럽기도 하고 우쭐대기도 합니다. 어떤 경우에는 이미 인생의 '반은 성공했다'는 착각에 빠지기도 합니다. 대학입시에서 진학을 했다는 자체가 인생목표를 모두 달성한 것으로 이해한단 말이지요. 이렇게 대학진학을 인생의 목표 달성으로 오해하다 보니 어떻게 되느냐?

제가 대학생 제자들에게 물어봅니다. '자네의 인생 목표는 무엇인가?' 그러면 상당수의 대학생들이 '생각을 안 해 봤는데요?' 이렇게 대답합니다. 좀 충격적이지 않습니까? 대학생들의 대부분은 일단 대학에 들어오고 난 후, 나름대로 대학을 다니다가, 졸업하면서 취직을 하고, 그때서야 이제 겨우 자기의 인생 목표를 세우려고 시도합니다. 한국사회의 이런 현상은 굉장히 불행한 사태입니다. 자기 인생의 목표가 청소년 때쯤부터, 어떤 직업을 구체적으로 결정하는 것은 아니지만, '나는 어떻게 살고 싶다!', '나는 이러이러한 일을 하며 살고 싶다!', '나는 이러이러한 영역에서 나의 특기를 발휘하면서, 전문성을 발휘하면서 살고 싶다!'라는 생각들로 가득해야 하잖아요. 그런데 이런 얘기를 잘 못해요. 대학교 들어오는 게 인생의 최대 목표가 되어 있어 그런 겁니다. 인생 목표를 세울 겨를이 없으니, 청소년, 청년들의 삶이 혼란스러워요. 무엇을 해야하는지 생각없이 그냥 흘러가 버립니다. 진정으로 자신이 살고 싶은 삶이 송두리째 부정되거나 여러 요인에 의해 사라지거나 증발되어 버려요. 왜 사는지, 목표가 없어요. 한국의 대학입시가 우리 삶에 미치는 절망적이자 고질적 폐해입니다. 대학입시를 비롯한 교육에 관한 잘못된 인식! 그게 우리 한국교육의 현실입니다.

또 봅시다. 어떤 청소년이 대학에 들어왔습니다. 대학에 진학하여 나름대로 질 좋은 교육을 받았습니다. 그렇게 받은 대학교육의 결과는 어떠하냐? 대부분이 직업 확보의 조건으로 전락합니다. 원래 정상적인 상황이라면, 대학을 졸업하면서 자기에게 맞는 직업을 선택하고 거기에 맞추어 인생의 꿈을 펼쳐 나가야 합니다. 당연히 그렇게 해야 되는 거지요. 제가 말씀드리는 것은 '기업체에 취직하지 말라!'는 얘기가 절대 아닙니다. 더구나 최근에는 전 세계적으로 젊은 청년들이 취직 문제로 어려움을 겪습니다. 일자리도 아직 부족하고요. 취직을 하지 말라는 게 아니라, 당연히 취직을 해야지요.

그런데 대학에 들어와서, 빠르면 1학년 때부터, 취업 공부에만 몰두하는 데 문제가 있습니다. 고등교육을 받는 대학생으로서, 예비 지성인으로서 전문성을 기른다든가, 지성인의 교양을 함양한다든가, 이런 부분에 소홀하게 되면, 나중에 어떤 결과가 나오겠습니까? 취업 준비로 세월을 보냈기에 어떤 직장에 취업은 할지 모르지만, 인간으로서 성숙해가는 데 굉장히 미숙한 상황을 연출할 수 있습니다. 그래서 우리가 대학입시에 대해, '교육의 종결판'이라던가, 명문대 진학이 곧 인생의 '성공 열쇠'라던가, 기업에 취직을 잘하기 위해 '대학에 입학한다'라던가, 이런 생각이 앞섰을 때, 한국교육은 상당히 암울한 지경에 처하게 됩니다. 우리 주변의 교육에 관한 생각들이 지나치게 이런 양식으로 전락되어 있어 답답해서 그렇습니다.

••• 교육의 진입과 결과 — 불평등을 야기하는 산실

그럼 세 번째는 뭘까요? 다시 고민의 바다로 빠져 봅시다. 앞에서 교육의 진입과 결과에 대해 언급했잖아요. 어떤 곳에 배우러 갔는데, 그곳을 수료하거나 졸업했을 때 어떻게 변했느냐는 겁니다. 여기에서 헤아려야 할 점은, 과연 우리에게 교육기회가 균등하게 보장되어 있느냐의 문제입니다. 현재 한국교육의 현실을 보면, 여러 얘기들이 많이 나오지요? 학교의 형태가 다양한 만큼 그 장단점이 논의사항이 되고, 최근에는 수저와 관련한 비유도 많습니다. 금수저, 은수저, 흙수저! 수저 논란도 일어나요. 수저의 형태에 따라 교육기회가 균등하지 않을 가능성이 많아요. 사실 교육기회의 균등은 민주주의 사회에서 교육의 기본 원칙에 해당합니다. 모든 사람이 교육에서 기회균등의 권리가 있습니다. 권리가 있는 만큼 그에 상응하는 의무도 있습니다.

하지만 교육현실은 그와 전혀 다른 측면이 발생합니다. 이런 부분이 상당히 안타깝지요. 한국사회에서 교육에 대한 진입은 자유롭습니까? 혹시 제멋대로, '목소리 큰 사람이 이긴다!'라는 속된 말처럼, 교육 진입의 단계부터 방종에 가까운

건 아닙니까? 예를 들어, 아이들이 '초등학교에, 혹은 중학교에 입학한다'라고 합시다. 특별한 경우를 제외하고, 초등학교와 중학교는 의무교육이니까 누구나 입학할 수 있게 되어 있습니다. 그러니까 어찌 보면 자유롭지요? 그런데 과연 우리의 학부모들이 초등학교에 들어간다, 중학교에 진학한다는 의미에 대해 얼마나 고민을 하느냐 이겁니다. 고민을 하지 않을 때는 어떻게 되느냐? 아이를 학교에 입학시키긴 했지만 그것은 일종의 방종입니다. 그냥 내버려 두어도 학교에 들어가는 거예요. 아무도 신경을 안 써요. 그러니까 초등학교나 중학교 입학식에 가보면, '진짜 우리 아이가 많이 자랐구나!', '이제 초등학교에 들어가서 인간이 되기 위한 다양한 기초 지식을 배우겠구나!', '중학교에 입학하여 초등 때와 다른 그 무엇을 공부하겠구나!' 이런 고민보다는, 아무 생각 없이 단순하게 '축하의 꽃다발'을 갖다 주고 사진 찍기에 정신없어요. 아이들도 그냥 '꽃다발에 사탕이 들었느냐 안 들었느냐' 이런 부분들을 고민하기 바빠요. 이런 광경이, 교육의 본질에서 보았을 때, 상당히 무언가 좀 삐걱거리는 이상한 형태로 바뀌었다는 겁니다.

이를 다른 말로 다음과 같이 표현할 수 있습니다. '한국교육은 교육의 진입 단계에서 맹목적으로 무방비 상태에 노출되어 있다!' 그냥 진학하는 걸로만 생각하니 이렇게 되는 거예요. 우리가 초·중등학교 의무교육을 하지만, 의무교육의 비용은 누가 부담합니까? 국가가 공짜로 대 줍니까? 물론 국가가 부담하지요. 세금으로. 그러면 그 세금은 누가 납부하나요? 우리 국민 모두가 내는 거예요. 결국은 나 자신이 돈을 내는 겁니다. 교육비를 내는 거죠. 그럼 그 교육비에 대해, 우리는 무엇을 고민해야 할까요? 그 돈이 얼마나 소중한지를 깨달아야 합니다. 그렇잖아요. 조금이라도 그런 교육적 흐름과 깨달음이 있게 되면 '교육에 대한 맹목적 무방비'는 상당히 희석되겠지요. 고민을 하겠죠. 그런 측면이 하나 있습니다.

그러면 이제 교육의 결과는 과연 어떠한가요? 비극적인가요? 절망적인가요? 아이들이 배움의 터전에 입학할 때는 잘 들어갔어요. 나올 때 보면, 참담합니다. 저는 이렇게 표현하고 싶습니다. '학생들 사이에 너무 심한 경쟁을 하여, 경쟁적 불평등을 야기한다!' 사실 대부분의 사람들은 교육을 한다는 희망을 품지, 비극과 절망을 먼저 노래하며 거기에 빠지지는 않습니다. A정도의 수준으로 입학했으면, A+α라는 형태로 보다 효율적인 결론을 창출하려고 합니다. 그게 맞아요.

그런데 우리 한국사회의 교육을 보면, '경쟁적 불평등을 야기한다!' 이겁니다.

03 한국교육의 현실을 직시하라

그렇잖아요. 들어갈 때는 모두가 같이 들어갔어요. 나올 때 보니, 누구는 잘 되어 있고 누구는 잘못 되어 있어요. 또는 교육받은 만큼 안 되어 있어요. 이런 교육의 결과는 어떻게 보면, 균등하게 이루어져야 할 것이 제대로 되지 못하고, 불평등을 조장한 것이지요. 이런 교육이 올바른 교육입니까? 물음표(?)를 던져 보아야 한다는 것이지요.

••• 교육받은 사람 — 건전한 민주시민을 염원하라

이런 지점에 서서, 우리 한국의 교육현실을 되짚어 보려고 문제제기를 하는 겁니다. 그래서 우리 사회 전체적으로 봤을 때, '교육받은 사람educated man'은 어떤 모습이어야 하는가? 앞에서 말씀드린 것처럼, 교육을 한 만큼 교육받은 사람을 기대하는가? 그것에 대해 누가 고민을 하지요? 고등학교를 졸업하거나, 혹은 대학을 무사히 졸업한 경우, 교육을 잘 받은 학생들이잖아요? 그럼에도 불구하고, '고등학교 졸업해서 뭐해? 어디다 써! 대학교 가야지!' 현실적으로는 그렇게 돼요. '대학교를 졸업해서 뭐해? 취직해야지!' 이렇게 말한다고요. 물론 취업의 형태는 다양하죠. 공기업, 사기업, 공무원, 교직, 자영업, 창업, 또는 대학원을 진학하는 사람도 있고요. 교육을 받은 사람에 대해 이런 방식의 말 밖에 나오지 않아요. 답답하지요. 고등학교를 졸업한 수준의 사람은 보통교육을 받았잖아요. 보통교육을 받았으면, 민주시민, 건전한 시민으로서 나름대로의 도덕윤리나 글을 아는 문해文解 능력을 갖추었는지, 상상력이나 창의력을 발동할 수 있는지를 고민해야 합니다.

'대학교는 가야지!'라고 해놓고, 대학교를 가면, 교양을 갖춘 지성인으로서의 면모를 지녔는지를 논의해야 되는데, '너 대학교 졸업하더니, 인간이 상당히 달라졌구나! 성숙했구나!' 이런 부분을 고취해야 하는데, 대부분 '그냥 취직해야지!' 이 말 밖에 안 나와요. 이런 방식의 교육 담론이 뭐가 되느냐 하면, 교육받은 사람에 대해 고민하는 게 아니고, 교육받은 도구나 수단을 추구하는 거예요. 사람이 아니라, 사람을 도구로 취급하는 겁니다. '너는 얼마만큼 쓸모가 있는 인간일까?', '유용한 수단으로 자라났느냐!'에만 관심이 가는, 그런 이야기 방식이 되기 쉽다는 거지요.

그래서 그 이면에 있는 교육받은 사람이라고 얘기하는 것의 목적을 우리가 한 번 진지하게 고려해 봐야 합니다. 그러니까 여러분도 진짜 한국교육의 현실에 대해 생각해 보았으면 좋겠습니다. 어떤 제도 자체만을 단순하게 비판하며, '수능시험이 잘못 되었다. 아니면 교육재정이 잘못되었다. 교사가 잘못되었다. 나아가 교육부가 잘못되었다.' 이런 얘기들도 굉장히 중요할 수 있습니다만, 그런 비판적 논의를 하기 전에, '한국교육 현실에서 진지하게 고민해야 될 부분이 뭐지? 교육의 본질적 문제가 과연 무엇일까? 교육에서 이런 저런 부분을 다각도로 검토하고 고려하는 건 어떨까?' 이런 차원에서 우리 모두 함께 생각해보아야 합니다.

04

한국교육은 어떤 전망을 가질 수 있는가

우리는 앞에서 한국의 교육현실, 현재의 교육에서 고민해 보아야 할 문제가 무엇인가 주요 포인트를 점검해 보았습니다. 교육에 관한 인식을 비롯하여 몇몇 쟁점들에 기초해 볼 때, 한국교육은 어떤 방향으로 나아가면 좋은가? 이런 질문을 던지면서 함께 논의해 봅시다. 지금 이 시대는, 설명하자면 굉장히 복잡합니다. 이른바 4차 산업혁명 시대라고 하지 않습니까? 앞세대와 뒷세대 사이의 세대 차이가 너무나 큽니다. 국가와 국가 사이의 수준도 천차만별이고요. 이런 천차만별의 복잡한 시대에 한국교육도 교육의 도구나 수단은 물론, 본질 자체도 상당히 바뀌어 갈 것이라는 생각이 듭니다. 그렇다면, '우리 한국교육은 어떤 길로 나아가야 하느냐'라고 얘기했을 때, 모든 교육이 그렇습니다만, 저는 크게 네 가지 관점에서 전망을 밝혀보고 싶습니다.

··· 교육적 소망 ─ 기쁘게, 그리하여 삶에 유용하게

여러분! '교육'이라는 말을 하게 되면, 먼저 어떤 느낌이 떠오릅니까? 따분하지요? 재미없을 것 같고요? 또 '시험은 보는가 안보는가?' 이런 생각이 스쳐 지나갈 것입니다. 그런데 다시 곰곰이 생각해보세요. 내 삶의 과정에서 어떤 형태건 교육에 임해야 한다면, 그 교육상황을 기쁘게 만들어야 하지 않나요? 교육을 하는데, '짜증난다! 재미없다! 슬프다!'라는 생각이 든다면, 그런 교육을 적극적으로 해야 할 이유가 없잖아요. 저는 먼저, 교육 자체가 '기쁜 일'이 되어야 한다고 생각합니다. 각자의 인생에서 가장 기쁜 일은 아닐지라도, 삶을 기쁘게 할 만한 그 무엇으로 존재해야 한다는 것입니다.

다음으로 교육의 길은 '즐거운 일'이어야 합니다. 즐거워야 돼요. 즐겁지 않다면, 왜 교육을 해요? 교육의 마당에 나아갈 이유가 없지 않습니까? 쉽게 말해, 학생들이 학교에 간다면, '학교에 간다'는 것 자체가 기쁨과 즐거움을 누리기 위해 가야 합니다. 그렇지 않고 학교에 가는 것 자체가 귀찮고 가기 싫고 하다보면 굉장히 슬퍼집니다. 즐겁지 않은 일들이 꽉 차 있어 괴롭잖아요. 괴로움을 누릴 수는 없지 않습니까? 괴로움을 줄여야죠. 즐거움을 누리기 위해 학교에 가야 된다는 거예요. 그런 교육의 방향을 고민해야 합니다.

세 번째, 교육을 했으면, 알차게 해야지요. 실제로 교육의 결과, 알이 꽉 차야 한다는 거죠. 그런데 우리 아이들은 교육을 받았는데도 쭉정이로 있는 거예요. 이런 현상이 웃기는 겁니다. 많은 사람들은 '학교 가서 뭘 했어? 그만큼 배웠는데 뭘 했냐고?' 이렇게 따집니다. 따지는 현상이 발생하지 않을 정도로 실제로 알이 꽉 찬 교육을 지향해야 한다는 겁니다. 1960년대 신동엽이라는 유명한 시인이 '껍데기는 가라. 알맹이만 남고 껍데기는 가라.' 뭐 이런 표현의 시를 써서 노래한 적도 있잖아요. 그래서 쭉정이는 빼내야 되는 거예요.

또한 교육을 한다고 했을 때, 중요한 것은 '유용해야' 합니다. 삶에 유용해야 돼요. 교육이 현실을 살아가는 수단이나 도구로 유용할 수도 있지만, 자신의 인생에 의미를 부여할 수 있도록 유용해야 됩니다. 저는 개인적으로 훌륭한 선생님들을 많이 만났던 것 같습니다. 초등학교 때 선생님은 대부분 돌아가셨지만, 중고등학교 때 선생님들은 정년퇴임 후 아직도 많이 생존해 계십니다. 지금도 1년에 몇 번씩 통화를 하며, 옛날 가르침을 주실 때처럼 이런 저런 이야기를 나누기도 합니다. 돌아보면 그 선생님의 얘기 한마디 한마디가 학교를 졸업할 때까지 영향력을 미쳤건 미치지 않았건 상관없이, 그 때 제게 일러줬던 가르침들이 제 인생에 든든한 뿌리가 되었습니다. 제가 성숙하는데 밑거름이 되었다고 할까요. 그런 것들이 꽤 많이 있습니다. 힘이 되었어요. 이런 점에서 아주 유용한 것이지요. 물론, 그런 가르침이 제가 돈을 버는 측면에서만 말한다면 유용하지 않을 수도 있습니다. 중학교에서 고등학교, 고등학교에서 대학교에 갈 때, 시험을 보는데 어떤 문제가 출제되는지 가르쳐 준 것이 아니기 때문에, 그런 측면에서는 유용하지 않을 수도 있어요.

그러나 그 선생님께서 해 주신, '열심히 잘 하면, 이런 부분에서 저런 형태로 할 수 있을 거야!', '너는 이런 부분에서 잘하니까 다른 부분에서 조금 부족하더라도 괜찮아!' 그러면서 선생님께서는 머리를 쓰다듬어 주시거나 어깨를 다독거려주시면서 격려해 주셨지요. 다른 말로 하면, 동기부여를 해주는 아주 짧은 말들이 많이 있었습니다. 그런 것들이 제 인생을 유용하게 만들었어요. 그와 같은 가르침이 교육에서 많아야 한다는 거예요. 이외에도 교육의 방향이나 길이 많이 있을 겁니다.

예를 들어, 교육 제도를 개선하는 일은, 저를 비롯하여 어떤 특정한 사람들이 아무리 떠들어도 쉽게 바뀔 수 있는 영역이 아닙니다. 법도 만들어야 되고, 많은 사람들이 그만큼 다양한 정책을 제시해주기도 해야 하고. 정치인들이 다루어야 할 영역이기도 합니다. 제가 볼 때 교육은 철학적으로 '기쁜 교육', '즐거운 교육', '알찬 교육', '유용한 교육'이 되어야 합니다. 이런 차원에서 한국교육이 어떤 전망을 지니면 좋을지 한 번 분류하여 설명해 보겠습니다.

••• 기쁜 교육 — 자신의 내면에서 희열을 느끼자

첫 번째, '기쁜 교육'은 무엇일까요? '기쁘다'고 했을 때, 한자로 '기쁠 열悅'이라고 씁니다. 기쁘다는 것은 '개인의 성장' 차원에서 바라보는 겁니다. '내가 쑥쑥 자라고 있구나. 내가 상당히 성숙하고 있구나.' 그럴 때 기쁘다는 말을 붙입니다. 모든 사람이 개인적으로 갖고 있는 재능이 신장되는 것을 얘기하지요. 개인의 인격이 넓혀지고 확장되고 길러지는 그런 일에서 발생합니다. 개성의 신장과 성장! 사람이 개인적으로 지니고 있는 능력의 성장, 재능의 신장을 통해 능력이 확보되었을 때, 이것은 역량으로 펼쳐집니다.

여러분! 한 번 보십시오. 제가 젊은이들, 대학생들에게 교육하며 대화를 하다 보면, 학생들이 가끔 자기도 모르게 '아싸!', '얍!'이라고 액션을 취하며 얘기를 해요. 그게 뭐냐 하면, 어떤 내용을 배워서 나름대로 자신이 원하는 역량을 확보했다는 겁니다. 그때 자기도 모르게 기쁨이 탁 솟아난다고요. 그런 교육이 되어야 한다는 겁니다. 학교에 갔는데 개성의 신장도 안 되고, 성장도 안 되고, 재능이 자라는지도 모르고. 능력 확보? 그것도 모르겠고. 시험은 잘 봤는데 그냥 뭐?! 이런 상황이라면, 내가 진짜 성장했는지 알 수 없지 않습니까? 그러면 기쁨이 없어요.

자신이 지향하는 역량이 갖추어질 때, 다시 말해, '힘! 파워power가 갖춰졌다'라고 합니다. 이 파워, 힘이 갖춰지지 않으면, 삶의 에너지가 솟아나오지 않아요. 에너지가 나와야 하거든요. 에너지가 나와야 삶을 펼쳐갈 수 있잖아요. 그것은 자기 기쁨에서 나와요. 이런 '기쁜 교육이 되었으면 좋겠다'는 게 한국교육의 현실을 보면서 제안하는 교육적 바람입니다.

••• 즐거운 교육 — 타자와 더불어 어깨동무하자

두 번째는 '즐거운 교육'입니다. 즐거운 교육은 무엇이냐? 즐거운 교육은 한자로 쓰면 '즐길 락樂'입니다. 락樂은 일반적으로 음악音樂을 떠올리며 얘기할 수도 있겠죠? 여러분! 음악을 들으면 어떻습니까? 즐겁잖아요. 이 즐거움은 무엇이냐? 혼자서만 누리는 게 아닙니다. 혼자서 개인적으로 누리는 건 '기쁨'이라고 했습니다.

즐거움은 자신도 성장하지만, 자신이 소속되어 있는 공동체, 사회society가 함께 성장할 때 드러나는 것입니다. 자신도 성숙하고 사회도 동시에 성장해가야 되는 겁니다. 개인과 사회의 동시 발전, 이것이 대단히 중요합니다. 흔히 말하는 동반 성장입니다. 그러면서 이 성장은 한국사회의 발전을 이끌어내는 원동력이 됩니다. 이런 것들이 모이고 모여 지속적으로 끊임없이 펼쳐 나가면, 사회는 아름답게 진보합니다. 이게 즐거움입니다.

사람들 사이에는 '나'가 있고 '너'가 있습니다. 이때 나와 너가 끊임없이 다양한 형태로 만납니다. 나와 너의 만남이 '우리'가 됩니다. '우리'라는 것은 '한 울타리'입니다. 사람은 한 울타리 안에서 어깨동무하며 함께 살아갑니다. 함께 살아가면서 즐거우면 좋겠지요. 무조건 기쁘고 즐겁게 웃음소리만 나는 것은 아닙니다. 때로는 고민도 하고, 때로는 갈등도 하며, 때로는 경쟁도 합니다.

그러면 이런 현상은 무엇이어야 하는가? 아름다운 고민, 아름다운 갈등, 아름다운 경쟁이 될 때, 사회는 보다 성숙한 모습으로 지속되는 겁니다. 아름답게 하려면, 어떻게 해야 할까요? 친구들과 고민을 터놓을 수 있어야 돼요. 갈등이 생기면 조정할 수 있어야 되고, 경쟁이 생기면 협동할 수 있어야 되고, 현상의 이면이 그것을 보완할 수 있는 형태로 드러나야 합니다. 그게 바로 성숙 아닙니까? 성장이고요. 이런 즐거운 교육을 우리가 지향해야 되겠다는 겁니다. 우리 미래교육에 그런 일이 있어야 되겠다는 생각을 합니다.

••• 알찬 교육 — 온몸으로 삶을 채워갈 수 있는 실제를 고려하자

세 번째는 '알찬 교육'입니다. 무엇이 알찬 교육을 담보할 수 있을까요? '알차다'는 것은 다른 말로 하면, '실제'적인 교육을 말합니다. 그러면 '알차지 않음'은 무엇입니까? '빈 것'이지요. '빔!' 아닙니까? 이것은 허위가 되거나 허깨비처럼 되어 빈 것이 되겠지요? 이렇게 해서는 안 된다는 겁니다. 알찬 교육을 할 때, 진지하게 고민해야 할 문제는 무엇일까요? 교육을 할 때는 교육과정과 삶의 목표 등 우리가 지향하는 것이 있지 않습니까? 우리가 실제 배우는 내용이 있고 우리가 지향하는 목적과 이상이 있는 겁니다. 그것이 우리 삶에 근접해야 됩니다. 비슷하게 가야 돼요. 교육 따로, 내가 살아가는 모습 따로, 그렇게 되면 어떻게 되겠어요. 괴리가 생기죠? 이 괴리는 앞에서 말한 즐거움과는 상반되는, 괴로움으로 연결됩니다.

배우는 일과 내가 살아가는 일이 상당 부분 일치되어 있을 때 즐거움이 배가 됩니다. 이런 것들에 대해 교육적 차원에서 각성해야 돼요. 이 지점에서 좀 크게 보면 '교육과정을 개편해야 한다'거나 '내가 지향하는 삶을 분명하게 인식해야 한다.' 등등 이런 문제가 또 생기겠죠? 왜냐하면 교육에서 지향하는 문제가 사람마다, 지역사회마다 다르고, 대한민국 전체가 지향하는 교육의 이상도 시대마다 다르고 하다 보니, 이런 부분도 상당히 고민해야 됩니다.

알찬 교육을 위한 몇 가지 전제가 있습니다. 먼저 개인적으로 타고난 '재능'에 관해 충분히 고려해야 합니다. 앞에서 제가 '싹'이라고 여러 번 말씀드렸잖아요. 그 사람이 갖고 있는 싹! '싹수'가 있겠죠? 싹수가 노란 사람, 파란 사람, 붉은 사람, 까만 사람 등등 다양한 싹의 형태가 있단 말입니다. 여기에서 중요한 문제는 그 사람이 타고난 재능과 자기가 실제로 실천할 수 있는 것이 조화를 이루어야 돼요.

알찬 교육, 알이 꽉 찬 교육을 교과목으로 한 번 따져 보겠습니다. 어떤 학생이 국어國語 과목에 상당 부분 재능을 갖고 있어요. 이런 학생은 뭘 해야 하느냐? 국어라는 과목을 더욱 탄탄하게 다지면서, 이걸 바탕으로 자기 인생을 끌고 가려는 노력이 중요합니다. 그런데 어떤 학생이 국어 과목에 관심을 많이 갖고 있는데, 이 학생이 대부분의 시간을 들여 공부하고 있는 것은 무엇이냐? 수학 과목이에요. 늘 수학 과목을 공부하면서 인상을 찌푸리고 있어요. 즐겁지가 않아요. 얼굴을 찡그리고 있다고요. 그러면 어떻게 됩니까? 자신이 실제 타고난 재능은 무엇이고, 지금 현재 하고 있는 공부는 뭡니까? 제가 볼 때 위 학생의 경우, 괴리가 생겼어요. 자신이 하고 싶은 것이 억압되고 현실적 삶에 파탄이 난겁니다. 이렇게 되니까 교육이 잘 안돼요. 알이 차지 않습니다. 쭉정이가 됩니다. 그러니까 중요한 것은 나의 재능은 무엇일까? 실제로 자신이 하고 있는 일이 재능과 접근하고 있느냐? 이런 부분들에 대한 교육적 파기가 일어나서는 곤란하다는 겁니다.

그 다음 전제는 교육을 통해 그것이 체화體化, 몸 안으로 들어와야 합니다. 몸에 배어야 돼요. 여러분! 우리가 흔히 '배움'이라고 하잖아요. '배움'이라는 것은 뭐냐 하면, 쉽게 말해서, '배다'라는 뜻입니다. 우리가 어떤 내용을 교사로부터, 어른으로부터, 친구로부터 '배운다'라고 했을 때, 그것은 어떤 특정한 내용을 내가 '받아들인다, 수용한다, 전수받는다. 가르침을 받는다'라는 의미입니다. 그런 것도 일종의 배움입니다.

그러나 그것을 훨씬 넘어서, 진정한 알찬 배움은 뭐냐 하면, 내가 '몸으로', 특히, '온몸으로' 받아들여 내 속에서 속살처럼 들어와 있는 겁니다. 예를 들어, 제가 칠판에 글을 쓸 때, A라는 글자를 쓴다고 합시다. 그러면 앞에 앉아있는 학생들과 얼굴을 마주보거나 대화를 하면서 교육을 충실하게 하기 위해 얼굴은 앞으로 보며 칠판으로 얼굴을 돌리지 않고도 A를 쓴단 말입니다. 그것은 A라는 글자가 머리에 혹은 손에 익숙하게 배어 있어 그래요. 그렇지 않다면, 아마 A라는 글자를 그림 그리듯이 그릴 겁니다. A라는 글자가 나에게 배어 있지 않을 때는 더듬거리게 되지요. 그러니까 교육에서 중요한 것은 무엇이냐? 체화가 이루어져야 만이 행동이 자유롭게 됩니다. 자율성을 띄고, 실질적이게 되고. 그래서 알찬 교육이 미래 우리 교육의 방식이 되어야 한다는 것입니다.

••• 유용한 교육 ─ 생활을 윤택하게 가꾸는 데 보탬이 되자

네 번째는 '유용한 교육'입니다. 유용한 것, 특히 삶에 이익이 되어야 합니다. 유용한 교육은 뭐냐 하면, '쓰임이 있어야 된다!'는 거예요. 자신의 인생에, 혹은 이 사회에 쓰여야 됩니다. 엄청나게 배웠는데 쓸모가 없는 교육이다. 이게 뭡니까? 그러니까 교육은 우리 삶에 유용하게 쓰여야 된다는 겁니다. 쓸모없는 교육?! 쓸모없다는 것은, 단순하게 '어떤 도구를 이용하여 반드시 어떤 상품을 만들어 내는 생산성 있어야 된다'라거나, '생산품을 반드시 만들어 내야만 한다'라는 그런 의미가 전혀 아닙니다.

쓸모가 있다는 것은 '정신적으로 내 영혼을 성숙시켜 주었다'라는 의미에 가깝습니다. 내 영혼을 성숙시켜 주었다! 영혼을 성숙시키거나 정신을 높여주는 그런 부분은 높은 수준에서 굉장히 쓸모가 있는 거예요. 아무 얘기도 하지 않고 있지만, 자신의 깊은 곳에서 우러나와 다른 사람을 감화시키는 형태의 행동이 있다면 그것도 굉장히 큰 쓰임입니다. 우리가 단순하게 '어떤 자격증을 취득했는가? 어떤 일을 구체적으로 해서 무엇을 만들어냈는가?' 그런 것만이 쓰임이 아니라는 거죠. 유용한 것이 아니라는 거죠.

'유용하다'는 것을 우리가 보통 '유스풀useful'이라고 그러잖아요. 유용有用하다! 이는 '쓰임이 있다'는 것에 대한 고민의 심도를 말하는 것입니다. '쓰임이 있다'는 것의 의미가 이렇게 보이게 만듭니다. 보통, 교육의 의미가 무엇인지 탐색해 보면, 정신적, 육체적인 차원에서도 규명할 수도 있고요. 노동의 차원, 여행의 차원, 일상생활의 차원에서도 생각할 수 있습니다. 다양한 방식으로 규명을 할 수가 있지요. 그런 의미에서 교육의 의미 탐색이 '유용하냐? 그렇지 않느냐?'로 이어져야 된다는 겁니다.

그런데 우리 한국교육의 현실은 자꾸 엉뚱한 얘기로 치닫습니다. '너 말이야, 스펙을 쌓기 위해 무엇인가 해야 하고, 기술을 쌓아야 먹고 살 수 있어!' 이런 의미로만 이야기해요. 그런데 기술을 쌓아 먹고 사는 사람이 많습니다. 그것이 틀린 삶은 아니지만, 그것만으로 점철된 인생은, 의미 없는 삶이에요. 그런 사람들 많이 있습니다. 엄청나게 돈을 벌고, 높은 지위를 확보하고, 강력한 권력을 가졌는데, 친구가 없다든가, 개인적으로 볼 때, 불행하게 사는 것 같은 분들이 있어요.

그 다음에 또 고려할 것이 있습니다. 앞에서 교육의 과정이 자신이 지향하는 삶과 일치되어야 된다고 얘기했잖아요. 그것에 대한 관심과 노력을 기울여야만이 유용한 교육으로 나아갈 수 있어요. 그래야 실제적이 되니까요. 실제적이거나 실질적이지 않으면, 유용하지 않습니다. 무용無用으로 가요. 쓰임이 없는 쪽으로 가기 쉽죠. 그 다음에는 자신이 받았던 교육이 '현실화現實化'를 거쳐야 합니다. 현실적으로 드러나야 된다는 거죠. 쉽게 말해서, 어떤 사람이 대학교에서 대학교육을 받았다고 합시다. 그런데 대학교육을 받은 사람이 초등학교나 중·고등학교를 나온 사람에 비해 특별하게 나은 부분 혹은 다른 부분, 이걸 지성知性이라고 해도 좋고요. 어떤 형식이건, 교육받은 만큼 훌륭해진 부분이 없다면, 과연 교육받은 존재라고 할 수 있을까요? 고민이 되는 거죠.

이런 부분에서 우리가 교육을 어떤 차원에서 바라봐야 할 것인가? 우리 한국교육이 나아가야 할 길에서 어떤 형식으로 교육을 꾸며 가야 할 것인가? 그게 고민입니다. 그런 차원에서 오늘 우리 한국교육의 길에서 네 가지 차원을 희망해 보았습니다. 기쁜 교육이었으면 좋겠다. 알찬 교육이었으면 좋겠다. 즐거운 교육이었으면 좋겠다. 그리고 유용한 교육이었으면 좋겠다. 이 네 가지는 사실 분리된 것이 아니고, 전반적으로 서로가 엮여 있습니다. 엮여 있는 부분들을 우리 한국교육이 나아가야 할 길에 관한 대안적 질문으로 제시해 봅니다.

제2강

교육의 본질은
어디에서
시작되었는가?

제1강에서는 '한국교육의 유산을 시대정신에 근거하여 고민하고, 한국교육을 어떻게 이해를 하면 좋을까?'에 관한 문제제기를 해 보았습니다. 반성해 보면 한국교육의 유산 가운데 청산해야 될 것이 많을 수 있습니다. 하지만 우리가 유의해야 할 부분이 있습니다. 기존에 전해온 유산 가운데 그 자체가 지닌 긍정적 측면까지 모조리 없애버리려는 사고나 행동은 오히려 교육적으로 심각한 문제를 낳을 수 있습니다. 부정적 측면이 있다면 개혁과 혁신을 통해 바꿔가야 할 것이고, 긍정적 측면이 있다면, 보다 강화하여 미래세대에게 물려줌으로써 굳건한 전통을 형성해 나갈 수도 있습니다. 또 다가오는 새로운 어떤 사태들이 있다면, 그 부분 가운데 어떤 측면이 부정적이고, 어떤 측면이 긍정적인지 잘 파악하여 교육적으로 적용할 필요가 있습니다. 그런 차원에서 이번에는 교육의 본질에 대해 성찰하려고 합니다. 동서고금을 통해 교육은 어떤 양식에서 출발했을까요? 교육을 나타내는 말이 여러 가지가 있습니다만, 여기에서는 고대 그리스의 파이데이아(paideia), 영어권의 에듀케이션(education)과 페다고지(pedagogy), 독일어권의 빌둥(bildung)을 살펴보겠습니다. 그리고 우리에게 가장 익숙한 한자어 '교육(教育)'과 한글에서 '가르치고 기르다'의 의미를 속살 깊이 파고들어 교육의 본질을 구명해 보겠습니다.

01

파이데이아: 고대 그리스 교육을 탐색하다

'파이데이아paideia'라는 말을 들어본 적이 있습니까? 여러분에게 '파이데이아'라는 말은 조금 생소할 수 있습니다. 파이데이아라는 말은, 서양 전통에서 고대 문화를 꽃피운 고대 그리스 사회의 산물입니다. 고대 그리스는 흔히 희랍希臘, 헬라스hellas라고 하는데, 서구 고대 문명을 대표합니다. 그 시대에 교육을 상징하는 말이 바로 이 파이데이아입니다.

파이데이아라는 개념은 '파이스pais'와 '파이데우오paideuo'라는 말이 합쳐진 것입니다. 파이데이아에서, 파이pai라는 것은 파이스pais에 해당합니다. 그것이 파이데우오paideuo라는 말과 합쳐진 것입니다. 여기에서 '파이스'라는 말은 어린이, 혹은 아동을 뜻합니다. 어른에 비해 상대적으로 인지능력이 떨어지는 아이 수준의 사람입니다. 정확하게 말하기는 어렵습니다만, 태어나 초등학교 들어가기 전, 약 7세 전후의 아동을 떠올리면 좋겠습니다. 때로는 청소년 시기에서 성인이 되기 전, 15세 이전까지의 아동을 얘기한다고 보아도 되겠습니다. 그리고 파이데우오paideuo라는 말은, 이 파이스, 즉 어린이, 아동과 '함께 있다'는 의미입니다. 다시 말하면, 파이데이아라는 말의 뜻은 '어린이와 함께 있다!'입니다.

아동이라는 존재는 어떻게 보면, '발생한 사태에 대해 뭔가를 파악하지 못하고 있다!', '세상에 대해 뭘 모르는 존재다!' 이런 식으로 좀 현명하지 못하고 어리석은 인간으로 묘사됩니다. '어린이와 함께 있다'고 했을 때, 일반적으로 발생할 수 있는 상황을 고려하면 좋습니다. 무엇을 잘 모르는 아이와 조금이라도 인지하고 처리할 수 있는 능력을 지닌 어른으로서 내가 함께 있다! 그런 일상에서 일어날 수 있는 여러 가지 사태를 연상하면 이해하기 쉬울 것입니다. 이런 상황 자체가 교육의 본질을 유도합니다. 파이데이아라는 말에서 연상할 수 있듯이, 어른과 어린이가 함께 거주하고 있는 상황 자체가, 교육의 의미를 도출할 수 있게 해주는 근원처根源處라는 겁니다.

••• 어린이와 어른의 탄생 — 동시 거주하는 삶의 동반자

오늘날 우리가 교육이라고 얘기하는 것은, 고대 그리스의 개념으로 보면, 아동과 성인이 동시에 거주하고 있거나 함께 존재하고 있을 때, 자연스럽게 생기는 삶의 상황에서 도출됩니다. '어린이와 어른이 함께 있다!'고 했을 때, 이는 '동시 거주'를 의미합니다. 동거同居하고 있단 말이에요. 함께 거주하며 동거하는 상황에서, 어린이는 어떻게 됩니까? 어른으로부터 인간으로서 삶을 어느 정도 보호받으며 자라겠지요? 그것보다 원초적인 사태는 새로운 인간의 탄생입니다. 즉, 이때의 어린이와 어른은 서로가 상대를 규정합니다. 아동은 성인에 대해 성인은 아동에 대해, 서로가 대비되면서 탄생의 신호를 알립니다. 다시 말하면 서로에 대해 아동의 탄생이자 성인의 탄생입니다. 부모 — 자식의 입장에서 보면, 아동은 자식의 탄생입니다. 자식이 있음으로 인해 부모라는 이름이 붙여지면서 부모가 탄생합니다. 어린이라는 것은 그 존재 자체가 어른을 탄생시키고, 자식의 탄생은 동시에 그것을 존재하게 만든 부모의 탄생을 의미합니다.

우리가 일반적으로 어린이와 어른, 아동과 성인, 혹은 자식과 부모에 대해 얘기했을 때, 이것은 상대적인 개념입니다. 어린이가 없으면 어른이라는 말 자체가 존재할 수가 없어요. 마찬가지로 어른이 없으면 어린이라는 말도 존재할 수가 없어요. 그러니까 각각의 상황이 동시에 존재하면서, 자식이라든가 부모, 혹은 어린이라든가 어른, 아동과 성인이라는 상황을 새롭게 만들어주는 겁니다. 어린이와 어른이 함께 존재할 때, 거기에는 나름대로의 질서와 역할이 수반합니다. 쉽게 말하면 어른은 어른다워야 하고, 어린이는 어린이다워야 합니다. 이때 어른은 어린이에게 세상에 관한 다양한 사태를 일러주겠지요? 어린이는 그런 어른을 따라 배울 것입니다.

어떻게 보면, 어린이와 어른, 아동과 성인, 또는 자식과 부모의 동시 탄생은, 그것을 전제로 또 다른 상황을 발생시킵니다. 그냥 물리적으로 어린이와 어른이 함께 덩그러니 물건처럼 존재하는 것이 아닙니다. 어린이는 어린이로서 역할을 해야 하고, 어른은 어른으로서 역할을 해야 된단 말입니다. 거기서 인간의 역할과 기능, 질서가 탄생합니다. 그것이 파이데이아라는 교육의 개념을 형성합니다.

다시 살펴봅시다. 어른과 어린이가 탄생되었습니다. 그러면 어린이는 어른의 품 속으로 들어가고 어른은 어린이를 품어줍니다. 아주 깊고 넓게 포용합니다. 그런 차원에서 발생하는 삶의 상황이 교육이다. 이렇게 볼 수 있습니다.

••• 공존하는 인간 현상 ― 상호작용하는 경험

여러분! '파이데이아'라는 말을 잘 기억해 두세요. 파이데이아는 어떻게 보면, 어린이와 어른이 함께 존재하며 겪는 삶의 현상이자, 그 속에서 다양하고 복잡하게 일어나는 일을 상징합니다. 그것을 교육의 의미로 가져온 것입니다. 따라서 파이데이아라는 개념은 여러 가지 단어들을 파생시킵니다. '훈련하다'도 거기에서 나온 말입니다. 우리가 보통 군대에서 '사격 훈련을 한다' 운동을 할 때 '근력 훈련을 한다'라고 그러지요? 이것이 '교육하다'는 말로 연결되고, '무엇을 닦는다'라는 의미의 '도야하다'로 이어집니다. 그 다음에 학생들이 '수업을 받는다'라거나 '수업하다'로 확장되고, 익숙하지 않은 어떤 사태가 있을 때, 익숙하게 되기 위해 '길들인다'라는 말로 확장됩니다. 그래서 파이데이아라는 말은 아이와 어른이 공존共存하는 현상인 동시에 거기에서 발생하는 교육이고, 그 교육이 '훈련하다'에서 '길들이다'에 이르기까지 다양한 의미들을 파생하면서 현재에도 교육의 개념으로서 영향을 미치고 있습니다.

파이데이아에 대해 조금 더 깊이 생각하려면, 서구 고대 사회, 고대 문명의 완결체라고 볼 수 있는 고대 그리스 사회의 언어적 세계를 고려할 필요가 있습니다. 고대 그리스는 아주 화려한 문화를 꽃피운 문명국가입니다. 그런 사회에서 파이데이아라는 개념은 어린이와 어른이 동시에 전제되는 인간 사회를 상정합니다. 인간이 전제된다는 말입니다. 그러니까 어린이와 어른이라는 존재는 반드시 인간 사회에 살아가는 상징적 존재로 부각됩니다. 함께 동시 거주하는, 어른과 어린이가 공존하는 자체가 뭐냐 하면, 사람들이 어울려 살아가는 하나의 목적이 되고 이유가됩니다.

어린이가 제대로 살아갈 수 있는 근거는, 어린이 스스로가 살아가기도 하지만, 어른에 의존하기 때문입니다. 그리고 어른이 살아갈 수 있는 근거는, 어린이라는 존재로 인해, 자신의 삶을 보다 풍성하게 만들어갈 수 있기 때문입니다. 그래서 파이데이아라는 개념에 대해, 인간 사회를 기본 요건으로 한다고 보는 겁니다. 물론, 인간 이외의 사물들도 많이 있겠지요? 소나 양과 같은 동물들도 있고, 풀이나 나무와 같은 식물들도 있을 겁니다. 이런 동물과 식물의 삶은, 본능적입니다. 소와 양과 같은 동물이 본능적으로 어떤 풀을 단순하게 뜯어먹는 그런 것에 머물지요. 풀은 소와 양에게 먹힌 후 그 배설물로 인해 다시 자라납니다. 하지만 인간의 삶은 그런 차원을 훨씬 넘어 있습니다. 사고력이라든가, 창의력이라든가, 삶의 양식과 같은 것들을 전제로 하기에, 고등 동물이라고 합니다.

••• 인간, 그리고 명예 ― 인간을 인간답게 하는 모든 활동

여러분! 이런 점에서 파이데이아를 다시 고민해 보십시오! 파이데이아는 인간이, 어린이와 어른이 동시에 거주하면서, 이성적 존재로서 무언가를 사고하고, 삶을 만들어내는 작업입니다. 그것이 다름 아닌 교육입니다. 이러한 파이데이아에서 말하는 교육의 목적은 무엇이겠습니까? 인간이, 크게 보면 어린이와 어른으로 구성되어 있는 인간사회에서, 어린이와 어른은 각자 자신의 특수한 능력을 지니고 있을 것입니다. 모든 인간이 그렇습니다. 이런 문제를 깊이 생각해야, 그리고 사려思慮 깊게 인식해야 그 사회의 삶의 목적이 도출됩니다. 사려는 생각입니다. 아주 깊은 생각을 통해, 어린이는 어른이 어른은 어린이가, 서로에 대해 자기를 지배하는 완전한 인간을 지향하는 일, 그것이 파이데이아에서 구현됩니다. 그러니까 어린이는 어른으로서 성장해야 하고, 어른은 다시 삶을 성찰하면서, 어린이를 이끌어줘야 하는, 그런 차원의 어떤 개념을 담고 있습니다.

이러한 파이데이아라는 개념을 요약하면, 그것은 '인간을 인간답게 하는 모든 활동'입니다. 다시 강조하면, 어린이라는 존재가 있고, 어른이라는 존재가 있습니다. 그랬을 때, 어린이는 어린이답게 무언가 어린이 같은 A라는 행동을 할 것입니다. 그리고 어른은 어른답게 그에 맞는 B라는 행동을 할 것입니다. 이때 A라는 행동과 B라는 행동은 상호작용을 통해 무언가를 생산적으로 만들어 내겠지요. 여기에서 어린이는 어린이답게, 어른은 어른답게 하는 모든 활동양식이 교육입니다. 그것이 파이데이아의 개념에 녹아 있습니다.

그렇다면 여기서 인간'답게'라는 말이 무엇인지 논란이 됩니다. 자, 한번 봅시다. 제가 지금 여기에서 여러분과 같이 파이데이아에 대해 얘기하고 있습니다. 저는 여기서 입장이 선생이거나 교사, 혹은 교수자에 해당하겠지요? 여러분은 학생의 위치에 있습니다. 그러면 여기에서 교사'답다'는 것이 무엇이겠습니까? 교사답기 위해서는 어떻게 해야 됩니까? 현재 가르치는 내용에 관한 정확한 지식을 지녀야 하고, 그것을 여러분에게 제대로 전달해줘야 하며, 토의 사항이나 과제물을 제시한다면 그것을 받아 체크하고, 그 이외에도 교수활동과 연관된 여러 가지 상황이 있겠지요. 학생의 경우에도 마찬가지입니다. 강의를 수강하고 주어진 과제물을 이수하고 동료들과 토론하며 자신의 목표를 향해 나아가야 합니다. 쉽게 말하면, 그런 일을 하는 것이 이 시간 우리의 역할입니다. 파이데이아가 그런 겁니다.

우리말에서 '~답게'라는 것은 굉장히 중요합니다. 모든 사람은 그에 맞게 사람다워야 하거든요. '인간답게'라고 했을 때, 어린이는 어린이답게, 어른은 어른답게라는 것이 무엇이냐? 모든 사람은 저마다 각자의 영혼이 있습니다. 정신이 있단 말입니다. 이것은 사람마다 모두가 지니고 있습니다. '모든 사람에게 저마다 지닌 이 영혼에 딱 들어맞는 명예를 주는 일'이 인간답게입니다.

파이데이아에서 어린이, 혹은 아동이라는 개념이 탄생하고, 어린이와 어른, 아동과 성인이 동시에 거주하는 의미가 담겨 있다고 했습니다. 그랬을 때 어린이의 특성을 보면 어떻습니까? 쉽게 생각해 보세요. 어린이가 마구 그냥 천방지축天方地軸으로 뛰어놀아요. 그런데 어른의 입장에서 그걸 보면서, 보통 이렇게 얘기합니다. '얘들아! 조용히 해! 왜 떠들어! 쓸데없이 여기저기 마구 돌아다닌단 말이냐!'라고 하면서 꾸중을 하거나, 자제하도록 권고하면서 겁을 줄 수도 있습니다. 그런데 아동의 입장에서 보면, 어린이는 뛰어다니는 것이 자기 목적입니다. 아니, 어린이가 조용하게 가만히 앉아 있다? 몸이 근질근질한데 어떻게 가만히 앉아 있나요? 이런 행동이 오히려 이상한 겁니다.

어린이가 '어린이답다'라는 것은 뭐냐 하면, 말 그대로 어린이의 특성에 맞게 뛰어다니며 노는 거예요. 어린이가 뛰어 다니면 어때요? 어린이인데. 그 어린이의 정신, 어린 아이 수준에 딱 들어맞게끔, 그 아이에게 아주 명예스럽게 그 아이의 정체성을 인정해주는 것, 그런 것을 '어린이답게', 이른 바 '인간답게'라고 합니다. 어른은 또 어떻습니까? 우리가 어른으로서 부모가 되었다, 스승이 되었다 또는 한 사회에서 지도자가 되었다고 합시다. 그러면 반드시 그 위치에 맞게 행동해야 합니다. 거기에 맞게 행동하지 않으면, 어떤 사람들이 그 부적절한 행동에 대해 지적하거나 비난하거나 꾸중하는 등 말이 많을 것입니다. 때문에 모든 사람에게 각자의 영혼에 맞는 명예를 주는 일은 굉장히 어려운 작업입니다. 그러니까 파이데이아를 실제 제대로 구현하는 일이 쉽지 않다는 것이 예고되지요?

••• 탁월한 성장 — 각자의 소질을 탁월하게 자랄 수 있게 하라

그 다음에 또 파이데이아가 지닌 중요한 의미가 무엇이냐? 모든 사람에게는 각자의 잠재능력이 있습니다. 소질이 있지요. 그러니까 모든 인간에게는 자신만의 자질이 있는 겁니다. 사람들이 가끔씩 이렇게 얘기하는 경우가 있습니다. '너는 소질이 없어!', '재주가 없어!', '없다'를 강조하는 이 말은 정확하게 분석해보면, 틀린 말이에요. 왜냐하면 모든 사람은 그 사람의 잠재능력과 나름대로의 소질을 지니고 있기 때문입니다.

여기에서 고려할 사항이 있습니다. 그것은 소질과 자질, 잠재능력에 대한 정확한 이해입니다. 소질은 누구나 지니고 있다고 했지요? 대신, 소질은 사람마다 다를 수 있습니다. 유사한 소질을 지니고 있을 수는 있어도, 세밀하게 보면 모든 사람은 서로 다른 제각각의 특징을 지니고 있어요. 어떤 사람이 다른 사람에 비해 능력이 조금 나을 수 있고요. 어떤 사람은 조금 낮은 수준에 있을 수는 있어요. 그런데 '잠재능력 자체가 아예 없다!', '소질이나 자질 자체가 전혀 없다!' 이런 사람은 세상에 존재할 수가 없습니다. 아주 특별하게, 태어날 때부터 특수한 장애를 지니고 있는 사람이라든가, 비장애인과 다른 영역에 있는 그런 사람은 예외적인 경우입니다. 일반적 상황에서는 모든 사람이 나름대로의 소질과 자질, 잠재능력을 지니고 있습니다.

때문에 파이데이아는 뭐냐 하면, 모든 사람 각자에게 잠재능력과 소질에 따라 그 잠재능력과 소질을 탁월하게 자라날 수 있게 하는 작업입니다. 어떤 사람이 조그마한, 아주 작은 규모의 잠재능력, 소질이나 자질을 지니고 있다고 합시다. 그러면 이 잠재능력은 점점 성장해가면서 다양한 교육적 요인을 불어넣을 겁니다. 지식도 불어넣고, 도덕도 불어넣고, 어른을 본받기도 하고, 어린이 스스로 어떤 일을 해보기도 할 겁니다. 그 과정에서 교육하기 이전에는 어떤 형태의 소질로 존재했다면, 그것은 그대로 머물러 있는 것이 아니라 조금씩 성숙한 모습으로 자라날 것입니다. 나아가 탁월하게 아주 뛰어나게 어떤 일들을, 문제해결을 잘 할 수 있도록 그런 방향으로 나아갈 것으로 기대된다는 겁니다.

그래서 여러분! 이 파이데이아라는 것을 가만히 보면, 서구에서 이 파이데이아가 교육을 상징하는 최초의 개념이라고 얘기할 때, 그 교육은 '인간이 인간으로서 인간답게 자라날 수 있는 총체적인 어떤 내용들, 전반적인 삶의 상황들, 이런 것들을 담보하거나 녹여 넣으려는 인간적 노력을 예고하고 있다!' 이렇게 이해하면 좋습니다. 고대 그리스에서 얘기하는 어린이라는 존재와 어른이라는 존재가 있을 때, 이 어린이와 어른이 동시에 거주한다는 차원을 넘어서려면, 이제, '어린이란 무엇인가?', '어른이란 무엇인가?' 혹은 '어린이답다는 것이 무엇이냐?', '어른답다는 것이 무엇이냐?' 이런 물음의 끝에서, 결국 어떤 사태가 벌어지느냐? 우리는 '인간이라는 존재가 무엇이냐?'라는 궁극적 고민으로 빠지게 됩니다.

그러니까 동서고금을 막론하고, 교육을 잘 하기 위해서는, 옛날부터 지금까지 끊임없이 '인간이란 무엇인가?'를 묻는 거예요. 그런데 답이 쉽게 나오지 않지요. 답이 나오지 않으니까, 많은 사람들이 종교를 믿기도 하고요. 때로는 인간에 대한 과학적 규명을 하려고 노력하고요. 또 의학적으로도 고민을 하고요. 예술적으로도 승화하려고도 합니다. 과연, 인간이 뭘까요? '인간이란 무엇인가?'라는 물음이 어느 정도 정돈되고, 보편성을 띠었을 때, 거기에 파이데이아라는 현상을 적용시켜 교육을 할 수 있단 말입니다. 그런 차원에서 파이데이아를 이해하는 일 자체가 굉장히 중요하다고 볼 수 있습니다.

앞으로 여러 가지 교육문제에 대해 개념 정돈을 하겠지만, 교육과 관련하여 우리에게 익숙한 것은 에듀케이션education입니다. 에듀케이션은 우리에게 거의 교육의 주개념으로 다가와 있습니다. '교육=에듀케이션'입니다. 그런데 이것 이외에 원초적으로 서구의 교육 개념으로서, 고대 그리스 사회의 용어로 파이데이아라는 말이 있습니다. 이 부분을 잘 인식해 둘 필요가 있어요.

다시 정돈합시다. 파이데이아! '어린이와 어른이 동시에 거주하고 있다!' 여기에서 '동시에 거주하고 있다'는 것은 무엇을 의미할까요? 그러니까 파이데이아의 개념을 이해한 여러분이, 어린이 수준에 있는 사람과 어른 수준에 있는 사람이 동시에 한 공간에 머물러 있다고 생각해 보십시오. 아니, 함께 머물러 보십시오. 그냥 서로 바라보기만 하며 가만히 있지는 않을 겁니다. 서로가 서로에게 무언가를 갈구하고 애타면서 '다른 사람에게 뭔가를 알려줘야 하지 않을까?', '저 사람을 본받을까? 무시할까?' 그 사회 공동체의 공간에서 여러 가지 현상이 일어날 것입니다. 그런 부분을 생각하면, 교육이라는 것이, 태초에 본질적으로 이런 의미를 담고, 거기에서 출발한 것이구나. 이런 느낌이 들 겁니다.

02

에듀케이션, 페다고지, 빌둥:
서구 교육의 이미지를 탐구하다

여러분! 앞에서 파이데이아라는 개념을 살펴보았습니다. 파이데이아는 '어린이와 어른, 아동과 성인, 또는 부모와 자식이 함께 거주하다'라는 어원을 지니고 있고, 교육은 그것에서 출발하여 '인간을 인간답게, 아동이 지니고 있는 소질들을 그 아동에게 가장 탁월하게 명예를 주는 일'이라고 했습니다. 이번에는 그것과 조금 다른 각도에서 교육이라는 말의 의미를 검토해 보겠습니다.

••• 서구의 교육개념들 — 우리 교육에 얼마나 녹아들었는가?

일반적으로 교육이라고 할 때, 영어로는 에듀케이션education이라는 말을 많이 씁니다. 에듀케이션은 어떤 뜻을 담고 있을까요? 중고교 시절부터 그냥 하나의 영어 단어로만 외우고 있는 것은 아닌가요? 교육을 나타내는 또 다른 영어는 페다고지pedagogy입니다. 교육학을 전공하지 않는 사람에게 페다고지는 좀 낯선 단어일 수도 있습니다. 이것은 어떤 뜻을 지니고 있을까요? 영어권에서는 에듀케이션과 페다고지를 교육의 의미로 자주 씁니다만, 독일어권에서는 빌둥bildung이라는 말을 씁니다. 에듀케이션, 페다고지, 빌둥 이 세 가지 용어는, 우리말로 번역하면 모두 '교육'이 됩니다. 서구인들이 즐겨 사용하는 에듀케이션과 페다고지, 빌둥이라는 말이 우리말의 교육이라는 개념과 동일할까요? 아니면 다른 어떤 의미를 담고 있을까요?

에듀케이션과 페다고지, 빌둥은 그 성격이 약간 다릅니다. 영어로 '에듀케이션 이즈Education is ~'라고 했을 때, 우리말로 번역하면, '교육은 ~이다' 이렇게 되겠죠? 그리고 '페다고지 이즈Pedagogy is ~'라고 해도 '교육은 ~이다' 이렇게 번역이 되고요. '빌둥 이즈Bildung is~'라고 해도 마찬가지로 '교육은 ~이다'로 번역됩니다. 그러나 페다고지와 에듀케이션, 그리고 빌둥 사이에는 미묘하면서도 다른 특성이 개입되어 있습니다. 그 부분들을 정확하게 파악해야만 에듀케이션이라고 얘기하고, 그 교육이 무엇무엇이라고 했을 때, 여기서 얘기하는 교육이 어떤 형식을 의미하는지 개념을 찾을 수 있는 겁니다.

여러분! 한 번 생각해 봅시다. 똑같은 사람인데, 아동을 다룰 때와 어른을 마주할 때, 그리고 특수한 상황에 있는 어떤 사람을 대할 때, 교육방법이나 목표가 동일할까요? 아니지요? 상당히 달라집니다. 이런 차원에서 에듀케이션과 페다고지, 빌둥이 지닌 특성들이 있습니다. 그 부분들을 개략적으로 살펴보며 한국교육을 고민해 보도록 하겠습니다.

••• 에듀케이션 — 자신의 내면을 계발하게 만들라

먼저, 에듀케이션입니다. 에듀케이션은, 라틴어 '에듀카레educare'라는 말이 그 어원입니다. 에듀카레라고 하니깐, 카레가 떠오릅니까? 농담입니다만, 카레밥이라고 할 때 그 카레는 아닙니다. 요즘, 에듀케이션을 줄여서 '에듀edu–'라는 말을 많이 쓰잖아요. 교육과 관련된 각종 기관이나 사업체, 학교 같은 곳에서 홍보하는 문구를 보면, '에듀–○○○'라고 쓰는 경우가 많습니다. 그때 에듀케이션의 어원이 에듀카레입니다. 교육 콘텐츠라든가 이런 것도 보면, '에듀–○○○'라고 많이 나와 있습니다. 그때 에듀케이션의 어원이 바로 여기에 있는 겁니다. 그랬을 때, 에듀케이션을 다시 한 번 보겠습니다. 에듀케이션의 어원인 에듀카레라는 말 자체는, '에e'와 '듀카레ducare'라는 말의 합성어입니다. 말이 참 복잡하지요? 영어로는 에듀케이션으로 되어 있는데, 이것의 원래 속살, 알맹이, 그 본뜻이 '에e'와 '듀카레decare'입니다. '에e'와 '듀카레decare'라는 말이 어떤 의미인지 파악하면, '아하! 에듀케이션이라는 말에 담긴 교육의 원래 뜻, 본래의 어원적 의미가 저런 뜻을 담고 있구나!' 이런 것을 우리가 이해할 수 있을 것입니다.

다시 보겠습니다. '에e'라는 것은 무엇이냐? 영어에 '이e'가 붙었잖아요. '이e'가 붙으면 '~으로부터'란 의미가 담깁니다. 다른 영어로는 '프롬from'에 해당합니다. '무엇무엇으로부터!' 여기에 어떤 것이 있는데, '이것으로부터 무언가 나온다!'라는 의미와 유사하게 됩니다. 그러니까 '이 속에 있는 무엇무엇으로부터 이렇게 나온다!'가 되니까 '아웃out', 즉 '밖으로 끄집어내다'라는 의미가 있어요. 속에 있는 어떤 것이 밖으로 나오는 그런 뜻이 담겨 있습니다. 예를 들어, '엑스포expo'라고 하면, 박람회, 전시회와 같이 '겉으로 보여주다' 이렇게 되잖아요. 그러면 이e가 붙은 것은 대부분 안에 있던 것을 벗겨 내거나 끄집어내어 누군가에게 보여주는 의미가 강합니다. 이e자가 붙은 대부분의 단어가 그렇습니다. 재미있게 얘기하면, 단어를 외울 때 접두어 이e가 붙은 단어들은 대부분 '속에 있는 것을 끄집어내준다' 이렇게 생각하세요. 그러면 상당 부분 들어맞습니다. 단어 공부를 할 때 그냥 일방적으로 외우는 것보다 그런 연상법을 사용하면 효과를 볼 수 있어요. '아이i'가 붙으면, 이e와는 반대로, '안으로 들어가는' 이런 의미가 되겠지요?

주제에서 조금 벗어났습니다만, 에듀카레에서 에e는 그렇습니다. 에e는 '밖으로 끄집어내는 것', '무엇무엇으로부터 나오는 것'이고요. '듀카레ducare'는 '이끌다'는 의미입니다. 여러분! 지도자를 리더leader라고 하지요? 듀카레는 리더와 유사하게 '지도한다', '인도한다' 이런 의미를 지니고 있습니다. 그러면, 에듀카레는 '안에 있는 것, 혹은 무엇무엇으로부터, 저기에 있는 것을 내가 끌고 간다!' 이겁니다. '이끌고 간다' 이런 의미입니다. 또는 '이끌어 낸다.' 이렇게 되지요.

좀 쉽게 얘기하면, 다음과 같이 이해할 수 있습니다. 여기에 인간이 있습니다. 파이데이아를 소개할 때 언급했지만, 이 인간은 소질이라든가 자질이라든가 잠재된 어떤 능력이라든가, 나름대로의 재능이 있을 것 아닙니까? 인간에게 내재한 이런 부분들을 바깥으로 끄집어 내주는 작업! 이것을 에듀케이션이라고 합니다. 그러니까 에듀케이션은 뭐냐 하면, 모든 사람이 자신의 속에 어떤 내용을 지니고 있는데, 이것을 겉으로 끄집어내어 다양하게 적용하면서 다른 사람을 이롭게 한다든가, 자기를 계발하는 그런 의미가 있습니다. 그래서 이 말은 '무엇무엇으로부터 끄집어내준다'는 차원에서, '인간을 계발한다!'라는 의미가 상당히 강하게 배어 있습니다. 우리가 '자기계발, 인간계발, 능력계발'과 같은 말을 많이 쓰죠? 그런 차원에서 에듀케이션을 이해하면 좋겠습니다.

어원적 의미를, 다시 한 번 봅시다. 에듀케이션이 뭐라고요? 에듀케이션이라고 했을 때 '에e'는 '프롬from'이나 '아웃out'의 의미입니다. '듀카레ducare'는 라틴어에서 온 말인데, 리더lead, '이끌고 간다', '인도하다'라는 의미입니다. '끄집어 내주다'라는 의미로 이해하면 좋겠습니다. 자, 그럼 종합적으로 정리해 봅시다. '인간이 지니고 있는 것을 밖으로 꺼낸다.' 여기까지는 에e와 듀카레ducare에서 해명이 되지요? 키워주는 일이자 길러주는 겁니다. 그 다음에, 인간에게는 선천적으로 타고난 여러 가지 자질이 있습니다. 그 자질을 끄집어 내주는 거니까 한글로 말하면, 길러준다는 의미지요. 계속 길러주는 겁니다. 학습자가 선천적 소질, 이른바 잠재 능력을 바람직한 방향으로 이끌어주는 일입니다. 바람직한 방향으로 표출할 수 있도록, 표출이라는 것이 겉으로 드러나는 거지요? 잠재되어 있는 부분을 표출할 수 있도록 능력을 신장시키고 발전시켜주는 작업이 에듀케이션의 의미입니다. 이렇게 이해하면, 영어로 에듀케이션이라고 하는 교육에 대한 이해가 깊어질 겁니다.

••• 페다고지 — 관리, 감독, 지도를 통해 아이를 인도하라

다음에는 페다고지를 한 번 봅시다. 여러분! 페다고지는 에듀케이션이라는 말과는 다른 뉘앙스를 지니고 있습니다. 페다고지는 그리스어 파이다고고스paidagogos라는 말에서 유래합니다. 파이다고고스는 뭐냐 하면, 여러분! 앞에서 파이데이아paideia라는 개념을 설명했지요? 파이데이아에서 다루었던, 어린이와 어른이 공존하는, 함께 거주하는 얘기를 했잖아요. 파이데이아와 파이다고고스라고 했을 때, 파이데이아와 페다고지에서 '파이다고고스'가 '어린이'를 다룬다는 점에서는 공통성이 있습니다. 이런 점을 염두에 두고 페다고지를 보세요. 파이다고고스가 뭐냐하면, 파이도스paidos라는 '어린이'와 '아고고스agogos'라는 '이끌다'가 합쳐진 말입니다. '이끌다'라는 말은 듀카레ducare와 비슷하지요? 에듀카레educare를 설명할 때 듀카레ducare 있잖아요. 어린이를 이끌고 가다! 이것은 어떻게 보면, 어린이가 뭘 모르고 멍청하게 서 있을 때, 어른이 아이를 인도해가는 양상입니다. 에듀케이션에서 보면, 내면에 있는 특징을 끄집어내주는 아웃out, 혹은 프롬from의 의미가 있었잖아요. 그런데 이것은 어린이가 있을 때 함께 공존하면서 어린이와 손을 잡고 이끌어 주는, 어린 아이가 뭘 모르니까 손을 잡고 '저기 가자, 여기 가자'라고 하며 알려주는 일, 그런 차원이 상당히 강하게 배어 있습니다.

다시 페다고지를 정돈해 봅시다. 페다고지는 원래 어떤 뜻을 갖고 있느냐? 그리스 시대에는 귀족의 자제를 교육할 때 하인인 교복敎僕이 귀족의 자제인 어린이를 학교나 체육관, 혹은 여러 공공장소로 데리고 다니며 이끌어주었습니다. 페다고지는 그런 교육적 행위에서 유래합니다. 교복敎僕은 하인이기는 하지만, 귀족 주인의 어린 자식들을 가르쳐주는 역할을 합니다. 하인인데 이 사람은 어린이가 아니라 어른이지요? 페다고지는 바로 거기에 기원을 두고 있습니다.

동서고금을 막론하고 교육은, 교육을 받을 정도의 경제적 부가 축적되었을 때 가능한 행위입니다. 교육을 받을 만큼 삶의 여유가 있어야 됩니다. 스쿨school이라는 개념 자체가, '여유가 있는 사람들이 활동할 수 있도록 장소를 제공해주는' 그런 차원의 의미가 담겨 있습니다. 고대 그리스에서 하인이 귀족의 자제들을 체육관이나 공공장소 같은 곳에 손을 잡고, 모시고 다녔습니다. 여유가 있으니까 다닐 수 있는 겁니다. 그렇지 못한 일반 서민들은 어떻겠습니까? 쉽게 말하면, 먹고 살기 바쁜데 무슨 여유를 갖고 한가롭게 유람하듯이 다닐 수 있겠어요. 우리나라 조선시대에 비유하면, 양반집의 하인이 '도련님! 도련님!' 하면서 양반집 어린 자제의 손을 끌어 잡고, '아, 이곳은 어디입니다!', '저것은 무엇입니다!'라고 하며, 자세하게 세상과 사물에 대해 일러주는 것, 그런 차원을 연상하면 좋겠습니다.

그 다음에 또 페다고지는 뭐냐 하면, 어린이의 가르침을 담당한 하인, 앞에서 교복이라고 그랬잖아요. 이 가르침을 담당하는 하인이 이끌어가는 것, 알려주는 것, 그런 차원입니다. 페다고지는 '어린이를 이끌어주다'라는 뜻이라고 했지요? 오늘날 교육으로 말하면, 어른인 교사가 어린이인 학생을 '지도하다', 다른 말로는 '관리하다' 혹은 '감독하다' 뭐 이런 정도의 여러 가지 표현을 쓸 수 있을 겁니다. 간략하게 말하면, 페다고지 '아동 지도'예요. '지도'라는 표현이 어떻게 보면 좀 권위적일 수 있지만, 원래 페다고지라는 말에 담긴 의미는 무언가를 잘 모르는 아이의 손을 잡고 이끌고 가서 알려주는 거예요. 그때 지도가 들어가죠. 그렇지 않습니까? 운동선수를 지도하는 코치나 감독이 어떻게 합니까? 아직 운동기술을 제대로 익히지 못한 어린 선수들을, 잘 이끌어주고 지도하고 감독하고 리드하지 않습니까? 그런 것들을 연상하면 페다고지를 이해하기 쉽습니다.

••• 빌둥 ─ 자신의 고유한 모습인 개성을 발현하라

에듀케이션과 페다고지는 영어권에서 얘기하는 교육 개념입니다. 이제부터 말하려는 빌둥은 독일어권에서 사용하는 개념입니다. 빌둥은 한 마디로 얘기하면, 우리말로는 도야陶冶라는 뜻입니다. 도야라는 것은 예컨대 '도자기를 빚는다'고 가정해 보십시오. 여러분은 어떻게 했습니까? 초·중·고등학교 시절 미술시간으로 돌아가 보십시오. 지금은 그런 활동들이 상대적으로 줄어들었습니다만, 미술시간에 물감은 물론 찰흙을 가지고 손으로 막 빚었잖아요. 빚어서 깎아 가지고 도자기도 만들고 꽃병도 만들고 그런 작품 활동을 하지 않습니까? 무언가를 빚어가지고 만들어내는 작업, 그런 것들을 도야라고 합니다. 아직 만들어지지 않은, 가공되지 않은 상태의 어떤 것이 있으면, 갈고 닦아서 꽃병을 만든다든가, 여러 가지 그릇과 같은 물건을 만들지 않습니까?

사람은 어떻습니까? 사람도, 원석原石이나 원목原木과 같은 우리 인간의 어떤 자질, 잠재능력이 있잖아요. 원석이나 원목과 같은 재료를 갈고 닦아서 어떤 도구를 만들어낸다 말입니다. 그것처럼 인간에게 도구라는 표현이 좀 적절하지는 않지만, 인간은 삶의 과정에서 자신의 인격이나 성격을 창출해 내는 작업을 필수적으로 요청합니다. 빌둥은 그런 세계를 일러주는 개념입니다. 빌둥은 도야라는 개념으로 이해되지만, 다른 방식으로 표현하면, '어떤 사람이 자신의 인격이나 성격을 닦아나가다!' 그런 의미가 부각됩니다.

빌둥의 의미를 가만히 들여다보면, 인간에 주어진 고유한 사명들, 이를 소질이나 자질, 잠재능력으로 바꾸어 말할 수 있습니다만, 개인이 자신이 지니고 있는 개별성을 뚜렷하게 드러내는 일, 예를 들어, 앞에서 언급한 원석을 보석으로 만드는 것이지요? 자신을 뚜렷하게 드러내야 합니다. 원석의 특징을 가장 뚜렷하게 잘 드러내줘야 보석이 되어 빛나는 겁니다. 빌둥은 원석을 보석으로 가꾸는 일과도 같습니다. 그러기에 다른 사람의 개성과 혼동되거나 반복될 수 없는, 자신의 고유함을 드러내 보이는 작업입니다. 때문에 앞에서 언급한 에듀케이션과 페다고지와 뉘앙스가 조금 다릅니다. 고유한 어떤 것을 보석처럼 만들어내는 것, 닦아 내는 일입니다. 그러니까 '자유로운 개성의 발현', '자신의 고유한 모습을 추구하고 획득하는 과정'이라는 표현으로 이해할 수 있어요. 에듀케이션과 페다고지, 그리고 빌둥은 모두 교육을 대변하는 개념이기는 하지만, 이렇게 뉘앙스 차이가 나는 겁니다.

에듀케이션, 페다고지, 그리고 빌둥에 관한 개념이 이렇게 인식되었다면, 그 이전에 언급했던 파이데이아와 비교해 보세요. 그러면 교육의 융복합적 의미가 드러납니다. 파이데이아, 그리고 에듀케이션과 페다고지, 빌둥. 교육을 나타내는 여러 가지 개념은 우리 한국교육에게 무엇인가요?

파이데이아는 사람을 사람답게 만드는 거예요. '~답게!' 어린이는 어린이답게. 어른은 어른답게. 그런 의미가 상당히 강합니다. 에듀케이션은 '~으로부터!' 내면에 있는 자질을 바깥으로 끄집어내는, '프롬from'이나 '아웃out'으로, 계발의 뜻이 강합니다. 펼쳐서 여는 겁니다. 그리고 페다고지는 어린이의 손을 잡고 지도하는, 인도하는 행위! 이런 개념이 상당히 강합니다. 마지막으로 빌둥은 그 사람이 갖고 있는 고유한 특성, 다른 말로 표현하면 개성이 되겠지요. '개성을 발현해 낸다!' 이런 의미가 부각됩니다.

서구에서 말하는 교육, 즉 파이데이아, 에듀케이션, 페다고지, 빌둥의 개념을 보면, 그 특성이 파이데이아는 인간답게, 에듀케이션은 계발, 페다고지는 지도하고 인도하는 양식, 빌둥은 개성을 발현하면서 수련을 하는 방식으로 드러나지요? 이러한 네 가지 서구의 교육 개념을 파악해두면, 아! 교육이라는 것이, 단순하게 선생님이 알려주는 것만이 아니구나. 학생이 자기의 개성을 펼쳐가는 것도 있구나. 에듀케이션처럼 계발하는 차원, 때로는 이끌어가며 인도하는 일도 있구나. 그렇지요? 나아가 스스로 인간답게 만드는 사안도 있구나! 이런 교육의 개념 상황을 보면, 인간사회를 총체적으로 이해해야 하는 매우 융합적이고 복합적인 차원을 감지할 수 있을 겁니다.

그래서 우리가 어떤 교육을 이해할 때, 서구의 개념 몇 가지만 살펴보아도,

'교육이라는 것을 단순하게 언급할 문제는 아니다!' 이렇게 느낄 것입니다. 한번 더 상기해 보십시오. 파이데이아! 에듀케이션! 페다고지! 빌둥! 서구의 교육 개념 네 가지에 대해 안내했는데, 이외에 다른 개념들도 있습니다. 이 네 가지 개념을 보면서도, 교육이라는 것이 굉장히 복잡하구나! 단순하게 교사에게 의존하여 학생이 일방적으로 배운다?! 우리 아이들을 그렇게 맡기면 된다?! 그런 차원을 넘어서는 게 있지요? 그리고 또 교사로서, 혹은 학생으로서, 학부모로서, 우리 사회의 많은 구성원이 교육이라는 것이 누구 한 사람에게만 의존하면 되는 것이 아니구나! 이런 부분을 상당히 느낄 수가 있습니다.

이 지점에서 생각할 문제가 하나 있습니다. 파이데이아에서 에듀케이션, 페다고지, 빌둥의 원래 뜻은 그러하지만, 시대별로 서로 다른 상황이 존재하는 교육의 스펙트럼을 놓치지 않아야 합니다. 이 시대 상황이 과연 개성을 발현할 수 있는, 빌둥을 가능하게 하는가? 이 시대 상황 자체가 어린이를 일방적으로 인도해가는 페다고지 형식이 맞는 건 아닌가? 아니면, 파이데이아의 인간답게 만드는 일, 모든 사람의 영혼에 어떤 명예를 줄 수 있는 그런 것이 시대적 의미가 더 있지 않은가? 또 아니면, 많은 일을 어린이가 스스로 계발해 가야 하는데, 에듀케이션에 담긴 개념처럼 계발할 수 있는 시대 상황을 조성해야 하는가? 그런 여건이 되는가? 이런 문제들을 함께 고민해야 합니다. 그래서 여러분! 파이데이아에서 에듀케이션, 페다고지, 빌둥을 간략하게 설명하면서, 서양의 교육 개념의 유래는 그렇지만, '오늘날 시대정신에 비추어보면 다른 의미로 해석할 수도 있겠다.' 그런 부분을 고려하면 좋겠습니다. 한국교육은 어디에 자리하고 있습니까? 파이데이아, 에듀케이션, 페다고지, 빌둥 가운데.

03

교육(教育):
동아시아 문명의 교육개념을 찾다

우리가 일반적으로 말하는 '교육'은 사실은 '교육教育'이라는 한자에서 유래한 것입니다. 일상생활에서 그렇게 많이 사용하는, 한자에서 비롯된 이 교육教育은 무엇을 담고 있을까요? 재미있게 얘기하면, '교육教育'이라고 말은 하는데, 이 교육教育의 '교教'자도 모르고 교육을 얘기한다? 그러면 웃기잖아요. '교육教育의 교教'자 정도는 알아야 교육에 대해 논의하거나, 그래도 좀 의미 있는 말을 던질 수 있잖아요.

보통 교教는 '가르칠 교'라고 합니다. 그렇지요? 가르치다! 육育은 '기를 육'이라고 합니다. 기르다! 그렇게 얘기하지 않습니까? '교教'는 '가르치다'가 되고, '육育'은 '기르다'가 되는 겁니다. 이 '가르치다'와 '기르다'는 순수한 한글이잖아요. 한글에서 말하는 교육의 의미는 나중에 다시 얘기하도록 하고, 한자에서 비롯된 이 교육教育이라는 말이 무엇인지 살펴보겠습니다.

교육教育은 한자에서 유래했지만, 일반적으로 우리말처럼 씁니다. 우리말에서 60-70% 이상, 상당 부분이 한자가 섞여 있고 함께 쓰니까요. 한자니까 굳이 중국말이라고 강변하거나 우리말이 아니라고 우길 필요는 전혀 없습니다. 한자의 '教育'을 한글로 '교육'이라고 표기하는 것일 뿐입니다. 그렇다면, 과연 교육教育이라는 것이 뭘까요? 진지하게 고민해 본 적이 있습니까? 교육에 대해 다 알고 있는 것처럼, 그냥 교육이라는 말만을 써 온 것은 아닌가요?

교육教育이라는 말은, 우리가 일반적으로 한자 '教'를 한글 '교'로 소리 내어 읽고, 그 다음에 '育'을 '육'으로 소리 내어 읽는단 말입니다. 교육! 이렇게요. 앞에서 언급했던 에듀케이션처럼, 'education'을 '에듀케이션'으로 읽듯이. 그랬을 때, 교教라는 것과 육育이라는 것이 무엇이냐는 겁니다. '가르칠 교教', '기를 육育'이라고 했을 때, 이 의미를 서구의 교육 개념인 파이데이아에서 빌둥까지 우리가 간단하게 본 것처럼, 어원 분석을 해보면, 교육이라는 의미가 우리 동양 사람들에게는 이런 방식으로 존재했구나! 그것을 조금 알 수 있을 겁니다.

••• 교육(教育)의 원질 — 우주를 마주하며 세계와 소통하라

여러분! 교教자를 봅시다. '가르칠 교教!' 한자를 조금 알고 웬만한 교양을 갖춘 사람은 쓸 줄 알잖아요. 이 가르칠 교教 자는 글자를 세 부분으로 나누어볼 수 있습니다. 교教자의 왼쪽 윗부분이 효爻이고 그 아랫부분이 자子입니다. 그리고 교教자 오른쪽 부분이 복攵입니다. 이렇게 세 부분으로 이루어져 있습니다. 그래서 이 교教자를 잘 보면, 효爻, 자子, 복攵, 세 글자가 합쳐져 있는 모습이란 말입니다.

교教가 효爻와 자子와 복攵, 다른 세 글자로 어우러져 있는데, 교教의 왼쪽 윗부분인 효爻는 무엇이냐? 이런 겁니다. 미리 말씀드리면, 우주 자연의 모든 만물이 어우러진 상태예요. 왜냐하면, 한자는 모든 글자가 그런 것은 아니지만, 흔히 상형문자象形文字라고 합니다. 자연에 있는 사물을 본떠서 만든 글자이기 때문이지요. 그것이 한자의 기본 속성이에요. 이런 차원에서 효爻자를 자세하게 분석해 보면, 글자 모양이 엑스(×)자로 표시되어 있잖아요. 위 아래로 엑스(×)자가 두 번 그려져 있지 않습니까? 윗부분의 엑스(×)에서 이런 오른쪽 빗금(/)이 A의 속성을 갖고 있다면, 반대로 그어져 있는 왼쪽의 빗금(\)은 B의 속성을 갖고 있다고 합시다. 그리고 아랫부분의 엑스(×)에서 오른쪽 빗금(/)은 C의 속성을 갖고 있고, 또 왼쪽 빗금(\)은 D의 속성을 갖고 있다고 생각해 보세요. 그러면 서로 다른 속성인 A와 B가 교차되어 엑스(×)로 드러나지요? 서로 다른 성격을 지니고서 말이지요. A와 B

가 서로 꼬여서 얽혀 있는 모습을 나타냅니다. C와 D도 마찬가지입니다. 위아래로 얽혀 있으니, 엑스(×)가 두 번 이상 복수로 꼬여 중층 구조를 형성하고 있지요.

이렇게 교차되어 꼬이고 얽혀 있는 것은 무엇이냐? 이 세계, 이 우주에는 동물, 식물, 무생물 등 수많은 물건이 있잖아요. 헤아릴 수 없을 만큼 엄청나게 많은, 저 사물들이 실타래처럼 얽혀있단 말입니다. 그걸 이중 구조의 엑스(×)자로 표현한 겁니다. 그물망(爻)처럼 얽혀있지요. 여러분! 물고기를 잡는 그물 있잖아요. 중층 구조의 엑스(×)자인 그물망(爻)은 그물이 막 얽혀있는 그런 형상입니다. 이것을 단편적으로 표현하면, 효爻와 같은 모습이 됩니다. 우주 만물이 어우러진 모습, 영어로 얘기하면 텍스타일textile이 됩니다. 텍스타일은 직물織物을 짜는 일을 말하잖아요. 그러기에 효爻는 가로와 세로를 얽어서 직물을 짜는 일과 같습니다. 그래서 이 우주를 다른 말로 간단하게 '텍스트Text'라고 표현해요. 여러분! 우리가 동료들과 공부를 하는 스터디 모임에서 교재를 선택할 때, 흔히 '이번 스터디 텍스트가 무엇이냐?' 이렇게 말하지요? 그러니까 공부할 책 속에 담겨 있는 내용을 텍스트라고 합니다. 이것은 엑스×자가 두 개로 된 것爻, 이중 구조의 그물망, 그 자체는 '서로 다른 사물들이 그물망처럼 복잡하게 얽혀 있다!', '우주 만물이 어우러져 있다!' 그런 겁니다.

그럼 교教자의 왼쪽 부분 아래쪽은 무엇이냐? 자子입니다. 자子는 '어린 아이'를 의미합니다. 우리는 보통 이 '자子'자를 '아들 자子'로 이해하지요? '아들 자'자로 쓰며 이해하는 것이 틀린 것은 아닙니다. 그렇지만 한자는 글자는 하나지만 여러 가지 의미가 복합적으로 담겨 있는 경우가 많습니다. 아들 자子라고 써버리면, 글자의 의미를 온전하게 이해하는 데 오해의 소지가 있습니다. 자子는 '자식'을 의미하기도 합니다. 자식 중에 아들만 있나요? 딸도 있잖아요. 저도 딸자식이 둘입니다. 딸이 둘인데, 그냥 '아들 자' 이렇게 해버리면, 아들을 선호하는 남성을 우월시하는, 잘못하면, 딸인 여성을 무시하고 남성 중심주의적 의식을 대변하는 뉘앙스를 줄 수 있어요. 딸은 사람이 아닌가요? 이 자子자를 사전에서 찾아보세요. '딸 자' 자도 되요. '자식 자' 자도 되고요. 이 자子에는 엄청나게 많은 뜻이 담겨 있습니다. 20가지가 넘는 뜻이 있어요. 그러므로 우리가 자子를 '아들'이라는 한 가지 의미에 한정시키면, 오류를 낳을 수 있습니다. 특히 교教자를 설명하며 교육의 의미를 구명할 때는 주의해야 합니다.

이 글자의 원형은 이런 모양(♀)입니다. 이런 글자가 바뀌어 자子자가 됩니다. 그것은 뭐냐 하면, 어린 아이를 형상화한 모습입니다. 이제 갓 태어난 어린 아이를 상징합니다. 그래서 '자子'는 '아들 자'나 다른 의미의 자가 아니라 '어린 아이 자子'로 이해해야 합니다. 이렇게 보면, 교敎를 이해할 때 하나의 사태가 발생합니다. 교敎의 왼쪽은 어린 아이가 이 세상을, 복잡하게 얽혀 있는 세상을 마주보고 있는 형태입니다. 그것을 정확하게 파악해야 합니다. 어린 아이가 세상을 마주 보고 있는 그런 형국입니다.

그 다음에 교敎는 복攵과 결부하여 인식할 필요가 있어요. 복攵은 뭐냐 하면, 교敎의 오른쪽에 붙어 있잖아요. 이 글자는 '때릴 복攵'자입니다. 복은 이렇게 이해하면 돼요. 손에 회초리를 들고 살짝 살짝 때려준다. 채찍질해 주는 거죠. 그러니까 복攵자를 보면, 윗부분(卜)은 나뭇가지(♩)처럼 생겼잖아요. 나뭇가지처럼 생긴 모습의 아래쪽은 손(又)을 나타내는 글자입니다. 따라서 손에 회초리를 들고 있는 모습으로 보면 돼요.

그래서 교敎를 통합적으로 얘기하면, 교敎의 윗부분인 효爻는 우주 만물이 어우러진 모습입니다. 이 세계가 복잡다단한 텍스트로 얽혀 있듯이 말입니다. 그 아래에 누가 있느냐? 어린 아이가 있습니다. 어린 아이가 우주 만물을 마주 대하는 모습이죠? 마주치고 있는 그런 모습이죠? 그러니까 이런 겁니다. 우리는 끊임없이 세계를 마주칩니다. 그랬을 때 어린 아이는 물리적으로 보면, 글자 그대로 순수한 이제 갓 태어난 어린 아이입니다. 어린 아이는 포대기, 즉 강보襁褓에 감싸서 보호합니다.

예를 들어, 어린 아이가 태어나면, 포대기에 감싸잖아요. 자(子, ♀)라는 글자를 보면 이렇게 싸여 있단 말입니다. 어린 아이가 머리가 있고 팔이 옆으로 나와 있잖아요. 그런데 다리는 하나로 보입니다. 머리는 이렇게 있고, 팔이 이렇게 있는데, 다리가 하나 밖에 없잖아요. 어린 아이가 포대기에 감싸여 있어 그런 겁니다. 그래서 교敎의 왼쪽 아래 부분인 자子는 '어린 아이 자子'로 보아야 하는 겁니다. 단순하게 '아들 자子'로 볼 것이 아니라는 것이지요. 그랬을 때, 어린 아이가 세상을 마주하고 있어요. 그런 어린 아이에 대해 어떻게 해야 하느냐? '옆에서 쳐 주다!', '살짝살짝 때려주다!' 그런 '각성을 위해 쳐 주다!'라는 융합적 상징체가 연상됩니다. 이런 의미를 『설문해자說文解字』라는 책에서는 뭐라고 얘기하느냐? '위에서 베푸는 것을 아래에서 어린 아이가 본받는다.' 이런 뜻으로 풀이합니다.

교教를 언급할 때 한글로 뜻을 달 때 '가르칠 교'라고 하지요? '가르치다'라고 얘기하면, 보통 어떻게 생각하느냐? 위에는 교사가 있고 아래에는 학생이 있어요. 그러면 교사가 가르침의 주체가 되어 학생을 다룬다는 의미를 일반적으로 '가르치다'로 인식합니다. 그런데 교教를 보면, 원초적으로 학생에 해당하는 어린 아이子가 세계爻를 스스로 만나고 있죠. 그런 형태의 의미가 강합니다. 여기에서는 교사가 일방적으로 가르치는 의미가 아주 적습니다.

다시 한 번 설명하면, 이 세상의 사물은 어떻습니까? 어린 아이가 이미 마주하고 있죠? 세상이 모두 이렇게 구조적으로 되어 있잖아요. 인간이 세상을 근원적으로 마주하고 있지 않습니까! 이 세상을 어리석은 인간, 즉 어린 아이가 벌써 오래 전부터 마주하고 있잖아요. 그래서 자子는 어리석은 사람으로 확대 해석됩니다. 복攵은 스승이 한 손에 회초리를 들고 공부하라고 재촉하는 모습입니다. 어린 아이들, 어리석은 사람들에게 책은 세계의 모습을 담고 있는 대표적인 텍스트입니다. 이것을 어린 아이가 울면서 마주하고 있어요. 선생님은 뒤에서 뭘 합니까? 회초리를 들었건 들지 않았건, 동기부여를 해준다든가 격려를 해준다든가 살짝살짝 때려주는 거죠. 그것이 가르친다는 의미를 담고 있는 교教의 모습입니다.

그 다음에 육育자를 봅시다. 교육의 육育자는 이런 글자입니다. 육育자의 윗부분은 앞에서 말씀드린 '어린 아이 자子'를 거꾸로[ㄊ] 보면 됩니다. 아래 부분은 사람의 몸을 상징하는 '고기 육肉'자가 됩니다. 육育은 보통 '기를 육育'이라고 얘기하는데, 이것의 원래 의미는 '자녀를 착하게 길러서 만들어 가는 일!' 착하게 만드는 거예요. 그것이 '기르다'의 원래 뜻입니다.

육育자의 모습은 최초에 어떤 것이냐 하면, 여자를 나타내는 '계집 여女'가 있으면, 그 아래에 물이 조금 떨어지는 듯한 모습입니다. 엄마가 애기를 낳을 때 필요한 물이 있는 형상입니다. 산모가 있고, 그 아래에 머리를 밑으로 한 아이가 있고, 옆에 물이 약간 있는 모습. 이것이 육育의 원래 형상입니다. 그것을 확대해석하여 산모가 어린 아이를 잘 낳아 길러서 착하게 만드는 것을 육育이라고 얘기합니다.

교教와 육育이 합쳐진 말이 교육인데, 문제는 이 교육이라는 말이 어디에 최초로 등장하느냐? 그것이 중요합니다. 우리가 보통 '교육'이라고 하면서 그냥 말로

만 '선생님이 아이들을 교육시킨다!' 그리고 '우리 아이가 학교에서, 혹은 어떤 교육기관에 가서 배운다!' 이렇게 인식하는 경우가 많습니다.

••• 교육의 맥락 — 자기를 인식하고 타자를 배려하라

교육이라는 말의 맥락을 보면 이렇게 되어 있습니다. 『맹자』의 「군자삼락君子三樂」장에 보면, '군자유삼락 이왕천하 불여존언君子有三樂 而王天下 不與存焉'이라고 기록하고 있습니다. 여기에서 군자君子는 오늘날로 말하면, '교육을 잘 받은 사람' 정도로 이해하면 됩니다. '교육받은 사람educated man!' 그러니까 다른 말로 하면, '교양 있는 사람' 뭐 이렇게 볼 수 있습니다. 서양에서는 군자를 젠틀맨gentleman 이라고 해요. '신사紳士'라고 번역합니다. 젠틀맨, 혹은 교양 있는 사람, 교육을 잘 받은 사람인 군자에게 무엇이 있는가? 어떤 특징이 있느냐? 『맹자』에서는 세 가지 즐거움이 있다고 합니다. 세 가지 즐거움 가운데 왕천하王天下, 세상에서 왕 노릇하는 것, 요즘 말로 하면, 세상에서 최고지도자가 되는 일, 그것은 이런 즐거움에 들어가지 않는다고 했어요.

그러면 첫 번째 즐거움이 무엇이냐? 여러분도 잘 알 겁니다. '부모구존 형제무고父母俱存 兄弟無故.' 이렇게 되어 있습니다. 부모 형제 모두가 건강하게 잘 살아계시고 큰 문제없이 잘 지낸다. 즉, 가정이 화목하고 무사하게 살아가는 그런 것이 첫 번째 즐거움입니다. 두 번째 즐거움은 무엇이냐? '앙불괴어천 부부작어인仰不愧於天 俯不怍於人'이라고 하여 하늘을 우러러 봐도 부끄러움이 없고, 주변 사람을 둘러봐도 부끄러움이 없는 것, 그러니까 내가 사람으로서 떳떳하게 사는 것, 그것을 두 번째 즐거움으로 두었습니다. 윤동주 시인의 「서시」에도 나오지요? '하늘을 우러러 한 점 부끄럼 없기를……' 그러면 오늘의 주제인 '교육敎育'이라는 말이 어디에 등장하느냐? 바로 세 번째 즐거움에 자리하고 있습니다. 이 말은 교육을 전문으로 하는 사람들이나 교육학을 전공하는 사람들이 많이 외우고 있습니다. '득천하영재이교육지得天下英才而敎育之!' 세상에 영재를 얻어 교육하는 일이 세 번째 즐거움이다!

우리가 쓰는 교육敎育이라는 말의 출처가 다름 아닌 여기입니다. 교육이라는 말의 위치를 제대로 확인하면, 교육의 맥락을 잘 이해할 수 있습니다. 군자의 즐거움에 세 가지가 있는데, 내가 훌륭한 사람, 교육받은 사람으로서 즐거움이 세 가지가 있다! 첫 번째 즐거움은 무엇이냐? 부모 형제가 화목하게, 무사하게 잘 살고 있는 것이다. 두 번째 즐거움은 무엇이냐? 나 스스로가 하늘을 우러러, 혹은 땅을 보고서, 주변 사람을 보고서 부끄러움이 없는 일이다. 그 다음에 세 번째 즐거움이 무엇이냐? 세상의 훌륭한 인재들을, 영재들을, 사람들을, 아이들을 얻어, 그들과 함께 뒹굴면서 교육하는 일이다! 이거예요. 교육의 모습이나 자리매김은 이처럼 굉장히 의미 있는 성스러운 겁니다. 이런 의미를 오늘날의 시각에서 풀이하면, 어떻게 되느냐?

교육받은 사람에게 첫 번째 즐거움은 부모 형제의 생존과 무사함이었지요? 그것은 뭐냐 하면 부모 형제라는 것은 나의 존재 근거입니다. 나는 누구로부터 왔느냐? 이거죠. 부모로부터 왔잖아요. 형제자매와 함께 하잖아요. 그것은 모든 사람이 자기가 살고 있는 인간세계에 대한 기본 인식입니다. 여러분! 자신을 한번 보세요. 어떻습니까? 부모 형제자매가 쫙 있잖아요. 그것을 넓히면 친구들이 있고 사회 어른들이 있고 동료가 있고 후배들이 있고 그거예요. 이는 우리 인간이 살아가는 주변의 세계상을 인식하는 거예요.

그 다음에 무엇이냐? 앞에서 그랬잖아요. 하늘을 우러러 땅을 굽어 봐서 떳떳해야 합니다. 자기 삶에서 떳떳하다는 것이 즐거움입니다. 그것은 자기가 어떤 자리에 있는지 확인하고, 내가 과연 자신에 얼마나 충실하냐? 그것을 보는 겁니다. 지금 이 글을 쓰고 있는 현실도 마찬가지입니다. 저 혼자 글을 쓰면 되는 것이 아니고, 이 글을 편집하는 편집자, 책으로 제본하는 사람 등 여러 측면에서 저를 도와주는 사람들이 있습니다. 모두 나름대로 본분에 충실한 거죠. 모든 사람이 '내가 현재 나에게 부끄럽지 않게 일을 하고 있구나!' 이런 거거든요. 그것을 확인하는 일이 두 번째 즐거움입니다. 그런 사람은 개인으로서 스스로에 대해 교육합니다. 나는 '이 정도구나! 이렇구나!' 그렇다고 해서 그것은 형식적으로 계급 계층으로서 '지위가 높으냐 낮으냐'의 문제와 전혀 관계가 없습니다. 이것은 일에 대한 문제입니다. '자기 확인'이라고 할까요.

그 다음 세 번째가 뭡니까? '득천하영재이교육지得天下英才而教育之!'라고 했잖아요. 천하의 영재! 그것은 '내가 세상에 건강한 사람들, 건전한 사람들을 만나서 교육을 한다!' 이 말입니다. 간략하게 말하면 '타자에 대한 배려와 이해'입니다. '교육'이라는 것은 다시 말해, 자기 확인과 충실의 결과를 바탕으로 타자에 대해 이해하고 배려하는 작업입니다. 그것은 사회 공동체에서 이루어집니다. 다른 말로 하면, 개인의 차원이 아니라 사회적 차원에서 진행되는 일입니다.

이런 맥락에서 앞으로 다시 돌아가 볼까요? 맹자가 얘기한, 맹자가 '군자삼락'에서 얘기했잖아요. 첫 번째 즐거움에서 두 번째 즐거움으로, 그리고 세 번째 즐거움으로 나아갔을 때, '교육'이 세 번째 자리하고 있잖아요. 이 자체가 바로 동양 사회에서 교육의 위상을 알려주는 겁니다. 그러니까 이 교육의 맥락을 다시 보면, '개인의 존재 근거를 확인한 다음, 자기를 확인하고 충실하게 살며, 타자에 대한 배려와 이해를 통해 사회를 아름답게 만들어 가는 작업이다!' 이 말입니다.

자, 그래서 교육을 그 근원이나 기원의 차원에서 요약해 보면, 그렇습니다. 교육이라는 의미의 원천은 뭐냐 하면, 『맹자』의 「군자삼락」장입니다. 인간의 탄생과 더불어 부모 형제자매가 나왔잖아요. 그 이후에 나는 세계와 마주하고 있는 것을, 마주치고 있는 것을 깨닫는 지속적인 성장을 합니다. 그리고 자신을 생성하고 창조해 가는 삶의 과정을 겪습니다. 이렇게 교육의 의미를 구성할 수 있습니다. 앞에서 설명한 내용을 보면, 인간은 먼저 자기 존재를 확인합니다. 나에게, 내 삶의 근거가 있을 것 아닙니까? 모든 존재가 존재의 이유가 있듯이 말입니다. 그리고 나 자신이 스스로에게 충실한 거죠. 충실한 후에 나 뿐만이 아니라 타자에게로 나아가는 거지요. 충실히 하는 것은 자신입니다. 존재 근거는 세계입니다. 그리고 다른 사람과 함께 더불어 교육을 하잖아요. 이것은 나를 찾고 너를 더듬으며 우리를 부르는 겁니다. 나와 너에게 동시에 나아가야 배려가 되는 거예요. 교육의 위상은 이 전체 맥락을 이어서 나오는 겁니다. 그러니까 동양사회에서는 그런 교육의 의미가 '자신을 생성하고 창조해가는 인생의 과정, 삶의 과정이다!' 이런 방식으로 이해됩니다.

04

가르치고 기르다:
한글에서 교육의 의미를 다시 추구하다

지금까지 서구의 '파이데이아paideia', '에듀케이션education', '페다고지pedagogy', '빌둥bildung', 그리고 동양의 '교육教育'에 관한 개념 정의를 해 보았습니다. 그런 개념 정의를 단순히 지식으로 알기보다는 그것이 우리 한국교육을 제대로 이해하고 문제를 파악하는 데 얼마나 도움이 되는가? '한국교육의 본질이 무엇이냐?'에 대한 부분들을 반추하는 계기가 되면 좋겠습니다.

이번에는 우리 한국교육에서, 우리의 얼이 담긴 한글에서, 우리에게 익숙한 '가르치다'와 '기르다'라는 말을 고민해 보려고 합니다. 우리가 흔히 쓰는 한글에, '가르치다'는 말이 있고, '기르다'는 말이 있죠. 우리는 학교에서 선생님들이 '나는 학생들을 가르치고 있습니다'라 하고, 많은 사람들이, 동네나 마을과 같은 지역사회에서, 혹은 관공서에서, 사람들을 지도할 때, '가르친다!'라고 얘기합니다. 그리고 또 자식을 기를 때, 많은 부모는 '자식을 잘 길렀는가? 못 길렀는가?'에 대해 얘기합니다. 그랬을 때, '교육'에 해당하는 말이 순수한 우리 말, 한글로는 '가르치고 기르다'입니다.

••• 가르치고 기르는 일 — 먼저, 말뜻을 이해하자

우리의 내면에 들어와 있는 특히, 우리 한국 사람들, 한글을 가지고 문화생활을 영위하는 한국인들에게 교육이라는 말은 진정으로 무엇을 의미할까요? 한국인의 교육적 디엔에이DNA. 그것을 파악하기 위해서는 '가르치고 기르다'라는 말의 본질을 구체적으로 구명할 필요가 있습니다. 이것을 구명하다 보면, '아! 교육이라는 것을 그런 차원으로 접근하여 우리 아이들, 어른들이, 한국교육을 아름답게 만드는 데 기여할 수 있겠구나!'를 인지할 수 있어요.

'가르치고 기르다'는 말을 잘 보세요. 어떻게 보면, 우리는 평소 때 끊임없이 '무엇을 가르치다, 혹은 기르다'는 말을 쓰고 있습니다. 그렇지요? 학교에서는 수시로 이 말을 쓸 테고요. 그 다음에 또 교사와 학생 사이의 관계가 아니더라도, 예를 들어, 선배와 후배 사이, 단순하게 어른과 아이 사이에서도 어떻습니까? 선배들은 후배들에게, 쉽게 말하지요? '야! 내가 너를 어떻게 가르쳤는데!' 이렇게 얘기한다고요. 심지어는 부모도 자식에게 그러죠. '내가 너를 어떻게 가르쳤는데. 그 많은 돈을 들여 이렇게 가르치고 있는데!'라고 하며, '가르치다'는 말을 많이 합니다. 그리고 동네 어른들이 아이들에게, 어떤 공동체에서 지도자급에 속하는 사람이 구성원에게, 아니면 계층이 조금 높은 사람이 낮은 사람에 대해 이렇게 얘기하기도 합니다. '내가 너에게 업무를 어떻게 가르쳤는데! 내가 이렇게 하라고 했지!' 이처럼 끊임없이 '가르치다'는 의미의 말을 많이 씁니다.

'기르다'는 말도 더 말할 나위가 없죠. '부모가 자식을 기르다'라는 표현은 너무나 당연한 말이고, 군대생활 경험이나 직장에서, 후배나 부하 직원에 대해, '내가 너희들을 어떻게 길렀는데!' 이런 소리를 많이 합니다. 그러면 그때 '가르치고 기르다'의 의미가 무엇이냐 말이죠! '가르치고 기르다'라는 말이 한글이니까, 한국 사람은 누구나 알고 있는 것처럼 느낄 수 있겠지만, 상당수의 사람들이 이에 대한 본질을 꿰뚫고 있지 못합니다. 때문에 '가르치고 기르다'는 의미의 교육을 제대로 실천하지 못하는 경우가 많습니다.

먼저, '가르치다'는 말부터 보겠습니다. '가르치다'의 고어古語는 'ᄀᆞᄅ치다'입니다. 16, 17세기 조선시대 한글에서 보면, 'ᄀᆞᄅ치다'입니다. 아래 아(·) 한글로 'ㅏ'는 '·' 잖아요. 그래서 'ᄀᆞᄅ'는 '가라'가 되는 거죠. 쉽게 말해, 이 'ᄀᆞᄅ'와 '치다'가 합쳐진 말입니다. 이것이 나중에 '가르치다'로 바뀌는 거죠. 이런 어원에서 볼 때 '가르다'와 '치다'가 무엇이냐? 이 부분이 구명되어야 할 것 아니에요. '가르다'와 '치다'가 뭘까요? 이 말이 구체적으로 구명되지 않으면, '가르치다'에 관한 어떤 말을 해도, 교육을 이해하는 데는 소용이 없단 말입니다. 이 'ᄀ ᄅ'와 '치다'가 합쳐서 '가르치다'가 되니까, '가르다'와 '치다'의 합성어가 '가르치다'가 되겠죠? '가르치다'는 말 자체가 그렇습니다.

••• 가르다 — 판단 능력을 확보하는 작업

그렇다면 '가르다'는 말이 무엇인지 구체적으로 봅시다. '가르다'는 말은 요즘 말로 다시 번역하면 '말하다'입니다. 여러분, 이런 말 들어 보았나요? 혹시, 한문의 '왈曰'자가 기억날지 모르겠는데요. '가르다'는 말은 '가로 왈曰'자의 '가로'와 같은 의미입니다. 옛날 사람들은 이 '가로'를 '가로대', '가라사대'라고 해요. 예를 들어, '공자왈孔子曰'이라고 하면 '공자 가라사대' 이렇게 풀이한단 말입니다. 또 '예수께서 말씀하셨다'라고 하면, '예수 가라사대'라고 하지요. 이 말이 무엇이냐? '공자께서 말씀하셨다', '예수께서 말씀하셨다'에서 '말씀하셨다'가 '가라사대, 가로대'가 바로 '가르다'는 말입니다.

그것은 '누군가 나에게 무엇을 일러주다'라고 할 때, '이르다', '일러주다'라는 말과 상통합니다. 또 '누군가 나에게 말해주다'라는 말과도 같습니다. 그러니까 어떤 내용에 대해, 이렇게 하라고 '일러주다', 이런 내용에 대해 어떻게 하라고 '말해주다'라고 했을 때, '일러주다', '말해주다'가 '가르다'는 말의 원형입니다. 우리가 흔히 말하는 '가르치다'의 의미 속에는 이미 '일러주다!', '말하다!' 이런 말들이 기본적으로 포함되어 있는 거예요. '가르치다'는 말 속에는 '교사가 학생에게 단순하게 지식만을 툭 던져주는' 그런 의미를 훨씬 넘어서 있습니다. '일러주다!' 우리는 어린 아이가 잘못할 때, 타이르는 경우가 많습니다. '타이르다'가 다름 아닌 '이르다' 아닙니까? 다른 사람에게 일러주는 것, 말해주는 것, 이런 거거든요.

이 'ᄀ ᄅ', '가라'를 중핵으로 하는 '가르다' 속에는 '이르다', '말해주다' 이외에 또 깊은 뜻이 담겨 있어요. '가르다'는 말은 '갈다'의 의미가 들어 있습니다. '갈다!'

여러분! '갈다'라고 하면 어떤 뜻이 되나요? 예를 들어, 칼로 나무와 같은 물건을 자르려고 합니다. 그런데 칼이, 칼날을 보니깐, 아주 무뎌졌습니다. 그러면 이것을 어떻게 합니까? 갈아야죠. '갈다!'는 말이 바로 그것입니다. 칼을 갈아야만 어떻게 됩니까? 칼날이 예리해져서 잘 썰리죠? 잘 자를 수 있습니다. 그러니까 숫돌에 칼을 갈다. 그런 의미가 또 '가르다'에 담겨 있습니다.

그 다음에 '가르다'는 말에 또 무엇이 있느냐 하면, 이런 말이 있어요. 예를 들어, 우리가 왼쪽에는 A라는 분단이 있고 오른쪽에는 B라는 분단이 있어요. 이쪽과 저쪽, 왼쪽과 오른쪽, 어떻게 나누어져 있습니까? 그러면 가운데 선을 기준으로, 이쪽과 저쪽을 갈라 놓을 수 있습니다. 그게 바로 '가르다'는 거예요. 다시 보면, '가르다'는 것은 뭐냐 하면, A편과 B편이 있습니다. 네 편과 내 편이 있어요. 이것을 특정한 기준에 의해 둘로 쪼갠 겁니다. 나눈 거지요. 그게 '가르다'는 뜻입니다. 그래서 이 말 자체를 가만히 보면, '누구에게 일러주다', '누구에게 말해주다' 혹은 어떤 연장을, 도구를 잘 쓰기 위해 '갈다' 이런 의미가 됩니다. '갈다'는 행위는 무엇입니까? 어떤 도구를 잘 쓰기 위해 '준비하다', '예비하다'는 말이잖아요. '준비하다!' 우리가 어떤 작업에서 연장을 쓰기 위해 그 도구를 '갈아놓는다'는 것은, '단련한다. 수양한다. 수련한다.' 쉽게 말해 '준비하다', '대비하다'는 의미입니다.

••• 치다 — 운영 능력을 확보하는 작업

그 다음에 '가르치다'에서 뒤에 나오는 '치다'는 말은 이런 겁니다. 다른 표현으로 말하면, 양육養育입니다. 기독교에서 보면, 예수님에 대해 양을 치는 목자로 비유하곤 합니다. 양을 친다는 것이 뭡니까? '치다'라고 해서, 그 표현 그대로 그냥 '사람을 때린다'라고 할 때, 그 '때리다!'는 말이 아니잖아요. 양을 푸른 풀밭에, 목장에 쫙 풀어 방목해 놓고, 풀을 잘 뜯어 먹는지, 양들이 잘 길러져서 새끼는 잘 낳을 수 있는지, 또는 양의 젖은 짜서 그것을 사람들이 잘 먹을 수 있도록, 아니면 치즈를 만드는 등, 여러 가지 물건을 가공할 수 있겠죠? 이런 방식으로 양을 전반적으로 길러낸다 이 말입니다. '치다'는 그런 의미를 담고 있습니다. 나무에 가지가 무성하게 자라나 있잖아요. 정원사들은 그걸 어떻게 합니까? 나뭇가지를 잘라서 정돈을 잘 하잖아요. 그런 작업이 모두 '치는' 행위에 해당합니다.

그러면 우리 인간이 살면서 왜 '치는' 행위를 하는가? 그냥 쉽게 말해서, '저 사람을 쳐내자, 없애자!' 좀 험악하게 얘기하면, '저 사람을 죽이자!' 그런 차원이 전혀 아니라는 겁니다. 나무의 가지를 쳐내거나 양이나 소와 같은 가축을 칠 때, '친다'는 의미는 무엇이냐? 그것을 잘 길러가지고 보다 훌륭한 형태로 들어가려는, 어떤 '노력'입니다. 그러니까 우리 인간으로 보면, 양육이 되는 겁니다. 그런 행위를 총체적으로 얘기하면, 인간이 실천하는 어떤 행위를, 일반적인 행위에 더해서 새로운 것을 추구하는 거예요. 그러니까 양치기 소년, 목동이 양을 칠 때 어떻게 합니까? 그냥 집에 있는 가축우리에서 양을 몰고 나갔다가 목장에서 풀을 먹이고 집에 들어오는, 시계추가 좌우로 왔다 갔다 하는 것처럼 단순 작업이 아니잖아요. 늘 가축에 관심을 갖고 신경을 써야 합니다. 기르는 가축 가운데 도망간 녀석은 없는지, 늑대 같은 맹수에게 물린 건 없는지, 고민을 하잖아요. 그것은 가축을 기르는 목동으로서 늘 긴장 속에서 새로움을 추구하는 겁니다. 그런 삶의 양식이 '치다'입니다.

'가르치다'의 의미가 이런 형태로 삶에 깊숙하게 파고들어, 어떤 내면을 갖고 있다. 이렇게 보면 됩니다. 지금 한글의 '가르치고 기르다'라는 말에서 '가르치다'는 의미는 '가르다'와 '치다'는 형태를 통해, '가르다'라는 말 자체가 A와 B를 '가르다' 혹은 '갈다'이고, '치다'는 '나무의 가지를 치다', '목동이 짐승을 기르다' 등 이런 여러 가지 의미가 있습니다. 그 가운데 '가르다'는 다른 말로 얘기하면, 이것과 저것 사이에, 무언가를 판단할 수 있는 '판단 능력'을 길러주는 일입니다. 그 다음에 '치다'는 말을 가만히 보면, 왜 칩니까? 이것이 잘 자랄 수 있을지, 제대로 자라지 못할지, 아니면 내가 어떻게 고민을 해야 할지, 그것이 어느 정도 정리되어 나와야 하는 거죠. 그렇지요? 이런 측면에서 이해하면, 인간이 무슨 일을 할 때, 운영을 어떻게 해야 할지에 대한 고민이에요. 다른 말로 바꾸어서 말하면, '운영 능력'과 같은 겁니다.

••• 기르다 — 인간의 성장, 그리고 삶의 약동

'기르다'는 말은 앞에서 말한 '치다'의 내용에 비추어 보면 이해하기 쉽습니다. 그것은 원래 있는 형태, 예를 들어 어떤 기준에 의해 A와 B를 갈라놓았다. 혹은 기존에 있는 것에 대해, 나무의 가지가 제멋대로 뻗어 있는 것에 대해, 조금씩 잘라내 정돈했다는 것으로 볼 수 있습니다. '가르치고 기르다'에서 말하는 '기르다'는 뭐냐 하면, '치다'와는 좀 다른 방식으로 고민할 수 있습니다. 우리가 '아이를 낳아 기르다', '식물을 화분에 심어 기르다'라고 했을 때, 그것은 대부분, 어떤 생명을 지속하기 위한 일이거나 성장하기 위한 행위입니다. '기르다'고 말할 때 의미가 그렇습니다.

'기르다'는 의미는 또 다른 말로 하면, '긷다'는 말과도 상통합니다. '긷다'는 말은 우물에서 두레박으로 물을 길러내는 것을 생각하면 좋습니다. 물을 길러내면, 그 물은 여러 용도로 사용하기 위한 것 아니겠습니까? 또 우물은 아니지만 물을 길러낼 때 펌프로 퍼올리는 경우, 마중물을 넣어 펌프질을 하면, 물이 솟아 나오잖아요. 물을 기를 수 있잖아요. '긷다'라는 말은 뭐냐 하면 어떤 일이건 간에 그것이 생명력을 확장하는 일이건, 다른 어떤 사용처를 만드는 것이건 지속적으로 무언가를 하고, 더 나은 것들을 만들기 위해, 마치 두레박으로 물을 길러 내어 사용하기 위한, 성장해 가기 위한 그런 행위를 말합니다. 다른 말로 바꾸면, 그것은 어떤 일을 하는 데 필요한 역량을 공급해주는 전 과정으로 볼 수 있습니다. 왜냐하면 두레박에 물을 가득 길러 놓으면, 사람이 마실 수도 있고, 식물도 기를 수 있고, 동물이 먹을 수도 있고, 땅을 촉촉하게 적실 수도 있고, 여러 가지 용도로 사용할 수 있겠죠. 그런 방식으로 '기르다'는 말을 이해하면 좋습니다.

'가르치고 기르다'에서, '가르치다'의 의미를 다시 한 번 고려해 보겠습니다. 앞에서 말씀드렸듯이, '가르치다'는 '갈다, 혹은 가르다'와 '치다'의 합성어입니다. 이를 교육적으로 환원해 보세요. 무엇을 가르고 치느냐 말이죠. 무엇을 가르고 쳐야 합니까? 그것은 다름 아닌 '인간의 재능'이란 말입니다. 인간의 타고난 능력, 재주, 이런 것들을 계속 갈고 치며 닦아야 합니다. '갈다'는 말은 뭐냐 하면, 요리를 하는 과정에서 재료를 자르려면 칼이 필요합니다. 그런데 칼날이 날카롭지 않다면 갈아야 합니다. 그러면 그 칼을 가지고 재료를 잘 썰 수 있겠죠. 그것은 요리를 하는 과정에서 하나하나 단계적으로 '펼쳐내는 일'입니다. 재료에서 다양한 요리를 만들듯이, 끊임없이 펼쳐내는 겁니다. 그렇게 재능을 끊임없이 갈고 닦아내는 일은, 다르게 말하면 '이끌어내는 작업'입니다. 계속해서 나아가는 일이지요. 예를 들어, 이전 시간에 얘기했던 원석을 갈아내면 뭐가 됩니까? 보석이 된다고 했잖아요. 원석에서 보석으로 끄집어내는 거예요. 그것이 인간에게서 무엇이 되느냐? 인생에서 아주 폴짝폴짝 뛰면서 자기 삶을 생기 넘치게, 발랄하게 만들 수 있는, 약동적으로 만드는 그런 현상이란 말입니다. '생의 약동!', '삶의 생명력!' 그것을 오늘날 '교육'이라고 얘기하는 겁니다.

우리 한글에서 교육은 '가르칠 교', '기를 육'이 되잖아요. 그 속에 담긴 뜻이 이런 겁니다. 그러니까 우리가 '내 아이를 가르친다!', '내 제자를 가르친다!' 제가 글을 통해 여러분에게 '강의의 내용을 전달하고 있다!' 이런 말 자체는 우리 한글로 보면, '가르치다'는 의미인데, 이걸 '왜 하느냐?' 이거예요. 그렇게 얘기했을 때, '가르치다'는 뭐냐 하면, 내 인생을 보다 풍요롭고 아름답게 만들기 위해, 지금 숫돌에다가 칼을 가는 것과 같습니다. 그래야 요리하기 편하게, 물건을 썰기 쉽게 칼을 날카롭게 만들 수가 있지요. 그런 상황이 교육입니다.

그러면 지금 여러분이 저와 함께 이 글을 보면서 교육이라는, 한국교육의 문제를, 아니면 다른 여러 지식의 문제를 들으면서, 이를 받아들이고, 또 연구를 한다고 했을 때, 그것을 왜 합니까? 다른 이유가 없어요. 갈고 닦아서, 인생을 이끌고 펼쳐나가서, 내 삶을 약동하게 만들기 위해서입니다. 삶을 고여서 썩은 물처럼 가만히 내버려 두는 것이 아니고, 계속 흘러가는 물처럼, 내 인생을 지금보다 훨씬 업그레이드upgrade하기 위해 하는 겁니다. 다른 이유가 없어요. 이 글을 왜 봅니까? 강의를 왜 들어요? 아무 이유가 없는 거예요. 내 삶의 약동을 위해! 삶의 활력을 위해! 이런 겁니다. 그런 활동 가운데 '가르치다'는 말의 의미가 깃들어 있는 겁니다.

그리고 '왜 치냐?' 이거예요. 우리가 동물을 왜 쳐요? 동물을, 소나 양과 같은 가축을 쳐서, 그 소와 양을 어떻게 합니까? 인간이 잘 이용하기 위해 하는 겁니다. 정원사가 나무를 왜 칩니까? 아름답게 보이도록 만들어, 인간의 정서를 풍부하도록 하는 겁니다. 이유가 그것 밖에 없는 거예요. 그래서 '가르치다'는 의미는 전통적으로 볼 때, '교사는 가르침의 주체이다!' 이렇게 얘기하잖아요. 주체! '내가 가르친다!' 이렇게 느끼잖아요. 그랬을 때, 가르침은 단순하게 교사가 학생들에게 알려주는 그런 행위 자체만을 얘기하는 것이 아니다. 이 말입니다.

'가르치다'라고 할 때, '가르다', 즉 '가는' 행위는 누가 합니까? 학생 자신이 '가는' 거죠. 교사는 잘 갈 수 있도록 만드는 데 옆에서 도와줄 뿐입니다. 영어로 말하면, 헬퍼helper의 역할을 하는 존재입니다. 실제 교육은 누가 하는 거냐? 모든 교육은 자기가 하는 '자기교육self-education'입니다. 우리는 교육을 일반적으로 '교사가 하는 일이다', '스승이 주체가 되어 하는 것이다' 혹은 '교수자에게 맡겨진 일이다'라고 합니다. 하지만 이런 말 자체가 어떻게 보면, '가르치다'는 말의 어원으로 볼 때, 상당히 어폐語弊가 있는 겁니다.

그러니까 우리가 심각하게 고민할 것은 무엇이냐? 교육의 교教자, '가르치다'의 의미를 도출할 때, '내가 갈고 내가 쳐야 한다!', '내가 분류해서 내가 준비해야 한다!' 내 삶의 준비를 누가 합니까? 내가 하는 거예요. 그걸 왜 부모님이나 교사나 선배나 어른에게 자꾸 의존하려고 합니까? 내가 준비를 해서 스스로 서야지. 그러니까 자기가 스스로 교육하는, '자기교육'을 실천해야죠. 그것이 자신이 스스로 '가는' 행위를 하는 길입니다.

'가르다'를 설명할 때 언급했듯이, A와 B라는 사태가 있으면 그것을 판단해야 하잖아요. 내가 판단해서 나아가는 겁니다. 누가 판단해 주나요? 아무도 해주지 않습니다. 그러니까 뭡니까? 자신의 재능을 펼쳐가는 주체는 나 자신입니다. 내가 갈고 닦고 펼치고 이끌어서, 내가 나의 삶을 약동시켜야 하는 겁니다. 그게 우리 한글인 '가르치다'에 담겨 있는 의미입니다. 치는 일도 마찬가지죠. 내가 쳐서 내가 어떻게 돼요? 삶을 운영해야 되는 거죠. 내가 주인이기에, 내 삶을 운영하는 겁니다. 간단한 겁니다.

그래서 '가르다'는 '판단 능력'으로 볼 수 있습니다. 우리가 교육을 통해 뭘 알아야 되느냐! 가르고 난 다음에 치는 행위에서 우리는 '운영 능력'을 확보해야 합니다. 내 인생에 다가오는 수많은 사물들에 대해, 다양한 상황에 대해, 스스로 판단해야 합니다. 그 다음, 수많은 상황 판단을 통해 뭘 합니까? 내 인생을 어떻게 이끌어갈 것인가? 운영할 것인가를 고민해야 되는 겁니다.

우리 한글의 '가르치고 기르다'는 말 자체를 요약하면, 어떻게 되느냐? 이렇게 됩니다. 학습자, 그러니까 여러분 스스로입니다. 저도 마찬가지고요. 우리 학습자가 지니고 있는 재능을, 우리 모두는 재능을 갖고 있다고 했습니까? 없다고 했습니까? 모든 사람은 재능을 갖고 있습니다. 서로 다른 차원에서 재능의 정도 차이가 있을 뿐입니다. '재능이 없다!'라고 말하면, 그것은 틀린 말입니다. 사람은 누구나 재능을 지니고 있어요.

'가르치고 기르다'는 의미를 지닌 교육은 모든 사람이 선천적으로 타고난 어떤 재능을 내가 발견하고, 이것을 갈고 닦아서 펼칠 수 있도록 이끌어 가는 작용입니다. 누가 이끌어 가느냐? 그 주체는 나입니다. 그런데 나 혼자 이끌어가기보다는 옆에서 교사에 해당되는 혹은 어른에 해당하는, 내 인생을 이끌어가는 데, 상당 부분 충고를 해주거나 도움을 줄 수 있는 어떤 기제들이 있으면, 훨씬 낫겠지요. 그런 차원에서 '가르치고 기르다'라는 교육의 의미를 이해하면 좋겠습니다.

자, 여러분! 이제 서양의 '파이데이아'에서 우리 한글의 '가르치고 기르다'라는 말에 이르기까지, 교육의 본질적 의미와 개념에 대해 느낌이 옵니까? 이 정도쯤 되면, 흔히 말해서 '교육의 교敎'자 정도는 조금 이해하겠지요? 교육이 과연 이런 것이었던가요? 그렇다고 이와 다른 의미를 지닌 기존의 교육 개념이 틀렸다는 말은 아닙니다. 기존의 교육 개념을 조금 더 보완하여, 지금 말씀드린 이런 내용들을 융·복합적으로 고민하면, 교육에 대한 본질적 이해 차원에서 훨씬 성숙도를 더해갈 것으로 생각합니다.

중요한 것은 우리 한국교육의 현실입니다. 우리 교육은 이러한 교육 본질의 측면과 어떤 차이가 있습니까? 닮아 있습니까? 전혀 엉뚱한 방향으로 흘러가고 있습니까? 그것을 파악하는 작업이 한국교육의 건강성을 확인하는 기준이 될 수 있습니다.

제3강

교육은 어떤 양식으로 이루어지는가?

교육은 '다양한 방식으로 이루어집니다. 우리는 한국사회에서 '여러 가지 방식으로 교육에 임하고 있다'라고 얘기하지만, 그것은 어떻게 보면, 교육의 한 유형이자 하나의 방법에 불과합니다. 깊이 생각하면, 우리가 얘기하려는 진정한 교육과는 조금 다른 차원일 수도 있습니다. 분명한 것은 그러한 교육의 양식이 교육을 유용하게 도와주는 것도 엄연한 사실입니다. 어떠한 교육의 방식들이 우리 사회에 존재할까요? 여러 가지가 있지만, 여기에서는 교수, 학습, 훈육, 훈련, 교화, 인성교육, 품성형성, 사회화 등에 대해 논의해 보겠습니다. 우리가 고민하는 한국교육의 문제는 어떻게 보면 교수와 동일한 의미가 될 수도 있습니다. 또 다른 측면에서 보면 아닐 수도 있고요. 또한 교육과 학습이 동일한 의미일 수도 있지만, 또 다른 방식일수도 있고요. 이런 부분과 더불어 교육에서 많이 다루는 훈육이라는 말과 훈련, 그리고 교화의 의미를 교육과 대비해서 살펴볼 것입니다. 최근 들어서는 인성교육이라고 해서 여러 차원에서 다양한 영역의 교육적 고민을 많이 하고 있죠. 그래서 이 인성교육과 품성형성이라는 차원에서 교육을 검토할 것입니다. 또한 사회학자들이 말하듯이, 교육 자체를 사회화 과정으로 이해하는 측면을 고려하며, 교육이 어떤 차원에서 사회화 과정일 수 있는지, 함께 생각해 봅시다.

01

진정한 교수-학습 행위가 이뤄지는가

여러분! 교육을 할 때 가장 많이 겪는 행위가 무엇일까요? 그렇습니다. '가르치는 일'과 '배우는 일'입니다. 가르치는 일을 한자어로 교수敎授라고 하고 배우는 일을 학습學習이라고 합니다. 교수와 학습은 어떤 차원에서 교육의 양식으로 작용할 수 있을까요? 교육과 구분해서 설명할 수 있겠습니까? 아니면, 동일한 차원에서 이해할 수 있겠습니까?

••• 교수 행위 — 교수자는 가르치기만 하는가?

교수는 일반적으로 이렇게 이해됩니다. 학교를 예로 들면, 교사와 학생이 교육에 종사하고 있어요. 이때 교사가 주체가 되어 학생에게 지식을 가르치고 전수해 줍니다. 일반적으로 교사가 하는 일을 교수 행위라고 얘기합니다. 반면에 학습은 학습자가 주도적으로 스스로 만들어가는 어떤 형태를 말합니다. 그랬을 때, 우리는 학생을 교수자라고 얘기하지는 않습니다. 마찬가지로 교사를 학습자라고도 얘기하지는 않는단 말입니다.

서구교육의 차원에서 보면, 교육의 주체인 교사는 교수 행위를 하고 객체인 학생은 학습 행위를 해요. 이런 교육은 주체와 객체를 나누어 보는 형태가 됩니다.

제가 지금 글로 쓰고 있는 이 내용을 강의실에서 여러분에게 가르치고 있다고 생각해 보십시오. 그러면 저는 현재 교수 행위를 하고 있는 겁니다. 가르치고 있잖아요. 그러나 상대적으로 뒤집어서 보면, 제 강의의 글을 읽으며 공부하고 있는 여러분의 학습 활동을 보면서, 제 자신은 교수자인 동시에 여러분의 모습에서 다시 배우는 학습자가 될 수 있단 말입니다. 그렇게 내면적으로 느끼고 배우는 차원에서 보면, 제가 일종의 학습자가 되어 역할이 바뀔 수 있어요. 이런 측면에서 교수와 학습이라는 것을 교육의 한 방식으로 볼 수 있습니다. 하지만 '교수－학습 행위 자체가 교육인가?'라고 했을 때는 의미가 달라집니다. 그것도 '교육의 하위요소다' 이런 얘기는 할 수 있겠죠. 이것을 '교육에서 전면적으로 내세울 수 있는가?'라고 했을 때는 다시 고민해 보아야 할 영역이 있다는 겁니다.

우리가 교수라고 얘기했을 때, 한글로 표현하면 보통 '가르침'이라고 하지요. 나는 '가르치는 사람이다'라고 말하게 됩니다. 학습이라고 얘기했을 때, 한글로 표현하면 '배움'이 되겠죠. 그때는 '나는 배우는 사람이다'라고 말하게 될 것입니다. '나는 지금 어떤 곳에 가서 어떤 내용을 배우고 있다!', '나는 교사 자격을 가지고 무엇을 가르치고 있다!' 이런 경우에 사용할 수 있는 표현이지요. 그래서 이 교수 행위와 학습 행위를 일반적으로 가장 '좁은 의미의 교육'이라고도 합니다. 그러니까 '교육이 무엇이냐?'라고 했을 때, '교사가 학생에게 가르쳐주는 일이야!' 아니면 '학생이 교사로부터 어떤 내용을 배우는 일이야!' 이렇게 얘기합니다. 좁은 의미의 교육을 교수 행위 혹은 학습 행위라고 했을 때, 그러면 '넓은 의미의 교육은 무엇이냐?'에 대해 물을 수 있겠지요? 넓은 의미의 교육은 다른 차원에서 보면, 삶에서 일어나는, 인생에서 일어나는 모든 행위일 수 있습니다. 그래서 어떤 사람은 이렇게도 얘기합니다. 우리가 살아가는, 우리가 살아가고 있는 이 사회는 가장 '큰 학교'이다. 그렇잖아요.

우리가 사회생활을 하다보면, 선배나 어른도 있고 선생님도 있고 동료나 후배도 있고 어린 아이도 있고, 다양한 인간들이 함께 어울려 살아가지 않습니까? 그 속에서 우리가 주고받는 대화라든가, 어떤 사람들로부터 받는 감명이라든가, 자기가 의도하지 않았는데도 다른 사람에게 던져주는 어떤 느낌이라든가, 이런 것들로 인해 인생이 움직여지기도 합니다. 그런 차원에서 보면, 가장 넓은 의미의 교육은 바로 사회 자체에서 이루어지는 거죠. 앞에서 가장 넓은 의미의 학교, 가장 큰 학교는 사회라고 했잖아요. 사회를 더 넓혀나가면 세계가 되겠죠. 그렇게 보면, 이 세계를 다루는 작업이 '넓은 의미의 교육'입니다.

우리가 지금 여기서 얘기하는 교수-학습 활동은 주로 어디에서 이루어지느냐? 공식적 교육기관인 학교에서 행해진단 말입니다. 좁은 의미의 교육인 교수-학습 행위가 학교라는 공식적 교육 기관에서 일어나기 때문에, 우리가 일반적으로 교육이라고 얘기할 때는 보통 학교를 떠올리게 됩니다. 이 학교 중에서도 초등학교, 중학교, 고등학교, 대학교, 이런 것을 떠올리게 되죠. 물론, 오늘날은 어린이집이나 유치원 같은 유아 보육기관도 학교 교육기관 차원으로 확대되고 있습니다만, 우리가 일반적으로 얘기할 때, 여러분이 교육을 한다고 얘기하면 가장 먼저 떠올리는 것이 무엇이냐? 여기서 말한 교수-학습 행위가 가장 적극적으로 이루어지는 공식적 교육 기관인 학교를 떠올리게 됩니다. 그러니까 우리가 보통 교육이라고 할 때, 바로 '학교 자체'를 지칭하는 경우가 굉장히 많습니다. 학교가 아닌데 교육을 거론했을 때, 그것은 어디 가서 하느냐 하면, 학교 이외의 다른 교육기관을 떠올리게 됩니다. 그래서 교수-학습 활동은 학교, 또는 교육기관에서 이루어진다. 이런 차원에서 이해하면 좋겠습니다.

••• 교수와 학습 ― 좁은 의미의 교육행위

자, 그렇다면 이제 교수-학습 활동을 통해, 무엇을 해야 하느냐? 다시 말하면, 좁은 의미의 교육인 교수-학습 활동을 통해, 즉 교수 행위와 학습 행위, 이것을 통해 '무엇을 해야 되느냐?', '무엇을 할 수 있느냐?'라고 했을 때, 가장 먼저, 인간이 갖추어야 할 기본적 자질이나 교양을 연마해야 됩니다. 그러니까 결국 무슨 소리냐 하면, 교수자가 교수 행위를 통해 가르칠 때 무엇을 가르쳐야 되느냐? 인간의 기본적 자질을 성숙시킬 수 있는 내용들을 가르쳐야 한다는 겁니다. 다른 말로 표현하면, 사람이 교양 수준을 끌어올릴 수 있는 어떤 내용을 가르쳐야 한다는 거예요. 교수 행위를 하는 '교육 내용에 들어가는 것이 무엇이냐?'라고 했을 때, 인간으로서 기본적 자질이나 교양입니다. 여기에서 기본이라는 것은 무엇이냐? 기초라는 것이 무엇이냐? 그것이 문제입니다.

기본은 보편적 가치를 지닌 것이어야 합니다. 일반적으로 사람들이 그렇게 말합니다. '야, 너는 기본도 안 되어 있냐!', '사람들에게 '인간의 기본이 무엇이냐?'라고 했을 때, 누구나 이렇게 말합니다. '사람을 만났을 때는 인사를 해라!', '누군가가 잘못하고 있을 때는 충고를 해줘라!', '내가 어떤 것을 쟁취했을 때에는 그것에 대한 대가를 지불해라!' 등등. 살아가면서 여러 가지 상황이 있잖아요. 그런데 대부분의 사람들이 삶에서 일반적으로 행해야 할 어떤 행위들을 제대로 실천해내지 못할 때, '기본이 없다!', '기본이 안 되었다!'고 하는 거예요. 때문에 교수─학습 활동에서는 누구에게나 보편적 가치를 지닌 교육내용을 가르쳐야 돼요. 그것이 아주 기초에 속하는 겁니다.

두 번째는 무엇이냐? 이 교수─학습 활동에서 중요한 사안은 교수자와 학습자 사이에 상호작용이 일어나야 돼요. 혼자서 일방적으로 떠들어서는 안 되는 거예요. 교수자가 강의를 개설하고 학습자가 강의를 수강한다면, 과제물이나 시험, 질의응답, 토의 등 서로 주고받는 다양한 행위 가운데 서로를 녹여 넣어야 합니다. 그런 상황을 우리가 지향해야 합니다. 교수─학습 활동에서는 그것이 대단히 중요한 교육적 계기가 됩니다. 우리가 일반적으로 교수─학습이라고 얘기했을 때, 교수자와 학습자 사이에 보다 중요한 지위를 차지하는 것은 무엇이냐? 우리가 배운다고 했을 때, 그것은 무엇보다도 '가르쳐 전달해주는 일'보다는 '내가 익히는 일' 자체가 굉장히 중요하단 말입니다. 익힘 자체가.

••• 학습 행위 ─ 혼신의 힘을 다해 몸에 배도록 익혀 나가다

교수─학습 행위에서 학습이라는 말을 많이 쓰는데, 이 학습이라는 것이 어디서 나왔느냐? 학습은 영어로 러닝learning이라고 그럽니다. 배움이니까요. 그런데 학습이 어디에서 나온 말인지를 물으면 대부분의 사람들이 잘 몰라요. 동양사회에서 우리가 쓰는 학습이 어디에서 출현했느냐? 모른다는 거죠.

'학습學習'이라는 말은 『논어』라는 책에서 기원합니다. 여러분! 공자의 대화록인 『논어』의 첫 구절에 보면, '학이시습지 불역열호學而時習之 不亦說乎!'라는 말이 있어요. 여기에 '학學'과 '습習'이라는 말이 들어 있습니다. 학이시습學而時習! '배우고 늘 익히면!' 이런 말로 풀이되거든요. 배우고 늘 익힌다! 여러분이 배우는 과정에서 어떤 내용을 보았다고 합시다. 그러면 어떻게 합니까? 그냥 한번 스윽 보고 스쳐 지나갑니까? 그렇지 않지요. 지식으로 담아내서 내 몸에 배게 하려고 혼신의 힘을 쏟을 겁니다. 그런 과정이 학습입니다. 그러면 기쁨이 일어나지요. 내면에서 기쁨이 일어나는 거거든요. 그런 상황에서 '학습의 어원, 그 출처가 무엇이냐?'라고 했을 때, 바로 이 '학이시습學而時習'입니다.

우리가 배운다고 했을 때, 학學 속에는 이미 습習이 끼어 들어갈 수 있고요. 또 시간時이 개입해 들어갈 수 있습니다. 여기에서 시간이라는 것이 다름 아닌 우리의 삶이 되겠죠. 인간의 다양한 관계가 될 수도 있고요. 그런 부분을 염두에 두고 진지하게 고민해 보아야 된다는 겁니다. 그래서 여러분! '학이시습지 불역열호 學而時習之 不亦說乎!' 이 구절에서 학습이라는 말이 도출되어 나왔다는 것을 알아 두면 좋겠습니다. 자, 여기 '학이시습學而時習'이라고 얘기했을 때. 학學이 굉장히 중요합니다. 학은 '배울 학'이잖아요. 우리는 '학學'에 대해 보통 '배우다'라고 얘기하고 그냥 지나칩니다. '배울 학'이라고 하면, '교사로부터 학생이 어떤 지식을 전수받는다!' 이렇게만 이해하기 쉽습니다. 내가 어떤 선생님으로부터 '배웠다!' 이렇게 말한단 말이에요.

그런데 이 학이라는 글자를 가만히 보면, 학學자의 윗부분 양쪽에 있는 것은 뭐냐 하면, 사람의 손을 나타내는 글자手로 보면 돼요. 손 말입니다! 왼손 오른손, 양손! 그리고 가운데 엑스(×) 자처럼 두 개로 된 것爻은 이 세계와 우주를 뜻하는 거예요. 이 세상! 앞에서 교敎자를 다룰 때도 보았지 않습니까? 그리고 아래쪽에 있는 자子자는 어린 아이를 의미합니다. 그 중간에 있는 글자冖는 '가리다' 혹은 '막혀 있다'는 말입니다. 꽉 막혀 있다!

학이라는 글자를 전체적으로 조망하면, 윗부분은 어떤 사람이 이 세상을 내 손 안에 모두 담고 있어요. 쥐고 있단 말입니다. 그런데 아랫부분에 보면 어린 아이가 어떻게 되어 있습니까? 자기가 쥐고 있는, 자기에게 다가오거나, 아니면 내가 스스로 다가가야 할 세계에 대해, 어떤 이유인지는 모르지만 꽉 막혀가지고, 파악을 못하고 있는 거예요. 그러니까 어린 아이가 자기 위에서 무언가 가리고 있는, 막고 있는 부분을 꿰뚫고, 그 위에 무엇이 있는지 파악하려고 노력하는 그런 모습입니다.

이런 차원에서 이해하면, 학學의 글자 모습에서는, 우리가 일반적으로 알고 있는 배움의 의미, 즉 '특정한 교사로부터 내가 어떤 것을 전수받는다!'라는 내용이 잘 보이지 않아요. 나 스스로 노력하는 차원이 부각되어 있죠. 학學이라는 글자를 다시 설명하면, 학學자의 아랫부분에 있는 어린 아이는 세상에 대해 깨우치지 못하고 있습니다. 그런데 두 손으로는 세상을 담고 있어요. 그러다보니 가운데 막혀 있는 부분을 꿰뚫고 두 손에 담고 있는 이 세상을 마주하며 부지런히 노력하여 나아가려는 그런 양상입니다. 이런 학學의 글자 모습은 다른 말로 하면, '자기노력', '자기교육'에 해당합니다.

우리가 공부를 할 때, 탐구하고 연구할 때, '선생님이 나에게 가르쳐주지 않았어!', '누가 나에게 제대로 일러주지 않았어!' 이렇게 말하며, 다른 사람을 핑계대는 경우가 많아요. 그런 자세는 교육이나 학습, 여기서 살펴본 학學이라는 글자의 입장에서 보면 아주 잘못된 공부 자세입니다. 공부를 누가 합니까? 내가 해야죠. 그러니까 '자기노력' 아닙니까! 세상에 대해 막혀 있으면, 누가 뚫어요? 내가 뚫어가야죠. 그것이 학습의 원천적 모습입니다.

자, 다시 설명해 봅시다. 이 '배울 학學'에서 우러나오는 배움은 뭐냐 하면, 바로 우리 몸에 '배는' 습관화習慣化를 얘기합니다. 그래서 여러분들 습관화하려고 할 때는 주변에 있는 사람들이 아무리 좋은 지식, 정제된 지식, 반드시 알아야 될 지식을 말해 주고 집어넣어 주려고 해도, 나 스스로 그것을 받아들여 체득하여 몸에 집어넣지 않으면, 다시 말해, 습관화를 시켜놓지 않으면, 내 것이 되지 않아요. 여러분! 제가 늘 이런 예를 듭니다. 어렸을 때부터 몸에 익혀온 알파벳이나 구구단을 잊어버린 사람 있습니까? 지금! 특별하게 뇌에 이상이 생기지 않는 한 아마 그런 사람은 거의 없을 겁니다. 왜 그러냐? 어렸을 때부터 지금까지 엄청난 시간을, 자신이 직접 외워서 습관화시켰거든요. 자, 그런데 봅시다. 중·고등학교 때까지는 수학을 배웠지만, 대학에서 수학을 전공하지 않은 어떤 사람이 있다고 가정합시다. 중·고등학교 때 배웠던 미분이나 적분에 관한 지식이 머릿속에 남아 있습니까? 별로 없을 거예요. 왜냐? 미분이나 적분을 시험에 유용한 내용, 수단으로 보고 시험 준비만 했을 거니까요. 그것이 진짜 구구단이나 알파벳처럼 나에게 필요한 학습의 기초라고 해서 수십 번 수백 번 외우고 내 몸에 배도록 습관화 했다면, 지금도 남아있을 거예요. 그런데 남아있지 않습니다. 배움은 바로 그런 차원입니다.

　자, 그래서 '배움'을 다시 생각해보면, 학學이라는 것이 무엇이냐? 내가 제대로 배웠다면, 학學이라는 것은 필연적으로 습習으로 연결되도록 되어 있습니다. 우리가 앞에서 학습學習이라고 얘기했잖아요. 그것은 『논어』의 '학이시습學而時習'이라는 구절에서 나왔다고 했습니다. 이게 말입니다, 내가 어떤 것을 맞닥뜨려 꿰뚫어 나가려고 하면 반드시 그것은 시간에 따라, 시간과 정도에 따라 어떻게 나에게 배어드느냐? 쉽게 말해, 내 몸에 배는 정도, 내 몸에 배어 다른 것으로 드러나는 역할, 이런 것에 따라 '학습이 되었다' 혹은 '어느 정도 익히게 되었다', '익히지 못하게 되었다' 이런 구분이 가능한 겁니다. 그래서 우리가 학습이라고 했을 때, 이것은 반드시 '몸에 배도록 하는 익힘의 과정을 끊임없이 업그레이드 해 나가는 일'이 됩니다. 질적 승화를 해 나가는 거거든요. 그런 차원에서 학學과 습習의 문제가 연결되어 있다. 그렇게 볼 수 있습니다.

　그래서 여러분! 학습學習이라고 했을 때, '나는 러닝learning을 한다'라고 표현할 때, '객관적으로 외부에 있는 교사로부터 무엇을 받아들인다!'라는 기존의 학습 개념을 우리의 기억에서 점점 지워나가야 합니다. 이런 차원에서 한국교육의 문제가 무엇이냐? 학습을 하는 사람들이 끊임없이 선생님을 요청해요. 내 인생을 내가 살아가야 하는데, 왜 자꾸 나 바깥에 있는 선생님을 요청하느냐? 그거죠. 지금까지 나 밖의 외부로부터 어떤 내용을 자꾸 받아들이려고만 했던 자세를, 이제는 끊임없이 내부로부터, 내 안에서, 나의 속살로 집어넣는 작업으로 전환해야 합니다. 그래야만이 진정한 학습혁명이 일어나는 거죠. 지금까지 한국교육은 학습의 문제를 외부로부터 끊임없이 요청하는 것으로 인식해 왔습니다. 그것은 나의 내부로 습관화 시키는 일을 방해하는 주범이 되었습니다. 엄청난 학습오류를 범한 거예요. 그것이 지금 이 시대 한국교육이 고민해야 할 핵심 사안입니다. 한국교육이 진지하게 요청해야 하는 학습의 본질 문제입니다.

　다시 정돈을 해 봅시다. 우리가 인식해야 할 학습의 문제는, 배웠다면 당연히 익히는 과정으로 나아가야 합니다. 그래야 올바르고 진정한 배움이 됩니다. 그러니까 나에게로 습관화하는 작업이 학습의 핵심입니다. 습관을 보통 버릇이라고 하지 않습니까? 버릇이라고 했을 때, 그 가운데 이제 정당한 습관, 물론 옳지 않은 습관도 많죠. 나쁜 버릇도 있습니다. 그런 것이 아니라, 정당하고 올바른 버릇으로 습관화를 거쳤다면, 교육받은 인간으로 성숙할 가능성이 높습니다. 그런 방식으로 이해하는 것이 좋습니다. 그 다음에 이제 배운 것을, 다시 생각하고 연역해서 가슴에 젖어 들게 하는 것, 이것이 습관화거든요. 그런 상황에서 중요한 것은 무엇이냐? 다시 생각하고 연역한다는 것은 다른 말로 표현하면, 그 내용을 확장하고 적용해 간다는 겁니다. 우리가 그냥 단순하게 머릿속에 '집어넣었다', 그리고 '빼낸다'. 그런 점수획득용 학습과는 거리가 먼 것입니다.

학습의 개념에서 볼 때, 내가 스스로 집어넣었으면, 뭘 해야 할까요? 써먹어야 합니다. 지금 제가 글을 쓰면서 들고 있는 것은 펜이고 책상 위에는 원고지가 있습니다. 펜과 원고지의 용도가 무엇인지 인식했으면, 글쓰기 작업을 할 줄 알아야 합니다. 펜이라는 것을 인식만 하고 가만히 들고만 있다거나, 책상 위의 원고지를 그냥 바라보기만 한다면 어떻게 되겠어요? 글을 쓰지도 못하고, 펜과 원고지는 제 기능을 하지도 못하고 사라질 겁니다. 그렇게 비유되는 현상은 결코 진정한 학습이 될 수 없습니다. 그런 차원에서 학습을 이해하면 도움이 될 것입니다.

지금까지 얘기한 교수－학습은, 한 마디로 말하면, 몸에 배도록 하는 습관화 과정입니다. 그 습관화 과정을 통해 우리의 삶이 정착됩니다. 여러분! 우리가 살아가면서 각자의 위치에서 삶을 제대로 정돈해야 될 거 아니에요. 주변을 둘러보세요. 어떤 사람은 이곳저곳을 기웃거리며 엄청나게 많이 배웁니다. 엄청나게 배워서 많이 아는데, 정작 자신의 삶을 살아가는, 인생을 운영하는 능력은 아주 낮은 단계에 머물러 있는 사람이 많습니다. 그것은 우리가 초등학교를 나오든, 중고등학교를 마치든, 대학교를 졸업하건, 학력이나 학벌과 큰 관계가 없는 겁니다. 배움이라는 것은 얼마만큼 우리 삶을 정착시키느냐, 정돈하는데 유효하느냐의 문제와 직결되어 있습니다. 그래서 보통 배움의 문제를, 삶의 문제와 동일시하는 경우가 많습니다.

그 다음에, 이 교수－학습을 통해 뭘 해야 되느냐? 다시 말해, 삶을 정착시켜 간다는 것은, 온전한 사람다움, 즉 '사람살이'의 문제입니다. '죽음이 아닌, 삶'이라는 것은 다른 말로 표현하면, '살다' 혹은 '살리다'의 문제를 조절하는 능력입니다. 인간의 생명력에 관한 문제란 말입니다. 사람을 죽이는 방향이 아니고, 살려 나가려는 생의生意에 대한 노력, 생명의 의지력이 중요한 거죠. 그것에 기여하는 것이 교수－학습입니다.

여기에서 오늘 우리 한국교육을 반성적으로 살펴봅시다. 과연 우리 교육은 진정한 교수-학습의 방법에서 얼마나 거리가 있는가? 가까운가요? 먼가요? 이 글을 쓰면서 강의하고 있는 이 시간에, 저와 여러분 모두, 진정한 교수를 하고 있나요? 진정한 학습을 하고 있습니까? 내 몸에 배어들게 하고 있는가요? 습관화를 유도하고 있습니까? 이 글과 강의가 내 삶을 정돈하는 데 도움이 됩니까? 이런 부분을 진솔하게 고민하는 시간이었으면 좋겠습니다.

02

교육이 훈육과 훈련, 그리고 교화를 빙자하지는 않는가

여러분! 앞에서 '교수와 학습이라는 것이 좁은 의미의 교육이다.', '좁은 의미의 교육은 학교라는 교육기관을 통해 이루어진다'라고 했습니다. 과연 지금 한국교육은 앞에서 언급한 진정한 의미의 교수—학습이 제대로 이루어지고 있나요? 이번에는 그런 것을 실감나게 반추해볼 수 있는 훈육訓育과 훈련訓練, 그리고 교화教化라는 말을 가지고, 교육의 방식을 고민해 보려고 합니다.

··· 훈련과 훈육, 그리고 교화 — 교육방식의 혼란 요인들

훈육이나 훈련, 교화라는 말은 일반적으로 많이 씁니다. 우리가 자녀를 가르칠 때 자녀교육이라는 말도 하지만, '훈육한다'라는 말도 쓰지 않습니까? 군대에서 병사들을 교육할 때도 '훈육한다'라고 합니다. 혹은 어떤 직업세계에서 일을 잘 하게 만들기 위해, '직업훈련'이라고도 얘기하잖아요. 또 범죄를 저지르거나 어떤 특정한 사람에 대해서는 그 사람을 '교화시켜야 한다'라고도 합니다. 이 훈육과 훈련, 교화라는 말은 교육적으로 어떤 의미를 지니고 있을까요? 그리고 이 시대에 한국교육은 어떤 훈육과 훈련, 교화를 요청해야 할까요? 아니면 이런 용어들은 이 시대에 절대 금해야 할 교육적 금기인가요? 이런 문제를 한번 짚어보겠습니다.

훈육訓育과 훈련訓練, 교화敎化는 한자로 보면 이렇게 되어 있습니다. 훈육訓育이라는 것은 세종대왕의 '훈민정음訓民正音'에서 보듯이, 훈민訓民에서 훈訓을 '가르칠 훈'자로 쓰거든요. 그런데 백성을 가르칠 때 '가르칠 교敎'자를 썼으면, 훈민訓民이 아니고 '교민敎民'으로 되어야 할 것 아니에요. 그런데 교민이라는 말을 쓰지 않고 훈민이라는 말을 쓰거든요. 그때 훈訓이라는 글자를 써서, 교육敎育이 아니라 훈육訓育이라고 하는 겁니다. 이 훈訓자가 '가르치다'입니다. 이때의 '가르치다'는 '가르칠 교'자와 같은 의미이기도 하지만, 약간 뉘앙스를 달리하는 의미를 지니고 있어요.

그리고 훈련이라는 말은, 우리가 체력을 '단련한다' 몸을 '수련하다'라고 할 때, '련練'자 잖아요. 이때 련練의 의미는 점차 갈아내고 닦아내어 습관화시키는 그런 작업이지요? 그때의 훈련을 교육으로 끌어들인 겁니다. 교화敎化는 교육敎育이 아니고, 교육에서 '육'자를 '화'로 바꾸어 썼어요. 교육으로 쓰지 않고 교화로 썼단 말입니다. 여기에서 화化라는 것은, 중고등학교 때 '화학化學'이라는 교과목에서 보았듯이, 화학물질을 새롭게 만들어 내는, 무언가를 완전히 다른 방식으로 탈바꿈 시키는 것을 말하거든요. 탈바꿈이 중요합니다. 기독교에서도 흔히 '거듭났다'고 그러잖아요. 거듭나다! 이전의 삶을 모조리 지워버리고 새로 싹을 틔우는 일. 그런 방식을 얘기합니다.

그랬을 때, 과연 훈육과 훈련, 그리고 교화라는 것이 교육에서 어떤 방식으로 작동하는지, 아니면 교육과는 완전히 의미가 다른 것인지, 그런 부분들을 찾아보려고 합니다. 4차 산업혁명이라고 하는 이 시대에, 대한민국 교육에서 훈육과 훈련, 그리고 교화가 필요한 것인지, 아니면 없어져야 할 것인지, 분석해 보지요.

••• 훈육 — 정해진 규칙에 따라 배우다

먼저, 훈육에 대해 고찰해 보겠습니다. 여러분! 훈육이라는 것은 우리가 일반적인 교육내용을 가르치는 일과는 상당히 제한적인 의미가 있습니다. 훈육에서 가장 중요한 것은 '정해진 규칙을 따라 배운다'는 겁니다. 그러면 '정해진 규칙'이라는 것은 무엇이냐? 예를 들어 이런 게 있죠. 모든 가정에서 교육이라는 현상이 발생하는데, 가정에서 교육이 이루어질 때, 일반적인 용어로는 부모가 자식을 교육하므로, '자식교육子息敎育'이라고 말을 해요. 때로는 '자녀교육子女敎育'이라고도 하고요. '자식교육', '자녀교육'이라고 얘기했을 때, 이는 누구에게나 인지되는 상당히 객관화 과정을 거친 용어입니다. 그렇잖아요. 부모니까 당연히 자식에 대해 교육하는 거지요. 그것이 자식교육입니다. 객관화된 말이에요. 누구든지 그러죠. 당신은 대학교수로서 자녀교육을, 어떤 방식으로 자식교육을 합니까? 이렇게 얘기할 수도 있고요. 당신은 유명한 정치가로서, 혹은 성공한 기업가로서 자녀교육을, 자식교육을 어떻게 시킵니까? 어떤 방식으로 자녀를 보호하고 지원을 해왔습니까? 그때 보통 자식교육, 자녀교육 그렇게 얘기를 해요. 여기에서 자녀에 대한 교육은 객관성이 담보된 겁니다.

자, 그런데 보통 가정에서 자식을 교육하는 문제에 대해 어떻게 얘기하느냐? 그냥 단순하게 자식교육이라고 하기보다는 '훈육한다'는 소리를 많이 합니다. '자녀를 훈육한다.' 자녀훈육! 그것은 무슨 소리냐 하면, 대부분의 가정, 옛날로 환언하면, 가문家門이겠죠? 가문이나 집안에 보면, 무엇이 있냐 하면, 그 집안에 통용되는 독특한 문화가 있어요. '우리 가문은 대대로 집안 어른들이 정해놓은 규칙에 따라 문중이 운영되어 왔다!' 그리고 '우리 집안의 가훈家訓은 무엇이다!' 이렇게 됩니다. 그랬을 때, 가문에서 정한 규칙은 다른 가문에도 적용되는 보편적인 것이 아닙니다. 보편적인 것이 아니기 때문에, 객관화 시킬 수가 없어요. 객관화를 시키려면, 다른 사람에게도 모두 통해야 된단 말이에요. 집안마다 특색이 있기 때문에, 안 된단 말입니다. 각 집안은 집안마다 정해진 규칙을 자식들에게 집어넣어야 합니다. 알려줘야죠. 그래야만이 그 집안이 지속되어 가기 때문이지요. 그런 차원을 떠올리면, 훈육의 의미를 이해하기 쉽습니다.

훈육은 '가르친다'는 차원에서는 학교에서 얘기하는 '교육'의 의미와 동일하지만,

'정해져 있는 규칙을 가르친다'고 지칭했을 때는 일반적인 교육과 상당히 달라지는 측면이 있습니다. 왜냐하면 학교에서 가르치는 교육은 상당히 보편성과 객관성을 띠어야 되거든요. 그런 차원에서 보면 훈육은 뭡니까? 교육이라는 말과 동일하게 이해하면 보편적이고 객관적이라고 말할 수 있겠지만, 여기서 말한 것처럼 정해진 규칙에 따라 배운다는 것은 상대적으로 특수한 영역입니다. 그렇게 볼 수가 있죠?

그러면 여러분, 이 시대를 살아가는 우리 한국교육에 맞는 교육과 훈육은 무엇일까요? 우리 각자는 집안에서 자녀들에게 무엇을 훈육시켜야 되나요? 나의 제자들에게, 나의 후배들에게, 나의 아이들에게, 우리의 미래세대에게, 무엇을 훈육해야 될까요? '대한민국의 가치냐?', '자유 민주주의의 의미냐?' 아니면 '우리 동네의 자긍심이냐?' 여러 가지가 나올 수 있겠죠. 자, 그럼 이 훈육을 다시 정돈해 봅시다. 앞에서 '정해진 규칙'이라고 말했는데, 이 정해진 규칙을 다른 말로 하면, 다름 아닌 '문법文法'입니다. 문화의 규칙! 보통 문장에서 문법이라고 하면, 영어의 경우, 1형식에서 5형식까지 문법 형식이 있었지요. 예를 들면, 주어가 있고, 그 다음에 목적어, 서술어, 보어 등등이 있는, 그런 규칙을 쭉 이야기하잖아요. 이 규칙에 따라서 가르치는 거죠. 알려주는 겁니다. 그것이 교육인 동시에 훈육이란 말입니다. 문법의 규칙과 같은, 교과와 관련된 규칙을 익혀나갈 때 훈육한다고 얘기합니다. 훈육한다!

그 다음에 이런 훈육은 뭐냐 하면, 이 규칙을 자세하게 보십시오. 주의집중의 경우, 그에 관한 규칙으로서 학습방식에 관한 규칙이 있습니다. 그러면 이렇게 되는 거죠. 예를 들어, 제가 제자들에게, '이런 논문을 쓸 때는 어떠어떠한 방식이 있고, 어떠어떠한 기초가 필요하고, 이런 방식으로 해 나가면 큰 무리 없이 쓸 수 있을 거야!'라고 해서, 집중적으로 논문 쓰는 방식에 대해 가르칩니다. 그때는 교육이라는 말보다는 훈육이라는 의미가 더 정확해요. 그래서 교육과 훈육 사이에 뉘앙스 차이가 있는 거죠.

또 한 사례를 들면, 학교에서 수업을 할 때 출석 점검이라든가, 다른 학교로 전학을 간다든가 등 각종 긴급 상황에서 조치를 취할 때가 있습니다. 그러니까 우리가 출석을 점검한다든가, 전학을 간다고 했을 때, 일정한 규칙에 따라, 정해진 법에 따라 시행해야 되겠죠. 그것에 대비한, 효율적인 학사운영을 위한 다양한 규칙이나 규정도 있습니다. 이런 부분에 대해 알릴 때는 훈육이라고 해요.

한 비유를 들어 보겠습니다. 지금 어떤 대학에 이런 규정이 있다고 합시다. '<교육학개론>이라는 과목은 3학점짜리 강의이다. 이 강의는 출석을 10회 이상을 해야 한다. 시험은 60점 이상을 맞아야 한다.' 여러 가지 규정이 있을 거예요. 이것에 대해 학생들에게 알려줄 때는 교육이라고 얘기하지 않습니다. 그것은 수업및 강의방식에 대해 정해진 일정한 규칙이니까요. 수업을 효율적으로 운영하기 위해 직접적으로 알려줍니다. 그런 것이 훈육입니다. 그러니까 훈육은 느슨한 형태의 교육보다는 상당히 뭡니까? 꽉 짜여져 있지요. 탄탄하게 말이지요. 때문에 주의할 수 있도록 집중적으로 잔소리에 잔소리를 거듭하면서, 알려주는 거죠. '너희들봐봐. 처음부터 그랬잖아! 교육학개론, 3학점짜리라고 했잖아. 그런데 너 왜 2학점으로 알고 있어? 3학점으로 알고 있어야지. 그리고 10번 이상 출석을 해야 성적이 나온다고 했잖아. 그리고 60점 이상 맞아야 한다고 분명히 얘기했잖아. 근데 왜이제 와서 엉뚱한 소리를 해!' 이런 식으로 조금 강한 통제나 요청이 들어갈 필요가 있죠. 그런 양식을 갖고 교육에 임하는 것이 훈육이라고 보면 되겠습니다.

••• 훈련 — 특정한 직종에서 업무능력을 개발하다

다음으로는 훈련의 의미에 대한 설명입니다. 훈련은 아마 많이 들어봤을 거예요. 앞에서도 잠깐 언급했지만, 어떤 특정한 직업세계에서 직업'훈련'과 같은 것입니다. 직업마다 약간의 차이는 있겠지만, 직업세계에서는 그 직업의 용도에 맞는 구체적인 기술을 배워야 돼요. 각 직업에 필요한 기술훈련 이런 게 필요하지요. 그러니까 우리가 '훈련 들어간다!' 군대에서 '훈련소에 들어간다' 그렇게 얘기했을 때는 직업에 필요한 일이나 군대에서 요구되는 기술을 집중적으로 익혀야 되는 겁니다. 이런 것이 교육인 동시에 훈련이 돼요.

훈련은 어떻게 정의되느냐 하면, 가르치기도 하지만, 단련해서 연습하는 게 있습니다. 단련해서 연습하는 것! 운동선수들을 보면, 그 운동에 필요한 기술을 집중적으로 훈련할 때, 교육한다는 말을 하지 않습니다. 이에 대해 반드시 '트레이닝 training!', '훈련한다'고 얘기를 해요. 왜 그러냐 하면 축구선수는 공을 발로 차는 행위를 아주 능수능란하게 할 수 있도록 해야 할 테고, 야구선수는 공을 던지거나 배트로 공을 치는 행위에 대해 무수히 훈련하여 그 기능을 익혀 게임에 임해야 되겠죠? 그것과 마찬가지로 훈련은 뭐냐 하면, 특정한 직종에서 업무 능력을 개발하는 것을 말합니다. 그러니까 특정한 직종에서, 물론, 훈련이 필요 없는 직종도 있습니다. 그러나 어떤 직종은 반드시 아주 강력한 훈련을 통해 거기에 해당하는 업무를 수행할 수 있는 능력을 개발해야 돼요. 그것을 훈련이라고 합니다. 그래서 훈련은 굉장히 엄격할 수도 있고요. 또 그만큼 재미있을 수도 있습니다.

훈련이라는 말 앞에, 보통 '고된' 훈련이라는 말이 많이 붙습니다. 고된! 쉽게 말해서 훈련은 '강도가 높은 어떤 일을 한다'는 의미입니다. 왜 그러냐 하면, 능력을 개발하기 위해, 이런 고된 훈련을 받아서, 뭘 합니까? 익숙해져야 하거든요. 조금씩 해서, 대충대충 해서 되는 게 아닙니다. 그래서 성공한 사람들을 보면, 엄청나게 반복하여 훈련합니다. 두 번, 세 번, 여러 번, 이렇게 일을 순환하는 형태로 갖추어 자기 업무를 능숙하게 만들어 나가죠.

훈련의 대표적인 사례가, 아마 군대에서 하는 실시하는 군사훈련, 예비군 훈련도 있습니다만, 사격훈련 같은 게 있지요? 우리가 보통 군대에서 사격술을 연마할 때, 사격교육이라고 얘기하지는 않습니다. 기껏해야 사격에 필요한 정신교육이나 병사교육, 장교교육 이런 말은 씁니다만, 사격의 경우, 보통 교육이라는 말보다는 사격훈련이라는 말을 많이 씁니다. 왜 그러냐 하면 사격훈련을 할 때, 끊임없이 수천 수백 발의 총알을 낭비해가면서, 나중에 어떤 목표물을 명중시키기 위해 연습을 거듭하는 겁니다. 굉장히 고된 훈련입니다.

여러분과 제가 많이 치고 있는 컴퓨터 자판의 경우도 마찬가지입니다. 저는 아직 훈련이 덜 되어서 컴퓨터 자판기를 잘 못 쳐요. 이른바 하나씩 툭툭 누르는 독수리 타법입니다. 이렇게 치니까 저는 컴퓨터 자판기를 치는 데 능수능란하지 못합니다. 그런데 이 자판기를 갖고 글자치기 연습을 하지요? 자판기에서 글자치기 연습을 하지 않고, 처음부터 마구 잘 칠 수 있나요? 자판기를 보지 않고 컴퓨터 화면만 보고 막 칠 수 있다고요? 그렇게 되지 않습니다. 끊임없는 반복 훈련을 통해 숙달되도록 글자치기 연습을 한 사람만이 능숙하게 글자를 칠 수 있는 거예요. 혹시 여러분 가운데 컴퓨터 자판기를 능수능란하게 칠 수 있는 분이 이 글을 읽고 있다면, 자신이 어떻게 자판기에서 글자치기 연습을 했는지 되돌아보십시오. 결코 한 시간 만에 혹은 몇 시간 만에 능숙하게 되지는 않습니다. 수십 시간의 고된 훈련을 통해, 반복 연습을 해서, 지금 잘 치게 되었을 겁니다. 그런 게 바로 훈련입니다.

그래서 교육과 훈련을 비교해 보면, 교육은 어떤 것이냐? 교육은 특수한 상황에 처한 개인의 가치 실현을 지향합니다. 가치 실현! 그러니까 내 인생이, 어떤 사람, 개인으로서 인간이 있잖아요. 그런 인간이 있을 때, 이 인간들은 나름대로 목표를 지향해요. '어떤 사람은 A라는 목표를 지향하고 싶다'고 하고, '어떤 사람은 B라는 목표를', 또 '어떤 사람은 C라는 목표를 지향하고 싶다'라고 합니다. 세 사람이 모두 가치관이 달라요. 교육이라고 얘기했을 때는, 인간이 자신이 처한 상황에서, 삶의 어떤 가치를 실현하기 위한 '가치 지향적 활동'을 합니다. 이게 중요합니다. 그러니까 여러분도 마찬가지예요. 지금 여러분이 이 글을 읽으면서 강의를 수강하고 있다고 가정해 봅시다. 이것이 교육이 되려면, '아! 내가 신창호라는 사람이 얘기하는 한국교육의 문제, 한국교육이 이 시대에 어떻게 적용되어야 하는가!' 그리고 오늘 이 글과 강의 내용 가운데 교육의 양식들이 여러 가지가 있는데, 교육과 훈련의 차이가 있는데, '이게 뭐지? 이 글을 읽고 강의를 듣고 무엇을 하지?'라는 교육의 목표, 삶의 목표가 나와야 돼요. 목표가 있어야 만이 이 글을 읽고 강의를 듣는 의미가 있는 것입니다.

예를 들어, 이럴 수 있습니다. 어떤 사람이 신창호가 쓴 글과 강의를 듣고, 다른 사람이 쓴 유사한 글과 강의를 듣거나, 또 다른 사람이 쓴 글과 강의도 듣습니다. 재미있게 말하면, 그런 사람은 신창호의 글과 강의를 들으면서 깊이 있게 분석하고 고민하고 비판하기보다는, 그냥 여러 사람의 글과 강의 이것저것을 마구 읽고 들으며 섭렵하려는 글 수집가이자 강의 수집가예요. 여러 가지를 수집하듯이, 읽고 듣기만 하는 거예요. 그래서 뭐하게요? 한쪽 귀로 듣고 한쪽 귀로 흘러 버리면, 아무 의미가 없어요. 그런 태도가 어떤 것이냐? 이 훈련에 가까워요. 글과 강의를 수집해서 보고 듣는 데는 능수능란한 거예요. 그렇잖아요. 훈련해서 컴퓨터 자판을 잘 칠 수 있듯이, 다양한 글과 강의 자체를 무조건 모으기만 해요. 문제는 무슨 목적이나 목표, 가치를 부여하며 지향하지를 않아요. 무언가를 지향하여 자신의 인생을 성숙시키고, 풍부하게 만드는 노력을 해야 하는데, 그렇게 하지 않아요. 모으기만 해!

자, 그런 경우에는 어떻게 되느냐? '가치 지향적'이기보다는 '가치 중립적'이게 됩니다. 가치를 따지지 않고, 무조건 익히기만 합니다. 목표를 따지지 않습니다.

여러분, 군대에서 사격술을 연마하여, 아니면 컴퓨터 자판기를 연습하여 막 두드리는 건 뭡니까? 글자를 잘 치기 위한 거예요. 글자를 빨리 치기 위한 것 이외에 다른 목적이 없습니다. 거기에 특별한 가치가 부여되어 있지 않습니다. 그런데 글자를 친 다음에 그것을 '어떻게 처리 하겠다!'라는 가치의식이 개입되면, 이런 경우에는 훈련을 넘어선 교육의 상태로 나아가는 거죠. 이처럼 훈련과 교육에 대한 인식을 잘 해야 됩니다.

오늘날 한국교육에 종사하는 많은 사람들, 아니면, '교육을 좀 받았다!'는 사람들은 어떤 방식으로 처신하나요? 혹시 훈련된 모습으로만 남아 있지는 않나요? 인생의 목적을 담은 가치를 지향하지 않고 가치중립적으로 개념 없이 멍하게 존재하지는 않나요? 가치를 안 따져요! 그러다 보니까 어떤 부분에서는 능수능란한데, 예를 들어, '그것 왜 하느냐?', '그걸 통해서 뭘 하느냐?'라고 물으면, '아 그냥!' 하고 말아요. '그냥 나 이거 잘 쳐!' 그게 끝이에요. 그러니까 어떻게 보면 능수능란한 기계와 유사한 인간들이 되어 버렸다 이겁니다. 이렇게 잔혹하게도 표현할 수 있다는 거죠. 제가 볼 때, 그런 상황은 교육이 추구하는 어떤 가치체계라든가 목표라든가 교육의 진정한 의미와는 상당히 거리가 멀어져 있다는 겁니다.

그렇다고 훈련이 의미 없는 일은 아닙니다. 훈련을 통해, 앞으로 나아갈 수 있는 어떤 요건이 되니까요. 그런 부분들을 오해하거나 착각해서는 안 됩니다. 지금 우리가 교육과 훈련을 분리하여 설명하고 있지만, '교육은 가치실현을 지향하고 훈련은 가치중립적 활동에 가깝다!' 이렇게 이해를 하면 좋겠습니다.

••• 교화 ─ 특정 목적과 이데올로기를 일방적으로 주입하다

다음으로는 교화입니다. 교화는 뭐냐 하면, 조선시대와 같은 경우, 군주가 있고 백성이 있잖아요. 그러면 군주는 '강력한 권력을 통해, 이데올로기나 카리스마를 갖고, 백성들을 교화시켜야 한다!' 이렇게 얘기합니다. 그때 지배자들이 백성에게 특정한 내용을 주입하겠죠. 어떤 가치 체계에 대해 '이렇게 하라' 혹은 '저렇게 하라'고 지시할 겁니다. 자, 그랬을 때 교화는 뭐냐 하면, 앞에서 살펴보았던 훈련과 상당히 유사한 맥락이 있습니다. 계속 똑같은 것을 집어넣어서 만드니까요. 하지만 중요한 것이 있습니다. 뭐냐 하면, 교화는 특수한 상황에 처해 있는 개인의 입장을 고려한 교육 활동입니다.

다시 볼게요. 여기 군주와 백성이 있습니다. 군주와 백성은 특수한 상황에 처해 있지요? 계급사회의 특수한 상황에서 백성들은, 쉽게 말하면, 무식합니다. 뭘 잘 모릅니다. 그러면 이때 군주는 무엇이냐? 백성을 다스리는 사람이기에 가장 유식해요. 이른바 뭘 좀 알아요. 그러면 뭘 아는 사람이 백성들을 어떻게 하느냐? 아는 사람이 백성들을, 군주와 백성이 있을 때, 유식한 군주가 무식한 백성들에게 뭘 하겠습니까? 백성들의 입장을 고려해서 알려줘야 될 거 아니에요. 이끌어 줘야 될 거 아니에요. 그리고 왜 이끌어 줘야 하느냐면, 이 백성들에게 삶에 필요한 기본적인 사항을 알게 해야 나라가 유지가 되고, 이 사람들이 또 뭡니까? 생존할 수 있잖아요. 그렇게 하기 위해, 교화는 '이끌어가기' 위한 측면이 강합니다. 그래서 이 백성들의 입장을 고려한 교육활동을 했을 때 중요한 것은, 앞에서 교육과 훈련을 비교해서 얘기했지만, 훈련과 유사한 측면이 있다는 겁니다. 교육과 유사한 것이 아니고요. 그것이 교화 활동이라는 거죠.

교화를 다시 설명하면, '특정한 목적이나 이데올로기를 일방적으로 주입하는 과정'입니다. 때문에 그 과정이 쌍방적이지 않습니다. 일방적입니다. 주입입니다. 그러니까 특정한 이데올로기를 아는 사람이 모르는 사람에게 그냥 알려주는 거죠. 예를 들어, 어떤 국가가 공산주의 체제를 채택하여 시행하려는 경우, 공산주의 이데올로기를 모르는 국민에게 그것을 마구 집어넣어야 돼요. 혹은 자유민주주의 이데올로기, 자유주의라고 하면 그 이데올로기를 일방적으로 막 알려줘야 하는 거예요. 그런 이데올로기 사회에서는 이렇게 살아가야 되는 것이다! 이런 거예요. 그래서 공산주의 국가는 사회주의 교육으로 가는 것이고, 자유 민주주의 국가는 자유 민주주의에 맞는 교육으로 가는 거죠.

유교나 기독교, 이슬람교 같은 종교에서 보면, 전도활동을 하거나, 목사가 설교를 하거나, 혹은 성직자가 일반 신도들에게 무언가를 알려주려는 경우가 많습니다. 이때 보면, 각 종교가 지니고 있는 다양한 교리라든가, 유교의 경우 최고 성인인 공자라든가, 기독교의 경우 예수라든가, 이슬람교의 무함마드가 실천하는 삶의 논리를, 그 종교를 신앙으로 하는 사람들에게 일방적으로 알려주기도 합니다. '성인의 삶을 본받아 그렇게 살아라!' 이렇게 되는 거예요.

앞에서도 잠깐 언급했듯이, 공산주의 국가에서 핵심 이론인 마르크스주의와 같은 것을 주입하거나, 국민들의 정신 무장, 의식화, 이런 것들을 행하는 게 교화입니다. 교화가 잘 되는 경우, 재미있게 얘기하면, 말을 잘 듣습니다. 말을 잘 들을 수밖에 없어요. '시키는 대로 해!' 이렇게 되는 겁니다. 왜냐하면 거부할 수 없는 신성한 진리와 같은 내용이 삶의 지침으로 각인되기 때문입니다. 교화가 잘 된 집단에서는 어떻게 보면, 반발이 상당히 적습니다. 의식화되었으니까, 계속 그렇게 되는 거죠. 반항을 할 수가 없어요. 반항하려고 하지도 않아요. 어떻게 보면 특정한 목적이나 이데올로기가 계시하는 순수성을 믿습니다. 오히려 자신들이 받은 교화 내용과 다른 목적, 다른 이데올로기가 침범해 올 때 절대적으로 배척합니다. 그것이 교육과 상대적으로 다릅니다. 교육은 상호작용을 하는데 교화는 일방적입니다. 아래에 처해 있는 약자라든가, 백성이라든가, 신도들은 함부로 저항할 수 없습니다. 교화된 양식에 따라 살지요? 그런 것을 볼 수가 있습니다.

훈육, 훈련, 교화를 교육과 다른 차원에서 이해한 다음, 이 지점에서 우리가 놓치면 안 되는 것은, 훈육이라든가, 훈련이라든가, 교화가 무조건 잘못된 형태라고 해서는 절대 안 됩니다. 왜냐하면 훈육과 훈련의 가치가 있고 교화의 의미가 있습니다. 이것을 통해 무엇을 할 것인가? 중요한 것은 이런 훈육과 훈련, 교화가 교육적 차원으로 접근되어 교육이 이루어지기도 해요. 상황에 따라 적용방식이 다른 거니까요.

그런데 문제는 무엇이냐? 지나친 훈육이나 훈련, 지나친 교화가 교육적 특성을 왜곡시킬 수 있습니다. 교육적 특성을. 우리가 말하는 진정한 교육, 그것을 왜곡시키는 지점에서 우리가 고민해야 된다는 거예요. 21세기 제4차 산업혁명, 정보지능이 발전하는 이 시대에, 우리 한국교육은 훈육의 양식으로 교육에 임하고 있는지, 강도 높은 훈련인지 아니면 지나친 교화인지, 진짜 우리가 원하는 교육의 특성을 살리고 있는지, 절제된 비판이 필요하다는 겁니다. 훈육과 훈련, 교화의 방식 가운데 어느 것이 맞다, 틀렸다 이런 자세보다는, 이런 말들을 우리가 수시로 쓰고 있는데, 과연 이것이 우리 한국교육을 발전시키는 데 교육의 특성을 왜곡시키지 않으면서 교육의 순기능적 차원을 활성화하는 데 기여하고 있느냐? 아니냐? 그런 부분들을 고려하면 좋겠습니다.

03

인성교육과 품성형성은 별개의 교육인가

지금까지 교육의 양식과 관련하여 교수–학습, 훈육과 훈련, 그리고 교화에 관해 교육과 비교해보았습니다. 엄밀하게 말하면 이 모든 교육의 방식은, 내용과 형식에서 차이가 있지만, 인간의 인간됨, 인간다움이라는 정점을 향해 나아가는 교육적 노력의 일환입니다. 이번 시간에는 최근 굉장히 논란이 되고 있는 인성교육과 품성형성은 어떤 양식의 교육으로 이해해야 하는지, 여러분과 한번 생각해보려고 합니다.

여러분! '인성人性!', '인성교육'이라고 하면 어떤 생각이 떠오릅니까? '품성品性', '품성형성'이라고 하면 무엇이 생각나는지 모르겠습니다. 요즘, 학생과 학부모는 물론, 교육계에 종사하건 하지 않건 아주 많은 사람들이, 그리고 다양한 교육기관, 대부분의 학교에서 인성교육의 문제를 논의하고 있습니다. 무슨 유행병처럼 인성교육이 교육시장에 범람하고 있습니다. 한국사회는 <인성교육법>까지 만들어 교육을 다양한 방식으로 펼쳐가려고 합니다.

이런 얘기도 여기저기서 들려옵니다. '현재 청소년들의 인성에 문제가 많다!', '인성교육이 잘못되어 사회가 이렇게 혼란스럽다!' 이런 얘기를 한단 말입니다. 저는 그런 의견에 결단코 반대합니다. 그 말에 찬동할 수가 없습니다. 아니, 인성人性에 무슨 문제가 있어요? 특히 청소년의 인성에 무슨 문제가 있다는 겁니까? 그들은 우리의 자식이고 한국사회의 미래세대입니다. 그들 청소년들에게 무슨 범죄자처럼, 아니면 잠재적 범죄자처럼, '비뚤어진 인성을 바르게, 혹은 비뚤어지지 않도록 인성교육을 강화해야 한다?!' 무슨 착각에 빠진 소리를 하는지 참 이해하기 힘듭니다. 대부분의 청소년들은 열심히 올바르게 자신을 가꾸어 가려고 최선을 다합니다. 무슨 소리를 하는 겁니까? 그들만을 위한 인성교육이라니요? 그럼 성인은 인성교육을 하지 않아도 됩니까? 인성은 그냥 인성인 거예요.

사람들, 특히, 젊은 사람들, 그러니까 어린 아이로부터 청소년에 이르기까지 우리 한국 아이들의 인성에 문제가 있다고 합니다. 이에 어른의 시각에서 <인성교육법>을 만들고, 인성교육을 해야 한다고 난리예요. 정말 그렇습니까? 제가 볼 때는 아니에요! 인성이 과연 교육의 대상인가요? 아닌가요? 먼저, 이런 문제를 논의하고 고민해 봐야 돼요. 인성에 대한 개념도 제대로 잡지 못하고 있는 현실에서 무슨 인성교육입니까? 그런데 참 괴롭게도 법까지 만들어서 시행을 하니까, 어찌 하겠어요? <인성교육법>이 존재하는 한 인성교육을 할 수밖에 없는 거지요. 교육도 법치주의에 따라야 하니까요. 이번에는 이런 부분을 한 번 고민해 보려고 해요.

••• 인성교육 — 무슨 실체를 가진 교육인가?

여러분! 한 번 진지하게 고민해 봅시다. 과연 교육의 방식에서, 혹은 교육과 유사한 의미를 지니고 있는 개념 가운데, '인성함양이다', '품성형성이다' 혹은 '인성교육이다' 이런 얘기가 무엇이냐는 거죠. 인성교육? 상당수의 사람들이 인성교육에 대해 이렇게 이해하는 경우가 많습니다. 인성교육 자체를 도덕교육이나 윤리교육과 동일시해요. 지금 우리 한국의 학생들이 지식교육을 엄청나게 많이 받아서, 인간의 몸에 비유하면 다음과 같이 되었다는 거예요. 머리는 엄청나게 커졌어요. 그런데 몸통이나 다리는 홀쭉해져서 비실비실하다 이거예요. 머리는 기형적으로 부풀어 있고 몸은 또 너무나 말라빠진 것처럼 되어, 균형을 잡지 못하고 있어요. 흔히 말해서, 전인교육全人敎育의 차원에서 균형 잡힌 몸을 요구하는데, 그렇지 않다는 겁니다.

앞에서 언급한 것처럼, 저는 그렇게 생각하지 않습니다. 많은 사람들이 지적하듯이, 현재를 살아가는 아동이나 청소년이 인성이 잘못되어 있으므로, 도덕·윤리교육을 잘 받아서 올바르게 되어가야 하는 존재이고, 성인들은 그러면 완벽한 인성을 갖고 있어 도덕·윤리교육이 필요 없다는 말이에요? 그런 것은 아니라고 봐요. 잘못된 행동을 하는 사람은 아동이건 청소년이건 성인이건 교육이 필요합니다. 특정한 교육대상을 지칭해서는 곤란합니다. 인성교육도 마찬가지예요. 이런 점을 염두에 두고 인성과 품성을 교육적 차원에서 고민해보자는 거예요. 그러니까, 교육의 다른 방식이 인성과 품성을 형성하는 것이라고 했을 때, 인간의 무엇을 형성하는 거냐? 그것이 문제입니다.

다시 한 번 곰곰이 생각해봅시다. 아니, 인성이 없는 사람이 누가 있어요? 사람이라면 누구나 인성을 지니고 있는 거예요. 인성의 특성이 다를 뿐이죠. 품성? 품성을 지니지 않은 사람이 누가 있어요? 품성이라는 말 자체가 사람마다 지니고 있는 특성이라는 소리인데, 그것은 누구나 지니고 있는 겁니다. 그런데 중요한 것은 무엇이냐? 인성과 품성은 누구나 지니고 있지만, 사람마다 특성이 있고 그 정도가 다른 거예요. 정도의 차이, 그리고 수준의 차이, 이런 거죠.

그랬을 때, 우리 한국교육은 무엇을 요청하고 있느냐는 겁니다. 이 정도와 수준을 어디까지 고민해야 합니까? 말 그대로 한국교육에서 인성과 품성의 수준이 어느 정도여야 할까요? 그 차원을 고민해야 되는 것이지, 지금 한국의 어린 아이들, 청소년들, 청년들 인성이 제대로 갖춰져 있지 않고, 성인들은 이 인성이 잘 갖추어져 있다고요? 21세기 현대사회를 함께 살아가는 사람 사이에 그런 게 어디 있습니까? 아이들은 아이의 인성이 있는 거고요. 어른은 어른의 인성이 있는 거예요. 그런데 그 속에서 어느 정도, 어떤 수준을 가져야만 우리 한국사회가 건강한 삶을 누릴 것인가? 건전한 사회로 유지되어, 현재 뿐만 아니라, 미래까지도 지속 가능할 것인가? 이런 부분들에 대해 깊이 생각해 봐야 합니다.

••• 인성 ― 인격과 성격의 통일체

이런 문제의식에서 교육과 유사한 말로 인지되는 인성교육, 품성형성이 무엇이냐? 이겁니다. 저는 이렇게 봅니다. 앞에서 언급한 것처럼 인성人性은 '인격人格'과 '성격性格'의 통일체입니다. 철학, 심리학, 사회학, 교육학 등 학문의 특성에 따라 번역 용어가 약간씩 다르기는 합니다만, 여기서 말하는 인격은 영어식 표현으로는 '퍼스낼러티personality'입니다. 훌륭한 사람을 지칭할 때, 우리는 흔히 '그분 정말 존경할만한 인격자예요!', '인격이 높은 분입니다!', ' 덕망이 높은, 인격을 제대로 갖춘 분입니다!' 이렇게 말하지요. 성격은 영어로 표현하면 '캐릭터character' 예요. 캐릭터와 관련하여 이런 말도 많이 하지요. '그 친구, 한 성격하는데!', '그 영화배우, 정말 성격파 배우지!' 이렇게 얘기하잖아요. 그랬을 때, 인성은 무엇이냐? 인격人格과 성격性格의 합성어입니다. 인격에서 '인'과 성격에서 '성'을 조합하여 인성이라고 보는 것입니다.

인격은 사람이면 누구나 지니고 있는 특성이잖아요. 인격이라는 것이, 인人의 격格, 즉 사람의 격 아닙니까? 사람의 격이라는 것, 물론, 사람에 따라 그 격이 형편없는 사람도 있지요. 정말 격조 없는 사람도 있을 수 있습니다. 그래서 좀 재미있게 얘기하면, 예를 들어, 개라든가 소라든가 닭이라든가, 이런 건 짐승이잖아요. 물론 사람에게 필요한 좋은 짐승이죠. 우리에게 얼마나 유익한 가축이에요? 문제는 뭐냐 하면, 개나 소와 닭, 이런 것과 비교해 보았을 때, 사람은 이 짐승과 다른 차원의 격을 갖고 있단 말입니다. 그것이 인격이에요.

'인격이 있느냐? 없느냐?'가 아니라, 사람이면 모두 인격을 지니고 있는 겁니다. 앞에서 말한 것처럼, 인격의 수준이나 정도가 '아, 저 사람은 인격 수준이 상당히 높다!'라고 평가하기도 하고, 도덕성이 높든, 지식이 많든 관계없이 저 사람은 '인격 수준이 상당히 낮아!'라고 비난하기도 합니다. 인격 수준이 낮은 사람에 대해 우리는 '그 사람은 인격도 없는 사람이야!' 심하게 얘기할 경우에는, '개나 소보다도 못한 사람이야!'라고 욕을 할 때도 있죠. 그러나 그런 형편없는 사람조차도 인격이 없는 것은 아닙니다. 인격의 정도와 수준이 짐승처럼 낮은 단계! 이렇게 보는 거죠. 어떻게 인격이 없습니까? 다 있습니다.

그 다음에 성격은 무엇이냐? 예를 들어, 이런 거죠. 앞에서 언급한 것처럼, '아, 그 친구 한 성격하는데!', '어린 학생이고 착한 아이지만 성격이 있는데!' 그렇습니다. 사람마다 어떻습니까? 성별로 나누면 남성이 있고, 여성이 있고, 또 사람에 따라 좀 강한 사람이 있고, 좀 부드러운 사람이 있고, 다양한 형태의 사람들이 있겠죠? 그랬을 때 이 성격은 인격과 다른 차원이 있습니다. 사람에게서 인격은 보편적으로 인간이 지니고 있는 특성입니다. 성격은 개인마다 지니고 있는 나름대로의 특성을 말합니다. 제가 볼 때, 인성은 뭐냐 하면, 사람이라고 했을 때, 모든 사람이 지니고 있는 보편성이에요. 보편적 특성입니다. 성격은 개인마다 각기 지니고 있는 특수성입니다. 개인적 특성, 즉 개별성입니다. 인간으로 보편성이 강한 인격과 개인으로서 특수성이 강한 성격을 합친 것이 인성입니다. 이것이 없는 사람이 누가 있어요?

••• 인성 — 인간의 보편성과 개별성의 통일

자, 그런 차원에서 인성을 다시 봅시다. 인성은 어떤 것이냐? 인성이라고 했을 때, 인격과 성격이라는 인간의 보편적 특성과 특수한 성품을 합친 의미라고 얘기했습니다. 아직까지 학술 이론으로 구체적으로 정립된 것은 아닙니다만, 제 개인적으로 나름대로 정돈하며 연구하고 있습니다. 이렇게 봤을 때, 인성은 뭐냐 하면, 교육의 영역에서 아주 복잡한 중첩성을 갖고, 인간의 특성을 매우 융합적으로 반영합니다. 왜 그러냐? 인간이 인간답기 위해, 그러니까 다른 동물과 차이나는 형태의 특성을 가져야 되잖아요. 그것을 교육을 통해 길러가야 돼요. 사람이 사람다워야 되죠. 사람으로서 기본은 해야 하니까요.

인성 가운데 특히, 성격은 무엇이냐? 예를 들어, 나 자신이 사람으로서 기본적인 어떤 자질을 갖고 있습니다. 그것을 제대로 이해하고 체득했어요. 그러면, 사람으로서 그냥 살아가면 되느냐? 이렇게 말할 수 있겠지요? 그러나 인생이라는 것이 그런 것만이 아닙니다. 사람은 누구나 자신의 고유한 가치, 특성이 있습니다. 고유한 가치와 특성을 통해, 이 사회 공동체에 기여합니다. 모든 사람이 똑같은 일을 하는 게 아니잖아요?

인성함양人性涵養이라는 차원에서 다시 봅시다. 우리가 인성을 인격과 성격의 통합으로 이해했을 때, 인성 혹은 품성형성을 교육적으로 통합하려면, 중첩적이고 이중적이고 복합적 차원을 이해해야 합니다. 이 융복합적 인식 가운데 무엇을 우선순위에 두어야 할 것인가? 굉장히 괴로운 사안입니다. 여러분! 인격과 성격 가운데 무엇을 앞세워야 하지요? 인격이라는 것은 객관적으로 봤을 때, 인간성의 보편적인 영역에 기여한단 말이에요. 성격은 개인성의 특수한 영역에서 기인합니다.

그러면 교육을 한다고 했을 때, 이 둘 중에 무엇을 앞세워야 되는 거죠? 어느 것도 함부로 앞세울 수 없습니다.

인격과 성격, 둘 다 중요하죠. 인간의 보편성을 획득하는 동시에, 뭡니까? 나 자신의 특정한 성품을, 성격을 끌어내야 되는 거예요. 이게 어렵다는 겁니다. 그래서 모든 것을 통합적으로 다루어야 하는 교육이 어려운 겁니다. 때로는, 어떤 사회에서의 교육을 보면, 인간의 보편성에 해당하는 인성을 도덕적으로 강력하게 추구하는 교육이 있습니다. 사람을 사람답게 만들려고요. 그래서 개인의 특성인 성격을 무시하는 교육이 되어 버리기도 합니다. 개인의 특수성만을 우선시하는 교육의 경우, '나만 잘하면 돼!' 이렇게 되잖아요. 그러면 사회성이 무너져요.

••• 인성교육 ─ 인격교육과 성격교육의 이중주

그래서 교육이 너무나 어려운 겁니다. 이런 의미를 극복할 수 있는 문자를, 제가 하나 들어 보겠습니다. 동양의 유학에서는 어떻게 되느냐? 여러분도 잘 알고 있는, 유명한 구절 가운데, 『논어』에 나오는 '극기복례克己復禮'라는 말이 있습니다. 많이 들어보았을 겁니다. 무슨 말이냐 하면, '자신의 개인적 차원을 극복하고, 사회적 차원의 예를 회복하라! 예로 돌아가라!' 이렇게 되거든요. 개인적 차원을 극복하라고 해서 개인의 욕구를 비롯한 다양한 개인적 측면의 사안들을 무조건 없애야 하는 것이 아닙니다. 나 자신의 정체성은 여전히 보존하고 가꾸어 가야 할 개인의 특성입니다. 앞에서 말했던 성격입니다. 이것을 교육을 통해 잘 유지하고 올바르게 성장시켜 가꾸어가야 합니다. 그것이 성격교육입니다. 이 성격교육을 바탕으로 인간의 보편적 인격 특성도 잘 길러가야 되는 겁니다. 그것이 인격교육입니다. 그 유명한 '살신성인殺身成仁'도 이와 같은 특성을 대변하는 언표입니다. 그것이 교육입니다.

자, 그렇게 했을 때, 이 가운데 보편적 차원의 교육, 그러니까 인격적 차원의 인격교육은 우리에게 상당히 많이 알려져 있습니다. 이는 한국 사람이든 미국 사람이든 유럽 사람이든, 사람이면 뭡니까? 예를 들어, 사람이 사람을 때린다든가, 약속을 지키지 않는다든가, 법을 어긴다든가, 그러면 사람의 생활이 피폐해져요.

사람이 다칠 수도 있고요. 때문에, 누구나 지켜야 하는 보편적 영역을 설정해 놓고 있는 겁니다. 그런 것들은 인류역사가 진행되면서 누적되고 누적되어, 오늘날 우리에게 이어져 오고 있습니다.

그런데 개인이 갖고 있는 성격적 차원, 이것은 상당히 파악하기 힘든 거예요. 개인마다 다르니까요. 사람마다 부분적으로 유사한 측면은 있지만, 이 지구에 70억 명의 인간이 살고 있다면, 70억 개의 캐릭터, 성격이 있는 거예요. 사람마다 모두 달라요. 유사할 수는 있지만 똑같은 성격을 지닌 사람은 이 지구상에 한 사람도 없습니다. 그러다 보니까, 교육에서 중요하게 여기는 것이 무엇이냐? 성격교육, 즉 '품성형성品性形成'이라는 겁니다.

••• 품성형성 ― 사회 환경과 조직 풍토를 고려한 성격교육

여러분! '품성品性'은 한자로 '상품商品', 혹은 상품上品이라고 할 때, 품品자입니다. '품성稟性'이라고도 쓰지만, 이 품성稟性은 선천적으로 타고난 부여받은 성품을 얘기합니다. 어쨌건, 품성에서 품品은 앞에서 상품商品이라고 했듯이, 어떤 물건을 살 때 물건에 따라 품질을 나누어 놓은 것을 생각하면 좋습니다. 또는 상품上品이라고 했을 때 상·중·하로 나누어 놓은 품으로 이해하면 됩니다. 즉, 품이라는 말의 의미는 사물이 개별적으로 나누어져 있다는 말입니다. 낱개로 상품을 포장하듯이, 하나하나 분류되어 있다는 거예요. 사람의 품성이 사람마다 제각기 이렇게 나누어져 있는 거예요. 그랬을 때, 이 품성은 사람이 개별적으로 형성해가야 합니다. 집단적으로 동일하게 획일적으로 만드는 것이 아닙니다. 그렇게 되면 성품을 해치게 됩니다.

그러면 어떻게 가꾸어 가야 하느냐? 그게 이제 교육의 문제로 등장하는 겁니다. 어떻게 보면, 교육에서 가장 뜨거운 논쟁점이 될 수 있는 겁니다. 예를 들어, 여기에 A라는 남성과 B라는 여성이 있습니다. 그러면 이 남성은 어떤 방식으로 자기를 가꾸어 가야 할까요? 이 여성은 어떤 방식으로 자기를 가꾸어 가야 할까요? 고민을 해야 되잖아요. 그런데 지금 우리 한국교육은 어떤 양식을 취하고 있습니까? 남녀노소 불문하고 동일한 내용을 획일적으로 마구 집어넣고 있다고요. 잘못하면, 지난번에 언급했던 교화 수준에 그칠 수가 있다고요. 그런 점에서 우리가 정말 비판적으로 성찰해야 됩니다.

왜? 우리가 동일한 것을, 어린 아이나 어른이나, 남자나 여자나, 교육 많이 받은 사람이나 적게 받은 사람이나 모두가 똑같은 교육을 받아야 되느냐고요? 아니잖아요. 그 사람이 처한 상황과 여건이 있잖아요! 거기에서 나오는 말이 뭐냐 하면, '개별화 교육'을 비롯하여 여러 가지 교육이 있죠. '특성을 살리는 특성화 교육이다!', '개성화 교육이다!' 이런 말을 끄집어내서 하는 거죠. 여기서 말하는 품성형성은, 다시 얘기하면, 자신의 개인성을 마구 발현하는, 제멋대로 펼치며 행동하고 성장시켜 나가는 것이냐? 아니라는 겁니다. 그러면 어떤 것이 전제되어야 하느냐? 개인의 품성은 반드시 그 사람이 속한 사회 공동체 환경과 조직 풍토의 영향을 받습니다. 이게 굉장히 중요합니다.

여러분! 우리는 현재, 어디에 살고 있습니까? 대한민국에 살고 있습니다. 대한민국은 옛날부터 유교儒敎; Confucianism가 지배하던 사회입니다. 한국은 정서적으로 유교가 바탕에 깔려있는 사회입니다. 유교사회! 그렇지요? 동양의 유교 전통에 뿌리를 둔 나라예요. 거기에다가 지금부터 몇백 년 전부터는 서구의 천주교, 이후에 개신교 등 기독교가 유입되어, 이것이 또 한국사회의 문화를 형성하고 있습니다.

아직까지도 왜곡된 사유를 하고 있는 사람들은 어떻게 생각하느냐? 한국은 유교문화에 뿌리를 두고 있기 때문에, 유교 국가이다. 당연합니다. 전통적인 유교 국가지요. 그것을 부정하는 것은 아닙니다. 문제는 오래 전에 유입된 천주교라든가 개신교 자체를 배척해 버리는 데 있습니다. 그것을 왜 배척해요? 이미 몇백 년 전에 전파되어, 많은 한국인들이 개신교와 천주교를 믿고 있는데, 신앙을 갖고 그 속에서 살아가고 있는데. 예컨대, 유교가 기독교를 배척하거나 기독교가 유교를 배척하는 그와 같은 배척의식들이, 인간의 품성형성에 엄청난 영향을 미칩니다. 쉽게 말해, 왜곡된 방식으로 교육적으로 작용하고 있다는 거예요.

유교적 양식도 여전히 우리에게 살아있는 것이고, 그리고 기독교적 양식도 여전히 살아있는 것이고, 불교적 양식도 여전히 살아 있는 거예요. 재미있게 말하면, 우리 한국의 사유는 다양한 사상이 융합된 짬뽕 문화란 말이에요. 그런데 어떤 것은 배척해 버리고, 어떤 것은 무조건 받아들이고, 그러면 안 되죠. 이 열린 시대에 마음을 열고 들여다봐야지요.

우리가 살고 있는 대한민국이라는 사회 환경과 내가 속해 있는 조직의 풍토가 있잖아요. 예를 들어, 어떤 직장에 갔더니, 너무 권위적인 시스템이에요. 또 어떤 직장에 갔더니, 너무나 자유분방한 곳이에요. 지나치게 권위적인 조직에 가게 되면, 쉽게 말해서 사회적으로 주눅이 든다고요. 내가 아무리 잘났어도, '여기 풍토는 이런 거야! 이제 들어온 새파란 녀석이 뭘 알어?'하고 눌러버린단 말이에요. 그럼 꼼짝을 못해요. 자기 능력을 발휘하기도 힘들지요. 한편, 지나치게 자유분방한 조직에 갔더니 또 너무 제멋대로 하는 거예요. 이것은 자유를 넘어 방종이 되는 거예요. 질서가 흐트러질 수도 있죠. 어쨌든 간에 그런 상황에서 시간이 한참 지나고, 어떤 사회 환경이나 어떤 조직 풍토에 들어가서, 어떤 사람이 교육을 받거나 생활을 하다가 나왔다고 가정해 보세요. 몇 년 후에 그러한 경험 상황에 대해 전혀 모르던 친구와 만났을 때, '너 지금 보니까, 몇 년 전과 비교해보았을 때 사람이 바뀌었어?' 이렇게 얘기를 해요. 그게 무엇이냐면, 개인의 품성이 바뀌어 다시 형성된 겁니다. 이것이 교육받은 현상과 비슷한 것이라는 거죠.

그래서 품성형성은 어떤 특징을 갖고 있느냐? 사회환경과 조직 풍토의 영향을 받다 보니까, 자신도 의식하지 못하는 사이에 교육이 이루어집니다. 조금씩 교육이 진행돼요. 마치 스펀지에 물이 보이지 않게 조금씩 스며들듯이, 의도하지 않은 형태의 교육 작용이 발생합니다. 특징이 그렇습니다. 품성형성의 과정이. 그러니까 품성을, 어른들이 원하는 대로 교육을 마구 시켜 놓고, 정원사가 나무를 분재하듯 나무를 막 가다듬어 놓고, 여러분! 분재라는 거 알죠? 조그만 화분에다 나무를 기르면서, 꼬불꼬불하게 길러 가지고, 자기 의도대로 마구 다듬으면서 길러 가는 경우가 있습니다. 그런 양식은 사람의 개인적 품성을 형성시켜주는 것이 아니란 말이에요.

지금 우리 한국교육은 의도적으로 만드는 거예요. 의도적으로. 제가 함께 공부한 친구 중에, 여학생이 있습니다. 형제가 많았는데, 형제가 모두 남자예요. 자기 혼자 여자인 거예요. 그러니까 여자임에도 불구하고 성격이 남자와 비슷해요. 왜냐하면 어렸을 때부터 오빠 동생과 함께 뒹굴면서 자랐잖아요. 그래서 자기도 모르게 성격이 그렇게 형성되는 거예요. 그게 품성형성입니다. 그 다음에 가치를 수용하고 태도를 형성하고 지식을 터득하고, 기능을 습득하는 이런 다양한 측면에서의 품성형성이 앞에서 얘기했던 의도되지 않은 형태로 이루어집니다. 자기도 모르게. 그런 겁니다. 이게 품성형성이에요.

그러니까 혹시 현재의 한국교육이 이 시대에 맞는 '인간의 개성을 형성시켜 준다', '품성을 형성시켜 준다'라고 하면서, 의도하지 않은 교육 작용으로 이루어져야 할 품성형성이, 의도적으로 마구 인위적으로 만들어가는 그런 잘못된 차원은 있지 않은지? 이런 부분도 고민해봐야 돼요. 예를 들어, 나의 소질과 자질, 재능은 A라는 양식인데, 부모나 교사는 현재 인기가 있는 B라는 형태로 나의 모양을 억지로 만들려고 해요. 그러다보면 사람의 품성이 왜곡되고 일그러지지요. 그런 교육의 양식이 있습니다.

여러분! 앞에서 얘기했듯이, 인성과 품성교육을 왜 하느냐? 보편적 인간성과 특수한 개성을 왜 살려 나가려고 하느냐? 그것은 뭐냐 하면, 아무 이유가 없습니다. 왜냐하면 교육은 자연성에 기초하기 때문입니다. 인간으로서 자연스럽게 사람다움을 지향하기 때문에 그렇습니다. 인간이 인간다워야 되잖아요. 인간다움은 무엇이냐? 인성과 품성이 잘 길러졌을 때, '인간의 품격品格'이 나와요. 품성에서, 그 사람이 지닌 인간으로서 품격이 풍긴다고요. 그 사람의 몸에서. 사람을 딱 보았더니 '그 사람 멋지구먼!', '그 사람 뭔가 있어 보이는데!', '본받을 만한데!' 이런 감탄사는 품격을 보고 우러나오는 겁니다.

그것을 또 다른 말로는 기품氣品이라고 합니다. 사람의 몸에서 활력 넘치는 기운이 쫙 펼쳐 나오는 거죠. '저 사람은 보니까 아름답다!', '저 사람은 스마트 하다!' 그런 품성이 형성되는 거죠. 그 다음에 또 뭐냐 하면, 그 품성과 기품을 통해, 우리는 인간으로서 품위品位를 지키는 겁니다. 품위라는 것은 여기에 여러분, 자리 잡아요. 나의 품격의 자리가, 수준이 어느 정도냐? 그게 나오는 겁니다. 우리가 보통 품격, 기품이라고 하면서 '품위를 지켜라!' 이렇게 말합니다. '품위를 지키자!'라는 게 무엇이냐? 인품을 갖추어서 지켜 나가는 거죠. 그런 겁니다.

자, 그래서 인성과 품성형성이라는 차원에서 교육을 바라보면, 이것은 무엇이냐? 인간을, 말 그대로 인간답게 만드는 것. 보편적인 인간! 사람으로서 기준을 충족하는 인간! 기본을 지키는 인간! 반듯한 기준! 그런 거죠. 개인으로서는 무엇이냐? 사람다운 '꼴'을 형성해야 됩니다. 우리는 보통 이런 얘기를 합니다. 비속어이긴 하지만, '꼬라지'라고 얘기하잖아요. '너 꼬라지를 알아?' 이때 꼬라지는 말은 '꼴'입니다. 이게 여러분, 욕처럼 들리잖아요. 그런데 욕이 아니에요. 우리말에요. 그러니까 사람이 사람 꼬라지를 만들어야 합니다. 사람 꼴을 형성해야 돼요. 세모인지, 네모인지, 원인지. 무슨 꼴인지, 그것을 형성해야 돼요.

그래서 여러분! 인간을 인간답게 사람다움을 꼴로 형성해야 되죠. 교육이 그런 방식으로 이행될 때, 우리가 인격과 성격을 잘 다듬어나가야 됩니다. 문제는 인성교육이라는 것을 지나치게 도덕교육으로만 몰아간다든가, 특정한 어른들의 시각으로 아이들을 자신의 요구대로 만들려고만 한다든가, 시대는 바뀌어 가는데, 아이들의 모습을 어른들 자신의 모습을 닮도록 이끌어가서는 곤란합니다. 어른들은 시대를 조금 더 살았던 사람으로서 경험과 지혜를 통해 아이들에게 충고할 권리나 의무는 있지만, 어른들이 자신의 생각대로 아이들을 교육적으로 억압하거나 그럴 권리는 없는 겁니다. 아이들이 스스로 자라갈 수 있도록 도와 줘야죠. 인격과 품격을 스스로 끌고 갈 수 있도록. 우리가 교육을 인성과 품성형성의 차원에서 이해할 때, 본질을 고려하지 않고 아주 복잡하게 만든 것은 아닌가? 정말 인성과 품성형성이 교육과 어떻게 맞닿아 있는가요? 어떻게 접점을 찾아가야 할까요?

'인성교육', '품성형성'이라고 했을 때, 제가 많은 사람들에게 간곡히 부탁하고, 교육학 강의를 할 때마다 얘기하는 것은, 제발, '교육은 교육이다!'라는 호소입니다. 그런데 '교육은 교육이다!'가 아니고, 교육을 다른 무엇으로 자꾸 이상하게 개념을 규정하거나 만들어 가면, 복잡해집니다. 그때 우리 한국교육에 왜곡이 일어날 수 있다 이겁니다. 그런 부분에서 우리가 인성교육과 품성형성의 문제를 향후에도 진지하게 고민해야 합니다. 어른이건 어린 아이건, 남녀노소를 불문하고, 현재 한국교육에서 인성교육과 품성형성이 어떤 방식으로 이루어지고 있는지, 건전한 비판이 있어야 합니다.

04

교육은 어떤 사회화 과정이어야 하는가

여러분! 앞에서 다양한 교육의 양상들, 교육의 의미들을 진정한 교육과 조금 분리시켜 논의하는 과정에서, 교수-학습의 방법, 훈육과 훈련, 교화 그리고 인성교육과 품성형성의 문제를 점검해 보았습니다. 이번에는 그 전체를 아우르는 차원에서 교육을 생각해 보겠습니다.

많은 사회학자들이 교육을 '사회화 과정!' 소셜라이제이션socialization이라고 얘기합니다. 사회화 과정! 그러니까 사회 공동체가 있고, 개인으로서 사람이 존재하는데, '개인이 사회 속에 들어와서 무엇이 되어 가느냐? 무언가 다른 걸로 탈바꿈해 가는 그런 작업이다!' 이렇게 얘기를 많이 합니다. 우리가 그렇잖아요. 개인이 혼자 살 수는 없죠. 인간은 반드시 사회에 들어와서 살게 됩니다. 그런데 사회에 들어와서도 어떻게 되느냐? 개인이 갖고 있던 기존의 정체성이 그대로 유지되느냐? 굉장히 어려운 겁니다.

앞에서 품성형성에 대해 얘기했지만, 그것은 개인의 가치나 태도, 삶의 양식들이 사회 속에 들어옴으로 인해 바뀝니다. 바뀌는 것을 '무엇무엇이 변화하다'라고 말하지요. 바뀌어 갑니다. 끊임없이 변모해 가죠. 우리는 그 변모해 가는 모습을 '잘못 되었다!'고 인식하거나 '왜곡되었다!'고 인식하면 안 됩니다. 그것은 교육의 차원에서 볼 때 당연한 겁니다. 아기가 어린 아이가 되고, 어린 아이가 청소년이 되고, 청소년이 어른이 되듯이, 그 변화에는 엄연히 다른 양식이 존재하는 거죠. 그렇게 봤을 때 사회화는 인생의 당연한 진행 과정입니다.

••• 사회화 — 개인과 사회의 관계를 정확하게 확인하라

그렇다면, 교육적 차원으로 볼 때, 이 사회화 과정은 진정으로 어떤 의미를 지니고 있느냐? 그런 부분들을 우리가 한 번 살펴봅시다. 그러니까 우리가 보통 이렇게 하는 거죠. 개인에 대해, '개인화 과정'이라고 얘기하지는 않습니다. 개인은 그냥 개인이죠. 개인으로서 성격이 바뀌어서 변화한다던지, 이런 것은 있을 수 있지만 교육적으로 '개인화'라는 말은 잘 안 써요. '사회화'라는 말은 많이 쓰죠. 왜냐하면 개인이 사회에 들어와서, 그 사회를 구성하고, 사회에서 자신의 역할과 기능을 하고, 그러면서 사회는 또 다른 방식으로 변모하거나 그러지요. 아니면, 또 다른 방식으로 지속되거나 여러 가지 사회변화 상황이 있습니다. 사회가 꾸준히 지속될 때는 여기서 전통이 형성되고요. 끊임없이 변모해갈 때는 혁신적 과정을 계속 거치는 거죠. 이처럼 사회는 사회화 과정이 있습니다.

그것이 무엇을 의미하는지, 한국교육을 거기에 빗대어, 진지하게 고민해보자는 겁니다. 자, 그랬을 때, 이 사회화라는 것을 잘 보세요. 우리 인간이 성장하고 발달해 가면서 중요한 사안이 있습니다. 개인은 자기가 속한 집단의 문화를 내면화합니다. 그것이 사회화 과정입니다. 말이 조금 어렵죠? 어렵지만 알고 보면 쉽습니다. 사회화가 무엇이냐? 사회가 있는데, 우리 개인은 그 속에서 다양한 방식으로 존재합니다. 엄청나게 많은 여러 모습으로 곳곳에 존재하지요? 그렇지요? 이렇게 사회 속에서 개인은 어떻게 성장하는가? 사람이 혼자서 무럭무럭 자라는 것은 육체적이자 정신적 성장입니다. 우리 인간은 어떻습니까? 아주 어릴 때는 신체가 조그맣겠죠. 시간이 지나면서 점점 자라난 거죠. 정신도 육체가 성장하는 만큼 자라나겠죠? 그러나 여기에서 말하는 성장 또는 발달이라는 것은 개인의 육체적이고 정신적인 성숙입니다.

성장해 가면서 중요한 것은 뭐냐 하면, 우리는 어떤 곳에 있건 사회에 속해 있단 말입니다. 학교 다닐 때는 초등학교, 중학교, 고등학교를 거치면서 그 학교에 속해 있을 것이고, 집단이라면 처음에는 부모님을 중심으로 하는 가족 구성원으로서 존재하고 있었지만, 결혼한 이후에는 부부를 중심으로 또 다른 가정을 이루면서, 새로운 가족 구성원을 맞이합니다. 다른 예를 들면, 학술활동을 할 때는 어떻습니까? 다양한 학회에 참여해서 그 집단에 소속되고, 그 집단에 소속되면, 그 집단이 갖고 있는 문화들이 있습니다. 고유한 문화, 생활양식들. 한 사회에 참여하게 되면 그것들이 어떻게 되겠어요. 내 속으로 자리 잡는, 나의 속살로 끌어들여 내면화 하는 겁니다. 그것이 또 다시 자신이 성장하고 발달해가는 과정이 되는 거죠.

예컨대, 이 자리에서 지금 여러분과 같이 글을 읽고 강의를 하고 있는데 이 글과 강의 자체도 일종의 무엇이냐? 제가 한국교육을 주제로 하는 집단적 교육문화에 들어온 겁니다. 그렇지요? 우리는 집단적 교육문화에 들어왔어요. 그러면 여기에 들어온 이상, 여기의 규정과 방식에 따라 나름대로 그것을 내면화해야 되지요? 예를 들어, 여기서 제가 글을 쓰고 있습니다. 글을 써서 출판사에 넘기고 편집자와 편집내용을 논의합니다. 표지 디자이너와 책표지에 대해 협의하기도 합니다. 저와 출판사, 편집자, 디자이너 등 이 모든 사람은 책을 발간하기 위해 모인 일종의 사회입니다. 이 과정에서 제 멋대로 글을 써서 마구 편집한다? 그것은 있을 수가 없습니다. 그것은 사회화가 아니에요. 서로가 글의 내용을 보고 논의하는 과정에서 의견을 제시하고, '아, 이렇게 해야 되는구나!'하면서 그것을 따라주는 동시에, 제가 정확하게 내용을 인지하여 속으로 받아들여야 내면화가 되잖아요. 그때 책 한권을 발간하기 위해 모든 구성원으로서, 관련자로서 제대로 작용하는 거예요. 그런데 자기 멋대로 행동한다고요? 그런 것은 존재하지 않습니다. 인간 사회에서 그렇게 하면 어떻게 됩니까? 자유라는 것은 일정한 테두리 내에서 누려야 하는 겁니다.

••• 개인 ─ 사회의 요소, 공동체의 문화를 체득하라

그래서 사회화를 아주 진지하게 이해해야 되는 거예요. 이 사회화를 이해하지 않고서 자유주의 국가에서 내 멋대로 산다? 내 방식대로 산다? 내 방식대로 사는 것도요. 인류라는 테두리 속에서, 내가 속해 있는 집단이라는 틀 속에서, 약속의 체계가 있는 겁니다. 그것에 대해, 우리가 고민을 해봐야 된다는 거죠. 사회화는 무엇이냐? 다시 설명하면, '인간이 지니고 있는 생활양식이나 행동양식을 체득하는 과정'입니다. 우리가 한국사회를 살아간다고 얘기했을 때, 저 같은 경우에는 고려대학교라는 학교에 소속되어 있습니다만, 고려대학이라는 학교에 소속되어 살아갈 때, 대한민국이라는 큰 사회, 국가가 있고, 그리고 대한민국 속에, 고려대학이라는 작은 집단이 들어 있죠. 고려대학 안에서도 저는 교육학과에 소속되어 있습니다. 또 고려대학 교육학과에 소속되어 있으면서, 제자들과 세미나 그룹을 구성하면 또 다른 소규모 사회에 속해 있게 되지요.

제가 개인으로 이 사회 속에 존재하는 모습을 한번 그려보겠습니다. 여러분도 그려 보세요. 나의 위치가 어디인지. 여기 큰 틀이 있고, 그 속에 또 자그마한 틀이 있고, 그 속에 또 동그란 틀이 있어요. 그 동그란 틀 속에 신창호라는 사람이 있습니다. 이렇게 있을 때, 우리는 무엇을 생각해야 하는가? 가장 우선적으로 이 대한민국이라는 큰 테두리를 벗어나면, 대한민국으로 상징되는 생활양식이, 사회 문화가 내 속으로 들어와 내면화 되지 않습니다. 마찬가지로 대한민국에 속해 있고, 또 그 속의 어떤 공동체에 속해 있는 내가, 공동체의 문화를 벗어난다? 그러면 그 공동체가 내 속으로 스며들어 내면화 되지 않아요. 그래서 자신이 속한 공동체 사회를 존중해야 한다는 겁니다. 이 대한민국이라는 생활양식, 그 속에 있는 공동체의 생활양식, 공동체의 행동양식을 몸에 체득해야 합니다. 공동체에 적응함과 동시에 부정적 요소는 제거해 가고, 긍정적 요소는 지속해 가며, 보다 강화시켜 가야 하는 겁니다. 그것이 사회화입니다. 그러니까 사회 공동체가 확보하고 있는 문화의 체득이라는 것이 굉장히 중요하죠. 사회 속에 살아가면서 그 사회의 문화 체득이라는 게 없을 수가 없고요. 사회 문화를 받아들이지 않겠다고 거부한다면, 탈사회화脫社會化가 되는 겁니다. 사회화 과정을 거치지 않고, 사회를 벗어나기 때문에 '탈脫'이라고 쓰거든요. 탈사회화가 되는 거예요.

••• 사회 ― 개인들의 통일체, 삶의 활동 무대에서 활보하라

또 다른 차원에서 사회화는 뭐냐 하면, 나 자신의 독특한 개성, 자신이 나름대로 지니고 있는 개성이 있잖아요. 그렇죠? 그 개성과 자아를 형성해 가는 과정이 있습니다. 어디에서? 사회 내에서 그렇습니다. 그래서 우리 삶에서 소사이어티 society가 대단히 중요합니다. 많은 학자들이 '인간은 사회적 동물이다!'라고 말합니다. 그것은 분명한 보편적 사실입니다. 그런데 중요한 것은 어떤 사회적 동물이냐? 무슨 사회적 동물이냐? 이런 걸 따질 때는 '아! 이렇다, 저렇다' A다, B다'라고 얘기할 수 있을 거예요. 그런 차원에서 우리가 사회화를 바라봐야 되는 겁니다.

그러면 다시 사회화의 문제를 고민해 볼까요? 사회화 과정은 어떻게 진행되느냐? 우선, 나라는 개인이 여기에 존재하고 있습니다. 나라는 개인이 있는데, 나라는 개인은 반드시 나만 홀로 존재하는 것이 아니고, 또 다른 나라는 개체들이 섞여서 함께 존재하고 있습니다. 나와 또 다른 나, 그리고 그 이외의 또 다른 나. 이 수많은 나가 끊임없는 나와 너의 존재들이 이렇게 우리를 형성하고 있는 거죠. 이게 사회예요. 그러면 이 사회는 무엇이냐? 나라는 것이 이 사회 속에 들어가서 모래알처럼 존재하는 것이 아니고, 일종의 유기체로 얽혀 있는 존재입니다.

이러한 사회에서는 반드시 '관계'가 형성이 됩니다. 그것이 중요합니다. 이 사회에서 관계형성이 되어 있을 때, 이 관계를 확인하면서 살아가는 과정이 사회화예요. 그러면 나는 나다. 너는 너다. 그런 방식으로 인간의 관계를 분리시키는 기제로 가면 사회는 대단히 불행해집니다. 그러니까 이렇게 되는 거죠. '나는 나, 너는 너'라는 식으로 사람 사이를 모래알처럼 분리하면 사회라는 틀 속에서 사람인 나는 이렇게 서 있고 너도 이렇게 서 있어 또 다른 사람이 이렇게 서 있어요. 이렇게 제각기 서 있을 때는 어떠한 연결고리도 없어요. 손을 맞잡고 있지 않습니다. 따로 따로예요. 그런데 그것과 다르게 손을 뻗어 잡으면 사람과 사람 사이가 겹치게 되잖아요. 여기서 겹치고 저기서 겹치고 이렇게 되거든요. 잡아주고 이끌어주고. 그게 뭐냐 하면, 분리할 수 없는 유기체라는 거예요. 그래서 우리 사회는 일종의 관계로 형성되어 있다. 짜여져 있다. 마치 그물망이 가로 세로로 사귀며 얽혀 있듯이, 이게 세계거든요. 세계! 우주! 다른 말로 하면, 텍스트Text입니다. 이 사회는 텍스트처럼 얽혀 있는 겁니다. 그럼 나는 사회의 한 구성원입니다. 동시에, 사회는 뭡니까? 나를 받아주는, 내가 활동할 수 있는 무대입니다. 삶의 공간이죠. 그런 인식이 대단히 중요합니다.

자, 그러면 다시 설명해 봅시다. 나라는 개인은 무엇이냐? 나라는 개인은 사회 속에 있는 하나의 요소입니다. 여러분! 우리의 몸을 생각해 봅시다. 인간의 몸을 보면, 위에 머리가 있고요. 목이 있고 팔이 길게 있고 다리가 쭉 뻗어 있습니다. 자, 그러면 여기에서 예를 들어, 팔이 있고 다리가 있고 몸통이 있고 머리가 이렇게 있는데, 나는 머리만 쓴다! 그렇게 얘기할 수 있죠? '나는 머리만 쓴다' 이거예요. 그런데 사실 이 '머리를 사용한다'고 했을 때, 머리만 사용하는 게 아니죠? 어떻게 되어 있습니까? 머리를 사용하려면 기본적으로, 뇌로 혈액이 공급되어야 되잖아요. 뇌가 활성화되려면 혈액이 공급되어야 하고, 혈액이 원활하게 잘 돌려면 팔, 다리를 움직여야 되고 몸 속에 수많은 오장육부가 있잖아요. 그것들이 잘 움직여서 몸 전체가 움직이는 거죠. 사람은 바로 그런 겁니다. 나 개인이라는 것을 여기에서 말하는 머리라고 생각했다면, 이 머리는 무엇이냐? 우리 몸 가운데 뭡니까? 전체 몸에 있는 하나의 요소죠. 엘리먼트element란 말입니다. 가장 기본적인 원자, 분자 같은 것 말입니다.

우리가 개인을 어디에 위치 시켰느냐? 예를 들어, 우리가 이럴 수 있죠. 내가 대한민국에 살고 있지만, 나는 다른 사람과 달라. 그런 얘기는 얼마든지 할 수 있습니다. 대한민국에 수많은 시민과 국민들이 있는데, 당신이 대한민국의 시민이나 국민과 다르다면, 당신은 대한민국 국민이 아닌가요? 아니지요. 국민 속에 있는 거죠. 국민 속에 있으면서 다른 개성을 발휘할 수는 있죠. 그런데 어떤 사람은 이렇게 말합니다. 아주 과격하게, 나는 대한민국 시민들과 달라! 그럼 대한민국 국민이 아니라고? 그런 인식은 정말 잘못된 거예요. 대한민국에 살고 있는 하나의 요소인데, 요소들의 특징이 다를 뿐이죠. 마치 자기는 '나는 너희들과 달라!' 아니 그럼 미국 사람이란 말입니까? 아니죠. 그래서 우리 모두는 무엇이냐? '이 대한민국을 구성하는 훌륭한 요소이자, 대한민국 시민으로서, 대한민국 사회를 적극적으로 이끌어가는 개인이다!' 이렇게 봐야 되는 겁니다.

••• 사회화 ─ 개인과 사회의 유기체적 통일을 확인하라

사회를 보다 깊이 설명하면 무엇이냐? 사회는 앞에서 잠깐 설명했습니다만, 수많은 개인들이 있잖아요. 개인들이 각각 따로따로 분리되어 이렇게 있는 게 아니고, 서로서로 손을, 이렇게 손을 맞잡고 존재하는 일종의 유기적 통일체이다! 유기체이다! 이렇게 볼 수가 있습니다. 그래서 우리가 개인과 사회의 관계를 얘기할 때, 이렇게 표현합니다. '개인은 사회의 중요한 요소이고, 사회는 개인들의 통일체이다!' 그것이 과장되면 어떤 형태로 나아가느냐 하면, 이 개인은 바로 사회로 직결이 되는, 개인과 사회가 동일한 형태로 진행되는, 이게 사회화 과정이에요.

그러니까 이런 거죠. 여러분 가운데 어떤 분이 중국을 가거나 미국 여행을 갔다고 가정합시다. 그랬을 때, 그 사람들은 그럽니다. 당신은 어디에서 왔습니까? 웨얼 아유 프롬Where are you from? 이렇게 얘기하면, "저는 대한민국에서 왔습니다."라고 대답하겠지요. 그럴 경우, 그 사람들을 어떻게 보냐 하면, '대한민국 사람들은 이렇게 생겼고, 이러한 행동양식을 하는군요!'라고 하며, 대한민국이라는 차원에서 그 사람을 바라보지, '신창호라는 개인 한 사람으로서 당신이 신창호구만!' 이렇게 보지 않습니다. 그게 무엇이냐? 우리는 대한민국을 상징하는, 이미 뭡니까? 대한민국 국민인 동시에 대한민국 사회에서 사회화되어 있는 개체라는 거예요. 한 사람으로서 단독 개체로 보지 않는다고요. 이런 이해가 굉장히 중요하죠.

우리도 예를 들어, 어떤 외국인을 만났을 때, 그 사람 이름을 가지고 '당신은 누구시군요?' 이렇게 얘기하지만, 더 중요한 것은 '당신 미국에서 왔어? 당신은 미국 무슨 주에서 왔어?' 이런 걸 묻는다고요. 그것이 굉장히 중요하고, 사회화 되어 있다는 증거입니다. 사회화의 표상이지요.

자, 그랬을 때, 다시 정돈해 봅시다. 개인은 무엇이냐? 개인은 자신이 속한 '사회 속의 요소이다!' 이것을 잊어버리면 안 됩니다. 그럼 사회는 무엇이냐? 사회는 개인들이 모래알처럼 흩어져서, 그냥 여기저기 흩어진 자기 정체성만을 지니고 있는 것이 아니고, 개인들이 나름대로 통일체를 이루고 유기체를 이루면서, 인간의 몸처럼, 하나의 몸처럼, 개인들은 인간의 몸에 있는 다양한 어떤 신체 구조들과 같아요. 그렇지요? 팔도 있고, 다리도 있고, 이런 것처럼, 하나하나를 나누어서 보면 그것을 설명할 수 있지만, 전체적으로 보면 무엇이냐? 떼어서 볼 수 없는, 그런 관계를 유지하고 있는, 그것을 유기체라고 합니다. 오가니즘organism이라 그러죠. 유기체!

지금까지 교수-학습, 훈육과 훈련, 교화, 품성형성, 사회화 등에 대해 고민해 보았습니다. 그 내용을 전체적으로 정돈해 보겠습니다. 교수-학습 활동은 가장 좁은 의미에서 교육입니다. 훈육은 교육과 조금 다른 뉘앙스가 있지만, 규칙에 대해 배우는 겁니다. 훈련은 특별한 경우의 직업이나 군사훈련이나 이런 데서 업무 능력을 개발하는 겁니다. 교화는 특정한 목적과 이데올로기를 주입시키는 겁니다. 이것은 상호작용이 상당히 적다고 했습니다. 품성형성은 의도하지 않게 일어나는 교육 작용입니다.

우리는 무엇보다도 품성형성 부분을 굉장히 조심해서 봐야 합니다. '어린 아이를 만들어 준다!', '어린 아이를 교육시켜 훌륭한 사람으로 성장시켜 준다!'는 미명 아래, 그 아이가 지니고 있었던 원래 성격을 망가뜨리거나 해치고 있는 것은 아닌지? 그것이 한국교육의 아주 왜곡된 모습일 수가 있거든요. 그러니까 어떤 아이의 개성과 그 아이의 품성을 제대로 길러주기 위해서는 어떠한 노력과 장치를 마련해야 되느냐? 그것이 중요한 거죠. 그냥 두어서는 안 된단 말입니다. 교육이라는 것이 가치를 지향하기 때문이지요.

이 교수−학습 활동을 비롯하여 훈육과 훈련, 교화, 그리고 품성형성이 어디에서 일어나느냐? 사회에서 일어난단 말입니다. 그러면 이 모든 요건들이, 우리 사회가 개성을 존중해주면서도, 우리 사회가 갖고 있는 집단문화 속에서, 그것이 다시 내면화 되고, 이 내면화를 거친 것이 다시 개성으로 들어가고, 이 개성은 다시 사회로 들어와서, 한 인간을 아름답게 만들어가는 작업! 이것이 교육이 되어야 된다는 거죠.

다시 보면 이런 겁니다. 한 개인에게 일어나는 많은 교육활동이 교수−학습이다. 훈련이다. 훈육이다. 교화다. 품성형성이다. 그렇지요? 다양한 차원의 다양한 방법의, 수많은 양식의 교육이 있습니다. 그런데 개인은 무엇이냐? 앞에서 말씀드렸듯이, 이 사회에 아주 중요한 요소란 말입니다. 이 개인이라는 것이 사회의 요소이기 때문에, 이 사회에 필요한 그 사회가 지니고 있는 문화를, 개인은 반드시 습득해야 합니다. 습득해서 이 사회에 적용하기도 하고, 이 사회를 개혁하기도 하고, 혁신하기도 해야 되는 거예요. 그래서 다시 이 사회에서 집단 문화를 내면화 했어요. 그러면 이것 자체가 또 무엇이냐? 다시 개인을 새롭게 형성하는 겁니다. 이 형성한 개인은 또 다시 사회에 들어와야 돼요. 그렇게 해서 개인과 사회가 동시에 발전하고 성장하고, 이 사회를 보다 아름다운 양식으로 만들어 가려는 것이 교육이 되어야 합니다.

제4강

교육은 어떻게
정의되어야 하는가?

일반적으로 교육이라고 할 때, '그냥, 교육 잘 하면 돼! 모든 문제가 교육에 달렸어!' 이런 식으로 막연하게 생각하기 쉽습니다. 그러나 체계적인 교육학 이론에 들어오면 매우 신중해집니다. 교육을 그냥 볼 문제가 아니라는 겁니다. 정말 교육이라는 것이 무엇일까요? '교육이 무엇이냐?' 이렇게 얘기했을 때, 학문적으로 교육을 정의내리는 방식이 따로 있습니다. 그러니까 '이러이러한 형태로 정의한 것을 교육이라 하자'고 규정합니다. 평소 때 우리가 교육이라고 하면, '교사가 무엇이냐? 학생을 가르치는 사람이다', '학교에서, 혹은 인정된 교육기관에서 교육을 하는 것이다' 등등 흔히 알려진 대로만 이해하기 쉽습니다. 그런데 절대 그렇지 않습니다. 교육이라는 것이, 과연 어떤 방식으로 정의했을 때, 정당한 교육이라 할 수 있느냐? 예를 들어, 이런 겁니다. 가정이 있고, 가족이라고 했을 때, 그것은 '부모와 자식 간에 혈연적으로 이루어진 공동체이다'라는 식으로 정의를 내린 다음, 거기에 맞추어 가정과 가족에 대해 규정하고 활동하고 이렇게 나가잖아요. 마찬가지로 교육도 정확하게 정의를 내리고, 거기에 해당되는 구성 요소가 무엇이냐? 이런 것들을 구체적으로 살펴서, 교육을 실질적으로 진행해 가는 차원이 있습니다. 그런 부분들을 함께 고민하면서, 과연 이 시대의 한국교육은 어떤 방식의 교육적 정의를 요청하는지를 살펴보겠습니다. 교육을 정의하는 양식은 여러 가지가 있지만, 여기에서는 규범적, 기능적, 조작적 정의, 세 가지를 중심으로 검토합니다. 그 다음에 이러한 교육을 구성하는 요소로 교수자와 학습자, 그리고 그것을 매개하는 교육내용에 대해 고민해 볼 것입니다.

01

규범적 정의를 기초로 하라

교육을 정의하는 방식 가운데, 전통적으로 맨 먼저 내세우는 것이 규범적 정의입니다. 여러분! '규범規範; norm'이라 하면, 어떤 느낌이 듭니까? 좀 고리타분하지 않습니까? 뭔지는 모르지만, 좀 모범적이고, 우리가 규범을 따라야 한다고 하면, 반드시 본받아야 할 것 같은, 어떤 모델이 될 만한 그런 느낌으로 다가오지요? 교육을 정의할 때, '규범'을 중심에 두고 정의해 나가는 방식을 규범적 정의라고 해요.

••• 규범 — 최선의 결과를 도출하기 위한 행위와 원리

그렇다면 먼저, '규범'이라는 것이 뭔지를 파악해야 되잖아요. '규범'이라는 것이 도대체 무엇이냐? 규범은 모든 사물에 대해 판단하고 평가하고 실천하여, 최선의 결과를 얻기 위한 행위와 원리입니다. 우리가 일반적으로 그렇잖아요. 인간이 살아가는 삶의 양식을 얘기하건, 동물이나 식물이나 무생물 같은 것에 대해 '좋다', '나쁘다'라고 판단하거나, 아니면 수준이 어느 정도라는 것을 평가하여 실천의 행동양식으로 만들려고 하잖아요. 그랬을 때, 우리가 중요하게 생각하는 것은 그런 판단이나 평가, 실천이나 행동을 왜 하느냐? 그겁니다.

'왜 하느냐?'라고 물으면, 그런 행동을 통해, 최선의 결과, 가장 좋은 성과를 도출해내기 위해서라고 답하기 마련입니다. 가장 좋은 결과를 도출해내기 위해, '어떤 행동과 규칙, 규정에 근거하여 실천하는 것이 좋은가?'라고 했을 때, 뭐가 있습니까? 그 근거인 이치 혹은 원칙이 있잖아요. 그것을 원리라고도 합니다. 이러한 행위 원리를 잘 정돈하여 만들어 놓은 것을 일종의 규범이라고 합니다.

우리가 보통 그러죠. '규범을 지켜라!' 누구에게나 통하는 규범! 그래서 교육도 규범적 정의를 내려, 거기에 맞는 교육을 어떻게 해갈 것이냐? 그 구체적인 내용이 도출되어야 하거든요. 그때 교육에 대해 정의를 내려야 합니다. 그 정의의 방식을 다시 봅시다. 여기 규범이라는 것은, 앞에서 말한 것처럼, 최선의 결과를 낳기 위한 어떤 목적입니다. 그렇지요? 그런 목적을 향한 기준이나 열망을 담은 것입니다. 또 어떤 대상이 바라는 궁극적 목적과 연관된 규정이 규범입니다.

그러니까 우리가 어떤 행동을 하면서 일을 지속해 나가지 않습니까? 일을 진행했을 때, 우리가 바라는 목표나 목적이 있습니다. 이 목적을 향해 쭉 나아갈 때, 기준이 있어야 될 거 아니에요. 내가 어떤 일을 진행해 나가는데, 그냥 무턱대고 마구 해 나간다? 그런 건 없습니다. 우리가 어떤 행동을 할 때, 그 행동이 어떻게 이루어지는지 한 번 살펴보십시오. 어떤 행동을 할 때, 내가 지금 여기에서 뚜벅뚜벅 걸어가지만, '왜 여기에서 저기로 걸어가느냐?'라는 사실이 명시되어 있지 않더라도, 머릿속에서, 마음속에서, 어떤 기준이나 목표가 설정되어 있기 때문입니다.

예를 들어, 내가 연필을 집어들 때, 왜 드느냐? 이 연필로 노트에 쓰기 위해 집어 든 겁니다. 필기하기 위한 목적이 있단 말입니다. 필기하기 위해 나름대로 향해 나아가는 열망이 있단 말입니다. 그것은 머릿속에서, 마음속에서, 보이지 않게 설계되어 있습니다. 규범이라는 것은 다른 말로 하면, 규정이라고도 하고 규칙이라고도 합니다. 규정이나 규칙!

그런데 이것이 보다 큰 형태로, 형식적으로 정돈되면, 법이 되는 겁니다. 작게 보면 뭡니까? 내면화를 거친 도덕적 규칙이 될 수도 있습니다. 그것을 규범이라고 얘기합니다. 그랬을 때 인간은 말입니다, 기본적으로 교육을 통해 인격완성을 꾀해요. 이전에 인격을 다룰 때, 인성 또는 품성 문제를 고려하며 여러 가지 얘기를 했지만, 인간이 지니고 있는 가장 고귀한 것이 바로 인격입니다. 우리가 보통 격格이라고 얘기했을 때, 인격이라고 할 때, 한자로 '바로잡을 격格'자를 썼잖아요. 그것은 인간을 인간으로 규정지어주는 소중한 말입니다.

개나 소와 같은 동물도 그들이 지닌 특성을 표현할 때, 그들을 규정하기 위해 격자를 붙일 수 있습니다. 재미있게 얘기하면, 개의 경우, '개격이겠지요? 한자로 쓰면, 견격犬格이 되겠고요. 소가 지니고 있는 특성은 소격이겠지요? 한자로는 우격牛格이고요. 이처럼 개나 소와 같은 동물도 그 나름대로의 격이 있습니다. 하지만 일반적으로 짐승에게 격자를 붙여가면서까지 그들의 특성을 부각시키지는 않습니다. 대신 인간은 그런 짐승과 달리, 매우 신중하고 중요하게 인간이 지닌 인격을 거론합니다.

••• 규범적 정의 ― 인격완성과 사람다움이 최고의 기준이다

이 인격을 형성해가는 데 핵심적인 양식이 바로 교육이란 말입니다. 동서고금을 막론하고, 인간이 어떤 과정을 거쳐 사람다운 사람이 되느냐? 흔히 말하는 '인간됨!', '된 사람!' 혹은 '사람다움!' 이런 사람의 품격品格을 추구해 나갈 때, 그것을 만들어주는 가장 합리적이고 위대한 방식이라고 할까요? 그 수단과 방법이 교육이란 말입니다. 그러니까 사람들이 목매고서 '교육! 교육! 교육!'을 외치는 거예요. 이렇게 하여 교육이 중요하게 등장하는 겁니다. 물론, 이 교육이 어떤 정도에서 이루어지느냐? 어떤 방법으로 진행되느냐? 그것은 또 구체적 논의를 거쳐 다양한 방식으로 나오겠죠.

그런데 중요한 것은, 교육을 통해 인격완성을 해야 된다는 논리입니다. 그러다보니까 인격완성을 해나가는 기준이라든가, 목적이라든가, 이런 것들이 '사람다움'을 지향해야 되는 거예요. 거기서 발생하는 것이 무엇이냐? 규범이라는 겁니다. 그러면 인간이 교육을 통해 인격완성을 해 나갈 때, 그 기준이 무엇이냐는 거죠. 인격완성의 모습이나 형태가 무엇이냐는 겁니다.

예를 들어, 이런 거죠. 여기 A와 B라는 두 사람이 있습니다. A는 어떤 약속을 했을 때, 그것을 아주 잘 지키는 사람이에요. 그런데 B라는 사람은 굉장히 스마트하고, 쉽게 말해 아주 똑똑합니다. 흔히 말하는, 개인적 능력이 탁월해요. 그런데 가끔씩 약속을 잘 안 지켜요. 이런 상황을 볼 때, '누가 인격의 차원에서 더 완성되었느냐? 인격의 완성도가 더 높으냐?'라고 했을 때, 보통, 똑똑하기만 한 사람보다는 약속을 잘 지키는 사람이 인격의 완성도가 높다고 보는 경향이 있습니다. 그렇다면, 우리가 교육을 통해, 인격완성을 하는 규범은 무엇이냐? '약속을 잘 지켜야 된다!'는 겁니다. 그 기준에 따라서 교육을 해 나갑니다. 사람이 사람다우려면, '약속을 잘 지켜야 돼!' 아니면, '약속을 못 지킬 것 같으면, 미리 얘기를 해줘야 돼!' 이렇게 나오는 거예요. 그것은 교육이라는 기반 때문에 가능한 겁니다.

그래서 인간은 기본적으로 교육을 통해, 인격완성을 꾀하고, 인간됨, 된 사람, 사람다움을 추구합니다. 인간답게 인간을 형성해가는 것을 다른 말로, '가치를 실현한다!', '성장한다!' 이렇게 표현합니다. 인간이 개인으로서 혹은 사회적으로, 인간의 가치를 실현하면, 인간답게 살아가는 인간이 되는 거예요. 인간답지 못한 사람은 무엇이냐? 쉽게 말해, 개인의 가치가 실현이 안 된 사람, 인간으로서 가치가 아주 떨어지는 사람, 이런 사람이에요.

또 우리가 '성장'이라고 했잖아요. 성장은 성숙이라고도 하고, 발달이라고도 하며, 여러 가지 표현을 씁니다. 인간으로서 '성장을 했다!'라고 했을 때, 육체적 성장도 있고, 정신적 성장도 있고, 다양한 형식의 성장이 있습니다. 그랬을 때, 우리가 밥을 잘 먹거나 영양분을 잘 공급하면, 어린 아이 때부터 어른으로 잘 성장하겠죠? 잘 성숙하겠죠? 그것은 육체적 성장입니다. 그러나 정신적으로도 성장했느냐? 성장의 내용들이 복잡하니까요. 그랬을 때, '성장했다', '성숙했다', '발전했다'는 것은 뭐냐 하면, 얼마만큼 그 수준에 맞게, 인간답게 자랐느냐의 문제예요. 어린 아이는 어린 아이답게, 청소년은 청소년답게, 어른은 어른답게 되었느냐의 문제입니다. 그래서 이제 가치를 실현하고 자신이 자신답게 성장해 갔을 때, 인간다움, 인간답게 성장한, 인간형성이 되는 거죠. 그렇게 되기 위해서는, 규범이 있어야 됩니다. 기준이 있어야 돼요.

여러분! 성장의 기준이 뭘까요? 한 번 생각해 보십시오. 어떤 사람이 어린 아이의 단계에서, 청소년, 어른으로 성장해 갔어요. 어른이 된 후에는 그 가운데서도 사회지도자급 인사로 성장해 나갔습니다. 그랬을 때, 이 수많은 과정에서, 과연 성장이라는 것이 뭘까요? 그 기준이 뭘까요?

청소년, 즉 중학생이나 고등학생 정도로 성장하면, 그 청소년들은 자신이 거쳐온 시절인 초등학생 시기 아이들의 행동을 비웃습니다. 세속 언어로 말하면, '에

이~ 그 초딩들!'이라고 합니다. 재미있게 얘기하면요. '초딩, 중딩, 고딩!' 이렇게 올라갈수록, 그 아래 단계에 있는 사람들의 모습이나 인간행동을 보면 유치하다고 느끼고, 그들을 깔보는 듯한 표현을 씁니다. 왜냐하면 그들의 성장이나 성숙이 낮은 단계라고 보기 때문이지요. 그러나 거기에는 분명한 가치기준이 있습니다. 그것을 한 번 생각해보면 좋겠습니다.

그래서 규범적 정의는 무엇이냐? 성장을 하거나 가치를 끊임없이 높여가면서, 인간을 실현해 가려는 차원 때문에, 지금 드러나 있는 인간의 모습이나 사회 상태가 아니고, 그것보다 나은 미래나 확보해야 할 이상에 초점을 둡니다. 그러니까 '교육해서 무엇을 하느냐?'라고 했을 때, 지금보다 나은 상태로 나아가기 위한 것으로 봅니다. 규범적 정의에는 그런 생각들이 녹아 있습니다.

••• 가치실현 ― 미래가치의 의미를 추구하고 계발하라

그 다음에, 교육을 단순히 있는 그대로 기술하기보다는 '일어나야만 할 것', 그리고 '반드시 있어야 할 것'에 주목합니다. 예를 들어, 여기에 연필이 하나 있어요. 이 연필 색깔이 검은색으로 만들어져 있다고 가정하면, '아, 이게 왜 색깔이 검은색이지? 좀 밝고, 알록달록하게 아이들이 좋아하는 색깔로 만들면 안 되나?' 이런 생각을 드러내 보는 거예요. 단순히 그대로 존재하는 것이 기준은 아닙니다. 조금 더 나은 것, 더 좋게 보이기 위해 일어나야만 할 것, 그리고 반드시 있었으면 좋을 것, 그런 겁니다. 이런 의미를 추구하는 것이 규범적 정의에 해당됩니다.

앞에서도 잠깐 언급했습니다만, 현재보다는 미래의 가치와 이상, 미래에 요청되는 의미를 추구해요. 그리고 그것을 향해 인간을 계발해 나갑니다. 계발이라는 것을 다른 말로 하면, 성장이나 성숙, 가치지향, 이런 양식이 되는 거죠. 규범적 정의를 가만히 보면, 여기에 어떤 현실이 존재하고 있기보다는 끊임없이 보다 나은 형태의 이상을 추구하기 위해 어떤 기준들을 제시해서, 교육의 방식으로 만들어가는 작업입니다.

그러다보니 이 규범적 정의는 심각하게 요청합니다. 교육에서, '가치를 반드시 실현해나가야 한다! 그것이 최선이다. 중요하다.' 때문에 이전에 훈련의 의미를 소개할 때 얘기했던, 교육에서 가치중립적인 것은 있을 수가 없습니다. 무조건 가치를 실현해 나가야 돼요. 교육 자체가, 교육을 통해 인간이 발전해가는 데 무게중심이 있습니다. 교육을 통해, 끊임없이 업그레이드 해나가는 것. 거기에 핵심을 두고 있고요. 개인적, 공동체적 차원에서, 인격을 완성하고 자아를 실현하는 데 온 힘을 쏟습니다.

그 다음에 또 무엇이냐? 겉으로, 껍데기로 보이는 것을 외재적이라고 하거든요. 규범적 정의는 겉으로 단순하게 바뀌는 것보다는 실제 마음에서, 내면에서 내재적 가치가 실현되는 것을 더 중요하게 여깁니다. 그러니까 너는 얼마만큼 '성장했느냐? 혹은 성숙했느냐?'라고 했을 때, 저는 초등학교에서 중학교, 고등학교, 대학생을 거치면서 이 만큼 발전했습니다. 옆에서 보면, '아! 저 친구, 초등학교 때는 판단능력도 좀 떨어지고, 낮은 수준에서 행동을 하더니만, 대학생이 되니깐 행동이 다른데?' 그리고 '마음 씀씀이가 어떻게 저렇게 고와?', '저렇게 포용적이야?', '열린 마음을 갖고 있어?' 이런 점에서 그 학생은 내재적 가치가 실현된 거죠. 그리고 규범적 정의는 영원한 진리나 가치를 추구해요. 교육을 통해, '이런 부분들은 인간에게 보편적으로 끊임없이 지속되었으면 좋겠다!' 그런 가치를 추구하는 것이 규범적 정의의 특성입니다.

자! 그래서 규범적 정의를 교육적으로 말하면, 이런 겁니다. 우리가 지금 민주주의 사회에서, 대한민국을 살아가고 있잖아요. 그러면 규범적 정의에서 '교육은 무엇이냐?' 이렇게 물으면, 우리는 자유 민주주의 사회에 사니까, '교육은 민주시민으로서의 자질을 함양해 가는 과정이다.' 이렇게 되는 겁니다. 우리는 대한민국이라는 자유 민주주의 국가에 살고 있잖아요. 때문에 우리는 그에 합당한 규범에 의거하여 당연히 민주시민으로서 자질을 함양해야 합니다. 그것이 현재 대한민국의 자유 민주주의에 충실한 거죠. 이 가치를 내재화 해야 합니다. 이런 방식이 교육을 규범적으로 정의내리는 겁니다.

그 다음에 또 이런 게 있습니다. '교육은 인간을 인간답게 형성하는 과정이다!' 이렇게 하면 되는 겁니다. 왜냐? 인간이니까 당연히 인간답게 해 나가는 것이 인간에 대한 예의이자 가치이자 규범이기 때문입니다. 또한 '교육은 영원한 진리나 가치로 접근하는 과정이다!', '교육은 인간을 창조한 신의 모습을 닮도록 하는 과정이다!' 이런 식으로 정의할 수도 있지요. 이것은 뭐냐 하면, 신은 완벽하고 완성되어 있잖아요. 그러니까 우리가 인간으로서 누구를 닮고 싶어 하는가? 저렇게 완벽한 신과 같은 모습, 실수하지 않은 인간의 모습, 아름다운 인간의 모습, 이런 것을 추구한다는 말입니다. 흔히 말하는 이상 추구죠. 이상이잖아요. 그러니까 이러한 방식으로 교육을 바라보고 교육을 정의하고, 이런 기준을 따라 교육을 실천해 가는 것이 규범적 정의입니다.

••• 주관화의 가능성 ─ 객관화하기가 어렵다

이 규범적 정의에 의해, 교육에서 가장 많이 말하는 것이 무엇이냐? '너 교육 받아서 뭘 하게?'라고 하면, '인격을 완성해야죠!' 이러는 겁니다. '사람다운 사람이 되어야죠!' 그런데 규범적 정의를 통해본 교육의 개념들이 어떻게 보면 조금 막연하죠? 목적 자체가 그렇지 않습니까? 막연해요. 그러니까 규범적 정의가 갖는 한계가 뭐냐 하면, '주관화'의 가능성이 있어요. 예를 들어, '인격완성이 뭔가요? 신을 닮아가는 게 뭐지요? 민주시민의 자질을 기르는 게 도대체 뭡니까?'라고 물으면, 이게 분명하게 손에 잡히지가 않아요. 막연하단 말이에요. 그래서 규범적 정의의 단점이라고 할까요? 오류나 한계라고 할까요? 그것은 주관화의 가능성에 있습니다.

달리 말하면, 객관화 하는 데 난점이 있습니다. 외부로부터 봤을 때, 누구나 이해할 수 있어야 객관화가 가능하잖아요. 그런데 인격을 완성하는 문제는 사람마다 다릅니다. 신의 모습을 닮아가는 게 사람마다 다르지요. 그래서 규범적 정의는 무엇이냐? 그 자체의 행위나 실천이 목적을 지향합니다. 우리가 지금 '글을 읽고 있다', '교육을 하고 있다', '대화를 하고 있다', '강의를 하고 있다'라고 했을 때, 이런 것이 무엇이냐? 제가 앞에서 그랬잖아요. 여러분, 이 글을 읽고 강의를 듣고 난 후에 무엇을 할 겁니까? 그랬을 때 규범적 정의에 의하면, 글을 읽고 강의를 들어서 나의 내면을 풍성하게 만들고, 보다 나은 인간으로서 성장하고 싶다. 이렇게 되잖아요. 그래서 그 자체가 목적을 지향하고 있는 겁니다. 이러한 규범적 정의를 '목적론적 정의'라고도 합니다. 때로는 '본질적 정의'라고도 하고요. 그러기에 '수단적'으로 정의내린 것이 아닙니다. 수단적 정의는 나중에 다시 설명하겠습니다.

그래서 다시, '교육이란 무엇인가?'라고 물음을 던졌을 때, 규범적 정의에서 가장 난점으로 작용하는 게 뭐냐 하면, '교육은 인격완성이다!' 이렇게 돼요. 교육을 통해 뭘 하느냐? 인격완성을 한다. 정말 막연하죠? 막막합니다. 그러나 여기에 담긴 의미를 가만히 보면, 엄청나게 포괄적으로 열려 있죠? 그만큼 규범적 정의는 전통적으로 내려오는 교육을 정의하는 방식입니다. 동서고금을 막론하고, 지금도 많은 사람들에게, '교육을 왜 받죠?', '교육해서 무엇을 하죠?' 이렇게 얘기하면, '아! 사람이 되어야죠.', '인격을 완성하고요.' 이렇게 얘기하는 경우가 많습니다. 그럴 경우, 규범적으로 교육을 정의한 것에 해당합니다. 이렇게 보면 아주 무난합니다. 이러한 규범적 정의는 기능적 정의나 조작적 정의와 비교해서 보면 확연하게 그 특징이 드러납니다. 또한 교육을 바라보는 방식이 다양하게 있는 것도 이해하게 될 것입니다. 우리 한국교육은 어떻습니까? 지나치게 규범적 정의에만 의존하여 교육을 이해해 온 것은 아닌가요? 교육은 인격완성이다! 정말 그렇습니까?

02

기능적 · 조작적 정의는 비교육적인가

앞에서 교육을 정의하는 양식 가운데, 전통적 정의 방식인 규범적 정의에 대해 살펴보았습니다. 규범적 정의는 주관화의 가능성에도 불구하고 가장 오래되고 유효한, 그러면서 현재 논란이 되는 교육의 정의 방식입니다. 이외에도 교육을 정의하는 방식은 다양합니다. 교육에 종사하는 사람이 나름대로, '나는 어떤 방식으로 교육을 정의하고, 그렇게 교육을 진행하여 끌고 가겠다', '나름의 교육적 이상을 추구하겠다'라는 의식과 실천에 따라 교육이 달라질 수 있기 때문입니다. 이번에는 기능적 정의와 조작적 정의에 대해 소개하겠습니다. 기능적 정의는 수단적 정의 방식이라고도 합니다.

••• 기능적 정의 — 도구와 수단적 가치의 중시

기능적 정의는, 말 그대로, 기능機能이라는 것이 뭡니까? 우리가 기능이라고 얘기했을 때, 나는 우리 집단에서, 내가 소속된 공동체에서, '어떤 역할과 기능을 한다!' 이런 얘기를 많이 하지 않습니까? 그리고 어떤 도구, 예컨대 '이 연필은 어떤 기능을 하느냐? 이 연필은 이렇게 필기하는 기능을 한다'라고 했을 때, 그런 기능을 생각하면 이해하기 쉽습니다.

기능적 정의는 무엇이냐? 교육을 도구적 차원에서 이해하고, 도구적 가치를 강조하는 정의입니다. 그러면 이렇게 되는 거죠. 규범적 정의에서는 어떻게 설명되었냐 하면, '당신은 교육을 받아서, 교육을 해서, 무엇을 할 것입니까?', '아! 제가 아직까지 많이 부족해서 인격을 완성해야 됩니다. 사람다운 사람으로, 아름다운 사람으로 거듭나야죠.' 이렇게 얘기했던 말입니다. 규범적 정의는 인생이 추구하는 본질적 목적을 지향합니다. 그런데 여기에서 말하는 기능적 정의는 그런 게 아니에요. '너는 교육해서 뭐 할거야?'라고 하면, 쉽게 말해, '교육받은 만큼 그것을 수단으로 잘 살라고!' 그게 답입니다. '교육해서 뭐하게?'라고 하면, '대학교까지 나오면, 배운 만큼 돈을 많이 벌 수 있지 않겠습니까?'라는 대답이 유도됩니다. '대학 졸업장'을 받는 교육이라는 것이, 돈을 많이 벌 수 있는 하나의 도구이자 수단이 되는 거죠. 이렇게 정의를 내리는 것이 기능적 정의입니다.

그러면 어떤 사람은 이렇게 얘기할 수도 있을 겁니다. 앞에서 말한 규범적 정의에서 보면, 예를 들어, '인격완성!' 이런 차원에서 교육을 정의하고 접근한단 말입니다. 인격완성 자체가 목적이었잖아요. 교육이 이렇게 목적을 추구하는 일인데, '어떻게 교육을 수단적 혹은 도구적으로 전락시켜 얘기를 해! 그러면 안 돼!' 이런 관점으로 얘기할 수도 있거든요. 그러나 그것은 아닙니다. 교육이라는 것이 인간의 삶에, 쉽게 말해, 올인all-in을 할 수 있을 정도로 전 방위적으로 개입을 해요. 여러분! 그렇잖아요. 비싼 돈을 들여서 초등학교, 중학교, 고등학교, 대학교를 나오고, 심지어는 외국 유학까지 하잖아요. 그 이유가 뭡니까? 개인의 인격을 완성시키는 차원도 있지만, 개인이 보다 나은 삶을 추구하기 위한, 어떤 수단적이고 도구적인 가치를 갖고 있는 거예요. 그걸 가지고, 우리가 규범적 정의는 올바른 인식이고, 기능적 정의는 잘못된 이해라고 얘기하면, 안 되는 겁니다.

교육을 정의하는 방식에 따라, 교육의 의미와 역할이 달라질 수 있습니다. 정의하는 방식에 따라 장점과 단점이 존재하기 마련입니다. 기능적 정의에 대해 다시 설명하면, 모든 일에는 나름대로 그것에 기여하는 기능과 역할이 있습니다. 영어로는 펑션function이죠? 여러분! 중학교나 고등학교 시절 들어봐서 펑션이라는 말이 익숙할 것입니다. 이런 것을 많이 봤죠? 수학 시간에 보면, 그래프를 그려 놓고 엑스x축과 와이y축을 중심으로 공식을 만들어 풀지요? 'y=f(x)' 그랬을 때, 이것을 보통 함수函數라고 얘기합니다. 함수라는 건 무엇이냐? 함수에서 알파벳 에프

f로 표시되는 것이 펑션이란 말입니다. 펑션! 이 에프f의 기능을 통해, 엑스x 값에 의해 와이y 값이 달라지잖아요. 그러니까 일을 추구할 때, 그 일을 담당하는 어떤 기능에 따라, 사물이 존재하기도 하고 인간의 공동체가 상당히 다른 방향으로 진행되기도 합니다. 예를 들어, 함수가 있으면, 그래프에서 엑스x값, 와이y값에 따라 달라지잖아요. 이것이 기능이에요. 그런 부분을 생각하면 돼요.

그래서 교육이 무엇이냐? '인간 사회의 어떤 일을 담당하는 구실이나 작용의 역할을 할 수 있다' 이겁니다. 교육의 기능적 정의는 교육이 인간 사회에 어떤 역할을 할 수 있고, 인간 사회의 어떤 부분을 발전시키는 데 도구로 작용할 수 있으며, 수단으로서 강조되는 방식입니다. 우리 사회에 분명히 그런 것들이 굉장히 많죠. 그런 측면에서 교육은 '어떤 것을 이루기 위한 수단으로 작용한다!' 수단으로! 그리고 그 속에는 뭐가 있느냐? 사회 문화가 있습니다. 따라서 교육은 우리 한국사회 문화를 계승시켜주는 수단으로 작용할 수 있습니다. 그것을 문화적 계승이라고 하지요.

간단하게 예를 들어 볼까요? 우리 한국사회는 삼국 시대부터 고려, 조선, 이렇게 쭉 넘어가서 일제 식민시대도 있고요. 그 다음에 대한민국 이렇게 역사가 흘러 왔습니다. 이 사이에 수많은 문화전통이 있습니다. 그러면 이 문화전통 가운데, 오늘날 대한민국이 전통문화로 계승해 가야 될 것은 무엇인가요? 우리가 전수할 문화는 무엇입니까? 그 기능이 교육이잖아요. 교육을 통해서 뭡니까? 오늘날 전통문화로 내려온 것 가운데 계승될 수도 있고, 단절될 수도 있고, 혁신해갈 수도 있고, 혁파해갈 수도 있어요. 그런 겁니다. 그래서 교육이 대한민국의 전통 자체를 이어가기 위한 수단으로 작용한다면, 교육의 도구적 기능, 기능적 정의로서 작용할 수 있는 거죠.

그리고 또 사회발전의 도구로서 교육이 엄연히 존재하죠. 자, 여러분! 한 사례를 들어 봅시다. 오늘날 우리 한국사회는 고등교육이 세계 어떤 국가보다도 발전해 있습니다. 우리나라 고등교육을 보면, 현재 고등학교를 졸업하고 대학교에 들어가는 진학률이 거의 80%를 넘어 재미있게 얘기하면, '고등학교를 졸업한 학생들의 대부분이 대학교에 들어간다!' 이렇게 볼 수 있죠? 그것에 대해 고민할 때, 긍정적 차원과 부정적 차원이 있습니다. 아니! 모든 사람이 리더십을 갖추고 지도자가 되기 위해 대학교를 들어간다? 이런 상황이라면, 굉장히 잘못된, 교육 왜곡 현상이 일어날 수가 있지요? 모든 사람이 지도자가 될 수는 없으니까요. 그런데 또 한 편으로 보면, 고등교육을 받은 사람이 많아진다는 것은 뭡니까? 우리 대한민국 사회가 그만큼 지성인이 많아진다는 거예요. 지성인이 많아지면, 우리 사회가 그 만큼 높은 수준의, 지적 수준을 비롯하여 사회 자체를 한 단계 업그레이드 된 상 태로 끌어올릴 수 있는 역할을 할 수 있는 거죠. 단순하게 대학 졸업자만이 많아 져 아이들이, 우리 청년들이 실업자가 많아지고 취직할 데도 없다! 이런 차원으로 만 볼 것은 아닙니다. 지성인이 많아지고 지적 수준이 상당히 높아져서 나쁠 게 뭐가 있어요? 좋죠. 대신, 또 다른 단점은 다시 고민해야 되겠지만요. 그때 무엇이 냐? 대학졸업자, 우리 사회에 지성인이 많아지는 사실을 사회발전이라고 본다면, 대학교육이 팽창된 것, 고등교육이 발달된 것은 무엇이냐? 교육이 우리 사회를 발 전시키는 도구로 작용하여, 지성인들을 많이 양산해냈다. 이렇게 볼 수가 있는 거 죠. 예를 들면 그런 것입니다.

그래서 기능적 정의 차원에서 보면, 교육은 무엇이냐? 바로 이런 겁니다. 첫 번째 '교육은 국가 사회발전을 위한 수단이다!' 분명히 수단으로 작용했죠. 그렇지 요? 또 '교육은 사회문화의 계승 및 발전을 위한 수단이다!' 이런 역할도 했단 말 입니다. 그 다음에 교육은 무엇이냐? '개인의 직업선택과 취업을 위한 수단이다!' 우리가 교육을 받으면 받을수록 어떻게 됩니까? 직업선택의 폭이 넓어질 수도 있 고, 물론, 고등교육을 받은 사람이 많아지면, 경쟁이 심해져서 취업문이 좁아질 수 도 있습니다. 대신에 분명한 것은 교육은 취업을 위한 수단이라는 겁니다. 그것은 절대 부정할 수 없는 사실입니다. '교육받아서 뭐하게?'라고 하면, '좋은 직장에 취 직하려고!' 이렇게 나오는 거죠. 교육은 또 무엇이냐? '교육은 합리적인 경제 활동 을 위한 자질을 길러주는 수단이다!' 우리가 경제활동을 잘 하기 위해서 뭡니까? 교육을 많이 받으면 받을수록, 아니면 특정한 교육을 받으면 받을수록, 나의 능력 이 길러져 경제활동을 잘 할 것이다! 그게 다 나름대로의 기능을 하는 거죠. 그리 고 '교육은 개인의 사회적 출세를 위한 수단이다!' 이런 인식에서도 수단이 나오 죠. 그러니까 여러분이 정확하게 보아야 할 것은, 앞에서 얘기했던 규범적 정의와 는 상당히 다른, 규범적 정의는 목적적 차원이라면, 기능적 정의는 수단적이고 도 구적 차원에서 정의를 내리는 것입니다.

••• 규범적 정의와 기능적 정의 — 균형 잡힌 시각을 구축하라

이렇게 비교해보면, 보다 쉽게 이해할 수 있을 거예요. 다시 강조합니다. '교육은 인간의 인격완성을 위한 활동이다!' 이렇게 얘기한 규범적 정의는 교육을 올바르게 이해한 것이고, 기능적 정의에서 교육을 수단으로 바라본 것은 잘못 이해한 것이라는 관점은, 교육을 올바르게 인식한 것이 아닙니다. 둘 다 교육을 정의내리는 방식일 뿐입니다. 규범적 정의에서처럼 교육에서 인간의 인격완성이라는 측면만을 강조하면, 삶에 오류가 생길 수 있습니다. 기능적 정의에서처럼 교육을 지나치게 수단적 차원으로만 이해했을 때도 오류가 생길 수 있습니다. 따라서 우리는 어떤 차원에 무게중심을 두고 교육을 바라봐야 되느냐? 그 부분을 상황에 따라 선택하고 결정하는 것이 대단히 중요합니다.

여러분! 교육의 기능적 정의 가운데 대표적인 것이 뭐냐 하면, 우리나라 대한민국이 1960년대부터 1980년 정도까지, 박정희 대통령 시절에 경제개발 5개년 계획을 수립하여 산업화를 시키며 경제개발 붐을 일으켰어요. 이런 정책을 시행할 때, 우리 교육은 초등학교, 중학교, 고등학교, 대학교에 이르기까지, 이 경제개발을 위한 수단으로 기능하면서, 학교가 그에 맞추어 산업화 역군으로서의 역할을 많이 했습니다. 그러니까 그때에 실업학교도 설립하고, 실업계 고등학교도 만들어지고요. 대학교에서도 공과대학이 강조되고, 경제개발에 기여할 수 있도록 기술관련 학과 설치가 권장되던 시절이 있습니다. 그때는 교육이 경제개발을 위한 적극적 수단으로서 작용하죠. 그것이 우리나라를 발전시키는 데, 큰 역할을 했다는 것은 부인할 수 없는 사실입니다. 물론, 거기에 부정적인 측면도 없지 않죠. 이런 차원에서, 교육의 기능적 정의를 바라보면, 이해하기가 쉬울 겁니다.

그런데 문제는 무엇이냐? 이 기능적 정의가 갖고 있는 긍정적 역할을 지나치게 신뢰한 것입니다. 모든 일이 지나치면 그르치기 쉽죠. 마찬가지로, 아무리 경제개발을 하는 데 기여하고, 교육받은 것을 바탕으로 취업전선에 문을 두드린다 하더라도, 지나치게 그쪽으로 치우쳐 버리면 어떻게 되느냐? 기능적이고 도구적이고 수단적으로 가 버리면, 교육 본래의 가치실현에 소홀히 하게 됩니다. 그러니까, 내가 대학에 들어왔는데, 직업이라든가 취업에만 관심이 있다! 그러면 생각해 봅시다. 사람이 살아가는 데 중요한 게 뭡니까? 친구나 인간관계라든가, 자신의 인격

02 기능적·조작적 정의는 비교육적인가

성숙이라든가, 그렇지요? 교양지식의 함양이라든가, 이런 것도 중요하잖아요. 그런데 이런 교육은 규범적 정의에 해당된단 말이에요. 대학교에 왔는데 취업공부만 하고 앉아 있다? 문제가 되잖아요. 친구와 우정 관계도 만들어야 하고, 지성인으로서 교양도 쌓아야 되고, 인격을 성숙해 나가는 일도 중요하단 말이에요. 그래서 교육이 지나치게 기능적, 도구적, 수단적으로 빠져버리면, 교육의 본래 목적인, 규범적 가치를 소홀히 하기 쉽다. 그러다 보니까 교육자체의 발전에 지장을 줄 수 있다. 이런 난점이 있는 거죠.

이 지점에서 우리가 가장 경계해야 될 것은 무엇이냐? 무엇보다도, 교육이 개인의 출세를 위한 수단으로 전락하면, 부조리가 발생합니다. 여러분! 초등학교, 중학교, 고등학교, 대학교를 쭉 진학하면서, 내가 초등에서 중등, 고등교육으로 단계를 높여서 교육받으면 받을수록, 성공할 수 있다! 이런 인식에 휩싸여 있다 보니까, 어떻게 되느냐? '누구나 대학을 가야 된다!'는 사고방식에 젖어듭니다. 이것이 대한민국 교육이 낳은 큰 병폐 가운데 하나입니다.

이 글의 첫 번째 강의에서 언급했을 겁니다. 거기에 보면 우리 한국사회의 병폐, 교육의 유산 가운데 하나가 뭐라고 했나요? 학력주의가 있다고 했죠? 고등학교만 졸업해도 충분히 살아갈 수 있는, 이런 민주사회에서 '누구나 대학을 들어가야 된다!'라고 우기고 있다고요. 그리고 심지어는 대학교를 졸업해서, 나중에 취업하는 것을 보면, 중학교나 고등학교를 졸업해도 충분히 할 수 있는 일을 담당하는 경우도 많습니다. 제가 볼 때는 대학 4년을 헛고생 한 거예요. 돈 버리고, 몸 버리고, 마음 버리고 이상하게 된 거죠. 그런 부분에 대해, 우리는 뼈저리게 반성할 필요가 있습니다.

지나치게 개인의 출세를 위한 수단으로 교육이 전락한다면, 이 사회에 부조리를 양산할 수 있다! 여기에서, 현재 대한민국, 21세기 초반에서 중반을 향해 나아가고 있는 이 시점에서 한국교육은 과연 지나치게 기능적으로 전락하지 않았느냐? 답답하죠! 저도 현재 대학교에 몸담고 있습니다만, 많은 대학생들이 취업을 잘 하지 못해 고민하고 있는 사실이 참 안타깝습니다. 현실이 그렇습니다. 그러나 또 문제는 뭐냐 하면, 청년들이 취업에만 목 맨다는 것도 대단히 서글픈 현실이에요. 대학생 정도 되면, 청춘과 낭만을 친구들과 어울려서, 도전의식과 모험정신을 발휘하며 인생살이를 고민을 하는 동시에, 대한민국이라는 사회의 발전과 인류 발전을 위한, 좀 거대한 지식인, 지성인으로서의 어떤 꿈도 있잖아요. 그런 것도 같이 논의가 되고, 얘기가 되고, 광장에서 토론도 되고 해야 되는데, 모든 대학생들이 대학 4년을 졸업하고, 내가 어디에 취업해야 되는가에 목매여 있는, 이 현실이 참 서글픈 거죠. 우리 모두가 이런 부분에 대해 함께 고민하면서, 누구나 아름다운 직장에 취직을 하고, 누구나 건전한 사회를 지향할 수 있도록 하는 것이 이상이지만, 그것이 안 되니까 좀 말할 수 없을 정도로 허망하게 되죠. 그러다 보니 교육자체도 수단으로 전락해서, 너무나 무모한 어떻게 보면 하지 않아야 될 무한경쟁 속에 우리가 사로잡혀 있다 보니까, 인간의 삶 자체가 사라져 버린 거예요.

••• 조작적 정의 — 계획적이고 의도적인 인간행동의 변화

규범적 정의에 의하면, 인간됨이나 인간다움을 고민해야 되는데, 그런 것들이 안타까운 거죠. 그래서 규범적 정의와 기능적 정의의 한계를 고려하면서 이제 조작적 정의가 등장하는 겁니다. 앞에서 말씀드린 규범적 정의와 기능적 정의, 그것을 보면, 규범적 정의는 너무 이상적으로 치우치고, 기능적 정의는 너무 수단으로 빠졌을 때, 부조리가 생깁니다. 그러니까 이것을 과학적으로 정의하는 조작적 정의라는 형태가 나타납니다.

이 조작적 정의는 무엇이냐? 말 그대로 '조작造作'하는 겁니다. 조작하는 작업이니까, 영어로 오퍼레이션operation입니다. 그래서 교육이 어떻게 되느냐? 교육의 의미를 조작해서 인간을 만들고 구현해 갑니다. 규범적 정의나 기능적 정의에 의해, 채우지 못했던 교육의 정의를, 의미를 만들어 가는 거죠. 조작하는 거죠. 말 그대로. 그런데 '조작한다!'라고 하니까, 사실을 왜곡하고 조작하는 것처럼 부정적으로 사용하는 그런 의미가 아닙니다. 교육의 개념을 그렇게 만들어 간다는 겁니다. 그래서 조작적 정의에 대해 대표적인 명제라고 할까요? 그 정의가 뭐냐 하면, '교육은 계획적이고 의도적인 인간 행동의 변화이다!'라는 표현입니다.

이것은 사실, 이론적으로 따지면, 행동주의 심리학에서 말하는, 행동의 차원을 교육에 끌어 들여, 교육을 정의하는 양식입니다. 그래서 교육이란 무엇이냐? 먼저 계획을 해야 돼! 어떻게 교육해갈 것인지. 그리고 의도적으로 해야 돼! 그리고 또 사람이 있으면, 반드시 사람이 교육을 받기 이전과 이후가 있는데 교육을 받기 이전에는 A라는 상태였다면 교육을 받은 이후에는 B라는 상태로 인간의 행동에 변화가 일어나야 해! 여기에서 변화는 바람직하게, 그러니까 정의롭게 변화해야 됩니다. 교육을 받았는데 변화되지 않았다? 그러면 조작적 정의 차원에서 보면 교육이 아닙니다.

아주 극단적으로 예를 들면, 지금 여러분이 이 글을 읽거나 강의를 수강한다고 합시다. 그것을 교육이라고 가정합시다. 그러니까 글을 읽고 강의를 듣고 있는데, 글을 읽고 강의를 듣기 전과 글을 읽고 강의를 들은 후에 사람이 행동이 바뀌어야 돼요. 변화되어야 해요. 그래야만 교육을 받았다 그렇게 되는 거죠. 조작적 정의에 의하면, 그렇습니다.

조작적 정의는 앞에서 언급했듯이 행동심리학 이론에 기초하고 있는데, '인간의 행동특성을 계획적으로 변화시키려는 과정이다!' 이렇게 볼 수 있어요. 그런데 문제는, 인간의 행동이 여러 가지잖아요. 인간의 행동이 외면적으로 겉으로 드러나는 게 있고, 내면적인 것도 있죠. 인지적 측면, 정의적 측면, 운동 기능적 영역, 이런 것들이 다 포괄되지요. 그것이 바뀌어야 되는 거예요. 인지적으로 나아져야 될 테고, 정의적으로 감성이 풍부해져야 될 테고, 운동 기능이 약했다면 강하게 바뀌어야 되는 겁니다. 그래서 중요한 것은, 인간의 '행동변화'에 초점을 둡니다. 거기에 초점을 두는 것이 다른 말로, '인간 육성이다', '함양이다', '계발이다', '교정이다', '발달을 도모한다' 뭐 이런 표현을 합니다. 그래서 교육을 받기 이전과 다른 행동의 변화를 유도하려는 작업이, 바로 조작적 정의의 기본적 특징입니다.

조작적 정의를 다시 한 번 강조하면, 교육은 무엇이냐? 교육에는 인간이라는 대상이 있습니다. 이것은 일종의 존재입니다. 인간이 존재하고 있죠? 그런데 인간이라는 존재가 행동을 하잖아요. 그렇지요? 행동이 계획적인 교육에 의해 변화해야 됩니다. 그래서 계획적인 교육이 어디에서 일어나느냐? 학교에서 이루어지잖아요. 학교에서 여러분, 학기 초에서 학기 말까지, 입학해서 졸업까지, 교육과정을 잘 만들어 계획을 하잖아요. 그래서 인간을 바꾸어 나가는 거죠. 그런 양식이 조작적 정의라고 보면 되겠습니다. 조작적 정의를 통해, 지식습득의 차원에서는 지성인을 만들어야 되고요. 창의적 사고력을 증진해야 되고요. 세계관을 형성해줘야 됩니다.

지식습득의 차원에서, 이 계획적 변화라는 것은 무엇이냐? 인간행동의 자연적 변화보다는 의도적 변화입니다. 만들어 가야 됩니다. 조작해 가야 되니까요. 그래서 이제 어떻게 해야 하느냐? 교육적 모델을 설정해야 됩니다. 틀이 있어야 만들 것 아니에요. 주형에 주물을 붓듯이. 틀을 통해 실제적으로 계획하고 과정을 수립해야 됩니다. 그래서 교육의 목적이라든가, 과정이라든가, 방법을 체계화해야 됩니다. 이를 다른 말로 얘기하면, 학교에서 이루어지는 과학적인 방법이다. 이렇게 보는 거죠. 그래서 조작적 정의는 우리가 앞에서 논의했던 규범적 정의나 수단적 정의와는 또 다른 교육의 정의를 보여주고 있습니다.

요약해 보면, 규범적 정의는 미래지향적입니다. 이상과 목적을 충분히 고민해서 인간다움이라는 목적, 혹은 인격이라는 목적을 고민하죠? 그리고 기능적 정의는, 말 그대로 수단적입니다. '직업을 가져야 되겠다든가', '출세를 해야 되겠다든가' 이런 형태입니다. 조작적 정의는, 인간의 '행동을 의도적이고 계획적으로 변화시켜야 겠다' 이것이 의도적이고 계획적이라는 차원에서, '교육을 과학적으로 정의하는 방식이다' 이렇게 볼 수가 있는 거죠.

여러분! 교육을 정의하는 방식을, 규범적 정의, 기능적 정의, 조작적 정의의 세 가지로 나누어 검토해 보았지만, 그것이 갖고 있는 장점과 단점들이 있는 거죠? 그랬을 때, 우리는 어떤 방식으로 교육을 정의해야 되겠는가? 특히, 현재 한국사회는 규범적 정의에 의거하여 교육을 지속할 수 있는 가능성이 있느냐? 지나치게 수단적 정의에만 치우치면 부조리가 발생하는데, 사람들이 교육을 잘 받아서, 더 나은 방식으로, 성공하려는 쪽으로만 극단적으로 치우쳐 있지는 않은가? 너무나 과학적인 인간행동의 변화로만 유도하다 보니까, 교육과정과 같은 것들을 과학적으로 짠다 하고 체계적으로 만든다 하면서, 어떤 틀만을 잘 만들려는 알맹이 없는 형식주의에 치우치지는 않은가? 그래서 진지하게 고민해야 합니다.

이 세 가지 정의 가운데, 우리 교육이 활력을 지니려면 어느 것 하나도 빼버리면 안 된다고 봐요. 규범적 정의가 갖고 있는 장점, 기능적 정의가 갖고 있는 장점, 조작적 정의가 갖고 있는 장점들을 골고루 고려하면서, 우리 사회를 발전시키는 데 기여해야 한다는 그런 배려와 고민이 훨씬 더 중요하다는 것이죠. 그런 차원에서 교육을 정의하는 양식, 세 가지 정도는 알고 있으면, 우리 교육을 이해하는

데 상당한 도움이 될 것입니다. 그러니까 '절대 규범적 정의에 빠지지만도 말고, 기능적, 조작적 정의에 치우치지만도 말고, 규범적 정의를 기준으로 기능적, 조작적 정의가 보완되면 좋겠다든가, 그러한 새로운 시각으로 교육의 다양한 방식을 고민하는 것이 중요하겠다.' 이런 생각을 해봅니다.

03

교사의 질이 교육을 담보한다

우리는 앞에서 교육을 정의하는 방식에 대해 간략하게 검토했습니다. 규범적, 기능적, 그리고 조작적. 이 세 가지 정의 가운데 어느 것이 '옳다' 혹은 '그르다'의 문제는 결코 아닙니다. '어떻게 교육을 바라보느냐?'에 따라, 우리 교육이 좌우될 수 있다는 데 신경을 써야 합니다. 교육을 '그 자체의 본질로 보느냐?', '경제적 개념으로 보느냐?', '정치적 개념으로 보느냐?' 혹은 '사회적 개념으로 보느냐?'에 따라, 교육이 어떻게 정의되고, 어떤 방향으로 나아갈 것인지를 가늠할 수 있습니다. 그런 부분에 대해, 우리가 신중하게 고려할 필요가 있습니다. 이번에는 그러한 교육을 지탱하는, 교육의 밑바닥에 깔려 있는 교육을 구성하는 기본적 요소에 대해, 간략하게 살펴보겠습니다.

교육을 구성하는 요소는 일반적으로 '교육의 3요소'라고 합니다. 영어로 말하면, 쓰리 엘리먼트 오브 에듀케이션the three elements of education!, 이렇게 되죠? 교육에 세 가지 요소가 있는데, 교육이 이루어지려면, 이 세 가지가 없으면 안 된다는 소리입니다. 그 첫 번째는 교육자가 있어야 되고요. 두 번째는 학습자가 있어야 되고, 세 번째는 교육내용이 있어야 돼요. 그것을 흔히 '교사-학생-교재'라고 합니다. 그러니까 우리가 선생님에게 교재를 가지고 배우러 가잖아요. 그러면 교육이 돼요. 그러다 보니까 교실이라든가, 기자재라든가, 교육에 필요한 다양한 것들이 교육의 3요소에서는 빠져있습니다. 왜 그럴까요? '교사-학생-교재'가 하나의 세트로 되어 있으며, 교실이 없어도 교육이 가능합니다. 카페에서도 교육할 수 있고요. 길거리에서도 교육이 가능합니다. 아니면, 나무 그늘에서도 교육할 수 있고요. 그러니까 교육의 3요소는 교육을 하는데 절대 빠지면 안 되기 때문에, '필수요소'라고 하는 겁니다.

그러면 이제 교육자가 무엇이냐? 학습자가 무엇이냐? 교육내용이 무엇이냐? 이런 것에 대해, 하나씩 따져봅시다. 우리는 보통 말합니다. 교사는 가르치는 사람, 학생은 배우는 사람, 교육내용 혹은 교과서, 교재라고도 합니다만, 이것은 교육부에서 만들거나, 교육부에서 준 지침에 따라 전공학자들이나 교육관련 기관에서 만들거나 그러죠. 그러나 교사로서, 학생으로서, 교재가 갖고 있는 엄연한 기준과 특성, 장점과 단점들이 존재합니다. 그런 부분을 이해했을 때, '현재 우리 한국교육을 보다 쉽게, 보다 정밀하고 정확하게 인식할 수 있다!' 이런 말입니다.

••• 교사 ― 훌륭한 교사 아래 능력 있는 학생이 길러진다

교육의 3요소는 교육에서 필수 요소입니다. 따라서 어느 것이 더 중요하고 덜 중요한지 가늠하기 어렵습니다. 그렇다 하더라도 전통적으로 조금 더 무게중심을 둬 온 부분이 있다면, 교사일 것입니다. 가장 중요하다고 볼 수도 있는 교사라는 것이 무엇이냐? 그 문제에 대해, 한 번 고민해보려고 합니다. 요즘 한국사회에서 교사는 일종의 수난시대를 겪고 있다고 합니다. 학생들을 가르치는 것은 물론 각종 잡무에 시달린다고 해요. 교사에게는 엄연히 교권이 있지만, 여러 가지 요인에 의해 교권이 침해당하기도 합니다. 특히, 시대가 바뀌면서, 교사와 관련된 논의는 상황에 따라 정말 다루기 어려운 문제이기도 합니다.

과거 한국사회는 교사에 대해 최고의 존경을 표했습니다. '스승의 그림자도 밟지 않는다!'고 했으니까요. 그와 더불어 교사라고 했을 때, 이런 말이 있습니다. '교육의 질은 교사의 질을 능가하지 못한다!' 무슨 말이냐? 교육은 '교사가 어느 정도의 질을 갖고 있느냐?', '어느 정도의 수준과 능력을 갖고 교육하느냐?'에 따라 담보된다는 소리입니다. 훌륭한 교사 밑에서 훌륭한 학생이 나올 가능성이 많습니다. 그러다 보니 이런 말까지 생겼겠죠? '교육의 질은 교사의 질을 능가하지 못한다!' 다르게 얘기하면, '교육의 질은 교사가 담보한다!' 그래서 옛날부터 이런 양식의 전통적인 교사를 '교육의 주체'라고 얘기했습니다. 교육은 누가 하느냐? 교사가 한다. 이렇게 인식해 왔습니다. 굉장히 중요한 문제지요. 그리고 그런 표현은 전적으로 사실은 아니더라도 부분적으로 사실이기도 합니다.

상당 부분, 좋은 교사와 훌륭한 사람 아래에서 능력 있는 사람이 길러질 수 있습니다. 우리가 동물이나 식물을 기를 때도 어떻습니까? 좋은 영양소를 제공하면, 잘 자라죠? 당연한 겁니다. 그것처럼 교육적 양분을 제공하는 교사가 굉장히 중요합니다. 그래서 전통적으로 교사를 어떻게 인식했느냐? 올바른 삶을 이끌어주는 사람이다! 이렇게 정의를 내립니다. 물론, 교사 가운데 그렇지 못한 사람도 있을 수 있습니다. 교사도 인간이지 않습니까? 사람이라고요. 모든 교사가 학생들의 올바른 삶을 이끌어주는 사람이다! 이렇게 얘기할 수는 없습니다. 그러나 대부분의 교사는 학생들을, 혹은 자기가 가르치는 사람을 올바르게 이끌어주기 위해 노력하는 사람이다. 그것은 분명하게 맞는 말입니다. 교사가 된 사람이, 그냥 빈둥빈둥 놀고 있다거나, 안일하게 가만히 있다거나 그런 사람은 상당히 드뭅니다. 교사는 나름대로 희생을 하고요. 봉사를 하고, 자신에게 주어진 역할을 하면서, 학생들을 사랑으로 보듬는 사람입니다. 그러다 보니까, 가능한 한 올바른 삶을 이끌어주려는 사람으로 인식되기 쉽습니다.

••• 스승의 의미와 현대적 교사
― 의혹을 풀어주는 멘토, 그리고 교사자격증의 시대

옛날, 중국의 당나라 때 한유라는 사람이 있어요. 여러분! 한유라는 사람이 「사설師說」이라는 글을 씁니다. 「사설」은 조그마한 논문에 해당하는데요, 스승의 의미와 역할, 기능에 관한 논설입니다. 사설이라는 논설에서 한유는 이렇게 얘기합니다. 스승이라는 것이 과연 무엇이냐? 중국의 당나라 때니까, 우리나라로 보면, 신라시대 무렵입니다. 아주 오래 전부터, 동양 사회에서 스승이란 뭐냐 하면, 첫 번째, 사람이 살아가는 삶의 도를 전하는 사람입니다. 즉, 인간이 어떻게 살아야 되는지에 대해 알려주려고 노력하는 사람입니다. 두 번째, 지식이건, 도덕이건, 정서의 문제이건, 전반적인 학업을 가르쳐주는 사람입니다. 통합적 지식이겠지요. 그런 지식을 알려주는 사람입니다. 세 번째는 무엇이냐? 제자들이 어떤 일에 대해 의혹을 품고 있을 때, 의심나는 게 많잖아요. 저도 아직까지 이 세상을 잘 몰라요. 어쩌면, 지금 이 글을 읽거나 강의를 수강하는 여러분보다, 어떤 부분에 대해서는 훨씬 잘 모르거나 일처리를 제대로 못할 수도 있습니다. 제가 뭐, 교육학이나 철학 공부를 여러분보다 조금 깊이 해서, 박사학위를 받아서 대학에서 이렇게 가르치고 있지, 제 전공 분야 이외에 여러 일상생활에 대해 잘 아나요? 잘 모릅니다. 심지어는 제자들, 대학생들보다도 모를 때도 많아요. 어떻게 보면 잘 모르니까, 저는 제자들에게 물어요. 의혹이 생기잖아요. 그러면 의심과 의혹을 풀어주는 사람이 무엇이냐? 스승이다. 이렇게 말합니다. 굉장히 의미심장한 얘기죠. 전통적인 스승의 의미, 기능과 역할은 그런 것이었습니다.

그런데 현대적 의미의 교사는 무엇이냐? 영어로는 티처teacher에요? 보통 학생을 스튜던트student, 교사를 티처라고 하잖아요. 그랬을 때, 현대적 의미의 교사는 무엇이겠습니까? 우리가 교사라고 했을 때, 학교에 근무하는 선생님을 지칭하는 경우가 많잖아요. 그때의 교사는 뭐냐 하면, 공립학교나 사립학교 같은 교육 기관에 학생지도를 위해 고용된 사람입니다. 교사가 되기 위해서는 여러 가지 조건이 있겠죠. 교사로서 인품은 물론 지식도 갖춰야 되고, 교사로서 지녀야 할 요건들이 많이 있습니다. 그것을 갖추고 공식 학교에 고용된 사람을 우리가 교사라고 얘기합니다. 이게 교사에 대한 기본적 정의입니다.

두 번째는 무엇이냐? 특정한 영역에 뛰어난 자질을 갖추고, 다른 사람을 가르치는 사람을 교사라고 얘기합니다. 그러니까 학교에 고용되지는 않았지만, 어떤 사람이 특정한 전문성을 갖고 있어요. 다른 사람에게 '이 부분은 이렇습니다, 저 부분은 저렇습니다'라고 가르쳐주는 사람을 다른 말로 교사라고 합니다.

세 번째는 대학교에서 교직과목을 이수하고, 교직과목을 이수했다는 건 뭐냐 하면, 우리나라 대학교에 보면, 사범대학이 있습니다. 사범대학은 보통 중등학교, 그러니까 중학교나 고등학교의 교사가 되는 사람을 양성하는 기관입니다. 그 다음에 또 뭐가 있냐 하면, 교육대학이 있습니다. 예를 들어, 서울교육대학, 부산교육대학, 광주교육대학 등과 같이 전국 주요 시도에 설치되어 있습니다. 이러한 교육대학을 졸업하면 초등학교 교사가 될 수 있습니다. 그리고 유아교육과를 졸업하면,

유치원 교사가 될 수 있습니다. 이처럼 각종 학교의 교사를 양성할 때, 국가에서 정한 교직과목을 이수하게 되면, 국가에서 공식적으로 인정하는 교사자격증을 취득할 수가 있어요. 그래서 교사자격증을 취득한 사람을 교사라고 합니다.

그 다음, 네 번째는 일상생활 속에서 특정한 내용을 가지고 남을 가르치는 사람입니다. 가르치는 사람이죠. 보통, 어른은 어른으로서 그에 해당하는 경험의 세계를 가지고 가르칠 수가 있겠죠? 어떤 특별한 영역에서 사람들에게 전파해야 될 내용이 있다면, 가르칠 수가 있겠죠? 그런 교사들 가운데 위대한 교사가 있고, 지식만 가르치는 교사도 있고, 그것은 이제 정도에 따라 많이 달라질 수 있겠죠. 어쨌거나 교사를 정의하는 양식이 공립학교나 사립학교에서 고용된 사람, 특정한 영역에서 뛰어난 자질을 가지고 가르치는 사람, 교직과목을 이수하고 교사자격증을 취득한 사람, 그리고 특정 내용을 생활 속에서 가르치는 사람, 이런 방식으로 정의를 내릴 수가 있습니다. 그것은 우리가 교사, 티쳐가 무엇이냐고 했을 때, 가르치는 사람인데, 이렇게 크게 네 가지 정도로 나누어 얘기할 수 있다는 것이죠.

여러분! 역사에서 위대한 교사 가운데 공자, 소크라테스, 예수, 싯다르타, 무함마드 같은 사람, 이런 사람들을 세계의 4대, 혹은 5대 성인이다. 뭐 이렇게 얘기하거든요. 이 사람들이 현대식 교사자격증을 가졌어요? 교사자격증, 없습니다. 그런데 이 사람들을 위대한 인류의 스승이라고 얘기하죠. 동서고금을 막론하고 이런 분들이 현대사회에도 다양한 방식으로 존재하고 있습니다. 그러니까 우리가 '교사의 의미를 어떻게 이해할 것이냐?' 했을 때, 단순하게 학교에 근무하는 분들만을 지칭하는 것이 아니다. 더구나 4차 산업혁명 시대에, 21세기 대한민국 사회에서 교사상은 어떠해야 되느냐? 어떤 분을 우리가 교사라고 얘기할 수 있는가? 상당히 고민이 되죠? 이 시대에 진정한 교사는 무엇일까? 그런 문제를 우리가 이 시간을 통해 고민해 봐야 된다는 겁니다.

이 글을 읽거나 강의를 듣는 여러분도 이미 교사일 수가 있죠. 지금 여기에서 글을 쓰고 강의를 하고 있는 신창호라는 사람만이 교사가 아니고, 여러분 자신이 각 분야에서, 비록 이 글과 강의를 통해 공부하고 있지만, 강의를 수강할 때는 학생일 수 있지만, 다른 영역에 가면 어떻습니까? 여러분 한 분 한 분이 모두 교사일 수 있는 거죠. 지금 이 글을 만들 때 고생해준 편집인, 디자이너 등 이런 분들 모두가 일종의 교사가 될 수 있는 거예요. 특정한 영역에서 가르쳐 주니까요.

••• 세 가지 교직관 — 교사는 성직자인가 전문가인가 노동자인가?

오늘 이 시대에 한국교육이 보다 발전해 가기 위해, 우리는 바람직한 교사상을 어떻게 설정할 수 있을까요? 이런 문제는 우리 국민 모두가 함께 고민해야 합니다. '교사는 교육계에서 해결하라!' 아닙니다. 교사의 문제는 단순하게 교육계만의 문제가 아닙니다. 왜냐하면 교육은 사회의 전반적 영역과 연결되어 있으므로, 교사의 문제는 우리 모두가 관심을 가져야 합니다. 교사라고 하면 단순히 학교에서 가르치는 선생님을 떠올립니다. 그 분이 티처로서 교사인 것은 분명한데, 그것을 넘어서는 정의 방식이 있습니다. 이 지점을 여러분이 인식했으면 좋겠다는 겁니다.

교육적, 사회학적으로 볼 때, 교사를 바라보는 세 가지 방식이 있습니다. 이 세 가지를 간단하게 설명하면, 오늘날 교직의 문제가 왜 이런 방식으로 혹은 저런 방식으로, 갈등구조가 있고, 또 때로는 배척하는 구조가 있고, 왜 이런 것이냐? 이해가 될 겁니다. 교사를 바라보는 방식, 그것을 다른 말로 '세 가지 교직관'이라고 합니다.

그 관점 가운데 첫 번째가, '교사는 성직자이다!'라는 관점이 있습니다. 그것은 무슨 소리냐? 우리 사회에서 여전히 교사를 성직자처럼 인식하는 관점이에요. 교사를 마치 목사나 승려, 수도사 등 성직자와 비슷하게 이해합니다. 성직자처럼 인식하다 보니까 어떻게 되느냐? '선생님들에게, 티처에게, 교사로서 소명의식을 가져라! 교사는 신성한 직업이다! 교사는 무조건 학생을 사랑을 해야 한다! 어떻게 교사가 학생에게 체벌을 할 수 있는가? 따스하게 품어줘야지. 그리고 무한한 봉사정신을 가져라! 희생정신을 가져라! 헌신해라! 배려해라! 아주 수준 높은 도덕성을 가져라!' 성직자처럼. 실제로 이런 의식을 교사에게 요청하고 때로는 강요하기도 합니다. 그것이 우리 한국교육의 현실입니다. 이런 인식에 사로잡히면, 어떤 일이 벌어지느냐? 교사도 사람이지 않습니까? 그런데 교사가 조금만 도덕적인 행위에서 벗어나면, 이루 헤아릴 수 없을 정도로 무지막지하게, 뭡니까? 비난과 비판을 가합니다. '어떻게 선생님이 그럴 수 있어!' 이렇게 목사나 승려처럼 성직자가 잘못을 하면, 그 사람을 비난할 때처럼, 똑같이 무지막지한 비난이 쏟아질 수가 있습니다. 그런 상황에 처해 있는 교직관이 성직자 관점입니다.

이에 비해, 또 다른 관점이 있습니다. '전문직으로서의 교사관'입니다. 여러분! 전문직이라고 하면, 예를 들어, 의사, 법조인처럼 전문자격증을 가지고, 어떤 기술이나 기능을 가진 직종에 종사할 때, 이런 사람들을 전문직이라고 합니다. 이처럼 교사도 무엇이냐? 교사는 교사자격증을 갖고 있잖아요. 자격증을 가졌다는 것은 무엇이냐? 그 분야에서 뭐죠? 전문가라는 소리입니다. 교사자격증을 갖고 무엇을 하느냐? 교육을 하지요. 교사를 전문직에 종사하는 전문가로 보는 견해가 바로 전문직관이에요. '교사도 전문직이다!' 자, 그러다 보니, 어떻게 되느냐? 교사는 지적으로, 혹은 정신적 활동을 하는 전문가이다. 고도의 전문지식을 가진 만큼, 고도의 자율성과 윤리성을 확보하고 있다. 특히, 교육 분야에서. 그 다음에 또 무엇이냐? 말 그대로, 각 교과에 전문지식을 갖고 있고, 명확한 나름대로의 교육철학을 갖고 있다. 이렇게 보는 거죠. 전문직이기 때문에, 그만큼 교사에게 교육을 위임하여 맡겨주는 겁니다. 전문지식을 학생에게 전수해 주라고. 그게 교사의 특징이죠.

그 다음에 세 번째는 어떤 관점이냐 하면, 교사도 교육기관에 고용이 됐죠? 고용된 사람이에요. 그러다 보니까, '교사도 일을 하는 노동자'라는 관점이 있습니다. 노동자관! 그러니까 여러분! 대한민국 사회에, 교직원노동조합이 있죠? 교직원노동조합! 이 노동조합이 뭐냐 하면, '교사도 노동자이다!'라는 그런 관점에서 탄생한 것입니다. 상당히 일리가 있는 관점이죠. 그래서 교사도 무엇이냐? 정신적 노동을 통해 생계를 유지하는 노동자이다! 이 말입니다.

과거에는 이런 생각을 하지 않았습니다. 사실은 전혀 생각하지 못한 일이지요. 과거에 교사는 '성스러운 사람이야!', '전문지식을 갖고 있는 사람이야!' 이런 인식이 팽배했죠. 그런데 현대사회에 오면 올수록 무슨 소리를 하는 거냐? 교사도 인간이고, 고용된 존재이다. 공립학교와 같은 경우에는 국가에 고용되고, 사립학교와 같은 경우에는 재단에 고용되지만, 거기에 노동자로 고용된 사람이다. 그러니까 그만큼 노동조합을 결성한 권한도 있고, 보수를 비롯하여 노동자로서 누려야 할 다양한 권리를 주장할 수 있다. 여러분! 교사도 보수를 받아야 생활할 것 아닙니까? 무조건 희생하는 게 아니죠. 보수라든가, 교육환경이라든가, 이런 것들을 쟁취하기 위한 노동3권을 행사할 수 있다. 이렇게 볼 수 있는 겁니다. 이처럼, 교사를 바라보는 관점에 세 가지가 있습니다.

다시 한 번 볼까요? 첫 번째가 성직자로서 교사! 이런 관점이 하나 있고요. 두 번째가 전문직으로서의 교사! 그리고 세 번째가 노동자로서의 교사! 이런 세 가지 관점이 있습니다. 학문적으로, 세 가지 교직관 모두가 상당히 일리가 있는, 나름대로 근거를 주장할 수 있는 그런 관점이에요. 문제는 여기에서 한 쪽으로 치우쳤을 때 곤란한 상황이 벌어질 수 있다는 겁니다. 성직자관! 앞에서 말씀드린, 교사를 성직자로만 생각해 봅시다. 그러면 교사는 모든 점에서 봉사하고 희생만 해야 되나요? 헌신만 해야 하나요? 그건 아니거든요. 교사도 사람인데, 그 다음에 교사를 전문직으로만 보자고요. 그러면 교사는 전문적 지식만 가르치면 끝나요? 학생들에게 사랑을 베풀지 않아도 되나요? 또 이런 문제가 생길 수 있죠. 그 다음에 세 번째, 교사를 노동자로만 보면, 교사는 노동자로서, 일반 회사, 노동 현장에서 사장과 사원들이 있듯이, 고용주가 있고 피고용인이 있듯이, 그런 노동관계만 갖고 따지나요? 그건 아니죠.

교사는 학생들에게 전문지식을 전해주기도 하고, 사랑과 배려를 실천해야 하기도 합니다. 그러다 보니까, 세 가지 교직관에 대해 아주 복합적으로 신중하게 고민해야 된다는 거죠. 우리가 교직을 바라볼 때, 교사를 바라볼 때, 단순하게 학교에서 학생만 잘 가르치면 돼! 그렇게 얘기했을 때, 잘 가르친다는 게 무엇이냐? 좋은 교사, 굿 티처라는 게 과연 무엇이냐? 굿 티처! 잘 가르치는 사람! 잘, 좋게, 잘 가르친다는 말이 도대체 무엇이냐? 이거예요. 성직자관에 입각한 것이냐? 전문직관에 입각한 것이냐? 아니면 노동자관에 근거하여 가르치는 거냐? 그것에 따라 상당히 달라집니다.

여기 반 다이크의 <무명교사들에게>라는 시 한편이 있습니다. 묵묵히 자신의 본분에 충실하며 교사의 길을 걷는 분들에게 보내는 교사 예찬입니다. 교사를 이해하는 데 도움이 될 것입니다. 한번 낭송해 볼까요?

무명교사들에게

나는 무명교사를 예찬하는 노래를 부르노라.
전투를 이기는 것은 위대한 장군이로되, 전쟁에 승리를 가져오는 것은 무명의 병사로다.
새로운 교육제도를 만드는 것은 이름 높은 교육자로되, 젊은이를 올바르게 이끄는 것은 무명의 교사로다.

그가 사는 곳은 어두운 그늘, 역경을 당하되 달게 받도다.

그를 위하여 부는 나팔 없고, 그를 태우고자 기다리는 황금마차 없으며, 금빛 찬란한 훈장이 그 가슴을 장식하지 않도다.

묵묵히 어둠의 전선을 지키는 그 무지와 우매의 참호를 향하여 돌진하는 그이니, 날마다 날마다 쉴 줄도 모르고 젊은이의 적인 악의 세력을 정복하고자 싸우며, 잠자고 있는 영혼을 일깨우도다.

게으른 자에게 생기를 불어넣어 주고, 하고자 하는 자를 고무하며, 방황하는 자에게 안정을 주도다.

그는 스스로 학문하는 즐거움을 젊은이에게 전해 주며, 지극히 값진 정신적 보물을 젊은이들과 더불어 나누도다.

그가 켜는 수많은 촛불, 그 빛은 후일 그에게 되돌아와 그를 기쁘게 하니, 이것이야말로 그가 받은 보상이로다.

지식은 책에서 배울 수 있으되 지식을 사랑하는 마음은 오직 따뜻한 인간적 접촉으로써만 얻을 수 있는 것이로다.

공화국을 두루 살피되 무명의 교사보다 예찬을 받아 마땅할 사람이 어디 있으랴.

민주사회의 귀족적 반열에 오른 자, 그 밖에 누구일 것인가.

'자신의 임금이요, 인류의 종복인저!'

우리는 4차 산업혁명 시대, 지능정보사회를 살고 있습니다. 빅 데이터가 성행하는 시대에 살고 있어요. 뿐만 아니라, 생명공학이 우리 사회를 좌지우지 합니다. 이런 시대에, 교사에게 과연 어떤 소명의식을 부여할 수 있을까요? 교사란 과연 무엇인가요? 그것에 대해, 우리는 진지하게 고민해야 합니다. 아직도, 근대적 양식의 교직관에 사로잡혀, '학교 선생님이 모든 것을 다 가르쳐준다!', '그러니까 학생은 교사가 일러주는 대로만 하면 된다!'라고 하지 않는지 아니면, 학부모나 많은 민주시민, 국민들이 학교 교사에게 너무나 많은 것들을, 과중한 업무를 부과한 것은 아닌가? 때로는 너무나 얼토당토하지 않은 사안을, 개인적 생각에서 교사들에게 요구하거나 요청하지는 않았는가? 또 교사들은, 시대는 바뀌어가는데, 우리도 사람인데, 왜 이런 것을 우리에게만 얘기하고 책임을 돌리는가? 어떤 교육문제는 시민들과 나누어 가질 수는 없는가? 우리 모두가 미래세대의 교사가 될 수는 없는가? 그런 것들을 고려할 수가 있겠죠. 이런 차원에서 여러분! 4차 산업혁명 시대에, 교육의 구성요소로서 굉장히 중요한 부분인 교사의 문제를 어떻게 이해해야 하는가요? 이 부분을 함께 고민하면서, 한국사회의 교사상을 우리 모두 함께 만들어가는 것이 중요하지 않겠는가? 그런 생각들을 한 번 해 봅니다.

04

교육에서 학생과 교재는
어떤 의미를 갖는가

지난 번부터 교육의 구성요소에 대해 말하고 있습니다. 교육을 구성하는 세 가지 요소는 교사와 학생, 그리고 교재교육내용라고 했습니다. 그 가운데 전통적으로 교사의 역할이 중요하다고 했지요? 현대사회로 오면서 그런 교사를 바라보는 관점은 성직자, 전문직, 노동자 등 세 가지로 정돈된다고 했습니다. 교육의 3요소에서 교사와 학생이 함께 어울려 교육할 때, 교재는 그 중간에 끼어듭니다. 이때 3요소를 조율하는 작업이 교육의 관건입니다. 한국교육의 현실을 정확하게 진단하기 위해, 우리는 한국사회의 학생과 교재를 어떻게 바라보고 이해해야 할까요?

••• 학생 ─ 발달의 특성이 다양하다

세계적으로 유명한 수많은 학자들이 학생에 관한 얘기를 합니다. 여기서는 이런 학자들의 생각을 간단하게 훑어보면서, 학생이 어떤 존재인지 한 번 보겠습니다. 앞에서 교육의 3요소 가운데 교사의 역할이 중요하다고 했습니다. 그러나 한편으로 생각하면, 교육에서 가장 중요한 것은 학생이 아닐까요? 교사는 학생을 가르쳐야 하고 학생은 스스로 학습을 해야 하고, 교육과 관련된 전반적 행위의 주체자이니까요.

어쨌건 교육을 이행하기 위해서는 학생의 특성을 파악해야 합니다. 학습자를 이해해야 하지요. 훌륭한 교사가 이렇게 있는데, 학생은 'A, B, C ……' 와 같은 다양한 모습으로 나뉘어져 나름대로 특성을 갖고 있단 말입니다. 그런데 교사가 많은 학생들을 상대로 일방적으로 수업을 하고 있다면, 학생들이 받아들이는 정도를 비롯하여, 반응하는 수준이 전혀 다릅니다. 그러다 보니까, 20세기에 들어와서, 피아제를 비롯한 많은 심리학자들과 교육학자들이 사람의 특성, 특히, 학생으로 분류되는 아동의 특성에 대해 상당한 연구를 하게 됩니다. 여러분! 시중 서점에 나가 보면, 여러 학자들의 책이 엄청나게 많이 번역, 출간되어 있습니다. 그것을 보면 학생의 특성에 대해 잘 알 수 있어요. 여기서 모두 소개할 수는 없습니다만, 간단하게 한번 봅시다.

피아제 같은 경우에는 아동의 발달에 대해 연구한 사람입니다. 특히, 자기의 딸을 지켜보면서 아동의 특성을 고찰했다고 하죠? 피아제 같은 사람은 무엇을 가지고 학생의 특성, 아동의 특징을 밝혀냈느냐? 아동의 인지적 발달입니다. 인지적 발달은 쉽게 말하면, 두뇌발달입니다. 우리가 보통 아이큐IQ가 높다는 등 이런저런 얘기를 하는데, 저 친구가 이런 지식을 받아들이는데, 어느 정도 빠른 속도로 반응하느냐? 그러니까 몇 세부터 몇 세까지의 아이들은 어떤 수준에서 인지하며 지식을 받아들이더라. 이런 영역의 연구를 지속적으로 했습니다. 인지적 특성을 분석을 한 것이지요.

그리고 비고츠키라는 사람이 있는데요. 이 학자는, 옛날 소련 사람이에요. 지금은 소련이라는 국가가 해체되고 없죠? 소련이 러시아를 비롯하여 여러 나라로 나뉘어졌잖아요. 소련 사람이다 보니, 공산주의 국가에 속해 있고, 이데올로기 냉전시대를 거치면서 1980년대까지만 해도 비고츠키는 우리 한국에 잘 알려져 있지 않았던 학자입니다. 비고츠키는 인간발달 영역에서 사회 문화적 영향을 굉장히 중시합니다. 아동의 특성을 이해하고 교육을 할 때, 사회 문화적 영향에 따라 교육이 달라질 수도 있고 학습이 달라질 수도 있다고 보는 겁니다. 비고츠키에 관한 저서도 시중에 많이 출간되어 있습니다.

그 다음, 여러분에게 너무도 잘 알려져 있는 정신분석학자, 프로이트도 있습니다. 프로이트는 정신분석의 측면에서 인간의 발달을 논의합니다. 에고ego라고 하는 자아 개념, 이드Id, 슈퍼 에고super ego, 초자아 개념 등등 뭐 이런 것에 많이 익숙하지요? 에고, 슈퍼 에고, 이드, 리비도Libido 등에 대해 분석하면서 인간이 어떻게 반응하고, 발달하더라. 그런 내용을 연구했습니다.

또 교육심리학에서 발달이론으로 유명한 에릭슨이라는 학자가 있어요. 에릭슨은 심리사회적 성격발달을 체계화 시켰습니다. 그러니까 사람이 심리적으로, 사회적으로 어느 정도의 나이가 되면, 또는 어느 정도의 또래집단에서는, 어떻게 발달하더라. 예를 들어, 이런 겁니다. 여러분! 청소년 시기가 되면, 아이들이 반항을 한다고요. 반항하는 것은 다른 말로 하면, 자아 개념이 상당 부분 형성되었다는 겁니다. 그러니까 어른들이 이런 저런 얘기를 하면, '나도 내 나름대로의 인품이 있고 인간으로서 어떤 정체성이 있는데 왜 간섭을 하느냐?' 저항을 해요. 그래서 누가 어떤 일을 시킬 때, 내가 자발적으로 일할 때, 타율적인 것과 자율적인 것이 대립을 하지요. 그런 것을 분석해서 인간의 성격을 나누었습니다.

그리고 또 콜버그라는 학자가 있습니다. 콜버그는 인간의 도덕성이 어떻게 발달하느냐? 어릴 때부터 어른으로 성장하면 할수록 도덕성의 발달단계에 대해 연구를 해 놓았죠. 그래서 아주 어릴 때는 사람도 동물적 수준입니다. 그러다가 점점 자라나면서 자아실현을 하게 되는, 도덕성의 수준이 점점 높아져 가는 거죠. 이런 발달의 과정을 잘 규명해 놓았습니다.

••• 학생 — 배움의 자세도 가지각색이다

이런 발달단계에 있는 학습자들을, 전통적으로 크게 네 가지 정도로 분류해 볼 수 있습니다. 여러분! 이 내용을 제가 소개하면, 아마 상당히 고개를 끄덕끄덕할 수 있을 겁니다. 저도 그랬고, 여러분도 그렇고, 네 가지 부류의 학습자 가운데 어느 하나에 속할 수 있습니다. 이 가운데 '어느 것이 긍정적이고, 어느 것이 부정적이다'라는 그런 의견과 관계없이 말입니다. 한 번 잘 보세요. 좀 웃길 수도 있습니다. 이 네 가지 부류의 학습자들을 잘 파악해야, 교수자가 그 학습자를 잘 이끌어줄 수 있겠죠? 그런 차원에서 학습자를 인식하는 것이 교육에서 대단히 중요합니다. 그러면 어떤 부류의 학습자가 있느냐?

첫 번째는 교육을 하다 보면, 우리가 가르치다 보면, 어떤 현상이 벌어지느냐? 보고 듣는 내용이 너무 많다 이거예요. 즉, 학습분량의 문제입니다. '아, 저 선생님은 왜 저렇게 많이 가르쳐? 교과서가 너무 두꺼워 아주 짜증나!' 이렇게 돼요. 배워야 할 내용이 너무 많아 가지고, 무엇을 해야 할지 찾지 못하고 헤매요. 아이들이 헤롱헤롱 하면서 헤매고 있다고요. 이거 뭐 학습할 내용을 보니까, 이게 한두 장이 아니에요. 읽어야 될 게, 공부해야 될 내용이 정말 장난이 아니에요! 그러다 보니까, 학생들이 '뭐부터 해야 되는 거야! 아, 헷갈려!'하고는, 손을 놔버려요. 그런 친구들이 있다고요. 학생들이 헤맨다고요.

두 번째로 이런 학생도 있어요. 학생이 학습에 대해 어떻게 느끼느냐의 문제에요. 즉, 학습감지에요. 동일한 분량의 내용인데, 어떤 학생은, '너무 많아서, 모르겠다, 내가 감당 못 하겠다!' 이렇게 나오는 반면에, 또 어떤 학생은, '이게 뭐야! 한 시간 동안 하려고 하는데, 한 장 밖에 안 돼? 너무 적어 이거!' 너무 적다고 생각하니까, 뭐냐 하면, 일반적으로 다른 학생이 느끼는 수준에 이르지 못하기도 해요. 너무 적으니까. 예를 들어, 이번 시간에 배워야 할 내용이, 그 학생이 수용할 수 있는 양보다 훨씬 많은데, 실제 가르치는 건 적어요. 그런 학생 입장에서 볼 때, 더 이상 공부할 게 없는 거예요. 그럴 수도 있죠. 그러다 보니까, 일반적으로 다른 학생과 유사한 수준에 이르지 못하고 뭡니까? 기분이 다운되거나 넘치거나, 그런 현상이 발생한다는 거죠. 사람에 따라서, 내가 지금 배우는 내용이 너무 많다고 인식할 수도 있고, 너무 적다고 인식할 수도 있어요. 이 둘 다 문제가 생길 수 있어요. 그런 학습자가 있습니다.

세 번째로, 또 어떤 학습자가 있냐면, 이런 학습자가 있습니다. 즉, 학습판단의 문제에요. 수업 내용을 보니까, '이거 너무 쉬워! 들을 것도 없어!' 그리고는 쉽다고 속단하고, 빨리 판단하고, 어떻게 되었느냐? 보다 높은 단계의 것을 배우려고 합니다. 그러다 보니까, '여기 있는 내용들은 뻔해! 이런 건 볼 것도 없어!' 그리고는 그것을 제쳐 놓고 다른 것을 합니다. 더 높은 수준의 것, 다른 것을 충분히 할 수가 있죠? 그런 학생 유형이 있습니다. 여러분! 혹시 이 글을 읽거나 강의를 들으면서 이런 느낌을 받지 않았나요? 충분히 그럴 수 있습니다. '에이! 신창호 교수가 얘기하는 건 내용이 뻔해!' 그리고는 책을 닫거나 듣고 있던 인터넷 강의를 중지

할 수도 있습니다. 재미없더라도 그러지 말고 같이 논의해 보자고요.

　네 번째로, 또 어떤 학생 유형이 있느냐? 이런 학생이 있을 수 있습니다. 이른바 학습포기 문제입니다. 자신의 능력이나 자질을 너무나 낮게 봅니다. '아, 난 안돼! 이 수업 자체가 너무 어려워! 그래서 못 배우겠어!' 그리고는 어떻게 하느냐? 스스로 포기해 버립니다. '난 안 돼! 난 할 수 없어! 난 자질이 안 돼!' 이런 얘기를 하기 쉽다고요. 그런데 인간은 그렇지 않거든요. 제가 이전부터 누누이 얘기했지만, 모든 사람은 나름대로의 고유한 특성을 펼쳐, 충분히 이 사회에 재능을 기부하고, 자기 역할을 할 수 있는 능력을 타고났습니다. 재능을 지니고 있습니다. 그런데 어떤 수업을 들을 때, '난 안 돼! 난 자질이 없어!' 그렇게 생각하며, 어렵다고 포기하거나 그런 학생 유형이 분명히 존재합니다. 그런 경우, 개인적으로 사회적으로 성공할 확률이 낮아지죠. 도전의식도 낮아지고요. 어떤 내용이건, 한 번 해봐야죠.

　여러분! 이런 네 부류의 학생들이 현실적으로 엄연히 존재한다는 사실을 인지해야 합니다. 그랬을 때, 학생들에 대해 우리가 교사로서, 교육에 종사하는 사람들이 어떻게 처신해야 할지 대처 방안을 고민할 수 있습니다. 굉장히 중요합니다. 특히, 한국사회에서, 이런 부류의 학생들을 무엇으로 이해하고, 어떤 대안을 마련해야 하느냐? 이런 부류의 학습자들뿐만 아니라, 시대변화, 학생문화의 변화에 따라, 새로운 유형의 학습자들도 나타납니다. 그 플러스알파+α 요인을 고려한다면, 오늘날 학생들, 아이들에 관한 어떤 고민이 요청되는가요? 플러스알파 요소를 확인하는 건 아주 간단합니다. 핸드폰이나 태블릿 PC, 노트북과 같은 것을 통해, 지금 이 시간에도 이 글을 읽으면서 이어폰을 끼고 음악 감상을 하거나 인터넷 온라인을 통해 강의를 들을 수 있잖아요. 그리고 오프라인 강의 시간의 경우, 학생들이 핸드폰만 하고 강의실에 앉아 있는 경우도 있어요. 아니면 노트북만 하고 있어요. 수업과 무관하게. 그런 경우가 얼마든지 발생할 수 있습니다.

　그러니까 전통적인 학습자들의 특성은 물론, 오늘날 과학기술 문명에 의해 탄생한 다양한 기기들을 동시에 사용하는 학습자를 고려하여 학생들을 이해해야 됩니다. 그것이 교육 3요소를 바라보는 중요한 관점이에요. 이런 점에서 교육을 구성하는 요소들을 시대정신에 입각하여 인식해야 됩니다. 단순하게 교육의 3요소는 교사, 학생, 교재다. 이걸 외우는 일이 중요한 것이 아니라는 겁니다.

••• 교재와 교과서, 그리고 교육내용 ─ 교사와 학생을 매개하라

자, 그러면 다시 돌아갑니다. 교육의 3요소가 무엇이냐 했을 때, 앞에서 교육자, 교사를 설명했지요. 조금 전에 학습자, 학생을 설명했습니다. 그러면 이 교사와 학생을 연결해주는 매개체가 무엇이냐? 이 매개물이, 바로 교과서 혹은 교육내용이란 말입니다. 그러면 이 연결, 매개체를 어떻게 구성하느냐? 우리는 정말 신중하게 고민해야 됩니다. 최근에 그런 논란들이 많았죠. 역사교과서, 근현대사 교과서를 국정으로 하느냐 마느냐! 한국사 교과서와 같은, 이 교과서가 쉽게 말해, 바로 교사와 학생을 연결하는 매개체입니다. 이것을 국정교과서로 만드느냐? 만들지 말아야 되느냐? 이런 논란들이 끊임없이 일어난단 말입니다. 왜 목숨 걸고 국정교과서 논란이 일어나느냐? 해야 되느냐? 말아야 되느냐? 여러 가지 이유가 있겠죠? 그랬을 때, 이 한국사 교과서를 국정교과서로 하느냐, 마느냐는 엄청난 논란 속에, 우리가 경험했듯이, 연결 매개체, 교사와 학생을 연결하는 매개체인 교재라는 것, 교육재료 혹은 교육내용인 교과서를 만드는 것이 얼마나 고심하고 고민해야 된다는 것을 알 수 있습니다. 굉장히 중요하다 이 말이에요. 그냥 대충 만들어서 가르치는 게 아니라는 거죠. 그런 차원에서 여러분! 교육 내용, 교과서를 교육의 3요소 측면에서 한 번 보겠습니다.

교육내용 또는 교과서는 무엇이냐? 일반적으로 교육학적 차원에서 정의하면, 교육내용은 우리 사회가 갖고 있는, 나아가 인류가 갖고 있는 지식이나 기술 혹은 가치나 행위규범, 정신적·물질적으로 다양한 산물, 그 산물을 다른 말로 하면, 우리의 문화입니다. 그러니까 인간의 생활, 문화를 다른 말로 생활양식이라고 하거든요. 이런 인간의 생활양식을 구성하는 모든 요소입니다.

문제는 이 모든 요소에 대해, 교과서에서 어떤 방법으로, 어떤 수준에서, 어디까지 담아내야 되느냐 이거예요. 모든 것을 담을 수는 없습니다. 쉽게 말해, 문화를 구성하는 요소에서 이렇게 200페이지, 300페이지 되는 교과서에 어떻게 인류의 지혜를 모두 담아내요. 다 담아낼 수 없습니다. 문화를 구성하는 모든 요소 가운데 핵심적인 것, 핵심가치라고 할 수 있겠죠? 핵심가치를 담고 있는 것, 그리고 사람들이 보편적으로 가장 중요하다고 생각되는 것, 이런 것들을 선택해서 담아내야 되는 겁니다. 그래서 교과서를 만드는 작업이 그렇게 어려운 거예요. 아무 내용이나 멋대로, 교사가 마구 만들어서 학생에게 던져줄 수 있다? 그럼 쉽죠. 그런데 그렇지 않습니다. 그 지점에서 우리의 고민이 생겨나는 것이죠.

자, 그랬을 때, 교육내용은 다시 말하면, 에듀케이션 머테리얼education material. 교재라고도 하고요. 인간을 수양하고 단련하고 성장을 해간다는 차원에서, 도야재陶冶材라고도 합니다. 우리가 '마음을 닦아간다', '지식을 익혀간다'라고 할 때, 도야재라고 하지요. 또 다른 말로는 커리큘럼curriculum, 교육과정이라고도 합니다. 그것은 교수자의 입장에서 보면, 교육을 지도할 때 쓰는 교육 지도상의 재료로 보기도 하고요. 학습자의 입장에서 보면, 교육을 진행해가는 교육을 순차적으로 진행해 가잖아요. 교육 진행상의 자료로 보기도 하죠. 이 모든 말을 다른 표현으로 하면, '교육의 재료이자 교육내용이고, 교과서이자 교재이다!' 이렇게 얘기가 되는 겁니다. 쉽게 말하면, 이것에 대해, 단순하게 교재가 있어야지 했을 때, 교재선정을 할 때, 그것은 가르치는 내용과 목적, 그리고 방법에 따라 상당히 달라지는 거예요.

여기에서 공통된 교재, 보편적인 교재, 우리 대한민국의 청소년들을 가르쳐야 할 교재, 대학생들을 이끌어 주는 데 필요한 교재, 그것이 무엇이냐? 굉장히 고민이 되는 거죠. 저도 사실은 강의를 시작할 때, 어떤 교과목의 경우 교재를 선정하지 않고, 필요할 때 학생들에게 제공할 때도 있어요. 그러나 경험 있는 분들에게 여러 가지 의견을 구해본 결과, 교재를 선정하여 강의할 때 함께 소개하면, 강의 수강을 하고 강의를 정돈하는 데 상당히 도움이 된다는 조언이 많았습니다. 그래서 가능한 한 교재를 소개하여 강의에 도움을 주려고 노력하고 있습니다. 그런 겁니다. 마구 하면 쉬울 수도 있거든요. 그런데 정돈이 잘 안 돼요.

그런데 그것을 넘어서는 본질적 문제가 있습니다. 교육내용입니다. 앞에서 말한 교재를, 그러니까 임의적으로 듣기 좋게 얘기하면, 자율적으로 구성했을 때 문제가 생긴다 이 말입니다. 가장 먼저 고민할 것은 무엇이냐? 교육내용, 커리큘럼을 설계할 때, 그 무게중심을 학습자에게 두어야 됩니다. 학생을 위주로 내용을 고려해야 한다고요. 교사가 자기가 편하게 가르치기 위한 것만을 중심으로 해서 교재를 짜면 안 된다는 얘기입니다. 가장 중요한 것은 학생이 교육내용에 대해 배울만하다는 느낌을 가질 수 있게 해야 합니다. 교재를 딱 봤을 때, 흥미와 관심을 가져야 됩니다. 교재를 펼쳐 봤는데, 학생들이, '헐! 이게 뭐야!'라며 흥미와 관심에서 멀어지면, 학생들은, '이거 배워서 뭐하겠어!' 하고 교재를 집어 던져 버릴 수도 있습니다. 우리가 제일 먼저 고려해야 할 것은, 학습자들이 '어떤 곳에 흥미를 느끼느냐?' 그리고 '어떤 곳에 관심을 가질까?'입니다.

그 다음에, 또 중요한 것이 학습자의 수준입니다. 대한민국의 초등학교, 중학교, 고등학교 학생들, 대한민국의 대학생들 수준은 어느 정도인가? 그것에 대해서는 다양하게 고민할 수 있겠죠. 우리 대한민국의 교육수준이 이 정도니까, 이런 정도는 충분히 소화할 수 있을 거야! 그것은 관련 학자들, 혹은 교수자, 현장에 있는 교사들이 모여서, 의견을 취합하여 교과서를 만드는 데 반영합니다. 그런 겁니다. 그래서 교육내용을 설계하거나 교재를 만들 때, 중요한 것은 뭐냐 하면, 비슷한 내용을, 앞에서 말한 흥미와 관심과 수준에 따라 비슷한 내용을 선별해야 됩니다. 그것을 교육학적 용어로 '응집성凝集性'이라고 해요. 응축해서 모아야 됩니다. 모두 모아놓을 수가 없으니까. 역사적으로 전해온 것들, 문화적으로 전수되어온 것들을, 내용상 유사한 것을 비슷하게 모아야 돼요.

그 다음에, 학습의 난이도에 따라 순차적으로 제시해야 돼요. 보통, 쉬운 내용에서 어려운 내용으로 조금씩 나아가야 되겠죠? 그 다음에 뭡니까? 좀 단순한 내용에서 좀 복잡한 내용으로, 이런 식으로 가면 처음에는 쉬운 내용과 단순한 내용을 이해하기 쉽겠죠? 그리고 수준을 점점 높여가면서, 어렵고 복잡한 것들을 이해하게 되겠지요. 그것을 교육학적 용어로 '계열성系列性'이라고 합니다. 차근차근 나아갈 수 있게 해야 돼요. 그런 조치 없이 어려운 내용, 까다로운 것부터 앞에 먼저 내놨어요. 나중에 가서 쉬운 내용을 배치했어요. 처음부터 이해하기 어려우니까, 학생들의 흥미가 떨어질 수도 있고요. 처음부터 어려운 내용을 억지로 이해했을 때, 뒷부분으로 갈수록 쉬운 내용이 나타나면 뒤에 가서 공부를 안 해 버릴 수도 있습니다. 그런 현상이 충분히 나타날 수 있죠.

그리고 세 번째는 무엇이냐? 서로 다른 내용들이 있을 때, 그것을 유기적으로 연결할 필요가 있습니다. 비슷한 것끼리는 묶어주지만 다른 것끼리는 연결고리를 찾아서 내용의 연관성을 부여해야 합니다. 그것을 '총합성總合性'이라고 합니다. 그러면 이제 쉽게 말해서, 응집성과 계열성과 총합성을 벤 다이어그램처럼 그림으로 그리면, 원이 세 개 겹친 곳에 공통성이 있는 것처럼 묶어 줘야 되겠죠? 그것이 교육과정과 교육내용을 설계하는 기본 방식입니다.

그런데 내 멋대로 내용을 선정한다? 내가 가르치기 편하게 쉽게 만든다? 아니죠. 학생을 중심에 두고, 학생을 객관화시켜 두고, 내가 학생이라면 이 부분을 어떻게 받아들일 것인가? 어떻게 구성할 것인가? 그것을 고민해야 돼요. 그래서 교육내용을 설계하거나, 교재를 만드는 일이 쉬운 작업이 아닙니다.

지금까지 교육의 3요소에 관해 그 대강을 훑어보았습니다. 그것은 관계적 차원에서, 교사-학생-교육내용이 유기적으로 연관되어야 됩니다. 따로따로 놀면 안돼요. 좀 어려운 말로 하면, '변증법적 상호작용'을 해야 됩니다. 교사와 학생, 교육내용이 쉽게 말하면, 마구 섞여 가면서도 합리적으로 성장하는, 그런 형식으로 상호작용을 해야 돼요. 그것을 변증법적 상호작용이라고 해요. 일방적인 것이 아니고요.

그리고 최근의 교육적 관계는 어떻게 변화했느냐? 옛날에는 교사가 교육내용을 학생에게 일방적으로 전달하는 교육양식이 강했어요. 그런데 시대가 바뀌면서 교사와 학생이 교육내용을 상호작용을 통해, 공유하는 양식이 강하게 되었습니다. 뿐만 아니라 교사가 이미 교육내용을 터득해 있고, 그에 대해 학생이 물음을 던짐으로써 교사로부터 보다 좋은 내용들을 생산적 지식으로 창출할 수 있도록 합니다. 궁극적으로는 교사와 학생 사이의 교육내용을 바탕으로 일체감을 형성할 때, 가장 올바른 교육으로 갈 수 있죠. 예를 들어, 교사와 학생이 눈빛만 마주쳐도, '아, 그거!' 이렇게 되는 것입니다. 서로가 서로를 바로 알아보고, 서로의 가려운 곳, 어깨가 가렵다고 했을 때 어깨를 바로 긁어줄 수 있는 그런 상태가 되죠.

그래서 교육을 구성하는 요소들 간의 특징은 무엇이냐? 전통적으로는 일방적인 상황이었어요. 현대로 내려올수록, 학생이 적극적으로 관심을 갖고 교육내용을 학습합니다. 학생이 교육을 자기 것으로 만들어요. 그리고 나중에는 어떻게 되느냐? 독립된 학생으로서, 자기 주도적으로 학습해가면서 교사에게 부분적 조언을 구하게 됩니다. 우리가 이제 교육의 구성요소를 바라볼 때, 교사가 학생에게 일방적으로 가르친다던가, 학생이 제멋대로 교육내용을 구성해서 나아간다든가, 교육내용 자체가 너무 딱딱하고 빡빡하거나, 너무 엉성하거나, 그래도 문제가 될 수 있습니다.

교육의 3요소와 관련한 우리의 고민은 현재 대한민국 사회에서 이루어지는 교육, 그 구성 요소 가운데, 교사와 학생, 그리고 교육내용을 어떤 방식으로 만들어가는 것이 가장 유용한 교육이 되겠느냐? 이런 부분을 진지하게 반성하고, 시대에 맞는 패러다임 전환을 해야 됩니다. 이전과는 차별적인 다른 방식을 고민해야 됩니다.

제5강

인간에게 교육은 가능한가, 불가능한가?

우리는 어릴 때부터 지금까지 교육을 받으면서 막연하게 임해왔습니다. 어릴 때는 어린이집과 유치원을, 그리고 학령기에 이르면 초등학교, 중학교, 고등학교는 자연스럽게 진학했습니다. 대학교에 진학할 때 학과 문제를 비롯하여 여러 가지 요인을 따지면서 진학문제를 고심하긴 했지만, 교육이 무엇인지? 왜 해야 하는지? 진지하게 물음을 던져본 적이 거의 없는 것 같습니다. 우리 인간에게 교육이 왜 필요할까요? 한번쯤은 의구심을 가져볼 필요가 있습니다. 교육이 왜 필요한가? 왜? 교육을 하지 않으면, 인간은 살아갈 수 없는 존재인가? 아니면, 교육을 해야만 인간이 되는가? 도대체 왜 인간이 교육을 해야 하느냐? 교육의 필요성을 논의하다 보면, 어떤 사안들이 등장하느냐? 과연 인간에게 교육이 가능한가? 그런 생각을 할 때가 많습니다. 어떤 사람은 굉장히 가르치기가 쉽습니다. 무언가를 조금만 알려주면 바로 받아들여 응용한단 말이에요. 그런데 또 어떤 사람은 가르침에 한계가 있어요. 아무리 가르쳐도, 어느 정도까지는 알아듣는데 그 이상 발전을 못하거나, 아니면 어느 수준까지 밖에 받아들이지 못하거나, 이런 것들이 많이 있습니다. 어떤 학자는 이렇게도 얘기합니다. '너무 똑똑한 사람은 교육할 필요가 없다! 왜냐하면? 모든 것을 알고 있으니까. 또한 너무 어리석은 사람도 교육할 필요가 없다! 왜냐? 아무리 교육을 해도 깨닫지 못하니까.' 어떻게 보면 상당히 의미 있는 이야기입니다.

01

교육을 이행하게 만드는 요인은 무엇인가

인간은 정말 교육을 하면 인간답게 성장할 수 있을까요? 여러분! 사람답게 될까요? 그렇다면 충분히 교육을 받고 성장했는데도 사람답지 못한 사람은 어떻게 설명할 수 있을까요? 이 지점에서 교육의 가능성과 한계성에 대해 한 번 살펴보려고 합니다.

인간에게 교육이 필요한 이유는, 다른 동물에 비해 아주 오랫동안 준비해야되기 때문입니다. 인간 스스로가 자신을 성숙하게 만들어가야 하기 때문입니다. 그런 차원에서 교육이 필요하고요. 다른 동물은 본능에 의해 살아가지만, 인간은 가치지향을 하고 문화전수를 하는 그런 차원에서 교육이 절대적으로 필요합니다. 이런 측면을 엮어서 얘기하도록 하겠습니다. 그래서 이번에는 교육의 가능성과 한계성에 대해 검토해 보겠습니다.

여러분! 글을 읽기 전에 한 번 고민을 해보십시오. 과연 인간을 교육하여 인간을 만들 수 있는가요? 아니면, 아무리 가르친다고 할지라도, '아, 인간에게 한계가 있어! 인간으로 제대로 성숙시킬 수 없다!' 이런 건가요? 여러분은 어떻게 생각하십니까? 우리 자녀나 주변의 동료, 초등학교 때부터 중학교, 고등학교, 대학교까지 쭉 거쳐 오면서, 다양한 교육을 실천해 봤잖아요. 그랬을 때, 과연 인간에게 교육이 가능한가? 아니면, 아무리 가르쳐 봤자 교육이 되지 않는가? 한계가 있는 것인가? 먼저 질문을 던져 보십시오.

교육이 '가능하다', '아니다'라는 답을 내기보다, 교육을 하면, '인간이 될 수 있다!', '제대로 된 목표를 달성할 수 있다!' 이런 차원에서 여러분이 교육에 관심이 있는 것인지, 아니면, '뭐, 나는 머리가 나빠서 안 돼!' 그것도 아니면, '주변 환경이 열악해서 교육을 아무리 해도 소용이 없어!' 최근에 수저 논쟁이 일어났잖아요. 금수저, 은수저, 흙수저! 어떤 사람은, '나는 수저조차도 없다!' 이런 얘기까지도 하잖아요. 그런 표현은 교육환경의 문제이기도 하지만, 또 다른 절망감이 녹아 있습니다. 이런 모습을 보면서, 어떤 차원에서 교육이 가능한지 아니면 정말 교육에 한계가 있는 것인지 그런 부분을 고민하면 좋겠습니다.

••• 가능성 — 교육하면 인간성 회복의 빛이 보인다

자, 그럼 교육의 가능성과 한계성에 대해 몇몇 사례를 살펴보도록 하겠습니다. 정말 인간에게 교육이 가능하려면, 가능하기 위한 요건이 있어야 되고요. 교육에 한계가 있다면, 한계에 부딪칠 수밖에 없는 환경이라든가, 아니면 그럴 수밖에 없는 인간의 조건이라든가, 교육의 조건이라든가, 그런 것들이 존재하겠죠?

아마 여러분이 이미 알고 있는 내용일 수도 있는데요. 1795년, 지금부터 200년 남짓 되지요? 200여 년 전에 남프랑스의 아베롱이라는 삼림 속에서, 그러니까 숲 속입니다. 숲 속에서 10살 내외 정도, 10살에서 12살 정도로 보이는 한 소년이 잡혔습니다. 사람이 잡혔는데, 숲 속에 살고 있으니까 곰인지, 원숭이인지, 사람인지, 뭐 다른 동물인지, 처음에는 잘 구분을 못하다가, 잡고 보니까 사람이었겠죠? 그런데 그 소년을 보니까 겉모습만 인간이에요. 인간의 모습을 갖추고 있었지만, 행동 자체가 거의 짐승과 다름없었습니다. 모르긴 해도, 누군가가 아이를 낳았고, 그 아이가 숲 속에 버려졌다고 추측하거나 상상할 수 있겠죠? 그런데 그 숲 속에서 여러 짐승들이 길러줬는지 자신이 스스로 살아남았는지 몰라도, 어떻게 하다 보니까, 이 아이가 10살에서 12살 정도까지 산거예요.

사람들은 이 소년을 아베롱 삼림 속에서 대도시인 파리로 옮겼습니다. 파리로 옮긴 다음 이타드라는 청년의사에게 소년을 맡겼습니다. 그러니까 한 200여 년 전에, 삼림 속에서 구조한 아이가 있는데, 한 청년의사에 맡겨서 살리려고 했는지,

아니면 의학적으로 어떤 실험을 하려고 했는지, 병을 고쳐주려고 했는지 모르겠습니다만, 어쨌든 이타드라는 의사에게 맡겨졌습니다. 이타드라는 의사는 이 소년을 진지하게 검사했습니다.

삼림에서 오랫동안 격리되어 살아서 그런지, 소년의 감각 기능은 전혀 작동하지 않을 정도였습니다. 인간이라면 당연히 오감五感으로 느껴야 할 것 아닙니까? 느낌에 따라 싫으면 싫다든가, 좋으면 좋다든가, 여러 가지 감정을 드러내야 할 텐데, 오감이 전혀 작동하지 않았습니다. 정상적인 사람이면 눈동자를 마주 볼 때, 상황에 맞게 계속 움직여야 하겠지요? 적절하게 봤다가, 아래로 떴다, 위로 떴다 왼쪽으로, 오른쪽으로 조절하면서 눈으로 보잖아요. 그런데 이 소년은, 눈동자가 초점 없이 끊임없이 움직여요. 왔다 갔다 해요. 짐승들이 먹이사냥을 할 때, 눈을 부라리며 노려보는 것처럼, 그렇게 되어 있고. 또 귀는 어떻게 되어 있냐 하면 큰 소리를 내면 좀 시끄러우니까, 거부 반응을 보이거나 놀라거나 할 것 아닙니까? 이 소년은 어떻게 됐느냐? 귀에다 어떤 소리를 들려주어도 아무 반응 없이 무감각했다 이거예요. 한 마디로 멍하게 있어요. 아무리 고함을 치면서 소리를 꽥꽥 지르고 해도, 가만히 있는 거예요. 또 입은 어때요? 입은 거의 벙어리 상태입니다. 기껏해야 짐승 소리를 내듯이 '끄으응' 거릴 뿐, 말을 못하는 거죠. '예스yes', '노no', 혹은 어떤 단어를 말로 해야 하는데 '으으음음' 거리는 소리만을 내면서, 짐승 소리만 낸 거예요. 청년의사 이타드가 더 세밀하게 확인해 보니까, 지능도 상당히 낮고, 인지적으로 전혀 발달하지 않았다는 거죠. 그리고 기억력을 비롯하여, 인간이 갖고 있어야 할 판단력이라든가, 사고력이라든가, 이런 영역의 발달이 거의 없었다는 겁니다.

그럼에도 불구하고, 이타드는 그 소년을 아주 헌신적으로 잘 먹여주고 보살피며, 여러 가지 실험을 하면서도 교육을 했습니다. 그 결과, 의학적으로 인간으로서 감각기능을 재생하는 데 성공했습니다. 이런 사례를 보면, 거의 짐승처럼 살던 인간을 양육하고 길러주면 인간의 기능을 회복할 수 있다는 거죠. 영양분을 제대로 제공하고 인간이 살아가는 데 필요한 여러 가지 교육을 했더니, 인간으로서의 기능을 상당 부분 재생할 수 있었다는 겁니다. 인간다움을 어느 정도 회복하더라는 거예요. 이런 일화를 보면, 잘 양육하고 교육하면 짐승과 같은 모습에서 인간으로 바뀔 수가 있겠구나. 느낄 수가 있지요?

••• 한계 — 아무리 정성을 들여도 안 되는 경우가 있다

두 번째 사례는 어떤 것이냐? 1920년, 지금부터 100여 년 전에 선교 사업을 하던 목사 부부가 인도의 어느 늑대 굴에서 아이 둘을 발견하여 기른 이야기입니다. 늑대가 우글거리며 사는 동굴에서 발견한 아이는 대략 2세 정도 되는 아이와 8세 정도 되는 아이였어요. 둘 다 여자 아이였습니다. 그러니까 이른바 늑대 소녀 겠죠? 늑대 소녀를 발견했는데, 이 여자 아이들도, 앞에서 청년의사 이타드가 기른 아이의 사례처럼 겉모습만 인간이었습니다. 아이들의 행동이 늑대와 거의 흡사한 거예요. 늑대처럼 그냥 '우우'하면서 울부짖고 사람처럼 말을 못하는 거죠.

늑대가 사는 굴에서 자랐으니까 아마 늑대의 젖을 먹고 자랐겠지요? 늑대가 아이들에게 먹을 것도 갖다 주고 짐승으로서 여러 가지 양육행위를 했다고 추측할 수 있겠죠? 그런 차원에서 보면 늑대에게서 길러진, 완전히 늑대와 같은 사람이에요. 늑대처럼 네 발로 기어 다녀요. 그리고 또 늑대처럼 생고기만 뜯어 먹습니다. 늑대 소리를 내고, 늑대는 어두운 굴에서 살고 밤에 활동하는데, 갑자기 밝은 공간으로 나오니까, 손으로 눈을 가리고 했겠죠?

목사 부부는 늑대를 데리고 나와, 두 늑대 아이에게 '아말라'와 '카말라'라는 이름을 지어줬습니다. 2세와 8세 정도 되는 어린 아이에게 아말라와 카말라라는 이름을 지어준 후, 아이를 부를 때처럼 이름을 부르면서 정성스럽게 길렀습니다. 그런데 안타깝게도 아말라는 1년 정도 살다가 죽었고, 카말라는 9년 정도 더 살다가 죽었습니다. 카말라의 경우 9년 동안, 거의 9년 동안 정말 정성스럽게 양육한 것이지요. 그리고는 카말라가 인간의 행동을 하기까지, 9년 동안 계속, 인간에게 필요한 정신을 불어 넣고 문화를 가르쳐 주려고 했지만, 인간으로서 합당한 행동을 할 정도까지 성장하는 데, 무지 힘들었다고 합니다.

중요한 사실은 뭐냐 하면 늑대의 행동, 짐승의 행동이죠. 그것이 인간의 행동으로 바뀌기까지는, 아주 오랜 시간이 걸리더라 이거죠. 백지 상태에서, 아무 것도 갖고 태어나지 않은 무지의 상태에서 문화를 배우는 것보다 힘들더라는 거예요. 이미 늑대 굴에서 오랜 체험을 통해 짐승으로서의 습성이 배어 자기 몸에 지니고 있으니까, 인간으로서 문화적 행동이 더 힘들었던 모양이에요. 쉽게 말해서, 늑대 소녀를 9년 정도나 길렀는데, 겨우 두 손으로 그릇을 잡을 정도였어요. 인간이 밥을 먹거나 물을 마시거나 할 거 아니에요? 그것만 가르치는 데도 1년 반이 걸리더라는 거죠. 그리고 늑대 굴에서 발견되었을 때는 네 발로 걸었는데, 직립보행하는 사람처럼 꼿꼿이 서는 데 1년 반이 걸렸다고 합니다. 그리고 9년 동안 간단하게 사용할 언어를 알려 주었는데도, 겨우 유치원에 다니는 아이 정도, 5, 6세 정도의 어린 아이가 쓰는 언어 밖에 못 익히더라는 거예요.

여러분! 이런 사례를 보면 어떤 생각이 듭니까? 무조건 잘 가르친다고 해서, 정성을 들인다고 해서, 의도했던 것만큼 교육이 잘 되는 건 아니다. 한계가 있단 말입니다. 교육의 한계성이 보이는 거죠.

••• 다시 가능 — 좋은 환경에서 열정을 가져라

또 다른 사례를 보겠습니다. 이것도 100년쯤 전에, 1931년 프랑스의 인류학자 벨라드가 겪은 이야기입니다. 벨라드는 남미 파라과이의 산 속에서, 수천 년 전과 마찬가지로 석기 생활을 하고 있던 구아야키 토인족의 거처에서, 어린 아이를 하나 발견했습니다. 이 어린 아이의 경우, 앞의 사례처럼 그냥 버려진 건 아니죠. 구아야키 토인족! 파라과이 산 속에, 그 지역에서 사는 부족이죠. 그 부족의 구성원 가운데 어린 아이를 발견한 것입니다.

인류학자인 벨라드는 그 아이를 자기 집으로 데려 왔습니다. 그리고는 '이본'이라는 이름을 지어주고 자신의 양녀로 삼았습니다. 벨라드는 인류학자니까, 당시 일반 사람에 비해 경제적으로 조금 더 여유가 있고 나름대로 좋은 교육 환경을 갖추고 있었던 모양입니다. 그래서 벨라드는 양녀로 삼은 이본을, 자식처럼 아주 좋은 사회문화적 환경에서 자랄 수 있도록 온 힘을 다해 교육을 시켰습니다. 그랬더니, 이 아이가 20살쯤 되었을 때, 대학생 나이쯤 되어, 페루에 있는 피바 아구에로 대학을 아주 우수한 성적으로 졸업했습니다. 그리고 시간이 조금 지난 후 이본도 양부인 아버지 벨라드를 닮아 훌륭한 인류학자가 되었다는 겁니다. 이런 사례는 교육이 한계를 갖고 있기보다 아주 좋은 환경에서 교육을 시키니까, 교육이 가능하더라는 거예요.

••• 쇼펜하우어와 로크 — 비관과 낙관 사이의 세계를 읽어라

앞서 세 가지 사례에서 간략하게 보았지만, 교육이라는 게 '어떤 방식으로 하느냐?', '아동이 어떤 특성을 갖고 있느냐?'에 따라, 잘 될 수도 있고 한계도 있더라. 이런 근거를 보여 줍니다.

우리 인간에게 교육이 '가능한가?' 혹은 '가능하지 않느냐?'라고 했을 때, 유명한 실존주의 철학자 쇼펜하우어의 경우에는 어떤 생각을 갖느냐? '인간의 성격은 변하지 않는다!' 인간의 성격이 바뀌지 않으니까, 쉽게 말해, '교육이라는 것을 아무리 해봐야 소용없다!'는 소리입니다. 이런 철학적 특성을 보이거든요? 그런데 이 쇼펜하우어는 이렇게 얘기합니다. '인간의 성격이 바뀌지 않기 때문에, 그 사람의 성격을 바꾸어 성장시켜 가려는 교육은 의미 없는 작업이다!' 교육을 왜 하냐? 이거예요. 그러니까, 철저하게 '교육적 비관주의悲觀主義'에 빠집니다.

'교육? 그거 해봐야, 소용없어!' 우리는 가끔씩 일상생활 그런 사태를 직면하거나 목격하기도 합니다. 농담처럼 그렇게 얘기를 하죠. 때로는 농담 같은 진담이지만, 어떤 사람을 평가할 때, '야, 그 성격이 어디 가냐?' 이런 얘기를 한단 말입니다. 그러면 그 사람에게 아무리 좋은 주제, 훌륭한 내용을 가지고 교육을 해도 안되는 경우가 있습니다. 그 사람의 성격을 바꾸기 위한 노력을 한다는 것 자체가, 쇼펜하우어에 의하면 의미가 없다는 소리예요. 그 철학적 가정이 무엇이냐? 인간의 성격이 쉽게 말해서, 바뀌지 않는 것이니까요. 인간의 성격이 변하지 않는다는 거예요. 그런 차원에서 보면, 아! 인간은 아무리 교육해도 소용없어! 성장할 수 없어! 다른 말로 하면, 성숙하기 힘든 거야.

이런 경우를 다음과 같이 비유할 수 있겠죠. 태어난 것이 네모처럼 생긴 그릇이라고 생각합시다. 그러면 계속 성장해 간다면, 동그라미와 같은 모습으로 때로는 세모와 같은 모습, 별과 같은 모습으로 다양하게 바뀌어서, 혹은 네모가 점점 확대되어 아름답게 만들어져 가야하는 것이 정상인데, 그렇지 않습니다. 그냥 처음 태어난 네모의 모습 그대로 쭉 살아갈 뿐이다. 이런 생각이 들어 있는 거죠. 그런 사고가 맞느냐 틀렸느냐는, 그 다음 문제입니다.

그러나 그것과 다른 한 편에, 여러분도 잘 아는 로크 같은 사람은 그렇게 생각하지 않습니다. 인간은 태어날 때, '백지와 같다!' 백지 같은 것이다. 그것을 '타블라 라사'tabla rasa'라고 합니다. 글자가 쓰여 져 있지 않은 서판書板! 어찌 보면 인간은 태어날 때는 백지예요. 흰 종이처럼 아무 것도 쓰여 있지 않아요. 흰 종이의 네모난 빈 공간에, 인간은 태어날 때 백지니까, 그 빈 공간에다가 가나다라, ABCD, 1234 등 다양한. 내용을 써 갈 수 있다 이겁니다. 쭉 써 내려가서 인생을 채워간다는 거죠.

그러니까 앞에서 쇼펜하우어가 인간은 성격을 바꿀 수 없기 때문에, '교육해 봐야 소용없다!', '교육에는 명백한 한계가 있다!' 이렇게 보는 것이고, 로크 같은 경우는, 이 백지 상태, 아무 것도 없는 상태에서 다양한 모습을, 사람마다 다르겠지만, '이러이러한 모습을 다채롭게 그려갈 수 있다!' 그래서 백지와 같은 상태를, 아주 아름다운 그림으로 만들어 '인간의 삶 자체를 포장해낼 수 있다!' 이렇게 봅니다. 이것은 교육 가능성을 포함할 뿐만 아니라, 가능성을 넘어 '교육적 낙관주의 樂觀主義'입니다. 거의 '교육으로 모든 것을 할 수 있다!'는 '교육 만능설敎育萬能說'에 가깝습니다. '교육하면 돼!, 뭔 소리야!' 이렇게 됩니다. 왜냐? 아직 글이 쓰여 있지 않은 서판에, 백지에 써 내려가면 채워지는 것이니까요. 그러한 교육적 태도나 양상을 보여주고 있습니다. 그래서 로크 같은 경우는, 인간이 백지 상태에서, 백지와 같은 아무 것도 없는 상태에서, 끊임없는 학습을 경험해 나가면, 인간으로서 다양한 모습들을 확장시켜 갈 수 있다! 이렇게 보는 겁니다. 그래서 학습경험을 대단히 중요하게 여기는, 교육적 낙관주의에 속하는 거죠.

이러한 쇼펜하우어와 로크의 견해를 통해 보았을 때도 '아, 교육은 어느 정도의 가능성이 있고, 어느 정도의 한계가 있다!' 이런 것을 우리가 느낄 수가 있습니다.

그러면, 교육의 가능성과 한계성을 규정짓는 요인들은 어떤 것들이 있느냐? 크게 나누어 봤을 때, 익히 아는 것처럼 '유전적 요인'과 '환경적 요인'을 고려할 수 있습니다. 유전적으로 탁월하게 태어났다? 여러분! 생각해 보십시오. 저 친구는 '아이큐IQ가 좋아! 타고 날 때부터 훌륭해!' 이것이 사실이라면, 교육하지 않아도 어떻습니까? 훌륭할 수 있는 거죠. 어떤 사람은 타고 날 때는 조금 모자랄 수 있지만, '적절한 환경과 동기를 부여해 주니까, 이전보다 나은 상태로 교육을 할 수 있더라!' 그럴 수도 있겠지요.

교육을 가능하게 하거나 한계를 규정할 때 보통 유전적 요인과 환경적 요인이 크게 대비됩니다. 유전적 요인은 선천적 요인이고, 환경적 요인은 후천적 요인으로 연결이 됩니다. 유전적 요인은 자연적 요인으로 타고나는 영역이고, 환경적 요인은 인위적 요인으로 사회적으로 가꾸어 가는 겁니다. 사회적으로 메이크업 make-up 하는 거죠.

때로는 교육을 가능하게 만드는 요인 가운데 어떤 것이 있냐 하면, 물질적 차원과 정신적 차원이 있습니다. 지금은 그런 사례가 상대적으로 적습니다만, 여러분! 아직도 주변에서 그런 경우를 볼 수 있을 겁니다. 저 같은 경우도 그렇습니다. 개인적으로 볼 때 저는 위로 형과 누나가 모두 넷이 있는데, 그 형과 누나 가운데 저보다도 훨씬, 어떻게 보면 머리도 좋고, 훌륭한 재능을 갖고 있는 사람이 있어요. 그런데도 어떻게 됐느냐? 1960년대, 1970년대 우리 한국사회가 좀 못 살 때죠. 경제적 형편이 좋지 않아서, 쉽게 말하면 돈이 없어서, 물질적으로 잘 살지 못해요. 보릿고개를 실제로 경험하던 시절이란 말입니다. 정말 돈이 없단 말이에요. 그 형과 누나가 돈이 없어서 학교를 제대로 못 다니거나, 충분히 대학을 갈 능력이 되는데도 불구하고 대학을 못 간 거예요. 그렇게 되면 어떻게 됩니까? 교육을 하고 싶어도 못하는 그런 상황이 벌어질 수 있겠죠. 또 정신적인 차원도 있습니다. 아버지나 그 윗대 사람들이 너무 잘 되어 있으면, 이른바 사회적으로 높은 지위나 이른바 출세해 있으면, 그러지 못하는 아랫사람들이 주눅이 드는 경우가 많아요. 그런 차원도 있을 수 있고요.

그리고 또 내가 자율적으로 교육에 임하느냐? 타율적으로 남이 시켜서 하느냐? 거기에 따라, 엄청나게 교육의 가능성과 한계 요소가 작용하기도 합니다. 교육이라고 하는 것, 학습이라고 하는 것은, 내가 자율적으로 스스로 재미있어서 적극적으로 해야만이 훨씬 많은 내용을 내면화 할 수 있거든요? 하기 싫은데 타율적으로 누군가 억지로 시킨다? 아주 재미가 적습니다. 하기 싫어져요. 그러면 교육이 잘 되지 않죠. 그런 차원들이 있습니다.

••• 칸트 — 인간만이 교육 가능한 동물이다

그래서 우리가 '인간만이 교육 가능하다!', '이러이러한 차원에서 교육은 어떻게 되는 것인가?'라는 점을 생각한다면, 교육의 가능성과 한계성을 논의하기 이전에 고려할 부분이 있습니다. 엄밀히 말하면 교육 자체는 인간에게만 해당하는 사항입니다. 독일의 철학자 칸트가 얘기했습니다. 칸트는 대학에서 최초로 교육학 강의를 했던 철학자이고, 그 강의록이 오늘날 근대 교육의 상징처럼 전해 오고 있습니다. 한국에도 여러 종류의 번역본이 있습니다. 칸트는 정말 교육을 강조하며 강의합니다.

'인간은 교육을 받아야 하는 유일한 피조물이다! 우리는 교육이라는 말을 양육Wartung: Verp-flegung, Unterhaltung, 훈육Disziplin:Zucht, 그리고 교수Unterweisung 또는 양성Bildung의 의미로 이해한다. 이에 따라 인간은 차례로 유아Saugling-아동Zogling-학생Lehrling이 된다. 인간은 교육Erziehung을 통해서만 인간이 된다. 인간은 교육이 만들어낸 것에 불과하다. 인간은 교육받은 인간을 통해서만 동일한 양식으로 교육된다는 것은 주목할 점이다. 때문에 어떤 사람들에게 훈육과 교수가 결핍되면, 그들은 다시 어린 세대들에게 결함 있는 교사가 되는 결과를 초래한다. 보다 높은 종류의 존재가 우리의 교육을 떠맡는다면, 우리는 인간이 무엇이 될 수 있는지를 볼 수 있게 될 것이다. 교육이란 한편으로는 인간을 가르치고, 다른 한편으로는 인간의 타고난 소질들을 발달시키는 것을 의미한다.'

여유가 되면 칸트의 <교육학강의>를 한번 읽어 보십시오. 서구 유럽, 독일 방식의 근대 교육을 이해하는 데 도움을 줍니다.

이런 인식에 바탕한다면, 교육이 가능하다는 차원을 우리가 설정해야 됩니다. 왜냐하면, 개라든가, 소라든가, 닭이라든가, 우리가 알고 있는 짐승이나 가축에 대해, '교육한다'고 얘기하지는 않습니다. 교육은 칸트의 말처럼, 인간에게만 해당되거든요. 그러니까, '인간에게 교육 가능하다!'는 차원을 설정하고, 어떤 생각을 해야 되느냐? 교육의 한계를 먼저 얘기하기보다는 반드시 '교육은 가능해야 한다!'는 마음을 가져야 돼요. 그래야 '인간만이 교육을 한다!'는 근거와 자부심, 장점을 가질 수 있지요. 그리고 또 어떤 생각을 해야 되느냐? '교육이 가능하다'는 믿음을 통해, 교육을 진행해 나가야 돼. 그렇지 않다면, 앞에서 얘기했던 쇼펜하우어처럼 교육 비관주의에 빠져, 교육할 필요가 없어요. 이미 다 정해져 있는데, 왜 해요? 이렇게 되면, 극단적으로 나아갔을 때는 교육을 통한 사회의 성장을 부정하거나, 인간의 성숙 자체를 거부하거나, 그런 차원으로 인간사회가 형성될 수 있습니다.

그래서 쇼펜하우어의 교육 한계를 다룬, 교육을 통해 성격이 변하지 않는다는 말은 그 나름대로 철학적인 실존적인 의미가 있겠습니다만, 우리가 '인간만이 교육 가능하다'는 차원에서 볼 때, 그런 부분들을 무시하는 것은 아니지만, 참고는 하되, 적극적으로 옹호하며 따라가기보다는, 교육 가능하다는 차원을 보다 부각시키는 것이 좋지 않을까? 그런 느낌을 많이 갖게 됩니다.

02

교육은 삶을 준비하고 인생의 성숙을 위한 필수요소이다

우리는 앞에서 인간에게 '과연 교육이 가능하냐? 가능하지 않느냐? 정말 한계에 부딪치는 거냐? 그런 것들이 유전적이냐? 환경적이냐?'에 대한 생각들을 간략하게 짚어 보았습니다. 이번에는 본격적으로 '인간에게 왜 교육이 필요할까?'라는 고민을 해 보겠습니다.

여러분은 왜 교육이 필요하다고 생각하세요. 그러니까 '우리가 교육을 받아야만이 인생에서 성공한다?' 그렇지요? 이런 차원에 머물러 버리면, 자연 상태에서 타고난 인간의 존재 의미가 지나치게 인위적으로 바뀌어 버려요. 인위적으로 무언가를 해서 성공해야 되니까요. 우리가 일반적으로 생각하는 인생에서 성공이란 그렇게 해서 이루어지는 것이거든요.

그런데 모든 존재는 태어남과 동시에 어떻게 됩니까? 죽을 때까지 쉽게 말하면 이렇습니다. 인간뿐만이 아니라 우주의 모든 존재는 태어나서 죽을 때까지 존재의 의미를 가져야 되잖아요. 존재의 의미를! 태어나자마자 불행하게 죽어버리는 경우도 있습니다. 제 역할을 하지 못하고 일찍 죽는 동물과 식물은 많습니다. 참 불행한 일입니다만, 인간도 그러한 경우가 꽤 있습니다. 그러나 대부분의 경우 태어나자마자 존재의 의미를 갖고 죽을 때까지 살아간단 말이에요. 그것이 전제되어야 이 세상의 그 많은 존재 문제를 고민할 수 있는 거거든요.

••• 삶의 준비 — 오랜 시간 준비가 필요하다

정말 인간에게 교육이 왜 필요할까요? 가장 중요한 이유가, 인간은 삶을 준비해야 하기 때문입니다. 그리고 삶을 준비하면서 성숙해가야 돼요. 이것 때문에 교육이 필요한 겁니다. 자, 그랬을 때, 인간이 왜 삶을 준비해야 되느냐? 이유가 있습니다. 인간은 태어날 때 기본적으로 미성숙 상태에서 태어납니다.

여러분 보십시오. 송아지나 강아지나 병아리 같은 여러 가지 가축이 있잖아요. 우리 주변에서 흔히 볼 수 있는 동물들이. 이 동물들이 태어날 때, 어떻습니까? 물론 이것들도 쉽게 말해서 새끼 상태이기 때문에 아주 어린 새끼잖아요. 새끼 상태이기 때문에 미성숙하다고 말할 수 있지만, 중요한 것은 뭐냐 하면, 이 동물들은 크기가 작아요. 크기에서는 실질적으로는 작지만, 다른 부분은 거의 온전하게 발달한 성숙한 상태로 태어납니다. 송아지 같은 경우에는 태어난 지 몇 시간 되지 않아서 막 걸어 다녀요. 병아리도 마찬가지고요. 그런데 사람은 어떻습니까? 어린 아기가 슈퍼맨superman도 아닌데 태어나자마자 걸어 다니는 경우는 거의 없잖아요. 최소한 몇 년을 길러줘야 만이 아장아장 걸어 다니고, 사물을 분별하고 이렇게 되는 거죠.

그래서 인간이 왜 교육을 해야 하느냐? 미성숙 상태에서 태어나기 때문에 '오랜 기간의 삶을 위한 준비가 필요'하기 때문입니다. 이것이 교육의 첫 번째 이유예요. 그러니까 여러분! 이제, '아! 사람을 왜 교육하지? 그렇게 많은 돈을 들여가서 그렇게 긴 시간을?' 이렇게 의문을 가질 수 있잖아요. 우리는 벌거숭이로 성숙하지 못한 상태로 태어나기 때문에 기본적으로 살아가기 위한 준비가 필요합니다. 그것 때문에 교육을 해야 하는 것입니다. 이것이 교육을 해야만 하는 첫 번째 이유입니다.

재미있게 얘기하면 그렇습니다. 앞에서 언급한 소나 개, 닭과 같은 동물을 보면, 소나 개, 닭은 타고날 때부터 뭡니까, 모두 겉옷을 입고 태어납니다. 쉽게 말하면 몸에 털이 나 있잖아요. 농담으로 비유하면 밍크코트를 모두 입고 태어난다고요. 그런데 사람은 다르지요. 벌거숭이로 태어납니다. 우리 모두는 벌거숭이로 태어나기 때문에 옷 입을 준비를 해야 되는 겁니다. 동물들은 억지로 옷을 입을 필요가 없죠? 크기만 작지 이미 옷을 다 입고 태어나잖아요. 그러니까 성인 동물로 자라기만 하면 되거든요. 그런데 인간은 자라나면서 동시에 옷도 입어야 된다고요. 이것이 다른 말로 하면 문화가 되는 겁니다.

다시 강조하면, 인간은 오랜 시간의 준비가 필요하기 때문에, '반드시 교육을 해야 된다!' 그겁니다. 자, 그러면 다시 한 번 봅시다. 동물들은 몸집이 작아요. 몸집은 작지만 성숙 상태의 개체로 태어납니다. 여기에 어떤 짐승이 있습니다. 머리가 있고 몸뚱이가 있고 다리가 있고 꼬리가 있다고 가정해 보자고요. 태어날 때는 조그맣게 태어났어요. 실제로는 크기가 작지만, 몸에 털도 있고, 눈도 있고, 몸 속에는 내장도 있고, 살아가는 데 필요한 것을 이미 갖추었습니다. 그래서 이런 동물은 어떻게 되느냐? 몸집만 크면 돼요. 동물은 본능적으로 자신이 살아갈 기능을 거의 갖추고 타고 났기에, 이제 이렇게 크기만 바뀌어 가면 된다고요.

••• 성장 — 긴 시간의 양육이 발육을 이끈다

그런데 사람은 어떻게 되느냐? 연약하고 불완전한 상태에서 탄생합니다. 어른은 사람다운 모습을 하고 있는데, 어린 아이는 어떻습니까? 기껏 해야 겨우 꿈틀거리는, 핏덩어리로 조그맣게 태어났습니다. 어린 애기를 '핏덩어리'라고 하잖아요. 핏덩어리! 그래서 자라나면서 근력도 단련해야 하고, 다리에 힘도 있어야 합니다. 그래야 걸어 다닐 수 있을 것 아닙니까! 그런 것들이 어린 아이일 때는 완전하지 않다고요. 그래서 점점 자라나야 합니다. '불완전하고 미숙하기 때문에 교육을 해야 된다' 이겁니다. 다른 말로 하면 무엇이냐? 이 작업은 아주 장기간의 준비입니다. 하루 이틀 해서는 안 되는 거죠. 이런 준비 과정을 거친 인간은 어떻게 될까요? 동물의 경우에는 몇 개월, 심지어는 며칠이 지나지 않았는데도 부쩍부쩍 자라납니다. 어른 개나 어른 소와 같이 성인 동물로 성장하게 됩니다. 동물들은 대부분 그렇습니다.

여러분! 개나 소, 닭과 같은 가축을 보면, 인간의 수명은 90세, 100세 이렇게 되지만, 동물은 자연 상태로 두면 기껏해야 5년, 10년 뭐 이 정도의 기간을 살다가

02 교육은 삶을 준비하고 인생의 성숙을 위한 필수요소이다

죽습니다. 거북이와 같은 특별한 몇몇 동물을 제외하고 사람보다 오래 산 동물을 본 적 있습니까? 거의 없을 겁니다. 소나 개, 닭이 10년을 넘게 살면 인간으로 보면, 80, 90세쯤 됩니다. 거의 노인과 같은 나이입니다. 동물은 이처럼 태어날 때 크기는 작지만, 최소한 몇 개월이면 거의 성장을 합니다.

인간은 어떻습니까? 최소한 20여 년 이상을 양육해 줘야 합니다. 우리가 보통 초등학교, 중학교, 고등학교, 대학교 이렇게 진학하여 공부하고, 성인이 된 후, 이제 나름대로 살아갈 때까지의 과정을 생각해 보세요. 지금도 여러분 주변을 돌아보십시오. 대학생이 될 때까지 심지어는 성인이 된 이후에도, 우리가 먹여 주고 재워주고 용돈을 주고, 제대로 길러 주지 않으면, 잘 자라나지 못합니다. 양육해주지 않으면요. 이 과정에서 끊임없이 뭡니까? 교육이라는 삶의 방식이 부여됩니다. 그것은 삶에 대한 동기부여가 될 수도 있지만, 그 양육은 교육의 형태로 나타나는 거예요. 그래서 20세 이전의 아이들이 무엇을 합니까? 원시 부족처럼 살아가는 사회를 제외하고, 근대적 의식을 지닌 사회에서는 동서고금을 막론하고, 학교라는 특별한 양식으로 아이들을 인도합니다. 앞에서 말한 페다고지pedagogy, 나아가 에듀케이션education을 강조합니다. 물론, 몇몇 특별한, 아주 가난한 나라에 살고 있는 아이들을 보면, 5세~10세 정도 되는 아이들이 탄광에 가서 일을 한다든가, 여러 가지 노동에 시달리기도 합니다. 참 불쌍하게, 어떤 측면에서 보면, 인권을 유린당하는 지경에 처해 있으면서, 교육을 받지 못하는 경우도 있습니다. 그렇지요?

하지만, 보편적인 상황에서는 어떻게 되느냐? 20세 전후의 성인이 될 때까지, 자신이 스스로 인생을 영위해 갈 수 있을 때까지, 부모를 비롯한 보호자 혹은 국가가 잘 길러줘야 돼요. 그래서 이런 시기에 교육이 집중되는 겁니다. 어린 아이에서 청소년, 대학에 이르기까지 집중되는 '학교교육'이 중요한 이유가 여기에 있습니다. 유치원 이후 초등학교에서 고등학교 때까지 청소년 교육 시기를 보세요. 인생에서 그 기간만으로 보면 가장 짧지만, 가장 중요한 시기인 거예요. 가장 중점적으로 삶을 준비해야 하는 시기이기 때문이지요. 그런 차원에서 교육은 '인간이 성장하기 위해 필수적인 작업이다!' 이렇게 볼 수가 있죠.

앞에서 언급한 내용을 다시 정돈해보면, 동물은 완전하게 성장하는 데, 기껏해야 몇 개월가량 걸려요. 이런 동물은 본능에 충실하게 성장을 해갈 수 있는 충분한 여건을 갖추었습니다. 그런데 인간은 20여 년의 신체 발육을 해야 합니다.

건강한 체력을 가진 이후에는 또 어떻게 되느냐? 정신적 성숙이 동반합니다. 신체 발육이 이루어져야 인간으로서의 역할, 기본적으로 사회활동에서 자신을 드러낼 수 있는 책임감 있는 어른으로 성장하게 됩니다. 이런 상황을 가정해 보세요. 어린 아이 때나 청소년 시기에, 어떤 사람이 '영양이 결핍된 생활을 했다' 또는 청소년 시기에 공부를 제대로 하지 않아 '교양 수준이 다른 청소년에 비해 상대적으로 낮다', 그러면 그런 부정적 영향으로 말미암아, 어른이 되어 제대로 활동하기 어려운 상황이 벌어져요. 때문에 집중적으로 교육을 해야 되는 겁니다.

••• 성숙 — 평생을 교육하라

어린 아이나 청소년은 자기 성숙을 위한 학습을 열심히 해야 하고, 인간으로 성장하기 위해 교육이 절대적으로 필요합니다. 결국, '우리가 교육을 왜 하느냐?'라고 했을 때, 첫 번째 질문은 무엇이냐? 인간이 일생을 살아가야 한단 말이에요. 앞에서도 누누이 얘기했듯이, 태어나서 죽을 때까지 다양한 방식으로 살아갑니다. 그렇지요? 그러면 우리가 일반적으로 이렇게 생각하기 쉽습니다. 아, 언제까지 어떤 교육을 받고, 그 다음에 나름대로 이렇게 혹은 저렇게 살아가자! 이럴 수도 있습니다.

그러나 인간이 인간으로서 살아가기 위해, 기본적으로 20세 성인이 되기까지, 장기간의 준비와 노력을 하면, 그 뒤로는 특별한 경우를 제외하고, 대부분의 사람이 자신의 삶을 영위해갈 수 있습니다. 각성한 인간이라면, 어른이 된 이후에도 자신의 인격을 끊임없이 품위가 있도록 만들어 가겠죠? 인간의 품격, 품위라고 했잖아요. 그랬을 때 자신의 인격을 끊임없이 완성해 가는 일련의 과정 자체가 평생 동안 진행된다는 겁니다. 인간의 삶에서 말이지요. 그러니까 그런 교육의 차원이 오늘날 평생교육life-long education의 강조로 이어지는 거예요. 물론, 교육은 근원적으로 태어나기 이전부터 태교를 거쳐 유년-소년-청년-중년-노년을 거쳐 죽은 후에 이르기까지 연관된 모든 사람이 펼쳐가는 평생교육이지만요.

저 같은 경우에도 어떻습니까? 여러분에게 지금 조그만 스튜디오 안에서 인터넷을 통해 강의한 내용을 이렇게 글로 작성하여 보여주고 있습니다. 그 지식과 논의내용의 모든 것이 제 자신에게 녹아내려 성숙해진 가운데 여러분에게 일방적으로 나누어주는 것이냐? 그런 것은 절대 아닙니다. 강의와 이 글을 통해 여러분의 반응을 보고, 이메일과 인터넷 강의 과정에서 토의하고 논의하며 소통하는 가운데, 새로운 의견이나 교육적 상황 여건이 발생하면 그것을 또 제가 받아들이면서, 내면화 시키죠. 이런 상호작용하는 '교육적 상황 자체'가 일종의 교육입니다.

앞에서도 얘기했지만, 교육은 절대 교수자가 학습자에게 일방적으로 가르치는 일방통행의 차원이 아니다 이거죠. 어떤 행동을 하건, 지금 제가 인터넷 강의를 하고 그 강의록을 글로 정리하여 여러분과 의견을 나누는 교육 행위도 무엇이냐? 일련의 인격완성을 해 나가는 과정이라는 말입니다. 물론, 그 이전에 장기간의 준비와 노력은 조금씩 했겠지요. 제 개인적으로 박사학위를 받을 때까지 계속 공부를 해왔고, 지금도 지속적으로 연구하고 있으니까요. 그러나 또 다른 차원에서 볼 때, 자기완성의 차원에서 평생교육을 하는 것이라는 거죠. 때문에 '인간에게 교육은 절대적으로 필요한 작업이다!' 그렇게 인식해야 하는 겁니다.

자, 그런 차원에서 본다면, 다른 무엇보다도 인간이 교육을 해야 하는 이유는 무엇이냐? 동물은 단기간의 삶을 준비하고 삶을 살아냅니다. 어떻게 보면 본능적 삶 자체가 그런 겁니다. 준비가 필요 없는 거죠. 그런데 인간은 절대 본능에 의해서만 살아가지 않습니다. 이성도 있고 감성도 있고, 여러 가지 인간의 특성이 짐승과는 다른 차원으로 존재한단 말입니다. 그러니까 이런 특성을 발달시켜 가기 위한 준비를 해 나가야 된다는 거죠.

다시 정돈해 봅시다. 인간은 출생하면서 자기의 존재를 구체적으로 드러냅니다. 사회에 나오지요. 그러면 어떻게 되느냐? 이 존재는 결국 죽음에 이르는데, 죽기 전까지 사는 동안 무엇을 해나가야 되느냐? 인간으로서 성숙을 해나가야 된다고요. 자라나야 된단 말입니다. 그러니까 이 성숙은 다른 말로 하면, 성장도 되고 계발도 되고 발달도 되고 다양하게 표현할 수 있습니다. 그렇지요? 인간의 자기계발 방법도 다양하겠지요? 이런 계발도 되고 저런 계발도 되겠죠. 그 다음에 발달도 되고요. 또 인생 전개라고 해도 돼요. 인간이 삶을 펼쳐서 열어 나가니까요. 모두 유사한 말들입니다.

••• 삶의 열매 ─ 실제 교육을 지향하라

그랬을 때, 과연 우리 삶의 과정에서, '내가 왜 살아가는지' 나의 존재 이유를 지속적으로 드러내려면, 인간으로서 가치의식을 지녀야 돼요. 나는 무엇이냐? 그러기 위해, 앞에서 말했던 교육이라는 개념들이 삶 속에서 끊임없이 동기부여된다는 거지요. 교육이라는 개념을 통해, 그래서 인간은 무엇이냐? 성장을 하는 거죠. 일반적으로 영어로 그로스growth라고 하면 '성장' 혹은 '성숙'을 의미합니다. 이 성장의 의미는 무엇이냐? 단순하게 어떤 측면만을 높여가는 기계적 업그레이드 upgrade나 업데이트update만을 의미하는 것은 아닙니다. 무엇을 해야 되느냐? 역동적인 삶의 내용을 채워가야 된다고요. 인생의 의미와 내용!

그 내용을 채워가는 것을 다른 말로, '실제實際'라고 합니다. 여러분! 보통 '열매'라고 할 때, 실實자를 쓰잖아요. 열매가 열리잖아요. 그렇지요? 열매가 열리는 과정을 성찰해 보세요. 조그만 씨앗에서 싹이 트고 가지가 자라고 잎이 돋아나고 핍니다. 땅에서는 수분을 비롯한 다양한 영양분이 공급되고 하늘에서는 햇빛을 비롯한 또 다른 영양소가 공급되고, 벌과 나비가 꽃으로 날아들면서 가루받이를 통해 열매를 맺게 합니다. 그 과정에서 폭염과 폭우, 폭풍이 몰려오기도 합니다. 이 모든 것을 견뎌낸 후 알이 꽉 찬 열매가 탄생합니다. 그러잖아요. 인간의 삶도 마찬가지입니다.

흔히 교육을 식물을 기르는 데 자주 비유합니다. 교육의 결과는 '알이 차다'라는 의미의 '알참'이 되어야 한단 말입니다. 알맹이를 채우는 거예요. 이 알맹이를 제대로 채우지 않으면 성숙이 아닙니다. 제대로 성숙되지 않은 인간은 동물과 비슷하게 됩니다. 앞에서 살펴본 것처럼, 동물은 태어날 때 단순하게 작은 개체였다가 어른이 되면서 크기만 자라잖아요. 그런데 인간에게는 무엇이냐? 육체적인 동시에 정신적 알맹이를 채워가야 돼요. 그 알맹이를 채워가는 삶의 과정에서 교육이 절대적으로 영향을 미친다 이 말이죠. 그 방법은 다양합니다. 이런 인식에 이르면 '인간에게 교육이 필요하다!'라는 사실을 뼈저리게 느끼게 되는 겁니다.

••• 열정 — 개천에서 용이 날 수 있는 노력을 각성하라

이 지점에서 우리가 성숙의 문제를 다시 한 번 고민해 봅시다. 성숙은 이런 차원에서 이해할 수 있습니다. 앞에서 교육의 가능성과 한계성에 대해 얘기해 봤지만, 인간은 어떤 방식으로 성숙해 갈까요? 모든 인간은 선천적으로 자질資質이라는 것을 지니고 있습니다. 자질이 없는 사람은 존재하지 않습니다. 누구나 자질을 지니고 태어납니다. 모든 사람이 자기 바탕을 갖고 있어요. 다만 정도의 차이가 있을 뿐입니다. 선천적으로 자질을 지니고 있는데, 이 자질은 인간에게 무엇이냐? 인간은 자신의 내면에 '발전 가능성'을 담고 있어요. 내적 발전 가능성! 이것은 뭐냐 하면, 특수한 경우를 제외하고, 인간은 가만히 내버려 두어도 안에서 부글부글 끓으면서 자기 나름의 성장을 고민합니다. 그것이 더욱 견고해지면서 자질을 강화시키는 겁니다. 그래서 사람은 특별한 상황에 처한 특수아를 제외하고, 누구나 '어떤 소질을 갖고 있다!', '특별한 자질을 갖고 있다!' 이렇게 되는 거죠.

그러면 사람에게는 그 사람이 타고난 선천적 자질만이 존재하느냐? 그렇지 않습니다. 사람은 후천적으로 다양한 환경의 영향 아래 살아갑니다. 각자가 속한 환경에서 어떻게 되느냐? 환경이 '좋다, 나쁘다', 아니면 '여건이 풍부하다' 혹은 '환경이 아주 빈약하다' 등등, 자신이 살아가는 주변의 여러 가지 조건이나 상황들을 내걸 수 있겠죠. 그것에 따라 어떻게 되느냐? 나 자신이 교육적으로 '성장할 수 있느냐? 없느냐?'의 문제가 다시 대두됩니다. 그랬을 때, 어떤 사람은 어떤 일을 하는 데 유리한 환경에 처해 있을 수 있고, 어떤 사람은 불리한 환경에 처해 있을 수 있어요. 그런데 좋은 환경에 처해 있다 할지라도 자신이 계발하려는 의지가 없다면, 어떻게 되겠어요? 아무리 환경이 좋아도, '나 스스로를 발전시킬 의지가 없다!', '성장할 의지가 없다!'라고 한다면, 제대로 성장하지 못합니다.

또 이런 경우도 있지요. 아무리 열악한 환경에 처해 있더라도, 자신을 계발하려는 의지가 충만한 사람, 열정으로 똘똘 뭉친 사람이 있어요. 그런 사람이 탁월한 존재입니다. 옛날부터 '개천에서 용 난다!'라고 말해 왔지요. 환경이 나쁘더라도 그렇게 될 수 있는 거예요. 저는 아직도 인간은 끊임없이 개천에서 용을 만들어 낼 수 있는 존재라고 생각합니다. 앞에서도 제가 언급했지요? 요즘, 수저 논쟁이 많습니다. 흙수저, 은수저, 금수저!, 심지어 다이아몬드수저까지도 있더라고요. 이런 생각에 사로잡혀 환경 탓만 하다 보면, '개천에서 용난다!'라는 속담을 거부하거나 그것은 불가능하다는 생각에 빠지기 쉽습니다. 그런데 저는 아직도 '개천에서 용이 날 수 있다!' 그렇게 믿습니다. '안 된다! 불가능하다!'가 아니고요. 어떤 경우에는 수저가 없는 상태, 무수저인 사람도, 쉽게 말해 흙에서 다이아몬드에 이르는 개천조차도 없는 사람도, 마치 무에서 유를 창조하듯이, 용을 창출해 낼 수 있다고 봅니다. 그래야 교육이라는 희망을 보듬을 수 있어요.

자신의 계발 의지에 의해, 자신의 내적 발전을 스스로 끄집어내려는 아주 강력한 의지를 통해, 상당수의 사람이 교육적으로 성장 가능하다고 봅니다. 그렇지 않으면 삶에 희망이 없잖아요. 아직까지도 우리 한국사회에는 불행한 환경에 처해 있는 사람, 불우한 처지에 있는 사람, 다른 사람에 비해 상대적으로 불리한 여건에 있는 사람들이 많잖아요? 우리가 교육적 희망을 가지려면, 바로 이런 겁니다. 과거처럼 부모로부터 물려받은 권력이나 경제력 같은 계급계층적 문제들 혹은 집안이나 주변 여건이 갖고 있는 유리한 환경들, 때로는 학력들, 이런 것에 의존하여 그것을 절대적으로 믿고 자신의 인생을 펼치려고 한다면, 이는 아주 교육적으로 아주 썩어빠진 낡은 의식이에요. 설사 그런 여건이 유리하게 형성되어 있다고 할지라도, 먼저 자신의 인생을 자기 힘으로 개척해 가려는, 노력하려는 의지가 중요합니다.

더구나 지금은 4차 산업혁명 시대라고 하잖아요. 알파고로 대변되던 인공지능이 나와서 인간과 바둑을 겨루어 이기고, 빅 데이터 시대 축적된 시간만큼이나 인간의 삶을 새롭게 전개해나가는 사회입니다. 우리 인간이 노력하면 그만큼 성취가능성이 높아야 하는 민주 시민사회잖아요. 정말 우리가 이 시대에 고민해야 할 것은 무엇이냐? '안 된다!'라는 패배주의적 의식이 아니고, '된다!'라는 자신감과 긍정적 사고, 삶을 건강하게 지속하려는 열망과 노력이에요. 교육적인 희망을 가지려면 그래야 합니다.

중요한 것은 무엇이냐? 선천적인 환경 요인보다는 후천적으로 우리가 자발적으로 활동하려고 노력하는 자세에서, 인간이 더욱 성숙하고 성장할 수 있다! 그런 차원으로 봐야 된다는 겁니다. 그리고 이제 이 성숙은 앞에서 말한, 다양한 선천적－후천적 요건들이 또 외부와 상호작용하면서 자기를 실현하고 인격을 완성하고 사회성을 확립해가요. 이런 문제들 가운데 눈여겨 볼 것은, 성장의 과정에서 나타나는 현실적 사태나 혹은 장치라는 겁니다. 그러니까 우리가 성장해갈 때 잘 보십시오. 외부와 상호작용을 해야 돼요. 인간이 성장해가는 과정에서 그러니까 자기스스로 내부적으로만 성장한다고 하면, 외부의 다른 것과 소통하지 않고 가만히있어도 되겠죠. 그런데 다양한 사회를 마주하고 있는 인간의 삶이 그렇지 않습니다. 외부와 상호작용하면서 자기를 실현시키고, 인격을 완성시키고, 사회성을 확립해 나가야 돼요. 이것이 교육이 필요한 이유를 점점 확대해 나가야 하는 인간의모습입니다.

그래서 이 성숙이 심화되면, 어떻게 되느냐? 성숙이 심화되면, 육체적인 측면에서는 양육과 건강을 담보로 하고, 정신적인 측면에서는 교육을 통해 '감각, 지각, 기억, 사유, 상상, 의지, 흥미, 기질, 성격' 등등, 이런 것에 관한 심리적 발달을촉진해요. 이것이 가능해야 만이 인간이 되는 거예요. 인간이 성장하는 겁니다. 그러니까 우리가 어떻게 보면, 살아가다가 죽어가는 생과 사의 과정에서, 태어나서죽을 때까지 그 사이 세계에서, 인간으로서 존재 의의를 찾아야 하는데, 태어날 때부터 미성숙하니까, 점점 뭡니까? 성숙해야 되잖아요!

성숙을 하는 과정에서 뭘 해야 되느냐? 여기에서 첫 단추를 잘못 끼거나 판단을 잘못하여 오류를 낳으면 큰일 납니다. 우리는 보통 정신적 측면에서의 교육만을 얘기하는 경우가 많아요. 그런데 교육의 필요성이 미성숙한 상태에서 성숙하게되기 위한 작업인데, 그 이전에 무엇이냐? '양육'과 '건강'이라는 것을 육체적 측면에서 담보해야 만이 건전한 정신적 지각이 나올 수 있는 거예요. 그리고 그런 지각이 나온 다음에 또 다시 무엇이냐? 건강을 확고하게 업그레이드 시켜, 튼튼하게만들어가야 돼요. 육체적 측면과 정신적 측면이 끊임없이 왔다 갔다 하면서 성숙도를 더해갑니다. 그런 겁니다.

그런데 중요한 것은 미성숙을 성숙 상태로 만들어 갈 때, 일차적인 것은 무엇이냐? 육체적인 측면의 교육을 담보해야 합니다. 고대 그리스 사회에서 교육에 관한 이야기를 한 소크라테스와 플라톤, 고대 중국 사회에서 교육을 중시한 공자, 이들이 강조한 교육의 공통점이 오늘날로 얘기하면, '체육'과 '음악' 교육입니다. 동서고금을 막론하고 육체적 건강을 담보하는 체육과 정서를 담보하는 음악교육은 교육의 기초이자 필수입니다. 물론 체육과 음악에는 정신적 차원의 교육이 이미 스며들어 있습니다. 전 교과를 망라하는 통합교육입니다. 여러분은 육체적으로 어떤 교육적 담보를 하고 있나요? 몸이 튼튼하지 않으면 공부를 할 수 없어요. 서양 속담에 '건전한 신체에 건전하고 건강한 정신이 깃든다sound body sound mind! 이런 말도 있지요.

그래서 교육을 하는 첫 번째 이유는 무엇이냐? '삶을 향한 장기적인 준비와 인간의 육체적, 정신적 성숙을 위해 교육을 한다!' 이겁니다. 그렇다면 여러분! 이제 이렇게 생각할 수 있겠죠. '당신은 왜 교육을 하느냐?' 첫 번째가 육체적 측면에서 양육과 건강을 유지해야 만이 인생을 펼쳐갈 수 있다! 그리고 정신적 측면에서 감각이나 지각, 우리의 성격을 심리적으로 아주 건강하게 발달시켜야 만이 사회성을 유지하고 다른 사람과 어울려 인간으로서 활동할 수 있다! 그런 조건을 마련할 수 있다! 그것이 교육이 필요한 첫 번째 이유입니다. 때문에 인간의 정신적, 육체적 성숙을 도모하여 이 성숙이 심화되면, 과거에서 현재까지 문화특징을 잘 체득하여, 미래를 지향할 수 있어야 돼요. 미래를 지향하고 훌륭한 문화를 획득하고 즐길 수 있는 인격을 확보할 수가 있습니다.

다시 내용을 요약정돈하면, 교육의 필요성 가운데 첫 번째가 무엇이냐? 우리의 정신적, 육체적 인격을 성숙시켜 사회성을 갖는다는 일입니다. 그것이 다름 아닌 문화, 특히 한국인은 한국문화를 획득한다는 거거든요. 문화를 잘 획득해서 과거에서 현재로 그리고 미래를 끊임없이 연결해주는 그런 어떤 담보물이 되는 것이 교육입니다. 담보가 되는 것, 혹은 징검다리라고 할까요. 징검다리 역할을 해주는 거죠. 우리가 이 징검다리를 통해 훌륭한 인격을 확보할 수 있다면, 바로 교육의 목적, 혹은 교육의 이유를 충족시킬 수 있는 그런 차원에 도달했다고 볼 수 있습니다.

03

인간은 어떤 가치를 지향해야 하는가

다시 돌이켜 봅시다. '인간이 왜 교육을 해야 합니까?' 교육의 필요성이 무엇인가요? 앞에서 인간은 삶을 장기간 준비하고 자기성숙을 위해 반드시 교육을 필요로 한다고 했습니다. 이번에는 그것과 더불어 인간에게 교육이 필요한 또 다른 이유를 얘기하려고 합니다. 바로 인간만이 '가치를 지향한다!'는 점입니다. 삶이라는 게 뭘까요? 우리가 살아간다는 것 자체가 어떤 목표를 지향하잖아요. '삶의 목표 혹은 목적을 갖는다!'는 그 자체는 뭐냐 하면, 다른 어떤 것보다 가치가 있다거나 가치가 높기 때문에 그렇습니다.

자신의 행위가 얼마만큼 자신에게 유효한가? 자신에게 의미가 있는가? 그런 것을 가늠하고 삶의 유용성을 고려하는 것이 가치거든요. 쉽게 말해서 돈이나 재산으로 비유한다면, 값이 나가는 일이지요. 내가 지금 행하는 일이 값이 나가기 때문에, 그만큼 값어치가 있기 때문에 여러분이나 저나 어떤 일을 선택하고 몰두해서 하는 거예요.

지금 여러분과 제가 여기서 강의 내용을 정돈한 글을 읽거나 혹은 강의와 수업을 하고 있잖아요. 글을 읽거나 강의를 한다는 게 무엇입니까? 저는 교육자이자 학자란 말입니다. 그러니까 글을 쓰고 강의하는 것 자체가, 교육과 학문을 하고 있는 만큼 가치부여가 되는 겁니다. 때문에 교육이 필요하고, 쉽게 말하면 제 본분이므로 목숨을 거는 겁니다. 그래서 이번에는 '인간은 가치를 지향하기 때문에 교육을 매우 중시한다!' 그런 문제를 한 번 고민해보도록 하겠습니다.

••• 가치 — 가치는 있거나 혹은 없거나 하는 그런 의미가 아니다

가치는 우리가 보통 영어로는 밸류value라고 하죠. 그렇지요. 한자로는 '값어치 가價'에 '가질 치値'를 합쳐 가치價値라고 합니다. 엄밀히 말하면, 인간 이외의 모든 존재는 어떤 차원에서 보면, 가치에 대해 '중립적'입니다 가치중립적 경향이 강해요. 예를 들어 동물이라든가, 식물이라든가, 무생물은 존재 자체를 그냥 지키며 자기자리에 있습니다. 그냥 본능적으로 자연스럽게 존재합니다. 그들이 살아가는 이유는 자연입니다. 말 그대로 '스스로 그러한 존재'일 뿐입니다.

그런데 인간은 무엇이냐? 말 그대로 자연적自然的으로가 아니라 '인위적人爲的'으로 살아갑니다. 인간은 자연 그대로 살아가는 게 아니고, 반드시 '무엇을 중심으로', 삶의 이상과 목적을 지향합니다. 삶의 이상과 목적, 목표를 설정하고, 그에 필요한 다양한 문명과 문화를 인위적으로 만들며 살아가는 거죠. 특별한 사람을 제외하고, 대부분의 사람은 인위적으로 무엇인가를 의도합니다. 의도한다는 것 자체가 목적을 추구하는 거거든요. 그러니까 이것을 다른 말로 '인간이 가치를 지향한다'고 했을 때, 인간만이 그런 겁니다. 다른 많은 사물에 비해 인간만이 가치를 지향하는 겁니다. 그래서 가치를 지향할 수 있도록 우리는 그에 맞는 무엇을 해주어야 합니다. 동기부여를 해주거나, 목표에 어울리는 어떤 영향을 주거나, 이렇게 해야 된다는 말입니다. 여기에서 필요한 게 교육입니다. 그래서 교육의 필요성이 이전에 말한 '장기간의 준비와 성숙'과는 다른 차원에서 대두되는 거죠.

자, 그럼, 가치라는 말의 의미를 다시 봅시다. 여러분! 우리가 가치에 대해 일상적으로 쓰는 말들이 있습니다. 그 자체를 그대로 이해하면 오해의 소지가 있습니다. 굉장히 위험합니다. 우리가 보통 일반적으로 어떤 사물이나 행위에 대해, '가치가 있다!' 혹은 '가치가 없다!' 이렇게 얘기를 많이 합니다. 그런데 가치가 '있다, 없다'라는 말은, 그 자체가 어폐가 있어요. 여러분! 조금만 깊이 생각해보세요. 모든 존재는 어떻습니까? 나름대로 '가치가 있습니다!' 가치가 있는데, 이것은 '지금 나의 처지에서 가치가 100이다' 또는 '어제까지 나의 처지에서는 가치가 50이었다'라고 할 수 있습니다. 이럴 경우 가치에 차이가 나죠. 그러니까 가치는 '쓸모가 어느 정도 높으냐? 낮으냐?'의 문제입니다. '효용성이 어느 정도 높으냐? 낮으냐?'의 문제에 달려 있는 것이지, 그 사물이나 행위의 존재 자체에 따라 가치를 판단하는 것은 굉장히 어렵다는 거죠. 지금 당장은 쓸모가 없는 것처럼 보이지만 상황에 따라 쓸모 있게, 가치 있게 변모할 수도 있고요.

　우리가 어떤 사물을 평가할 때, 값을 매기죠. 값을 매기다가 어떤 사물을 보고 그러잖아요. 예를 들면, 강의를 할 때, 보드[칠판]에 쓰기 위해 들고 있는 보드마크[분필]의 값은 천원이라고 합시다. 이때 문구점에서 파는 일반적인 보드마크의 가격은 천원이지만, 강의를 할 때 보드마크로 보드에 써야 되잖아요. 이때는 단순하게 보드마크 가격이 얼마냐가 문제가 아니라, 구체적으로 보드에 내용을 쓰며 강의를 해야 하잖아요. 보드에 강의를 하며 써야 된다고 했을 때, 이것의 값을 단순히 천원으로만 매겨서 하나를 구입하느냐 구입하지 못하느냐 문제가 아니라는 거예요. 강의를 하는 교수자에게 보드마크는 단순하게 '가격이 천원이다, 그러니까 별로 값어치가 없다!' 그런 의미가 아닙니다. 값이 얼마건 관계없이, 보드에 글을 쓰며 강의하는 데 필수적인 도구이므로 그 가치가 매우 높은 거지요. 가격으로 따진다면 천원이 아니라 만원보다도 더 나갈 수 있어요. 보드마크가 없으면 강의를 못하니까요. 그렇지요? 그런데 강의를 하고 있지 않은 경우 이 보드마크를 그냥 책상 위에 던져 놓았어요. 이때는 보드마크의 값어치가 값이 없는 것이 아니고, 강의를 하고 있지 않으니까 강의를 하고 있을 때보다 낮게 평가될 수 있겠지요.

　그래서 보통 '가치를 지향한다'고 했을 때, 여러분도 곰곰이 생각해 보십시오. 지금 나에게 이 물건이나 행위가 쓸모가 있느냐? 효용성이 있느냐? 그것이 나에게 얼마만큼 값진 것이냐? 그런 자기평가의 결과에 따라, 가치의 수준과 정도에 따라, 우리는 구체적으로 행동을 하게 됩니다. 그래서 교육을 받는 만큼 그 가치의 수준과 정도, 효용성을 확인할 수 있는 능력이 생길 것으로 인식하는 거지요. 교육을 받는다고 해서 무조건 가치가 높아지거나 그런 것은 아닙니다. 교육을 받음으로 인해 가치를 판단하고 가치를 생산해내는 능력이 높아진다는 거죠.

••• 동기부여 — 가치는 삶에서 일의 승화에 따라 달라진다

자, 그렇다면 우리는 왜 교육을 해야 하나요? 일반적인 동물의 경우에는 본능에 따라 행동합니다. 자연 그대로 말이지요. 다른 말로 표현하면 생리적 욕구에 따라 행동한다는 말입니다. 그러니까 배고프면 먹고 배부르면 자는 거예요. 동물들이 보통 그렇잖아요. 예를 들어 날씨가 추우면 어떤 동물들은 동면을 하고 움추려 듭니다. 그러다 날씨가 더우면 나가서 활동하는 거예요. 그냥 본능과 생존의 욕구에 따라서. 그런데 인간은 무엇이냐? 사람은 자기가 추구하는 가치에 집착합니다. 정말 집착을 하거나 그것에서 벗어나지 못하는 경우가 많습니다. 어떤 사람은 몰입하기도 하고, 이걸 보통 사람만이 지닌 고상한 가치라든가, 진리라든가, 이상이라든가, 자기가 추구하는 가치에 집착하게 되는 것은 다른 말로 하면 일종의 '일'입니다.

일은 인간에게만 독특하게 존재하는 현상으로, '작업'으로 발전하고 승화해 나갑니다. 어렵게 얘기하면 '노동'이라는 겁니다. 워크works입니다. 그럼 인간은 노동을 통해서 뭘 할까요? 우리는 자기가 추구하는 가치를 만들어내고 생산해냅니다. 또 자본주의가 발달하게 되면서부터 뭡니까? 우리가 노동의 대가인 값을 받잖아요? 그 값이 돈으로 나오기도 하고, 물건으로 받기도 하고, 격려의 말로 받기도 하고, 여러 가지 형태로 받죠. 그것으로 인해 인간이 어떻습니까? 기분이 좋아지기도 하고 분위기가 침체되기도 합니다. 그만큼 뿌듯해지기도 하고, 자부심을 갖게 되기도 하고, 그렇게 되는 겁니다. 그러니까 이 가치라는 것이 단순하게 돈의 문제만이 아니라는 거죠.

인간은 끊임없이 무엇이냐? 자신의 이상과 가치를 추구하다 보니까, 점점 높은 차원으로, 때로는 새로운 가치를 체계적으로 희구합니다. 계속 가치를 높이려고 삶을 확장하기도 합니다. 가치, 세속적인 말로 몸값을 올리려고 하지요. 그래서 인간의 속성이 뭐냐 하면, 의식적인 겁니다. 의식적이고 주체적으로 자기가 뭔가 계속 만들어 나가려고 합니다. 정상적인 사람이라면, 계속 이렇게 한자리에만 안주하지 않고 만들어가죠. 물론, 이것이 지나치게 되면 어떻게 되느냐? 지나치게 되면 욕심이나 욕망으로 떨어집니다. 그때 문제가 생기는 겁니다. 그러니까 욕망을 조절해가면서 인간은 끊임없이 자기 상승과 질적 승화를 요청합니다. 여기에서 중

03 인간은 어떤 가치를 지향해야 하는가

요한 것은 자기가 만족할만한 일을 탐구한다는 것입니다.

사람은 어떤 일을 하건 나름대로 만족을 느껴야 돼요. 그리고 이것을 통해, 미래를 전망하고 도전하고 모험하며, 인간으로서 자부심이라든가 자각이라든가 이런 걸 깨닫습니다. 우리는 인간이기 때문에 의식적으로 문명을 창출하고, '이것은 내가 만들었고, 저것은 주변 사람들과 협동해서 만들었어!'라고 하면서 나름의 보람을 느끼는 거죠. 그런 것 때문에 교육을 한다는 겁니다.

자, 그래서 우리가 일반적으로 이상과 가치를 제대로 실현한 사람들을 어떤 곳에서 찾아내느냐? 보통은 위대한 성인, 즉 소크라테스, 공자, 부처, 예수, 무함마드와 같은 존재 속에서 발견합니다. 그랬을 때 이 위대한 성인이 모범이 되는 이유가 뭐냐 하면, '그 사람들이 인류의 가치를 가장 잘 실현하고 추구했다!' 이렇게 보는 거죠. 모범이 되는 이유는 무엇이냐? 고통 속에서 세상의 진리와 인간의 진정한 가치를 추구했기 때문입니다. 그래서 중요한 것은 '삶의 가치'입니다. 무엇보다도 이 사람들이 위대하게 되는 이유, 그것은 고통 속에서 진리와 가치를 추구했다는 거예요. 아주 숭고한 가치의식이지요. 이것을 논리적으로 가만히 생각해 보면, '고통 속에서'라는 말 자체를 다른 표현으로 하면 '삶 속'이라고 보면 됩니다.

우리 인간의 삶을 불교에서는 그렇게 얘기를 하죠? 인간의 삶을 어떻게 보느냐? '삶 자체는 고통이다! 고苦!' 생로병사生老病死 자체가 고통의 나열입니다. 기독교의 예수도 삶을 어떻게 봅니까? 인간이 살아가는 이 세계를 지상낙원으로 보기보다는 아담과 이브가 선악과를 먹은 후 죄악으로 전락한 아픈 곳으로 보고, 하나님 예수님을 잘 믿고 천국으로 가야 한다는 논리를 편단 말입니다. 우리 인간의 삶이 그런 방식으로 인식되어 있거든요. 물론 불교나 기독교의 내용은 신앙적인 사안이기 때문에 비전문가인 제가 함부로 다루며 얘기하기는 어렵습니다만, 인간은 고통 속에서, 다른 말로 하면, 삶 속에서 진리와 가치를 추구한다는 것입니다. 그러면 삶 속에서 진리와 가치를 추구하기 위해서는 뭘 해야 되느냐? 그만큼의 동기부여가 되어야 할 것 아니예요. 삶에 대한 동기가 부여되어야 살맛이 날 것 아닙니까? 여기에서 삶에 동기를 부여하는 작업이 교육입니다.

••• 교육 — 가치를 창출하는 징검다리이자 디딤돌이다

교육! 그러니까 다시 교육이 필요한 이유는 무엇이냐? 고통스러운 삶 속에서 그 삶을 활성화 시키고, 보다 유동적이고 알차고 건강하게 만들어가기 위한 하나의 방책이라는 거죠. 그것이 교육이 필요한 이유입니다. 그렇다면 이 삶을 가만히 봅시다. 고통 속에서 진리와 가치를 추구하는 성인들의 삶을 보면, 첫 번째, 태어났을 때부터 그 가치추구의 순서는 어떠하냐? 감각적인 어떤 것에서부터 생명을 불어넣는 것으로, 나아가 보다 고차원적인 것에서 종교적 가치에 이르기까지 높은 수준의 가치를 지향합니다. 여러분은 삶의 가치 차원에서 어느 정도 감각적인가요? 생명적 가치를 느끼는가요? 정신적 차원이나 종교적 가치는 어떻습니까? 수준 높은 차원의 가치를 지향하나요? 그것을 보면 여러분이나 저의 삶이 어느 정도 어떤 수준에서 성숙되었는지 알 수 있습니다.

우리가 인간으로서 교육을 실천하며 어떤 가치를 추구했는지 판단할 수 있죠. 제가 볼 때 아마 이 글을 읽거나 강의를 듣고 있는 여러분 정도라면, 최소한 생명적 가치를 넘어 정신적 가치 이상을 지니고 있지 않을까? 이런 느낌이 좀 많이 듭니다. 이 글을 읽고 강의를 듣는 분들 가운데 종교적 가치를 넘어 아주 성인에 가까운 사람도 있을 수 있겠죠? 우리가 이러한 삶의 가치에 치중되어 있기 때문에 전 인류의 많은 사람들이 종교를 믿으면서 그 속에서 삶의 진리를 찾으려고 노력하는 거예요. 그게 바로 무엇이냐? 삶에 빛이 될 만한 진리를 추구하려는 노력입니다. 그것이 교육이 필요한 두 번째 이유예요.

이렇게 본다면 우리 인간이 교육을 필요로 한 이유는 무엇이냐? 교육이 '가치와 진리 발견의 징검다리'가 되기 때문에 그렇습니다. 앞에서도 제가 징검다리 얘기를 했죠? 교육은 일종의 '삶의 징검다리'입니다. '디딤돌'입니다. 그러니까 이쪽의 아래 단계에서 저쪽의 높은 단계로 넘어가기 위해, 여기에서 그냥 풀쩍 뛰어 넘어가는 게 아니라는 말입니다. 넘어가기 위한 가운데서 뭡니까? 끊임없이 작용을 해야 해요. 이것에 교육이라는 이름을 붙인다는 거죠. 그러면 넓은 의미에서 교육은 우리가 살아가는 삶 속에서 일하는 작업 모두를 지칭합니다. 교육은 작업이자 일이라고 그랬잖아요. 이 작업이라는 것 자체가 일종의 교육이 됩니다. 그 작업 속에 우리가 무언가를 느끼고, 무언가를 생산적으로 창출하고, 업데이트 시키고, 때로는 불필요한 어떤 것들은 부숴 없애고, 다른 것으로 변형시키고, 그렇게 가죠. 그런 것들이 작업입니다.

우리 인간은 어떻게 되어야 하느냐? 교육을 통해 자연법칙과 삶의 관계를 이해해야 합니다. 왜 그러느냐? 우리가 삶의 가치를 추구하고 지향해갈 때는, 반드시 가치를 지향하기 전에 이미 어떤 것이 존재한다는 것을 전제로 합니다. 이미 있는 존재가 있습니다. 이미 있는 것들을 자연법칙에 비유해볼 수 있습니다. 그러면 이미 존재하는 것들 속에서 인간은 어떻게 되느냐? 이미 존재하는 것들 속으로 던져집니다. '기투企投; Projection'된다는 말입니다. 하이데거에 의하면 현존재로서 존재양식에 이미 던져진 것입니다. 이렇게 현존재에 던져지는 것을 한자로 기투라고 그래요. 우리의 삶이 세상에 던져져요. 인간은 태어났을 때 스스로 모든 것들을 헤쳐 나가는 것이 아니고, 태어나 보니깐 이미 어떤 사회가 어떤 세상이 내 앞에서 기다리고 있어요. 그런 사회나 세상에 던져졌기 때문에, 인간은 그 속에 던져진 삶 자체를 이미 있는 것과의 관계를 통해 해소해야 됩니다. 그 해소작업 과정에 중요한 사안이 많이 있습니다. 삶에 필요한 지식이라든가, 행동규범이라든가, 수없이 많은 도구들이 존재합니다. 이런 것들을 제공해주는 게 바로 교육이라는 거죠.

이 자연법칙과 삶의 관계를 이해하다 보면, 자연법칙 속에 이미 존재하는 것 가운데 내가 매몰되어 살기보다는 '조금 높은 차원의 가치체계가 있을 것이다!' 그것을 꿈꾸는 거죠. 우리가 흔히 드림dream이라고 그러잖아요. 꿈을 꿔보는 겁니다. 성취되고 안 되고는 그 다음 문제입니다. 중요한 것은 꿈을 꾼다는 것 자체입니다. 그런 말도 있습니다. '꿈은 이루어진다!', '미래는 꿈꾸는 자의 것이다!' 꿈꾸는 사람에게만 현재 나의 모습이 동그라미처럼 이렇게 되어 있는데, 다른 모습, 예컨대 네모난 모습으로 전환해가기 위해, 점점 어떻게 됩니까? 처음에는 그냥 동그라미를 조금씩 허물며 나아가겠지만, 점점 네모 모양으로 만들어나가 완전한 네모꼴로 이렇게 갔다가 저렇게 갔다가 노력하면서 네모로 바꿔가겠죠. 이 과정을 다른 말로 성장이라든가 발전이라고 얘기하는데, 여기에 개입하는 것이 다름 아닌 교육입니다. 현재의 모습보다 훨씬 원활한 삶의 상태를 조성해 나가기 위한 요건들이라고 볼 수 있겠죠.

그래서 우리 '인간에게 왜 교육이 필요하냐?'라고 했을 때, 쉽게 말하면 인간이라면 누구나 현재보다 미래가 훨씬 밝다고 가정을 하는 데서 교육이 기인합니다. 물론, 염세주의자들이나 비관주의자들은 '미래가 보이지 않아!', 그리고 극단적으로는 '미래가 없어!'라고 얘기하기도 합니다. 그러나 교육이 인간에게 주는 하나의 희망은 무엇이냐? 미래를 고민할 때 교육을 통해 보다 밝은 차원으로 삶을 이끌어 낼 수 있다고 보고 가치를 지향하는 겁니다. 그것이 '교육적 진리' 혹은 교육적인 어떤 소망으로 드러날 수 있습니다. 인간이 가치를 지향하지 않는다고 했을 때, 우리는 교육을 심각하게 실천해야 할 어떠한 이유를 발견할 수 없습니다. 교육할 이유가 전혀 없습니다.

이전 시간에 훈련과 교육의 차이를 얘기하면서, 훈련은 뭐라고 했습니까? '가치중립적'이라고 했지요. 그런데 교육은 가치를 적극적으로 끄집어내고 인도합니다. '가치 지향적'입니다. 그런 차원에서 인간에게 교육이 필요한 두 번째 이유로 제시한 가치지향은, 우리가 지금 나의 삶을 혹은 미래세대인 후손의 삶을 보다 단단하고 건강한 형태로 이끌어내려는 노력입니다. 교육이라는 제도와 사고를 비롯한 다양한 교육적 행위를 만들어, '인간이 자기전개를 해 나간다!' 그렇게 보는 것이 타당합니다.

그렇다면 여러분! 현재 한국사회는 어떻습니까? 교육의 가치나 필요성을 심도 있게 고민하고 있습니까? 솔직하게 정돈해 보십시오. 한국사회가 정확하게 진단되어야, 한국교육은 무엇을 지향하고 어떤 가치를 지향하는지, 구체적으로 성찰할 수 있습니다. 가치지향이라는 교육의 필요성을 끄집어 내 놓고, 솔직하게 '나에게서 가치지향은?', '대한민국 사회의 가치지향은?' 무엇이냐는 거죠? 그것에 대한 진지한 고민을 해보려는 것이 이 글을 정돈하는 목적이라고 할까요? 그렇게 볼 수가 있겠습니다.

04

경험의 총체인 문화를 전수하라

여러분! 앞에서 교육이 필요한 이유에 대해 두어 가지를 얘기했습니다. 인간은 장기간 삶을 준비해야 하고 미성숙에서 성숙으로 가기 위한 어떤 장치들 때문에 교육이 필요하다! 그리고 인간은 무엇보다도 가치를 지향하기 때문에, 이상을 추구하기 때문에, 교육이 필요하다! 이 이외에 교육이 필요한 또 다른 이유가 있습니다. 그것은 바로 경험의 총체인 문화를 전달하는 기능입니다. 인간에게는 다른 존재가 갖고 있지 않은 문명 또는 문화라는 것이 있어요. 문화는 삶의 양식, 생활양식이라고 하는데, 인간이 살아가기 위해서는 반드시 이 문화라는 것을 '어떤 방식으로 전수받고 어떤 방식으로 활용하고, 어떤 방식으로 누려야 되느냐?' 그런 문제가 대두합니다. 이 문화라는 것은 인간에게만 존재하고 인간만이 누릴 수 있는 고유한 현상입니다.

예를 들어 개와 같은 짐승이 모여 특별히 재미있는 어떤 형태를 보인다든가, 소나 닭과 같은 가축들이 모여 어떤 무리를 이루어 서식하면서 독특한 행동을 보일 때, 우리가 그것을 문화라고 얘기하지는 않습니다. 인간들이 모여 문화나 문명 또는 제도를 만들어내고, 그것을 전수하고 때로는 폐기시키고, 부정하기도 하고, 그런 식으로 사회가 진행되어 나가거든요. 교육이라는 것이 다른 무엇보다도, 이 문화를 어떻게 전수하느냐와 직접적으로 관계되어 있단 말입니다.

••• 문화 ─ 긍정적 측면과 부정적 측면을 고려하라

교육의 필요성을 보다 세밀하게 이해하기 위해 문화가 무엇인지 다시 봅시다. 문화가 무엇이냐? 여러분과 제가 중고등학교 때 배웠습니다만, 문화는 일반적으로 인간이 살아가는 삶의 양식이라고 얘기합니다. 삶의 양식! 거기에는 뭐가 들어 있느냐? 인류의 지식이라든가, 삶에 필요한 도구나 기능기술이라든가, 그 이외에 인류가 가져야 할 태도라든가, 법률이라든가, 습관이라든가, 다양한 삶의 양상이 있어요. 다시 말하면 우리 삶의 밑거름이 되는, 삶에 활력소를 주는 어떤 요소들이 담겨 있습니다. 그래서 이 문화를 다른 말로, '생활양식의 총체'라고도 합니다. 생활양식의 총체!

지금 제가 여러분에게 이 글을 제공하고 강의를 하고 있는 것도 '책 문화', '읽기 문화' 혹은 인터넷으로 진행되는 '사이버 교육문화'가 될 수 있고요. 우리가 입고 있는 옷도 하나의 '의상 문화'가 될 수 있고요. 책을 만들 때 필요한 다양한 기기들은 '출판문화'의 한 영역이 될 수 있습니다. 또한 강의를 촬영하는 데 필요한 관련 기구들은 모두가 '영상문화'의 한 양상입니다. 이런 부분들을 어떤 형식으로 유지하고 지속시키며 발전시켜 나가야 할 것인가? 그런 문제가 대두해요. 그것은 교육을 하지 않으면 안 되는 거죠.

예를 들어, 글을 쓰기 위해 출판사와 접촉하며 여러 가지 도움을 받기 위해, 또는 인터넷 강의를 하기 위해 컴퓨터 인터넷 기기들을 제대로 활용하려면 어떻게 해야 하느냐? 가만히 있으면 누가 해줍니까? 제가 아무리 교육학이나 철학 분야에서 지식을 조금 알고 있다 하더라도, 그것만 가지고 책을 쓰거나 강의를 할 수 있는 건 아닙니다. 글을 써서 출판을 하려면 출판사의 도움을 받아야 하고, 인터넷 강의를 추진해 나가려면 어떻게 해야 되겠습니까? 강의를 잘 준비할 수 있는 스튜디오를 빌려야 하고, 촬영을 담당한 피디로부터 강의 기구를 어떻게 쓰는지 교육을 받아야 된다고요. 교육을 받지 않고서는 강의를 촬영할 수가 없는 거예요. 그렇다 보니까 자연스럽게 생활양식의 총체인 문화를 어떤 방식으로 전수할 것인지, 지속해 나갈 것인지, 때로는 부정하고 때로는 혁신해갈 것인지, 이런 부분이 심각하게 다가옵니다. 그 가운데 문화를 잘 전수해 주려는 차원에서 교육이 굉장히 중요하다 이겁니다.

문화전수는 전달해주는 측면도 있고, 재획득하는 측면도 있고, 여러 가지가 있습니다. 그러니까 우리가 단순하게 극단적으로, '아! 대한민국의 문화라는 것이 서양의 선진문화나 문명에 비해 상당히 낙후적이야! 이런 문화는 별로 재미없어! 대한민국 사회의 문화 자체를 모두 갈아엎어야 돼! 뒤집어야 돼! 필요 없는 거야!' 이런 생각만 가진다면 우리가 대한민국에서 살 필요가 없는 거예요. 예를 들어 대한민국의 사회문화가 긍정적이라면 우리가 적극적으로 습득해서 보다 건강하게 만들어가야 할 의무가 있는 거죠. 부정적이고 나쁜 형태의 아주 고질병적인 좋지 않은 문화가 있다! 그리고 한국인 가운데 많은 사람들이 이런 부분을 좋게 여기지 않으니까 없애가야 된다! 이런 것들도 충분히 있을 수 있잖아요. 그런 것들은 혁신하고 개혁해서 없애거나, 아니면 개선해야 되는 거죠.

그런데 문화 자체를 부정을 해버리면, 공동체를 살아가며 생활하는 사회자체 혹은 인류를 부정하는 꼴이 돼요. 그런 모습까지 교육이라는 범주에 집어 넣어서, '문화의 전달이라든가 경험의 전달이라든가 반드시 재획득해야 된다' 이런 방식으로 교육할 수는 없다는 겁니다. 문화자체를 부정해 버리는데 그것을 교육의 중심 문제로 다루기는 어렵지요. 그런 차원을 염두에 두고 우리에게 교육이 필요한 이유로서 문화전수를 고려할 필요가 있다고 생각합니다.

••• 문화공동체 ― 문화를 연결하는 고리를 파악하라

우리가 교육을 통해 왜 문화를 전수해야 되느냐? 일상생활에서 늘 얘기하는 것이지만, 그것은 짐승의 생존과 인간의 삶을 대비하면 쉽게 이해할 수 있어요. 짐승은 본능적인 신호체계에 의해, 쉽게 말해 본능에 의해 자연 상태에서 살아간단 말입니다. 그런데 인간은 언어라든가 제도라든가 법과 같은 다양한 문화를 창출해내요. 앞에서 교육의 가능성과 한계성을 언급할 때 사례가 나왔잖아요. 인간에게 과연 교육이 '가능하냐? 가능하지 않냐?' 이렇게 했을 때 늑대 아이를 비롯하여 여러 가지 사례가 나왔지요. 그때 그냥 말이라든가 글이라든가 제도나 법과 같은 다양한 문화를 전수하면서 일러주지 않으면, 인간은 짐승처럼 돼요. 때문에 말이라든가 글이라든가 제도라든가 법과 같은, 인간에서 인간으로 이어주는 '어떤 고리 역할을 하는 것이 교육이다' 이 말이죠.

자, 그랬을 때, 그 고리를 만들어 문화를 이어가게 해야 인류가 지속됩니다. 고리라는 것은 이것과 저것을 연결하는 것이잖아요. 이것과 저것을 별도로 두면 떨어져 있게 되잖아요. 떨어져서 분리되어 있게 된단 말이에요. 고리가 서로 연결되어 나가다 보면, 이것과 저것, 또 다른 것들이 지속적으로 고리를 통해 연결되어 있지 않습니까? 이 고리 역할을 하는 것이 바로 교육이란 말입니다. 한 문화와 또 한 문화가 고리와 고리로 연결되어 자기를 확인하는 것! 인간 사회는 그런 속성을 지닙니다. 인간은 자기 확인을 위해 끊임없이 고민을 해야 됩니다. 그것이 바로 문화공동체라는 거죠. 문화공동체의 자기문화에 대한 인식은 교육을 통해 익힐 수밖에 없습니다. 때문에 교육의 필요성이 문화전수와 습득에 있다는 겁니다.

교육에서 문화의 문제를 거론하는 이유가 거기에 있습니다. 문화라는 것은 뭐냐 하면, 단순한 도구라든가 기계적 차원의 양식을 초월해 있습니다. 그러니까 어떤 사람이 어떤 물건 하나를 단순하게 쓰는 것이 아니고, 그 속에 담긴 의미도 보아야 되고요. 복잡해요. 이글을 쓰면서 강의를 하면서, 그때 쓰고 있는 연필 하나도 보십시오. 연필 자체만 보면 '플라스틱으로 만들었다, 그 안에 심에는 먹이 들어있다' 이렇게 되잖아요. 그런데 연필에 부여하는 의미를 씹어보면, 바로 문화적인 것으로 되는 거예요. 연필을 만든 여러 가지 재료를 그 자체로만 보면 그냥 물질이죠. 하지만 그것을 통해 창출되는 사람의 의미들, 단순 도구나 기계적 차원의 양식을 초월하여, 우리 삶의 경험이 녹아 있는 행동양식으로 전환되지요? 그것이 문화란 말입니다. 그러니까 여기에 의미부여를 해서 '이 도구를 가지고 쓰겠다', '남에게 넘겨 주겠다', '더 좋은 도구를 만들겠다' 등 여러 가지 상상과 사고를 발동하지 않습니까? 그런 것들이 바로 문화를 생산해내는 어떤 기제가 된다는 거죠.

그래서 이런 문화를 생산해 내려는 사고를 풍부하게 하고, 하나의 삶의 양식으로 만들어내게 해주는 핵심적 장치가 무엇이냐? 그것이 '다름 아닌 교육이다!' 이 말입니다. 여러분 그래서 교육이 지닌 의미를 뜯어보면요. 다양한 형태의 문화요소가 이미 담겨 있습니다. 교육의 내용 자체도 문화를 정제해 놓은 것이고요. 그 정제해 놓은 문화를 또 다른 문화에 연결시켜, 보다 융복합적인 어떤 새로운 물질문명 정신문화를 만들어내는 기제가 교육입니다. 그래서 우리가 문화를 언급할 때 삶의 경험이 녹아 있다고 얘기하는 겁니다. 녹아 있다는 말은 스펀지 속으로 물이 스며들어 가거나 혹은 물 속에 미네랄이 녹아 있잖아요! 미네랄워터mineral water 라고 그러듯이, 물에 녹아서 보이진 않지만, 그것처럼 문화가 삶 속에 녹아들어 우리 인간의 삶을 형성하고 있다 이 말이죠.

문화는 인간의 삶을 형성하기 때문에, 체험되고 체득되고 다른 사람들과 공유되어야 합니다. 그래서 이 문화는 반드시 집단에 의해 전달되고 재획득되어야 해요. 예를 들어 어떤 사람이 이럴 수가 있습니다. 일반적으로 헤어스타일hair-style도 유행이 있잖아요. 보통 사람들은 머리를 좀 단정하게 깎고 아니면 파마를 하거나 머리를 묶어서 다니거나 그러잖아요. 그런데 어떤 사람이 머리를 아주 그냥 독특하게, 위로 치켜 올려서 세상에 아무도 하고 다니지 않은 티T자 모양으로 만들어서 막 다닌다고 합시다. 정말 그런 모양을 하고 다니는 사람은 세상에 자기 밖에 없어요. 물론 개성은 있죠. 그런데 그것을 오늘날의 독특한 헤어스타일이다 하면서 마치 헤어스타일의 전형이란 듯이 말하고 돌아다녀요. 그런데 그것은 문화가 아닙니다. 우리 사회에 집단적인 삶 속에 녹아 있는 것이 아닙니다. 생활양식으로 녹아 있지 않습니다. 녹아서 함께 공유되었을 때만이 문화가 되는 거예요. 그런 헤어스타일은 그냥 개인적으로 독특한 스타일인 개성이죠. 나름대로 독특하게 삶을 영위해가면서 나는 다른 삶을 살고 싶다는 독특성일 뿐이지, 사회가 보편적으로 인정하는 생활양식인 문화로 굳은 것은 절대 아닙니다.

그래서 문화는 무엇이냐? '반드시 집단에 의해 전달되고 재획득되어야 할 문제이다!' 이렇게 봐야 되는 겁니다. 다시 정돈하면 문화는 인간 경험의 총체가 되는 겁니다. 인간의 경험을, 다른 말로 하면 삶이 되죠. 이제 여러분은 문화와 교육의 문제를 이렇게 볼 수 있을 겁니다. 교육을 통해 문화가 전수된단 말입니다. 전달된단 말입니다. 그러면 이건 다른 말로 또 뭐가 되느냐? 문화가 경험의 총체이기 때문에, 이 경험을 어떻게 해요? 이 경험의 총체인 문화를 또 다른 경험의 총체로 연결하고 전달해가는 그런 차원이 되는 거죠. 그러니까 앞세대가 뒷세대에게, 뒷세대가 또 다음 세대에게, 현재 세대가 미래세대에게, 뒷세대가 앞세대에게, 거꾸로 기능하는 경우도 있고요. 그렇습니다.

••• 경험의 공유 — 문화의 개인적이고 공동체적 측면을 아우르라

이런 차원에서 교육은 경험을 또 다른 경험으로 끊임없이 전달해주는 겁니다. 이 경험의 전달 과정은, 크게 두 가지 정도로 나누어서 볼 수 있습니다. 하나는 개인의 입장입니다. 개인의 입장은 공동체 내에서 자립적인 생활을 하게끔 만들어 줍니다. 왜 그러냐 하면, A라는 어떤 사회가 있습니다. A라는 이런 사회가 있을 때, a라는 개인과 b라는 개인과 c라는 개인 등 다양한 사람이 이 사회에서 살아가겠죠. 그러려면 가장 중요한 것이 무엇이냐? a라는 사람은 한 사회공동체 내에서 적용되는 제도라든가 법이라든가 윤리라든가 이런 것을 터득하고 있어야 만이 어떻게 됩니까? 그 사회의 여러 구성원과 어울려서 살아갈 수 있겠죠. b라는 사람도 마찬가지고 c라는 사람도 마찬가지에요. 그러니까 a, b, c 등등 여러 사람은 한 사회공동체의 구성원으로서 공동체의 경험을 이미 갖고 있어야 만이 자립적으로 생활이 가능한 겁니다. 그 사회공동체에 적용되는 문화를 터득하여 갖고 있지 않고서 어떻게 자립을 할 수가 있겠어요. 스스로 잘 살아갈 수가 없습니다. 사람이라는 것이 한 사회 속에 던져진다고 해서 그냥 살아갈 수 있는 것은 아닙니다. 어떤 사회에 던져졌을 때, 그 사회가 오랫동안 지녀왔던 공동체의 경험을 갖고 있지 않으면, 그 사회공동체에서 튕겨 나오게 되어 있습니다. 재미있게 얘기하면, '왕따'를 당해요! 공동체의 사람들이 함께 보려고 하지 않습니다. 그러니까 튕겨나갈 수밖에 없죠.

공동체의 입장에서 볼 때 어떻게 되느냐? 경험을 전달하는 차원에서 교육이 무엇인지 고려하면, 미래세대에게, 그러니까 우리에게 공동체가 있을 때, 여기에 A라는 사회공동체가 있고 그 속에 현 세대 혹은 이전 세대나 기성 세대, 그 다음에 또 여러 형태의 미래세대가 함께 살고 있겠지요. 이 사회공동체에 함께 속해 있는 이전 세대가 미래세대에게 공동체의 과업을 전달해주는 거예요. 이런 경우가 많죠. 일반적으로 한 사회공동체에는 그 시대를 이끌어가는 기성 세대가 있습니다. 기존에 존재한 현 세대들이 있습니다. 현 세대들이 미래의 어른이 될 청소년이라든가, 미래에 사회지도자가 될 사람이라든가, 다양한 사람들이 있겠죠. 이런 사람들에 대해 어떤 경우에는 이 세대를 지칭할 때, '엑스X 세대', '엔N 세대', '피P 세대' 등 다양한 형태의 세대이론을 펼칩니다. 그러나 어쨌든 간에 기성 세대가 갖고 있던 공동체의 과업문화가 있단 말입니다. 그러면 그것을 이 사람들에게 전달해줘야 되지요. 이 사람들에게 덮어씌우라는 게 아닙니다.

　　기성 세대가 갖고 있는 어떤 문화적 생각들, 어떤 특정한 과업들을 우리 후손들에게 뒤집어 씌워서는 안 됩니다. 절대 안 되는 거예요! 왜 그러냐? 후속 세대, 미래세대는 자신들의 시대정신, 자신들의 시대가 요청하는 것에 의해 자신들이 살아가야 할 삶이 있습니다. 더구나 오늘날은 급격하게 시대가 변합니다. 그런데 현재 기성 세대인 어른들이 미래세대에게 '우리가 했던 방식으로 너희들도 그대로 살아야 한다!' 그런 건 있을 수가 없죠. 대신 이런 건 있을 수 있습니다. '우리가 이러이러한 방식으로 살아보았는데, 동서고금을 막론하고 인류 보편적으로 사람 사이에 약속을 잘 지켜야 된다거나, 사람 사이에 신뢰가 있어야 된다거나, 이런 윤리들은 보니까 누구나 지키면 좋겠어!'라는 충고는 충분히 해줄 수 있어요. 그런데 '한국 사람들은 밥만 먹어! 우리 한국 사람의 주식은 쌀이야, 된장이야 그러니까 밥만 먹고 김치만 먹어! 된장만 먹어!' 물론, 이것은 한국 사람들이 지니고 있던 일종의 식생활 문화란 말입니다. 그랬을 때 우리 후속 세대에게 '너희들도 우리가 먹었던 것처럼 무조건 쌀과 김치와 된장만 먹어!' 그렇게 해서는 안 됩니다. 그것은 일종의 아주 왜곡된 권위주의이자 획일적 강요입니다. 그런 식으로 문화를 전수하란 말이 아니죠. 여기에서는 기성 세대가 갖고 있던 내용 가운데 또는 하던 일 가운데 버려야 될 과업도 있고요. 좋은 것들은 보다 훌륭한 전통으로 만들어서 이어가야 될 과업도 있는 겁니다. 어쨌든 논리적으로 볼 때, 사회공동체 입장에서는 미래세대에게 공동체의 과업을 완수할 수 있도록, '문화 경험의 총체를 전수해줘라! 전달해줘라!'라는 겁니다. 무조건 내가 갖고 있는 것을 뒤집어씌우라는 말이 절대 아닙니다.

　　앞에서 언급한 내용을 정돈하면, 현 세대의 소중하고 의미 있는 경험들, 소중하고 의미 있는 경험들은 어떻게 보면 벌써 긍정적인 것일 수 있습니다. 이런 긍정적 차원들은 미래세대에게 전달하고, 그것이 미래세대에게 전달되어 교훈이 되고 역사가 되고 또 지속할 수 있는 어떤 규범이 될 수가 있겠죠. 그 다음에 혹시 잘못된 문화가 있으면 개선하고 개조해야 합니다. 이런 것들은 누구의 몫이냐? 미래세대의 몫입니다. 그러니까 미래세대도 이런 거죠, 기성 세대나 현 세대에 대해 함부로 덤벼들거나, '당신들이 우리에게 해준 것이 무엇이 있습니까?' 이렇게만 얘기할 게 아니에요. 최소한 교육적으로는 그렇습니다. 때문에 교육을 전수하는 과정에서 올바른 가치관을 가질 수 있도록 교육을 받고 동기부여를 받아서, '아! 우리 이전 세대 혹은 미래세대는 이러이러한 환경요소들 때문에 능력이 있음에도 불구하고 과업을 완수하지 못했다! 그러면 그 이전 세대가 못한 것은, 우리가 더 좋은 시대를 살고 있고, 더 좋은 기자재, 도구들이 많으니까 우리들이 만들어가겠다!' 이런 의식을 가져야 되는 겁니다. 그러니까 쉽게 말해서, 교육적 차원에서 이해하면, 문화전수는 앞세대와 뒷세대 혹은 동일한 현 세대 내에서도, 누가 누구를 탓하거나, 누가 누구를 배척하거나, 그런 차원이 되어서는 곤란한 거죠. 배척하기보다는 뭡니까? 잘못된 것을 개선해 가려고 하면 되는 거예요. 개혁을 하면 되는 것이죠. 그런 차원에서 우리가 과연 소중하고 의미 있는 경험이라고 했을 때, 소중하고 의미 있는 것이 과연 무엇일지 고민해야 합니다.

여러분은 어떻습니까? 문화는 다양합니다. 집안문화도 있고요. 마을공동체문화도 있고요. 아파트문화도 있고요. 학교문화, 청소년문화, 대학문화, 또래문화 등등 수없이 많은 문화가 있습니다. 대한민국 전체 사회 문화도 있고요. 아니면 21세기 사회의 물질문명, 정신문명, 과학문명 등 여러 가지 문명도 많이 있습니다. 그 중에서 여러분에게 정말 소중하고 의미 있는 경험들, 문화공동체는 과연 무엇인가요? 그것이 인지되어야, '이것은 나에게 소중한 것인데, 다른 사람에게도 소중할까? 그렇지 않을까?' 그런 것들이 도출되어 나올 수가 있는 거죠.

전체적으로 정돈해 봅시다. 교육의 기능이나 교육의 필요성은 앞에서 누누이 설명했듯이, 문화적 유산을 다음 세대에 계승하고 유지시켜 주는 그런 역할이 있다. 그래서 문화를 계승하고 유지할 때, 내면적 각성을 통해 또 문화를 확충하고 발전시켜야 되겠다. 우리에게 소중하고 의미 있는 그런 문화가 지금 21세기 초반 대한민국 사회에서 어떻게 각성하고 어떻게 확충하며 발전해나가야 될 것인가? 그런 부분에 대한 고민이 중요하다는 겁니다.

그래서 인간은 어떻게 됐느냐? 이 축적한 문화와 역사를 통해 문화의 핵심을 전달하고 비판하는 디딤돌 역할을 하는 것이 바로 교육이다 이겁니다. 여러분! 말 중에 그런 말이 있죠. '디딤돌!', '걸림돌!' 이런 두 가지 유형의 돌이 있는데, 내가 디디고 갈 수 있는 징검다리와 같은 역할을 하는 돌이 있는 반면에, 갈 때마다 걸려요. 걸려서 넘어져요. 그런 걸림돌이 있는 거예요. 자, 그러면 우리가 이 문화유산에 대해 교육은 무엇이냐? 앞에 있는 문화유산이 걸림돌이 되기보다는 교육을 통해 디딤돌로 삼아, 보다 나은 한층 질적으로 고양되고 승화된 그러한 문화를 추구해 나가는 데 기여하는 것이 교육이다 그런 말이죠. 그래서 여러분! 어떤 곳에 가든지 걸림돌보다는 디딤돌이 되는 것이 훨씬 인간적이고 교육적이고 미래지향적이고 희망과 소망을 드러낼 수 있는 그런 용어가 될 수 있겠죠. 문화를 전달하는 디딤돌로서 교육은 절대적으로 필요하다! 그것이 교육의 문화전수 기능이라고 볼 수 있겠습니다.

제6강

교육은 인간에게
어떤 능력을 담보하는가?

여러분! 왜 교육을 합니까? 그걸 통해 무슨 효과를 보려고 하는 겁니까? 많은 학자들의 의견 중 가장 강력한 주장이, '교육은 사람이 지니고 있는 능력을 향상시켜 준다'라는 것입니다. '교육을 받은 사람과 받지 않은 사람의 차이가 무엇이냐?'라고 물었을 때, 우리는 그 무엇보다도 '능력'을 꼽을 수 있습니다. 교육받은 사람의 능력을 믿으려고 합니다. 왜냐? 초등교육을 받은 것이 아니고 고등교육을 받았기 때문에. 그런 얘기들을 할 수 있죠. 충분히 할 수가 있습니다. 두 번째, 교육은 우리가 살아갈 수 있는 힘인 습관을 형성시켜 줍니다. 여러분은 주변의 어떤 사람들로부터 그 사람의 여러 행동에서 어떤 습관들을 발견할 수 있을 겁니다. '그 사람의 말투가 그래! 제스처를 많이 쓰기도 하고 머리를 긁적이는 버릇이 있어!' 등과 같이, 여러 가지가 습관을 확인할 수 있을 겁니다. 이 습관이 무엇이냐? 그것은 우리의 삶을 실질적으로 추동하는 힘이에요. 그래서 습관에 대해 부정적으로 얘기할 때는, '그 사람 보니까 잘못된 습관에 의해 삶이 일그러졌어! 버릇이 없다고!' 뭐 이런 얘기를 한단 말입니다. 그러나 습관이 긍정적으로 정당하게 사회적으로 공인받는 것으로 나아갔을 때에는 엄청난 힘을 발휘하게 됩니다. 그렇게 습관을 형성하게 만들어주는 것이 바로 교육입니다. 세 번째는 교육을 많이 받은 사람일수록 뭘 할 수 있느냐? '문제해결능력이 강할 수 있다!' 그러니까 우리가 초등 – 중등 – 고등교육으로 단계를 높여가면서 왜 교육을 하느냐? 교육의 단계가 올라가면 갈수록 복잡한 문제들을 해결할 수 있는 능력이 탁월할 것이다. 그런 예상과 믿음 때문에 교육을 받는 겁니다. 네 번째는 교육을 통해 무엇을 할 수 있느냐? 사람들에게 자극과 격려를 할 수 있습니다. 일상을 살아가다 보면 삶이 밋밋하잖아요. 그럴 때 어떤 자극을 탁 던져주면, '누군가의 자극, 무언가의 자극에 의해 내 삶이 바뀌었다! 그 누군가가 격려해주고 고무해 줌으로 인해 내 인생이 바뀌어 가고 있다! 기분이 좋다!' 여러 가지 현상이 나타날 수 있어요. 이런 것도 교육이 필요한 이유 중의 하나라는 거죠. 이번에는 여러분의 능력향상, 습관형성, 문제해결능력, 그리고 자격과 격려라는 데 포인트를 두고, 교육이 필요한 이유를 설명해 보겠습니다.

01

인간의 능력을 극대화 할 수 있는가

첫 번째, '능력향상'입니다. 과연 교육을 통해 능력을 향상한다는 것이 어떤 의미일까요? 우리 인간에게는 능력, 흔히 말하는 힘이라는 것이 있습니다. 영어로는 파워power라고 합니다. 그 힘은 누구에게나 있습니다. 그런데 힘을 가지려면 그것을 단련하는 무언가를 해야 합니다. 우리가 근력을 단련하려면 운동을 해야 되잖아요. '역기를 든다', '푸쉬업을 한다', '달리기를 한다', '걷기 운동을 한다' 등 여러 가지 운동을 해서 단련을 하듯이, 이 사회를 헤쳐 가는 데 여러 가지 능력이 필요하단 말입니다. 그것에 기여하는 것이 교육이라는 말입니다. 우리가 능력을 훈련하거나, 능력을 극대화해 나간다고 했을 때, 교육이라는 것이 어느 정도 기여할 수 있느냐? 이런 문제에 대한 진지한 고민이 필요합니다.

••• 능력 — 시대정신에 맞는 능력의 기능을 찾아라

자! 그러면 여러분! 생각해 보십시오. 먼저, 능력을 향상해 나갈 때, 단순하게 '교육을 통해 나 개인의 능력을 확장해간다'고 생각할 수 있을 겁니다. 이는 개인적 차원의 능력함양입니다. 또는 '한국사회가 갖고 있는 파워, 한국사회가 갖고 있는 힘이 뭘까?'라고도 할 수 있습니다. 그것은 한국사회의 집단적 능력에 관한 언급입니다. 능력은 개인적 능력뿐만 아니라 사회 집단적 능력도 존재합니다. '그것을 어떻게 계발해나갈 것인가?' 교육은 그것에 대한 비판적 성찰입니다. 우리 한국사회도 이제 대학교가 엄청나게 많아지지 않았습니까? 대학교가 많아지고, 교육도 다양한 형태로 발전하고, 이런 것들은 우리 한국사회의 힘이에요. 우리 사회를 발전하고 추동할 수 있는 아주 건강한 힘이거든요.

그런데 현재 여러분에게 필요한 능력은 무엇입니까? 지금 이 시대에 나 개인이 살아가는 데 필요한 능력! 대한민국 사회가 이 시대를 헤쳐 나가는 데 요청되는 능력! 그것이 무엇인지를 알아야 능력함양하고 그것을 극대화시킬 거 아니에요! 어떤 능력이 요청되나요? 그냥 교육만 하면 되나요? 그건 무모한 경험이자 교육적 비극입니다. 지금 개인적으로 사회적으로 어떤 능력이 필요할까요? 이 자리에서 당장 구체적인 능력을 꼭 집어 말하기는 어렵습니다. 왜냐하면, 저나 여러분이나 이 시대를 같이 살아가고 있지 않습니까? 함께 시대를 살아가면서, 고민하고 있는 상황인데, 어떻게 함부로 '이 시대의 능력' 얘기를 합니까?

그것은 다르게 표현하면 교육은 함께 고민해야 되는 겁니다. 나는 우리 사회는 무엇을 지향하는가? 그것에 따라 진지하게 고민해야 합니다. 그런데 이 시대를, 동시대를 함께 살아가면서, 단지 전문가라는 입장에서, 그것도 낡아빠진 과거의 시선으로, 어떻게 함부로 이 시대에 필요한 능력을 멋대로 제시합니까? 정말 위험한 조언입니다. 왜냐하면, 개인마다 개성이 다르고 공동체마다 요구하는 수준이 다릅니다. 대신 능력함양에 관한 대답의 가능성은 이렇게 표현할 수 있습니다. '우리 사회는 최첨단 과학기술 사회, 이전과는 전혀 다른 산업혁명의 시대를 경험하고 있다! 이런 시대에 우리가 사회에 적응하고 시대를 추동하기 위해, 어떤 것이 필요하냐? 시대정신의 요청에 따라 개인과 사회적 능력을 함양하는 교육이 필요하다!' 우리 모두 머리 맞대고 한 번 고민해 봅시다.

그랬을 때 우리 인간의 능력에는 어떤 것들이 있느냐? 인간의 능력에는 다양한 요소들이 함유되어 있습니다. 다양한 요소들 가운데는 기억하는 능력, 추리하는 능력, 의지력, 감성능력 등 이외에도 많은 능력이 있습니다. 자, 그러면 재미있게 한 번 얘기해 볼까요? 여러분! 만약 인간이 과거의 사실을 기억만 한다면, 어떻게 될까요? 지금까지 경험했던 모든 것을 기억만 한다? 그러면 과거의 사실들이 끊임없이 누적될 겁니다. 기억하는 능력이 정말 중요하지만, 이렇게 기억만 한다면, 아마 머리가 폭발할 겁니다. 그래서 우리에게는 기억 능력과 동시에 뭐가 있습니까? 망각하고 이전에 존재하던 데이터를 지워버리는, 그런 능력도 있습니다. 신이 내린 일종의 선물일 수 있습니다.

그 다음에 우리는 어떤 사안들을 다양한 방법으로 추리해갈 수 있는 능력이 있습니다. 추리라는 것은 미루어 짐작하는 일입니다. 추리는 끊임없이 미루어서 이치를 캐물어가는 능력이지요. 그러려면 뭡니까? 사전지식이 있어야 되겠죠. 예를 들어, 여기에 볼펜이 있습니다. 이 볼펜 하나를 본 어떤 사람이 '이 볼펜은 왜 한 쪽으로만 쓰게 되어 있지? 반대쪽으로 쓰게 할 수는 없을까?' 이런 추리들을 해갈 수 있는 거죠. 볼펜이라는 것은 이렇게 길쭉한데, '둥근 모습으로 만들 수는 없을까?' 이것은 딱딱한데, 조금 '말랑말랑한 모습으로 만들 수는 없을까?' 계속 추리해가는 거죠. 그런 능력이 인간에게 있다는 겁니다. 그리고 의지력이라든가 감성 능력의 경우에도 마찬가지입니다. 설명하지 않아도 우리는 이런 것을 모두 함양해갈 수가 있죠.

이렇게 인간의 능력이 많이 있는데, 이 시대에 필요한, 한국교육이 정말 추구해야 할 인간의 능력은 진정으로 무엇인가요? 기억력일까요? 추리력일까요? 의지력일까요? 감성능력일까요? 아니면 이 모든 것일까요? 예를 들어, 기억력을 강조하는 경우, 이런 문제제기가 가능합니다. 기억력? 그것은 '정보지능사회에서 인공지능이 다하는 것 아닌가?', '빅 데이터가 다하는 것 아닌가?' 그렇다 할지라도 '어느 정도의 기억력 함양 교육이 필요하지 않겠는가?' 이런 부분을 머리를 맞대고 함께 논의하면서 한국교육을 고려해야 됩니다. 어떤 해답도 특정한 개인이 내릴 수 없어요. 우리가 함께 찾아가고 탐구할 뿐이에요. 그것이 집단이 지성의 힘을 발휘하는 것이고, 우리 사회의 다양한 지혜를 통합하는 작업입니다.

••• 능력의 극대화 — 인지적 · 정서적 능력을 전반적으로 조화하라

그렇다면 이제 앞에서 말했던 능력함양의 문제를 고민해 봅시다. 교육이 무엇이냐? '교육은 능력을 최대한 끌어올리려는 기능을 한다.' 그것이 교육이론이라면 오늘날 필요한 한국교육은 어떤 능력을 기르는 교육이냐? '어떤 능력을 기르는 교육이냐?'라고 했을 때, '어떤 능력'에 해당하는 것을 탐색하는 일이 굉장히 중요합니다. 지능정보사회에서 과학기술정보를 다루는 자연과학을 길러야 하는지, 감성적 능력을 길러 인문학적 사고를 발전시켜야 하는지, 분명한 것이 무엇이냐? 앞에서 말했던 인간의 능력을 봅시다. 인간에게는 다양한 능력이 있잖아요. 기억력, 추리력, 의지력, 감성력 등등. 여러 가지가 있단 말입니다. 이 가운데 '어떤 능력 하나만 끄집어내 가지고 교육하자!' 그건 결코 아니라는 거예요. 교육은 인간에게 부여된 전반적인 능력을 발달시킬 수 있도록 힘을 불어넣어주는 작업입니다. 그것을 상기하고 있으라는 거죠.

그러니까 '교육을 해야 하느냐? 말아야 하느냐?'라고 했을 때, 교육을 하면 이런 능력들이 보다 활성화될 수 있다는 거죠. 교육을 하면 반드시 어떤 능력이 길러질 것이라고 말하는 것보다, 교육을 하지 않은 상태보다는 교육을 하는 것이 능력을 활성화 하는 데 도움을 줄 수 있다는 것입니다. 기억력을 더 높일 수 있고, 추리력을 더 끌어올릴 수 있고, 의지력과 감성능력을 더 성숙시킬 수 있다! 그런 차원에서 이해하는 것이 바람직합니다.

교육을 통해 능력을 극대화하려고 할 때, 일반적으로 '인지적 능력認知的 能力; cognitive ability'과 '정서적 능력情緒的 能力; emotional strengths'으로 나누어 구명하는 경우가 많습니다. 그랬을 때 이 시대에 우리는 어떤 능력을 확보하는 것이 좋을까요? 아니면 모든 능력을 골고루 끌어올려야 되는 것일까요? 고민을 해보자는 것입니다. 일반적으로 인간의 능력을 상징적으로 보여주는 인지적 능력과 정서적 능력을 끌어 올리려고 할 때, 능력의 정도를 계량화해 놓은 지수를 많이 따집니다. 그래서 우리가 아이큐IQ라는 지능지수知能指數! 이큐EQ라는 감성지수感性指數, 이큐에서 이E는 이모션emotion이죠. 에스큐SQ라는 사회성지수社會性指數 에스S는 소셜social이고요. 이런 것들에 대해 고심을 해야하는 겁니다.

지능지수는 개인의 차원에 머물 수 있습니다. 그런데 이것을 사회적 차원, 사회적 지능 수준으로 넓힐 수가 있어요. 우리 대한민국 사회는 어떻습니까? 문명이 개화된 사회입니까? 미개 사회입니까? 냉정하게 판단을 내려야 합니다. 경제협력개발기구OECD 회원국이라고 하여 무조건 문명국가인 것은 아닙니다. 문명국으로서의 의식과 역할을 제대로 해야 하는 겁니다. 여러분! 어떻습니까? 여러분 가운데 아이큐가 150이 넘는 아주 천재 수준에 해당하는 사람이 있다고 가정합시다.

그런데 지금 글을 쓰며 강의하고 있는 신창호의 아이큐는 90 정도의 평범한 수준이라고 합시다. 그러면 아이큐 90이하에 속하는 사람들이 많이 모인 사회라면, 그 사회의 지능은 보통 이하로 내려갈 것이라고 생각할 수 있겠죠. 아이큐 150이상의 천재 수준의 사람들이 많이 모인 사회는 사회적 지능도 많이 올라갈 수 있다고 판단할 수 있겠죠. 단순한 지능지수를 통해 한 사회의 발달 차원을 추측할 수 있을 겁니다. 그랬을 때 교육을 통해, 이 지능지수를 어떻게 높여갈 수 있을 것인가? 극대화시킬 것인가? 이런 부분들이 고민된다는 거죠.

감성지수도 마찬가지예요. 개인의 감성도 있겠지만, 사회적 감성도 있겠죠. 우리 한국사회는 어떻습니까? 삭막한 사회입니까? 좀 감미롭고 부드러우면서 살만한 사회입니까? 여러분은 어떻게 판단하세요? 저는 개인적으로 인생을 좀 낙관적으로 살아서 그런지 모르겠습니다만, 우리 대한민국 사회는 정말 살만한 아름다운 곳으로 생각하며, 선조들을 비롯하여 나라를 가꾸어온 모든 분들에게 늘 감사하며 살아가고 있습니다.

저는 어릴 때, 중학교 다닐 때까지 전깃불이 없는 곳에서 살았습니다. 아주 산골 마을에서 살았어요. 그 산골 촌구석에서 지게를 지고 나무하러 다니고, 소 먹이고 소꼴 베고, 그랬습니다. 그게 일상이었어요, 어떻게 보면 산골에서 자연을 벗삼아 낭만적으로 산 것처럼 보일지 몰라도, 도시생활이나 산업문명, 경제적 궁핍함을 전제로 하면, 아주 시달리며 괴롭게 살았단 말이에요. 그러다 보니 감성이 풍부하지 않아요. 솔직히 말해서 이 강의록을 정돈하는 글도 재미없잖아요! 재미있게 유머 가득한 글을 많이 넣어 즐겁게 해야 하는데, 잘 되지 않아 늘 아쉬움이 많습니다. 그런 측면에서 보면 제 감성지수가 상당히 낮은 것 같아요. 인생을 살면서 즐거운 감성이 생성되었는지는 모르겠습니다만, 이 사회를 가능한 한 긍정적으로 보려고 노력을 합니다. 대한민국 사회가 '제가 어릴 때보다 살만하다!', '희망을 조금 많이 가졌으면 좋겠다!' 이런 생각을 많이 합니다. '대한민국 사회 형편없어! 이래 가지고는 안 돼!' 그렇게 부정적으로 삭막하다고 폄하하기보다는 그래도 '따뜻하지 않느냐?' 이런 생각을 많이 하고 싶어요. 진짜 그런지 아닌지는 모르겠습니다. 여러분은 어떻게 느낍니까? 여러분도 한 번 자신의 삶에 비추어 진지하게 생각해 보십시오. 나의 감성지수가 '높다, 낮다'라는 자기평가를 떠나서, 나는 이 사회를 어떤 감성으로 바라보느냐? 이런 부분이 굉장히 중요하거든요.

그 다음에 사회성지수도 심각하게 고려해야 합니다. 사회성지수라는 것은 '사회성이 있느냐? 없느냐?', '나는 개인으로서 우리 사회공동체에 얼마나 기여하고 배려하느냐?' 또는 '나는 새침데기처럼 다른 사람을 깊이 생각하기보다 혼자 살아가느냐?' 그런 문제거든요. 이런 것을 인간의 발달과 성숙 과정에서 적극적으로 도모해주는 것이 바로 교육의 기능이라는 겁니다. 교육을 통해 충분히 가능한 일입니다. 그래서 어떤 사람들에게, 예컨대 너무 밋밋하게 재미없는 사람들에게 '웃음교육'을 통해 웃음을 불어 넣고, 요즘은 웃음치료라는 것도 있지요. 웃음교육을 통해 그 사람을 일깨워준다거나, 공동체 의식이 너무 낮은, 개인주의에 치우쳐 있는 사람에게 사회성을 불어 넣는다던가, 이런 것이 모두 교육의 역할인 것이죠.

••• 교육의 무게중심 — 자기특징을 파악하고 역량을 확보하라

그런데 문제가 있습니다. 우리가 능력을 극대화하거나 능력을 적극적으로 신장해주려고 했을 때, 교육의 무게중심을 어디에 두어야 하는지가 고민입니다. 여러분! 다시 자문自問해 봅니다. 교육이라는 게 과연 뭘까요? 앞에서 얘기했던 것처럼 개인의 능력, 즉 아이큐라든가, 이큐라든가, 그 이외에 기타 등등 어떤 차원에서든지 이런 능력들만 재고해주면 되는 걸까요? 그것만이 아니라는 거죠. 교육은 한 꼭지점이 있으면, 그것을 중심으로 동그라미와 같은 교육, 세모와 같은 교육, 별과 같은 교육 등 다양한 양상의 교육이 있고, 그런 교육이 전반적으로 능력을 함양하는 방향으로 연결되어야 하는 것입니다. 어떤 특정한 동그라미와 같은 교육만을 한다면 문제가 생길 수 있는 거죠. '어떤 능력만을 향상시켜 준다?', '경쟁력만 늘려간다?'는 등, 한쪽으로만 치우치면 반드시 문제가 생깁니다. 우리 인류는 사람들이 더불어 살아야 되지 않습니까? 혼자만 사는 게 아니잖아요. 탁월한 개인의 능력만을 엄청나게 끌어올리는 것 자체가 교육이 되었을 때, 문제가 생긴다는 겁니다. 이것이 바로 교육의 무게중심 문제거든요.

왜곡된 교육을 얘기하는 사람 가운데, 이런 주장을 하는 사람이 있습니다. 전 세계적으로 컴퓨터와 인터넷 시장을 열며 인터넷 혁명의 시대를 열었고, 또한 세계 최고의 부자가 된 빌게이츠를 비롯하여 스티브 잡스와 같은 선구자들이 있습니다. 이런 분들은 정말 탁월한 존재잖아요. 인류의 삶을 획기적으로 바꾼 역사적 인물이지요. 그런데 '그런 인재 한 사람이 수백만 명을 먹여 살린다!' 이런 말들이 한국사회에 심지어는 한국교육계에 심심찮게 나돌고 있습니다. 그런 생각은 대단히 위험합니다. 잘못되면 어떻게 되느냐? '탁월한 한 개인의 능력을 극대화시키는 것이 교육이다!', '교육에서 어떤 특정한 아이디어나 능력을 지닌 사람, 예컨대 빌게이츠나 스티브 잡스와 같은 사람을 길러내는 것이 교육이다!', '어마어마하게 창의력 있는 사람을 길러내는 것이 교육이다!' 이런 식으로 교육을 오해하게 만듭니다. 그래서 창의성교육을 비롯한 다양한 영재교육, 천재를 양성하는 교육프로그램이 사회 곳곳에 난무하기도 합니다. 아니, 민주 시민사회에서 특정한 개인, 몇몇 사람을 위한 교육으로 교육을 선동하면 어떻게 합니까? 그럼 그 이하의 일반 시민들은 어떻게 됩니까? 아니죠. 모든 사람들이 골고루, 일반 시민들도 시대정신에 부합하는 시민교육을 받아 훌륭한 사람이 되어야 하고, 또 빌게이츠와 스티브 잡스 같은 특별한 사람도 이 사회에 나올 수 있어야 되는 거예요. 만약 교육이 특별한 사람만을 길러내고 만들어야 내야 된다고 강변한다면, 그것이야말로 난센스 중에 난센스입니다. 민주 시민사회를 살아가는 다양한 사람, 모든 사람을 수준 있게 끌어 올려야죠. 이처럼 교육의 무게중심 문제가 대두할 수 있습니다.

또 다른 문제점이 무엇이냐? 능력계발만 하다보면 지능자체가 비대화 됩니다. 그렇게 되면 어떤 인간을 양성할 수밖에 없느냐? 머리가 큰 인간을 기를 수밖에 없어요. 예를 들어 머리만 큰 인간을 길러냈다고 하면, 재미있게 말하면, 인간은 머리무게로 인해 주저앉습니다. 주저앉게 돼요. 몸이 골고루 발달된, 머리－가슴－팔다리 등 몸매가 균형 잡힌 인간을 양성해야 합니다. 그렇지 않습니까?

그 다음에 우려되는 문제는 '능력함양'이라는 교육을 하다 보면, 자연스럽게 '지적 능력' 함양에 치우치기가 쉽습니다. 왜냐하면 학교에서 공부하는 내용의 대부분이 어떻습니까? 교과서를 가지고 '지식교육'을 많이 합니다. 정확하게 따져보지는 않았습니다만, 중고등학교의 경우, 아마 지식교육이 학교교육의 대부분을 차지할 것입니다. 우리가 그렇잖아요. 중학교 고등학교를 거쳐 오면서 시간표를 보면, 국어 수학 사회 과학 도덕 체육 음악, 이런 식으로 작성되어 있지요. 다른 날에는 영어도 있고 역사도 있고 여러 과목이 있겠지만, 대부분의 수업이 지적인 영역이란 말입니다. 지적인 공부에 치우치면, 앞에서 말한 이큐라든가 에스큐라든가,

이런 영역에서 상대적으로 소홀해 질 수 있어, 문제점이 발생할 수가 있습니다. 물론 최근에는 이런 부분을 고려하는 교육정책들이 쏟아져 나오고 있긴 합니다만, 그것이 지식교육의 본질을 곧바로 바꿀 수는 없습니다. 이런 부분을 염두에 둔다면 능력함양이라고 했을 때, '진짜 무슨 능력을 함양하는 거지?', '문제점은 없는 거야?'라고 했을 때, 발생할 수 있는 문제점을 최소화할 수 있는 방향으로, 어떤 능력함양을 고려하면 좋겠다는 생각이 깊게 듭니다.

자, 그런 능력함양을 할 때, 우리가 정말 진지하게 고민해야 될 것은 무엇이냐? 가장 중요한 것이 자신의 특징을 파악해야 됩니다. 자신의 특징! 여러분은 자신의 장점이 어디에 있다고 생각합니까? 예를 들어, 이럴 수도 있죠. 어떤 사람은 '나는 끈기가 있다!', '나는 지적으로 스마트하다!', '한 번 보면 다 안다!'라고 하고, 또 어떤 사람은 '나는 한 번 보면 잘 몰라! 그래서 여러 번 반복해서 보아야 돼! 그래야 이해가 잘 가!', '나는 오랫동안 책상에 앉아 있을 수 있어!'라고 했습니다. 또 다른 사람은 '나는 책상에 오래 앉아 있기보다 여기 저기 활동성 있게 돌아다니는 것을 좋아해!'라고 합니다. 이처럼 사람은 자신의 내면과 외면을 수시로 성찰하며, 자기의 특성을 잘 파악해야 돼요. 그 특성에 맞게 역량을 확보해야 됩니다. 이 부분을 정말 진지하게 고려해야 돼요.

그런데 상당수 사람의 경우, 바깥에 있는 어떤 사람, 이를테면 교사나 특별한 교수자를 찾아가서, '훌륭하니까, 권위자니까, 그 사람한테 배우면 될 거야!'라며, 적극적으로 외부에 의존합니다. 되긴 뭐가 돼요! 자기특성이 무엇인지 전혀 파악이 안 됐는데! 한국교육의 문제가 다름 아닌 여기에 있는 거예요. 내가 누구인지를 좀 알고, 자기파악을 진지하게 한 후에, 교육문제를 얘기해야 돼요. 그래야 내가 길러갈 능력의 크기, 그릇을 가늠해 갈 수 있어요. 그러니까 '후 엠 아이Who am I?'에 대해 고민을 해야 합니다. '나는 누구이고, 나는 무엇인가?' 이 물음을 내 안에 걸어놓고, 자기특성을 파악한 다음, 능력함양을 고려하는 것이 대단히 중요합니다.

그러니까 여러분! 단순하게 '교육의 필요성이나 교육의 기능이 '능력함양'에 있다!'라고 할 때는 그 말이 틀림없습니다. 그런데 '무슨 능력'의 함양이지요? 반드시 '나에게 맞는 능력'이어야 합니다. 아무리 외부에서 '좋은 능력을 함양하라!'고 말하더라도, 그리고 '엄청난 교육 프로그램'이나 '교육과정'을 추천하더라도, 나에게 맞지 않거나, 내가 그것을 따라가지 못하거나, 내 능력 바깥에 있다면 곤란하다는 거죠. 그래서 자기특징을 구체적으로 파악하고 역량 확보를 통해 진지하게 한번 나의 능력을 어떻게 함양해야 하는지, 우리 한국사회의 능력을 업그레이드 해갈 것인지 고민해보자는 겁니다. 정말 한국사회는 우리 모두에게 어떤 능력함양을 요청하고 있나요?

02

자기 삶을 위한 습관화가 중요한가

능력함양은 교육의 난제입니다. 그렇게 교육을 했는데도 능력이 함양되지 않았다? 그러면 많은 사람들은 교육의 효과를 믿지 않으려고 할 것입니다. 과연 내가 누구인지, '후 엠 아이Who am I?'라고 그랬잖아요. 내가 누구인지를 고민하고, '나의 능력은 지금 현재 어느 정도인가? 나는 무엇을 해야 하는가?' 그리고 '이 시대가 요구한 적합한 능력은 무엇인가?' 이런 것을 진지하게 고민한 다음, 교육을 어떻게 실천해가야 하는지 나와야 되거든요.

이번에 얘기할 내용은 '습관형성'입니다. 습관형성은 무엇이냐? 능력이 어느 정도 함양되었다면 그것이 어떤 양상으로, 무엇으로 펼쳐져야 하느냐? 쉽게 말하면 교육을 통해 함양한 능력이 '반짝 능력'이어서는 곤란합니다. 예를 들어, 어떤 사람이 수십 톤이나 되는 트럭을 입으로 당겨 끈다고 합시다. 마술사나 차력사 같은 사람이 순간적으로 힘을 들여 트럭을 끌고 갈 수 있겠죠. 수백 킬로그램이나 되는 물건을 순간적으로 들 수는 있겠죠. 그러나 인생을 살아갈 때는, 장기간 동안 자신의 경험 세계를 바탕으로, 삶을 쭉 밀고 나가야 된단 말입니다. 때문에 우리가 함양한 능력이 수십 톤의 트럭이나 수백 킬로그램의 물건을 번쩍 들어 올리는, 그런 지속력 없는 능력이 되어서는 곤란한 것입니다. 능력을 함양하는 것이 지속되고 새로운 능력이 끊임없이 경험에 의해 쌓여가고, 때로는 망각되고 버려지지만, 그것이 굳어져 나의 것으로 될 때는 삶의 지속력을 가져야 돼요. 자신이 함양한

능력이 지속력을 가지기 위해서는, 반드시 습관화가 필요합니다

●●● 습관화의 근본 이유 — 자신의 삶과 공동체문화를 고양하자

　　습관화 교육을 통한 습관화! '습관을 만들어주는 위대한 도구적 장치가 교육이다!' 그래서 이번에는 습관화라는 교육의 필요성에 대해 살펴보려고 합니다. 습관이라고 했을 때, 보통 '버릇'이라고도 하죠. '그 친구 버릇이 저래!' 예를 들어, 음식 먹을 때의 버릇, 책 볼 때의 버릇, 사람과 대화할 때의 버릇 등 다양한 버릇이 있습니다. 습관은 자기도 모르게 무의식적으로 몸에 배어 우러나오는 게 많습니다.

　　그런데 습관이 긍정적인 힘을 발휘할 때는 엄청나게 장점이 되고, 하나의 본보기가 되기도 합니다. 습관에서 습習은, 앞에서 잠깐 언급한 『논어』의 '학이시습學而時習', 이를 줄인 '학습學習'이라고 할 때의 '습習'자입니다. '익힐 습習!', '익히다'라는 것은 습習이라는 한자의 구조를 보면 이해하기 쉽습니다. 습習의 윗부분인 '우羽'는 날아다니는 새 있잖아요. 새의 날개를 상징합니다. 새가 처음부터 날아다녔겠어요? 새는 어떻게 날게 됩니까? 날갯짓을 파닥 하면서 날개에 근육이 생기고, 털이 나야 날아다닐 수 있잖아요.

　　여러분! 혹시 리처드 바크라는 사람 알지요? 그 사람이 쓴 『갈매기의 꿈』이라는, 갈매기 조나단 시걸이 나오는 소설이 있지 않습니까? 거기에 그런 말이 있잖아요! '더 멀리 보기 위해 높이 날아야 한다!' 지상에서 조금 떨어진 땅 위에서 파닥거리며 날면 조금 밖에 못 보겠죠. 그런데 창공을 박차고 올라가 저 하늘 높이 날면, 가시거리가 넓어져 멀리 볼 수 있잖아요. 새가 끊임없이 날기 위해 파닥거리며 날갯짓하는 것을 습習이라고 해요. 다시 말해 습관화는, 우리가 인간으로서 대한민국 사회에서 건전하게 잘 살아가기 위해, 대한민국 사회의 창공을, 대한민국 사회의 하늘이죠. 창공을 날기 위해 새가 날개를 단련하듯이, 우리의 몸과 우리의 정신세계와 그리고 우리 사회공동체 문화를 끊임없이 고양하여 지속적으로 나아가게 만드는 그러한 장치를 말하는 거예요. 그런 작업을 하려면 어떤 교육을 받아야 되겠느냐? 교육이 그런 것들을 가능하게 만들어 주거든요. 그래서 우리가 습관화에 대해 진지하게 생각해 봐야 합니다.

누누이 강조하고 있지만, 지금 시대는 어떤 사회입니까? 지능정보사회라고 합니다. 지능정보사회는 인공지능 시대라고도 하고요. 4차 산업혁명 시대라고도 하고요. 때로는 뭐 빅 데이터의 시대라는 말도 하고요. 때로는 생명공학이 발달하여 의료기술도 발달하고, 여러 가지 난치병 같은 것도 치료하고, 생명공학, 나노기술 등 현재 인류사회를 설명하는 여러 가지가 표현이 있습니다. 그런 설명 요소들을 대표하는 필수도구가 무엇이냐? 우리가 일상적으로 사용하는 컴퓨터와 인터넷입니다. 우리가 인터넷을 통해 동영상 강의를 보거나 아니면 어떤 자료를 찾을 때, 우리 한국에서 활용할 수 있는 여러 가지 기능이 있습니다.

예를 들어 유튜브 같은 것도 있고, 구글도 있고, 네이버도 있고, 다음도 있고 많은 회사가 있잖아요. 그 속에서 우리는 자신이 직접 콘텐츠를 만들어 어떤 사이트에 올리기도 하고, 다른 사람이 올려놓은 것을 볼 수도 있고, 엄청난 체험을 할 수 있습니다. 이처럼 지능정보화 사회의 필수도구가 이미 다양하게 존재하는데, 이 시대에 우리는 어떤 습관을 길러가면서 활력 있는 삶을 가능하게 할 수 있느냐? 그렇다고 단순하게 핸드폰이 아무리 스마트폰이라고 하더라도 그 계기판만 계속 누르고 있을 수는 없잖아요. 핸드폰에 중독된 사람처럼. 그것을 습관화라고 보기에는 굉장히 어려운 겁니다. 핸드폰만을 하고 있을 경우 그것은 나쁜 습관화로 전락할 수 있어요.

지금 초·중·고등학교 학생들 가운데 상당수의 학생들이 인터넷이나 스마트폰에 중독되어, 인터넷이나 스마트폰을 손에서 놓으면, 불안 증세가 나타나 덜덜 떤다는 거예요. 또 어떤 사람들은 스마트폰이나 컴퓨터를 계속 보니까 버릇이 잘못 들어 눈이나 척추에 이상이 생겨 병이 생긴다는 거예요. 고개 숙이고 눈으로 화면을 계속 보잖아요. 아주 어린 시기부터 목 디스크가 생긴다는 거예요. 그것은 우리가 여기에서 말하는 교육적인 습관화라고 얘기하기에는 너무나 거리가 멀다는 거죠. 그러니까 지능정보화 시대에 이 습관이라는 게 우리에게 무엇이어야 하느냐? 고민을 해봐야 돼요. 엉뚱한 영역에서, 비교육적 상황에서 습관화가 일어나기 때문입니다.

••• 전통적 습관형성 — 관찰에서 모방을 넘어 성찰하라

전통적으로 습관형성은 어떤 의미일까요? 고전적 차원에서 습관형성이라는 것이 무엇이었을까요? 옛날부터 우리는 습관을 '들이라!'고 말해 왔습니다. 그때 습관은 교육이나 훈련의 효과를 얘기합니다. 예를 들어 수영이나 테니스와 같은 운동을 가만히 보면, 수영을 할 때 손을 저어서 접영이나 배영을 하는 수영자세가 있고, 테니스 같은 것을 할 때 적절한 자세를 잡고 공을 치기도 하잖아요. 그랬을 때 특별히 누구에게 자세에 대해 배우거나 반복 훈련에 의한 습관을 들이지 않으면, 제대로 된 자세가 나오지 않죠. 그런 것들이 교육 훈련으로서 교육의 효과로 드러나는 고전적 의미의 습관형성입니다.

그리고 또 어떤 습관형성이 있느냐? 자동차 운전을 하거나 직업상 필요한 다양한 습관형성이 있습니다. 수영선수나 테니스선수, 자동차 운전을 하는 운전사 등 여러 분야가 있겠지요. 예를 들어, 자동차 운전을 할 때, 잘못 습관을 들이면 한 손으로 막 이렇게 운전을 해요. 능수능란한 사람들은 핸들을 한 손으로만 잡고 막 운전을 하겠죠. 저도 가끔 그렇게 운전할 때가 있습니다만, 습관을 잘못 들인 거예요. 운전을 할 때 어떻게 해야 합니까? 두 손으로 핸들을 안전하게 잡고, 전방 주시를 잘 해야 되지요. 운전하면서 무언가를 먹거나 담배를 피우거나 다른 어떤 행동을 하면 위험합니다. 심지어는 운전을 하면서 휴대폰을 보거나 문자 메시지를 주고받고 해요. 정말 위험하죠. 사고 날 수 있잖아요. 이런 행동은 정말 잘못된 습관에서 우러나오는 겁니다. 어떻게 습관을 들이는 일이 필요할까요? 아니면 습관화 이전에 어떤 것을 버리거나 경계해야 할까요? 정말 고민을 해야 됩니다.

그것은 고전적 습관훈련을 참고하면 실마리가 보일 수 있습니다. 고전적 습관형성은 무엇이냐? 교육 훈련의 효과로 나타날 수 있는 어떤 걸 얘기한다 이 말입니다. 그래서 습관화는 원래 능숙하지 않은 경우에 습관화를 통해 능수능란하게 만드는 거예요. '능숙하게'라는 의미를 다른 말로 하면, '숙련되게' 만드는 거죠. 그러기 위해 뭘 하느냐? 습관화를 들일 때, 처음에는 '능숙하지 않은 사안에 대해 어떻게 대처하고 있느냐!' 이른바 '관찰'을 합니다. 잘 들여다보는 거죠. 그리고 습관화를 시도할 때, 어떻게 하느냐? '모방'을 합니다. 모든 교육의 태초 모습은 모방입니다. 우리가 학습을 할 때, 어떠한지 보잖아요. 지켜본단 말이에요. 지켜보고서 약간의 인식능력이 있는 사람들은 자기가 직접 살짝 해 봅니다. 그래서 바로 터득되는 경우도 있습니다. 안 되는 경우에는 어떻게 하느냐? 다시 물어 봅니다. 물어보면 다른 교수나 미리 알고 있는 사람이 알려 주겠죠. 여러분, 그런 경험이 많지 않나요? 우리가 이렇게 보고, '아, 저건 대충 한두 번 보면 알아! 척 보면 안다고!' 이렇게 될 수도 있고요. 어떨 때는 '저 정도면 한 번 보고 모방해서 하면 될 것 같은데, 실제 해보니 잘 안 되네! 가서 따로 배워야겠어!'라고 하며, 한 발짝 물러서기도 합니다. 바로 능숙하게 되지 않을 때의 반응이지요. 그리고는 '성찰'을 하죠.

'관찰−모방−성찰'의 과정! 이것이 뭐냐 하면, 능숙하지 않은 경우에, 인간이 취하는 태도에요. 이렇게 한 다음에 어떻게 되느냐? 관찰하고 모방하고 성찰해서, '내가 진짜 할 수 있느냐?', '성공했느냐?' 아니면 '할 수 없느냐?', '실패했느냐?' 이런 것들에 대해 원인을 쭉 검토해 봐요. 검토해 보고서 성공했을 때는, '아! 이렇게 해서 성공했구나!' 실패했을 때는, '아! 저렇게 해서 실패했구나!' 다시 시도해보자. 그 과정 속에서 습관이 형성됩니다. 성공하면 성공한 것을 어떻게 하겠어요? 끊임없이 그 방법을 강조하고, 그것이 올바른 방법이라고 확신하며 지속적으로 강화해 나갑니다. 그러면 자연스럽게 습관으로 굳어질 수 있습니다. 실패하면 어떻게 합니까? 성찰을 합니다. 그러니까 반성을 하는 거죠. 되돌아보는 거죠. 그래서 불필요한 부분은 소거하고, 성찰한 만큼 그것이 다시 습관으로 굳어집니다.

그러니까 우리가 어떤 처지에 있건, 중요한 것은, 과연 '성공했느냐 실패했느냐'에 대해 '정말 무엇이 중요하냐?'라는 자기 판단입니다. 성공과 실패 자체가 아닙니다. 그리하여 나와 그 주변을 둘러싼 너, 나아가 우리가 있잖아요. 이 사람 사이에서 객관적인 평가, 이런 것들을 통해 다시 시도하는 겁니다. 그랬을 때 교육적으로 유용한 습관이 형성될 가능성이 훨씬 높아지는 거죠.

다시 확인해 봅시다. '관찰−모방−성찰'을 통해 성공과 실패의 원인을 검토하고 습관화로 나가잖아요. 이 성공과 실패의 사이 세계에서, 무엇을 추구해 나가는가? 인간은 끊임없이 연습을 해나갑니다. 끊임없는 연습! 연습을 해나간다는 것은 단련해서 익히는 작업입니다. 단련한다는 것은 바로 훈련한다는 것입니다. 여기에 교육도 포함될 수 있습니다. 교육 훈련을 하는 거죠.

••• 삶의 테크네 — 다시 보기와 미리 보기를 이중주 하자

습관화는 교육 훈련이라는 단련과 연습, 익힘을 통해, 쉽게 말해 연습을 통해 나아갑니다. 여러분! 연습은 오늘날 공부에서, 그 양식이 어떻게 존재합니까? 중고 등학교 때 많이 들었던 양식이 있지요? 하나는 '복습復習'이고 다른 하나는 '예습豫習'입니다. '다시 연습하는 것'을 뭐라고 그럽니까? 복습이라고 하죠. 복습은 무엇이냐? 기존에 배웠던 내용을 기억해서 확실히 하기 위해, 망각에서 벗어나기 위해, '다시 연습'하는 거예요. 복습과 상대적인 개념에 또 뭐가 있느냐? 예습이 있잖아요. 그래서 우리가 끊임없이 예습과 복습을 철저히 해라! 중고등학교 다닐 때 선생님들이 매일 계속해서 알려 주잖아요. 그만큼 연습이라는 게 중요하기 때문에 그렇습니다. 예습은 '미리 연습'하는 거예요. 미리! 그러니까 예습과 복습, 이 두 가지, '다시 연습'하고 '미리 연습'하는 차원의 예습과 복습이 잘 되면, 공부하는 데 혹은 교육하는 데 굉장히 편하거나 효과를 입증할 수 있는 기제가 돼요.

연습자체에 중요한 내용이 있습니다. 무엇이 중요하냐? 연습을 통해 무엇을 습득하느냐의 문제입니다. 그 습득의 대상은 한 마디로 말하면 기술技術입니다. 여러분! 이때의 기술을 보통 테크놀로지technology라고 합니다. 그런데 주의할 점이 있어요. 테크놀로지를 단순하게 기술이라고 해버리면 공학적 기술로 생각하기 쉽습니다. 여기에서 말하는 기술은 공학적 기술이라기보다 삶의 기술이에요. 다양한 교육적 연습을 통해, 우리가 습관화해 나가야 할 대상은 뭐냐 하면, '삶의 테크네 techne'에요. 삶의 기술이자 기예技藝입니다. 삶의 기술, 삶의 기예는, 우리의 삶을 풍성하게 만드는 삶의 예술이기도 합니다. 예를 들어, 다른 사람과 대화하는 기술, 음식을 섭취할 때의 기술, 요리할 때의 기술, 기계를 다룰 때의 기술, 공부하는 방법에 관한 기술, 인간의 삶을 윤택하게 만드는 모든 것이 삶의 기술이에요. 그러니까 이 기술 자체는 무엇이냐? 일종의 삶의 방법인 동시에 삶의 양식이 될 수 있습니다. 습관화라는 것은 원래 능숙하지 않은 삶의 기술에 대해 연습을 통해 능숙하게 하는 작업입니다.

이런 개념들을 다시 생각하며, 습관화의 문제를 떠올려 봅시다. 우리는 원래 어떤 일에 대해 능숙하지 않았어요. 능숙하지 않은 삶에 대해 연습을 통해, 인간이 살아가야 할 삶의 기술을 습득합니다. 이것이 뭐가 되지요? 우리 인생이 지속되도록, 내 삶의 양식을 내 몸에 갖추는 습관화가 됩니다. 이게 습관화예요. 삶의 기술이, 기예가 몸에 배어야 됩니다. 그래야 삶의 예술로 승화합니다. 우리가 많은 것들을 배우려고 하잖아요. 예를 들어, 내가 다른 사람과 대화를 능수능란하게 주고받지 못한다면, 어떤 조치를 취해야 합니까? 내가 능수능란하게 대화를 잘 못하니까, 다른 것보다는 대화하는 방법에 대해 배워야 되겠다! 이런 배움이 바로 교육이잖아요. 그렇지요? 그것을 배우는 게 바로 삶의 기술이에요. 그렇게 이해하면 습관화 하는 작업이 단순한 것이 아니라는 것을 이해할 겁니다.

'세 살 적 버릇 여든까지 간다!' 이런 속담도 있잖아요. 그것처럼 단순하게 잘못 든 버릇이 여든 살까지, 거의 죽기 직전까지 가서, 내 인생을 망치게 될 수도 있다! 그런 차원으로만 습관을 이해하면 안 된다는 거예요. 우리 모두는, 어떻게 보면 나도 모르게 능숙하지 않았던 것이, 다양한 요인에 의해 능숙화 과정을 거치는 연습생입니다. 그러니까 이때 연습은 무엇이냐? 의도하지 않고 드러나는 내 인생의 흔적이에요. 이 연습은요. 내가 의도하지 않음에도 불구하고, 나에게 다가와서 내면에서 혹은 외면과의 작용을 통해 드러나는, 내 삶의 경험이자, 내 삶의 흔적이자, 내가 지나갔던 인생의 수레바퀴예요. 그것은 그냥 습관화가 아니라, 사실 알고 보면, '습관화에 의해 지속되어온 나의 삶이다!' 이 말입니다. '인생이다!' 이 말이에요.

자! 그랬을 때, 여러분! 이 습관화가 과연 어떤 형식으로 우리 몸에 들어와서, 우리가 교육을 그만큼 중시해야 되느냐! 다시 봅시다. 이제 습관화가 우리 몸으로 들어왔을 때, 우리 몸에 체득되었을 때, 특정한 이것은 무슨 기능이라고 그랬죠? 공학적 기술이 아니고, '당신은 기술자 자격을 지녔습니까?'라고 했을 때, 그런 기술이 아니고, 이것은 인생! 나의 인생! 내 삶을 살아가는 데 필요한 모든 차원의 기술이란 말입니다. 인문학적, 자연과학적, 사회과학적, 예체능에 이르기까지 삶을 추동하는 전반적 기술입니다. 그것이 체득되었을 때, 우리가 습관이 형성되었다고 합니다. 다른 말로는 '습관화의 과정을 거쳤다!' 이렇게 얘기하는 겁니다.

그러니까 교육을 통해 습관을 형성한다는 것 자체가, 무엇보다도 중요한 일임을 깨달아야 할 교육의 필요성이고, 교육의 기능이라는 겁니다. 예를 들어 여러분과 제가 인터넷 강의를 정돈한 이 글과 강의를 통해, 상호작용하면서 어떤 형태의 습관을 들이고, 나름대로 더 유용한 자료를 상호제공하면 좋지 않을까? 이런 고민을 하게 되는 겁니다. 그리고 제가 강의를 하고 글을 정돈하면서 나름대로 체득한 것도 있지만, 또 다른 강의나 글을 쓸 계기가 되면 그것을 준비하며 형성하는 습관도 있을 겁니다.

여기서 말한 습관형성은 예습과 복습이라는 큰 차원에서 보면, 늘 무엇을 해야 되느냐? 현재를 중심으로 과거에 있던 것들을 '다시 당겨야' 합니다. 그러면 이것은 무엇이냐? '다시 보기'가 돼요. 그렇지요? 그리고 미래에 다가 올 것을 '미리 당겨야' 돼요. 그것은 무엇이냐? '미리 보기'예요. '다시 보기'와 '미리 보기', 이 자체를 동시에 현재의 교육상황, 삶의 현장에 적용시켜야 된다고요. 그러니까 이게 어려운 겁니다. 지능정보사회를 살아가는 우리는, 이 시대에 맞는, 이 시대가 요구하는 삶의 기술을 어떻게 체득할 것인가? 어떤 내용으로 채울 수 있는가? 그런 것이 핵심으로 다가오겠죠.

여기서 다룬 습관형성을 다시 이론적으로 요약하면 그렇습니다. 우리는 교육을 통해 개인의 삶을 위한 습관화를 마련해야 됩니다. 그러니까 현재는 현재에 맞는 우리의 삶을 배려해야 합니다. 여러분! 보십시오. 지금 이런 얘기를 하잖아요. 과학기술 시대니깐 과학기술문명에 대한 고려를 해야 돼요. 그렇지요? 그 다음에 지금 시대는 무엇이냐? 노인 세대가 늘어나는 시대예요. 노년사회라고요. 그러면 이런 사회에선 노인들이 연금이라든가, 기타 여러 가지 복지에 의존하여 살아야 합니다. 과거에는 거의 생각하지 않은 형태로 있었던 일들이 이제는 아주 폭넓게 성장하고 발달해가는 영역으로 부상한단 말이에요. 이런 부분에 대한 충분한 인식이 이루어져야 해요. 이것을 가지고 내 삶의 기술을 마련하기 위한 습관화로 가야 될 거 아니에요. 그러니까 우리가 교육을 통해 내 삶을 위한 습관화를 어떻게 마련할 것인가? 한국교육은 그 필요성에 대해 진지하게 성찰해야 된다는 겁니다.

03

이 시대의 문제해결능력이란 무엇인가

앞에서 교육이 필요한 여러 영역 중 하나인 '능력함양'과 '습관형성'에 대해 논의했습니다. 여러분, 어떻습니까? 우리 한국교육은 사람들의 능력함양과 습관형성에 어떻게 기여하고 있다고 판단되나요? 이 글을 읽거나 강의를 수강하고 있는 여러분은 이 글에서 혹은 강의에서 여러분에게 필요한 지식을 조금이라도 습득했습니까?

이 글을 쓰는 저는 개인적으로 교육학과 철학에 대해 약간의 능력을 구비했는지 모르겠습니다. 다른 사람에 비해 그것을 연구한 기간이 길었기 때문에 교육철학과 동양철학 등에 대해 조금 더 알고 있겠지만, 그것이 능력인지 모르겠습니다. 그것도 능력이라고 보면 능력이라고 할 수 있겠죠. 그런데 상당히 회의적인 생각이 많이 듭니다.

이런 능력들은 어떤 차원에서 보면, 기본 지식의 경우에는 사이버 공간에 다양한 형태로 이미 업로드 되어 있잖아요. 인터넷에서 검색하면 찾을 수 있는 것이 많단 말이에요. 그때마다 저는 그런 생각을 해요. '아! 지금까지 고전적 양식으로 책을 보고 인지적 능력을 함양했는데, 그런 지식체계를 내가 많이 갖고 있을지는 모르지만, 그것 자체를 인터넷에서 검색하면, 누구나 볼 수 있는 지식이다! 그렇다면 내가 수십 년 연구해서 갖고 있는 지적 능력이 과연 진정한 능력일까?' 이런 생각이 많이 들어요.

습관화도 마찬가지입니다. 습관화라고 했을 때, 저는 지금도 그렇거든요. 인터넷에서 지식을 검색해 보는데 능수능란하기보다, 책을 펼쳐놓고 사전을 갖다 놓고, 막 찾아가면서 생각하고 글을 쓰는 데 익숙하단 말입니다. 그런 쪽으로 습관화되어 있단 말이에요. 그랬을 때 '아! 과연 제가 이 인생을 살아가는 어떤 삶의 테크닉, 삶의 기술로서 이런 습관화가 유용한 것인가?'라는 생각을 할 때, 시대가 상당히 흘러가면, 지금 시대에 현재 4차 산업혁명 시대에서는 크게 유용하지 않을 수도 있다는 회의적 측면이 강해요. 그래서 대학에서 강의를 할 때도 고민입니다. '인터넷에서 검색하면 제가 기억하고 있는 지식의 양보다 많은 지식 정보들이 담겨 있는데, 그 자체를 책을 통해 학생들에게 알려줬을 때, 무슨 의미가 있을까?' 이런 회의들을 많이 하게 돼요. 그래서 사실은 '어떤 방식으로 연구를 더 깊이 해야 될까?' 이런 부분에 대한 고민이 많죠. 그런 차원에서 이번에 논의하려는 것이 다름 아닌 문제해결능력입니다

••• 문제 상황 — 살아가기와 살아지기의 삶 자체가 문제 상황이다

단순히 엄청나게 많은 양의 지식과 정보를 갖고, 그것을 전수해주는 것이 올바른 태도냐? 아니면 학생들이나 여러분에게 어떤 문제에 봉착했을 때, 그것을 해결할 수 있는 능력을 갖추게 해주는 것이 올바른 가르침이냐? 이런 부분에 대해 상당히 고민이 많아요.

전통적으로 볼 때, 교육을 많이 받으면 받을수록 '당면한 봉착한 문제에 대해 빨리 해결할 수 있는 능력을 갖출 수 있다.', '빨리는 아니더라도 정확하게 완전하게 해결할 수 있는 어떤 능력을 제공할 수 있다.' 이렇게 인식을 합니다. 그래서 '왜 문제해결을 할 수 있는 능력이 교육의 필요성 가운데 하나인가?'라고 했을 때, 많은 철학자들이 그렇게 얘기합니다. 우리가 살아가는 삶 자체에 대해, 여러분이나 저나 숨을 쉬면서, 인간과 자연과 다양한 사회를 마주하면서, 보통 '삶을 살아간다'고 얘기합니다. 많은 사람들이, '아! 나는 이 세상을 살아가고 있어요.' 이렇게 얘기합니다. 그런데 여러분 철학적으로, 한 번 뒤집어 봅시다. 진짜 '살아가기'만 하나요. 살아가요? 이런 말에 대해서도 생각해 보았나요. '살아진다!' 글자 하나가

03 이 시대의 문제해결능력이란 무엇인가

바뀌었습니다. '살아간다'에서 '살아진다'로! 여러분 그런 생각, 그런 느낌은 들지 않나요? 과연 내가 주체적으로 살아가느냐? 가만히 생각해 보니까, 이 사회에 의해, 친구들에 의해, 가족들에 의해, '살아지는' 것은 아닌가요? 이런 느낌이 들 때도 상당히 많이 있을 겁니다.

어쨌든 간에, '살아간다'가 맞느냐? '살아진다'가 맞느냐?라는 논쟁은 그 다음 문제입니다. 그런데 많은 철학자들이 이런 얘기는 해요. 우리가 살아가는 이 삶 자체가 무엇이냐? 삶 자체가 일종의 문제 상황 아닌가? 문제의 도가니다! 이거예요. 문제 상황 속에 빠져들어 있는, 그러니까 펼쳐져 있는 세계 자체가 이미 무엇이냐? 프라블럼 시츄에이션problem situation! 문제 상황이라는 거예요. A라는 문제, B라는 문제, C라는 문제, D라는 문제. 이런 다양한 문제들이 끊임없이 연속되어 있는 파노라마처럼 펼쳐진 문제의 연속체라는 거예요. 지금 저에게 당면한 문제는 뭡니까? 여러분은요? 좋은 글을 통해 여러분에게 삶을 알려 주고, 여러분과 다양한 문제를 함께 고민하면서, 우리가 이 시대를 얼마나 아름답고 멋지게 살아갈 수 있느냐? 이런 부분에 대해 이렇게 하면 좋을까? 저렇게 하면 좋을까? 서로 고민을 해보는 그런 노력들이거든요. 물론 글에서 제시하는 지식을 아는 것도 굉장히 중요합니다. 이 글을 쓰고 있는 저 같은 경우, 당면한 문제 상황이 뭐냐 하면, 글의 내용을 재미있게 알차게 잘 전달해야 할 텐데, 그리고 또 인터넷상에서 이메일로 토의나 논의가 되었든 의견을 주고받으면서, 어떻게 생산적으로 교육 얘기를 만들어가야 될 텐데, 이게 문제 상황이에요.

그리고 이 문제 상황에 대해 어떻게 해야 하느냐? 해결해야 돼요. 어떤 사람의 질문에 해답을 줄 수 있을지 없을지는 모르지만, 해답을 주려고 노력해야 될 테고, 가만히 있으면 안 되잖아요. 그래서 괴롭단 말입니다. 괴로움이 끊임없이 등장하는 거죠. 그래서 삶 자체가 일종의 문제 상황이라고 가정했을 때, 교육은 무엇이냐? 교육은 바로 어떤 문제에 봉착했을 때 해결할 수 있는 해결책의 제시가 아닙니다. 문제 상황을 해결하면 또 다른 문제 상황이 기다리고 있습니다. 또 이 문제를 해결하면, 또 다른 문제가 대기하고 있습니다. 사회자체가 온통 문제의 연속체니까요.

••• 문제 직면 — 자신이 문제 해결의 주체이다

자! 그랬을 때, 또 다른 문제가 기다리고 있는데, 문제를 해결할 수 있는 능력을 갖추고 있다면, 고민할 필요가 없어지는 거죠. 중요한 것은 해결할 수 있는 능력을 함양하는 데 힘을 실어주는 일, 힘을 보태주는 일, 그것이 바로 교육의 역할입니다. 교육이 무엇이냐? 어떤 문제에 봉착했을 때, 그 문제를 해결하는 해답을 던져주는 게 아니고, 문제에 대해 인식시켜주는 작업입니다. 문제 상황을 마주하게 하는 것이지요. 문제는 누가 풀어 가느냐? 자신이 풀어야 됩니다. 왜? 자신이 봉착한 문제를 누구에게 풀어 달라 그래요. 그것은 자기의 삶을 살아가는 게 아니죠.

앞에서 제가 '살아가기'와 '살아지기'에 대해 잠깐 얘기했지만, 문제에 봉착해서 내가 '살아간다'면 그 문제는 자신이 풀어야 되는 거예요. 만약 누군가에 의해 '살아진다'고 가정하면, 내가 풀지 않고 부모나 스승이나 친구나 동료에게 의뢰하겠지요. 혹은 그들 스스로가 자원해서 '내가 해결해 줄게!' 이렇게 나오죠. 그러한 '살아지기'의 형식으로 우리가 인생을 대한다면, 그만큼 본인의 힘이 줄어드는 겁니다. 왜? 바깥에서 끊임없이 다른 사람의 도움을 요청합니까? 문제를 해결해 줬으니까 그런 행동을 하지요.

저는 제 자식에게도 그렇게 얘기하고, 제자들에게도 얘기합니다만, 가능한 한, 어떤 문제에 봉착하면 해법을 잘 가르쳐 주려고 하지 않습니다. 왜냐? 그 많은 지식들에 대해, 'A는 A다', 'B는 B다'라고 직접 던져주면 던져줄수록 그들의 힘은 약해집니다. 제가 지금까지 수십 년 교육에 종사하다 보니까, 학습에 임하는 제자들이나 제 보호 아래 있는 자식이나, 후배들을 비롯한 여러 사람들이, 제가 많이 알려주는 만큼 능력이 떨어지더라고요. 저는 그렇게 느꼈습니다.

자기가 스스로 힘을 비축해서, 스스로 힘을 길러, 문제를 해결해 나가기 위한 능력을 함양해야 되는데, 어떤 문제에 부딪칠 때마다 어떻게 되느냐? '선생님! 이런 문제가 생겼는데, 어떻게 할까요? 좀 풀어주십시오!' 이렇게 나옵니다. 그때 제가 가서 풀어줬습니다. 풀어주니까 해결이 됐어요. 문제는 자신이 풀어서 해결한 게 아니잖아요. 그러면 그 문제가 그 이후에 또 닥치면 어떻게 됩니까? 스스로 풀 수가 없습니다. 어떤 문제에 봉착했을 때, 자신이 풀어 보려고 노력해야 합니다. 열심히 했는데 안 풀려요, 못 풀었어요. 실패할 때도 있겠죠. 실패하면 어때요. 대신 문제를 풀려고 노력했다는 것 자체가, 이미 하나의 경험이잖아요. 그러면 향후 동일한 문제가 발생하면, 겁이 별로 나지 않습니다. 왜냐하면 자기가 한 번 부딪쳐 봤기 때문에 그렇습니다. 그러나 한 번도 제대로 부딪쳐 보지 않고, 살아져 온 사람, 남들이 풀어준 사람은 어떻게 됩니까? '아! 지난 번하고 똑같은 문제가 닥쳤어! 아! 겁이 나. 다가가지 못 하겠어!' 이렇게 나온단 말이에요. 잘못된 거죠. 그래서 삶 자체를 일종의 문제 상황으로 보고 대응해야 합니다. 교육은 무엇이냐? 어떤 문제에 봉착했을지라도 그것을 해결할 줄 아는 능력을 함양하는 것이라는 겁니다.

자! 다시 설명해 봅시다. 여기 매일 벌어지는 문제 상황이, A라는 문제, B라는 문제, C라는 문제가 있습니다. 뿐만 아니라 가, 나, 다라는 각기 다른 문제가 있습니다. 우리는 늘 이런 문제에 직면합니다. 그리고 일반적으로 얘기했을 때, 인생을 뭐라고 그럽니까? 우리가 보통 그렇게 얘기하죠. '인생 혹은 삶이 술술' 뭐라고 합니까? '술술 풀린다'라고 합니다. 이때 '술술 풀린다'가 뭐예요? 나에게 닥쳤던 매일 직면했던 문제들이 어떻다는 거예요. 하나하나 그렇지요. 하나하나 특별한 어떤 장애 없이 자연스럽게 해결되더라! 이런 사람을 두고 어떻게 말합니까? 삶을 멋지게 사는 사람, 멋지고 아름답게, 그리고 성공한 사람들! 실패한 사람들은 '아! 이거 도대체 일이 풀리지가 않네!' 이렇게 얘기합니다. '풀리지 않는다'는 것은 뭡니까? 매일 매일 어떤 일에 직면했을 때, 다른 사람에 비해 상대적으로 제대로 해결을 못했다는 거예요. 그럼 인생이 술술 풀리게 만들어야 될 걸, 그 능력을 길러주게 하는 것이 무엇이냐? '교육이다!' 이 말이에요. 문제해결능력!

그래서 교육학 이론에서도 그런 얘기를 합니다. '학생들에게 문제해결능력을 길러주는 것이 교육의 목적이고 목표이다!' 진짜 문제는 지식정보사회, 우리가 직면한 현대 한국사회의 교육입니다. 우리 시대의 한국교육입니다. 어떻게 하면 좋을까요? 문제를 해결해 나가려면, 먼저 우리 시대의 특징을 읽어야 합니다. 우리 시대는 어떤 시대입니까? 지식정보사회는 무엇보다도 지식이 폭증합니다. 폭증해요. 지식이 폭증하는 사회에서는 어떻게 되느냐? 전혀 예상하기 힘든 새로운 문제가 발생합니다. 많이 생기죠. 왜 그런 현상이 발생할까요?

예를 들어, 인간은요. 여러분! 고대 사회의 인간과 현대 사회의 인간을 보면, 인간의 모습 자체는 크게 바뀌지 않았습니다. 인간의 모습은 옛날에도 지금과 유사한 모습이었어요. 인간은 옛날이나 지금이나 큰 변화가 없어요. 비슷해요. 비슷

비슷합니다. 지금은 예전에 비해 옷 같은 것도 좋은 것을 입을 수 있고, 따뜻한 것을 입을 수 있고, 재질이 좋은 것을 입을 수도 있고, 자동차와 같은 편리한 생활용품이 나올 수도 있지만, 인간이 산다는 삶의 차원에서는 똑 같아요. 비슷해요. 똑같다면 어폐가 있지만, 정말 비슷합니다. 아침, 점심, 저녁을 먹는데 오늘날은 농산물이 풍부하니까 아침, 점심, 저녁 세 끼를 모두 먹을 수 있지만, 우리나라 고려시대, 조선시대 같은 경우에는 생산물이 풍부하지 않으니까 세 끼를 먹기 힘들었겠지요. 그러나 '먹는다'는 차원에서는 같습니다. 안 먹고 살 수는 없습니다. 인간의 변화를 보면, 사실 그 변화의 폭이 굉장히 좁다고 생각할 수 있습니다. 이것을 가만히 보면, 문제는 지금 여기서 말한 지식의 차원입니다. 과거 지식의 양이 적을때, 인류의 초기사회에서는 지식이 폭증하지 않았어요.

••• 지능정보사회의 문제 ─ 지식을 넘어 초지식을 구성하자

그런데 지식의 양이 많아지고 사회가 발달하면서, 지식은 상상을 초월하여 폭증합니다. 지식의 양이 인간의 발달과 비례할 때, 예측 가능할 때는 노력을 통해 인간의 능력으로 그 차이를 메꿀 수 있습니다. 그런데 인간이 메꿀 수 없는 지점이 있습니다. 그것이 심각한 문제 상황입니다. 지식의 격차가 심해질수록 전혀 겪어 보지 못한 문제 상황들이 마구 다가와요. 어떻게 하느냐 이거죠.

그러니까 중요한 것은, 그런 말이 있잖아요. 옛날부터 이런 말이 있습니다. 물고기를 잡을 때 어떻게 하죠? 그물을 치거나 낚시를 하여 물고기를 잡지요. 그러면 잡은 물고기를 고스란히 자식에게 혹은 후배에게 동료에게 주는 것이 아니죠. 물고기를 잡는 노하우knowhow, 여러분 다 알잖아요. 물고기 잡는 방법을 알려줘라! 그러면 어떻습니까. 물고기 잡는 방법을 알게 되면, 강이든 저수지든 바닷가든, 물고기가 있는 곳에 가기만 하면, 낚시를 하거나 그물을 치거나 해서 물고기를 잡을 수가 있잖아요. 그런데 물고기를 잡아가지고 손에다 쥐어 주고 입에다 넣어줬어요. 바로 먹을 수 있도록 해줬습니다. 그러면 자신이 직접 물고기를 잡아보지 않은 사람은, 이후에 절대 물고기를 잡을 수 없어요. 물고기를 잡는 노하우에 관한 한 아무것도 할 수가 없잖아요.

03 이 시대의 문제해결능력이란 무엇인가

현재 한국의 교육이 그런 형태로 이루어진 부분이 많지 않나요? 어떻게 보면 물고기를 잡아서 그것을 요리까지 다 해서, 또 먹기 좋게 입으로 씹어서, 소화하기 좋게, 학생들에게 학습자에게 혹은 후배들에게 자식들에게 동료들에게, 집어 넣어주는 방식은 아닌가요? 그렇게 되면 새로운 문제가 발생했을 때, 전혀 대비하지도 못하고 해결하지 못 합니다. 겁부터 나죠. 도망부터 가죠. 우리는 당당하게 어떻게 해야 되느냐? 전혀 예상하기 힘든 새로운 문제에 대해 부딪쳐야 합니다. 이런 문제는 앞으로 많이 발생하면 많이 발생했지, 적게 발생하지 않습니다. 끊임없이 발생하는데, 어떻게 대응할 것이냐? 당당하게 맞이할 수 있는 자세를 길러야 합니다. 그게 바로 문제를 해결할 수 있는 태도를 교육을 통해 동기부여 해주는 겁니다. 용기를 불어 넣어주는 거죠. '어떤 지식을 많이 알아라!'가 아닌 거죠. 지식을 아는 방법을 고민하게 하죠.

그것을 뭐라고 그러느냐? 지식 위의 지식, 초지식meta-knowledge입니다. 메타 놀리지! 지식 위에서 뭡니까, 지식을 갖고 놀아야 돼요. '지식놀이'를 해야 되는 겁니다. 지식을, 그러니까 A라는 지식이 있으면, 여기에 있던 지식 A를, 내가 B라는 형태로 받는 것이 아니고요. A라는 지식을 가지고 내가 어떻게 해야 되느냐? 동그라미와 같은 방식, 또는 별모양과 같은 방식으로 갖고 놀이하듯이, 갖고 놀듯이, 요리하듯이 역동적으로 움직여야 합니다. 우리가 어떤 문제상황, 사태를 처리할 때, 뭘 요리한다고 그러잖아요. 요리하듯이 가지고 주무를 수 있어야 돼요. 그런 양상이 문제를 해결하기 위한 어떤 하나의 인식이죠.

그래서 앞에서 말한 것을 정리해보면, 우리가 교육을 통해 무엇을 해야 하느냐? 중요한 것은 스스로입니다. 본인이 혹은 당사자가 문제를 어떻게 해야 돼요. 해결해야 됩니다. 남에 의해 살아진다면, '내 인생은 우리 부모가 만들어 준거야! 내 인생은 우리 선생님이 설계해 준거야! 내 인생은 우리 교수가 일러주는 대로 가야 하는 거야! 내 인생은 우리 사장이 만들어 줄거야!' 등등으로, 남을 핑계댑니다. 내 인생은 내가 디자인하고 설계해 가야죠. 그러기 위해서는 무엇이냐? 스스로 문제를 해결하기 위해서는, 능동적으로 지식을 구성해야 돼요. 앞에서 지식을 주물러야 된다고 했잖아요. 그래야 돼요.

철학이나 교육학에서 '구성주의構成主義'라는 이론이 있습니다. 구성주의라는 게 뭐냐 하면, 조그마한 발판과 같은 기초지식이 있어요. 쉽게 말해서 스스로 해가는 구성주의는 구성할 수 있는 능력을 구비하여 만들어 가는 겁니다. 조그마한 지식이 있어요. 그러면 이것을 발판으로 삼아, 이것을 기초로 하여, 끊임없이 연구해 나갑니다. 작은 것에서 더 큰 것으로 구성해내야 돼요. 다시 말해 건설을 해내야 돼요. 이것을 다른 말로 '메이크업make-up'이라고 합니다. 메이크업은 단순하게 '사람이 얼굴에 화장을 한다'는 말이 아니고요, 무언가를 만들어서 한 번 더 질적 승화를 하는 겁니다. 쉽게 말해서 업up 된다고 그러잖아요. 업을 해야 된다고요. 누가? 내가, 자기가 해야 돼요. 그리하여 이 시대에 대해 적응하는 동시에 이 시대를 개척해 나가야 됩니다.

우리가 보통, '사회에 적응해야 한다!' 이런 얘기들을 많이 합니다. 당연히 적응을 해야죠. 그런데 적응만 하기에는, 지금 시대는 너무나 급변하는 상황과 밀려오는 과학기술문명, 국제화, 그에 따른 인간 삶의 변화 등 여러 가지가 혁명적으로 바뀌고 있습니다. 그러니까 새롭게 선도적으로 시대를 개척해 나가야 됩니다. 파이오니아 정신처럼 개척하는 지성인들처럼, 끊임없이 생산적으로 창출해야 합니다. 다른 말로 하면, '선도해 간다! 리드해 간다!'는 겁니다. 먼저 선수를 쳐서 이끌어가야 돼요. 이끌어가지 않고 적응만 하고 안주했을 때는, 새로운 것이 나오면 해결을 못 하잖아요.

그러니까 여기에서 중요한 게 무엇이냐? '예습'을 한다고 했듯이, '예측'할 능력을 가져야 돼요. 컴퓨터가 발달하고 인터넷이 나오고, 그 다음에 스마트폰 같은 게 나왔습니다. 그러면 스마트폰 다음에는 무엇이 등장할까? 여기에서 나는 내 삶을 어떤 양식으로 이끌어가야 할까? 남이 주는 것을 사용하기만 하면 선구자가 못 됩니다. 진정한 지성인이 되기 힘들다고요. 내가 시대를 개척해가야 됩니다. 그런 차원에서 우리가 교육의 기능과 필요성을 이해하면 좋겠습니다.

그래서 여러분! 이 문제해결능력은 무엇이냐? 전체적으로 요약 정돈하면, 복잡한 시대일수록 어떤 문제가, 수많은 문제가 발생합니다. 이런 문제에 대해 새롭게 접근하려는 고민을 가져야 돼요. 이때 중요한 것은 무엇이냐? 인간사회와 시대를 재인식해야 됩니다. 다시 새롭게 인식해야 됩니다. 기존에 우리가 갖고 있던 어떤 물건이 있다면, 의구심을 가져봐야 돼요. 그것이 여전히 이 시대에도 유효한지. '그 물건의 기능이 그거야! 그것 밖에 없어!'라고 따져 물으면서 새로운 물건을 기획하고 설계해야 합니다.

　지능정보사회에서 어떤 인공지능이 인간이 쓰는 볼펜을 쓴다고 했을 때, 그들이 인간보다 더 잘 쓴다! 그러면 사태가 달라진다 말입니다. 그런 현상들에 대해 문제 해결과 문제 해소의 양식으로서, 교육을 이해해야 됩니다. 이런 상황에서 교육은 무엇이냐? 지식을 전수해주는 작업에만 머물러서는 곤란합니다. 그것이 전통적이고 고전적인 교육의 기능이고, 오늘날도 지식을 전해주는 기능이 여전히 존재하지만, 보다 근원적으로 고민할 사안은 현재 당면한 문제를 해결하거나 해소하는 데 교육이 적극적으로 나서야 한다는 겁니다. 이런 차원에서 교육이 왜 필요하냐고 했을 때, 현실을 살아가는 내 인생을 풍부하게 만드는 데 다양한 문제들이 존재한다! 그 문제들을 어떤 방식으로 해결할 것이냐? 그것을 고민하게 해주는 하나의 장치이자 기저이다. 이렇게 보면 좋겠습니다. 특히 한국교육은 문제해결능력을 함양하는데 어떻게 작동하고 있는지를 되물으면서 말입니다.

04

무엇을 자극하고 격려해야 하는가

이번에는 교육의 필요성에 관한 마지막 부분으로 '자극'과 '격려'에 대해 다루어보도록 하겠습니다. 지금까지 교육의 필요성에 관해 지속적으로 얘기하고 있는데, 교육이 왜 필요하냐 했을 때 장기간의 성숙을 해야 되는 것, 가치지향, 문화전달, 능력함양, 습관형성, 문제해결능력에 이르기까지 얘기를 했습니다. 이외에도 교육이 필요한 이유는 여러 가지로 제시할 수 있습니다. 지면의 제약과 여러 가지 이유 때문에 모두 언급하지는 못했지만 여러분 스스로 교육이 필요한 이유를 하나씩 만들어 봐도 좋겠습니다. 실제로 생각해서 그것을 만들어 보면, 바로 교육이 필요한 이유에 대한 이론을 형성하는 데 보탬이 될 것입니다. 그러므로 교육의 필요성을 끊임없이 만들어 보십시오. 노트에 필기하면서도 만들어 보고, 주변의 여러 사람과 대화를 하는 가운데서 만들어 보고요. 그러면 보이지 않는 많은 사람들이 학문적 습관화, 지식의 습관화, 이런 문제에 대해 이론을 도출할 수 있고, 그 자체가 일종의 탐구하는 행위가 됩니다. 앞에서 다루었던 교육의 필요성과 연관하여 자극과 격려의 문제를 함께 고민해 봅시다.

••• 자극과 격려 — 학습자를 자극하여 행위를 유도하라

여러분! 평소에 '자극'과 '격려'를 자주 받습니까? 아니면 인생 자체가 그냥 밋밋한가요? 여러분 스스로 격려를 많이 해주는 편인가요? 이 글을 읽거나 강의를 듣는 분 가운데 연세가 많은 분도 있을 테고, 좀 어린 사람도 있을 텐데, 연세가 많은 분들은 혹시 주변의 자제들이나 동생, 조카, 제자 등등 여러 친구들에게, 격려를 많이 해주나요? 어깨를 두들겨주면서, 자극과 격려 차원의 행동을 합니까? 어떻습니까? 그것부터 먼저 확인하고 가야 돼요.

자극은 무엇이냐? 자극은 말 그대로 뭡니까? '찌르기'입니다. 찔러주는 겁니다. 옆구리를 쿡쿡 찌른다고 할 때처럼 찔러줘요. 쿡쿡 찌르면 아프잖아요. 아니면 쿡쿡 찌르면 어떻게 됩니까? 여기에서 나름대로 어떤 반응이 일어나지요. 쿡쿡 찔렸을 때, 다른 어떤 것들이 밀려들어오는 느낌이 들잖아요. 그때 우리가 무엇을 생각합니까? 자극에는 어떠한 형태건 반드시 반응을 하게 되어 있습니다. 예를 들어, 자극에 무반응한다! 그런 사람은 특별한 사정이 있지 않은 한, 무감각한 사람일 가능성이 대단히 높습니다. 좀 재미있게 얘기하면 사람이 아니지요. 옆에서 쿡쿡 찔렀는데도, 무덤덤하게, 미련한 곰처럼, 가만히 있다! 그럴 수 있잖아요. 그런 경우 무반응한 사람의 경우, 그만큼 발전가능성이 희박합니다. 반응이 와야죠.

격려는 무엇이냐? 격려는 두드려 주기입니다. 두드려 주다. 재미있게 얘기하면 그렇습니다. 자극은 '찔러주다'이고 격려는 '두드려 주다'입니다. 두드려 줬는데도 어깨를 툭툭 두드려 줬어요. 그때 반응이 있는 경우와 반응이 없는 경우가 있겠죠? 교육은 무엇이냐? 바로 자극과 격려, 자극을 주고 격려를 해주는 데 필요한 하나의 유용한 삶의 도구입니다. 그렇기 때문에, 교육이 필요하다는 거예요. 여러분! 살면서 이런 경우가 있죠. '아! 내가 이번에 어떤 데 자극을 받아서 혹은 누구로부터 격려를 받아서 나는 이제부터 내 인생을 이렇게 살기로 했어! 혹은 저렇게 살기로 했어!' 이런 얘기를 꽤 많이 하거든요. 그 자극과 격려의 대상은 꼭 교사라든가, 교수자가 아니어도 됩니다. '티비TV에서 어떤 드라마 장면을 시청했는데, 혹은 영화를 관람했는데, 책을 읽었는데, 아니면 여행을 가서 어떤 곳에 방문했는데, 이러이러한 것들이 있더라! 그래서 나도 한 번 그렇게 해봐야겠다! 내가 지금까지 살아온 인생이 이런 것이었던가!' 그런 느낌을 갖고 사는 경우가 있어요. 여러분도 그렇고 저도 그렇고. 그것처럼 우리 삶에 어떤 계기를 주는 것이 자극과 격려입니다.

이 자극과 격려가 교육적으로 대단히 의미가 있습니다. 그것 때문에 교육의 필요성이 증대되기도 합니다. 그러면 다시 교육은 무엇이냐? 교육은 기본적으로 학습자를 자극하는 어떤 제도적 장치입니다. 제도적 행위예요. 어떤 형식으로 학습자를 자극합니까? 내용은 다양합니다. 예를 들어, 이 글을 읽거나 강의를 듣고 있는 많은 사람들, 특히 연세가 많은 분들, 그분들 가운데 전공자를 제외하고, 지금까지 교육학을 제대로 접해본 사람이 많지 않을 겁니다. 그런데 지금까지 계속해서 '교육이 무엇이다!'라고 이 글과 강의에서 강조하고 있습니다. 그랬을 때, 예를 들어 '내가 50대까지 살았는데도 교육이라는 말에 대해, 자녀교육은 내가 직접 시켜 보았지만, 교육의 내용에 대해서는 잘 몰랐어! 아, 그래서 지금 이 교육학에 관한 글과 강의를 들으면서 상당히 자극을 받고 있어!' 이런 경우도 있고요. 나이가 적은 사람들, 20대 청년이라고 가정하자고요. 이 글을 읽으면서 강의를 수강하는 사람 중에 20대인 사람이 있다고 하면, '가만히 있어봐! 신창호라는 사람이 지금 교육에 대해 이렇게 저렇게 얘기를 하는데, 내가 지금까지 이런 내용을 접해보지는 못 했어! 호기심이 막 발동하는데! 교육학에 대해 좀 알고 싶어! 계속 전공하며 공부하고 싶어!' 뭐 이런 생각이 우러나오게 하는 것도 일종의 자극입니다.

그러니까 제가 글을 통해, 강의를 통해, 사람들 옆구리를 계속 쿡쿡 찔러 준거예요. '교육학 이론에 이런 게 있어! 저런 게 있어!'하고 막 찔러 준거예요. 그것은 학습자에게 어떤 반응과 행위를 유도합니다. 반응과 행위가 없으면 사람이 아닙니다. 재미있게 얘기하면, 물론 사람이죠. 사람이 아닐 수가 있겠습니까? 정상적인 사람이라면 자극을 줘서 쿡쿡 찌르면, 반드시 반응과 행위가 오게 되어 있습니다. 그것을 유도해주는 장치가 '교육이다' 이 말입니다. 그래서 우리가 교육을 많이 하다보면, 이런 경우도 있습니다. 인지력이 빠른 사람은 '지금 이 글을 쓰고 저기서 강의하는 사람은 얼마만큼 배웠길래 저렇게 유식하지? 나에게 많은 내용을 알려주고 있어!' 이렇게 하면서, '정말 자극된다! 나도 이 기회에 공부 좀 해야 되겠다!' 이런 경우도 있습니다. 또 어떤 경우는 거꾸로 반응이 나타나는 때도 있어요. '이 글을 쓴 신창호라는 사람이 교육에 대해 말하고 있는데, 이게 글이야! 도대체 뭔 소리를 하는지? 뭐 핵심을 말하지 않고 주변부 얘기만 하고 있잖아!' 이렇게 반응을 하고 자극을 받고서는, '안 되겠다! 내가 더 열심히 해서, 내가 인터넷에서 다양한 내용을 찾아서 글을 쓰던지 해야지, 철학 강의를 해야지!' 이런 자극을 받을 수도 있습니다. 다양한 형태로 나타나겠죠.

　이런 과정에서 중요한 건 무엇이냐? 자극하는 행위가 사람들에게 일종의 반응을 하거나 아니면 다른 행위를 유도하는 데 영향을 미쳤다는 겁니다. 그것을 보고 교육은 무엇이냐? '학습자에게 자극을 주는 행위이다!' 이렇게 얘기하는 겁니다. 교육을 한다는 자체가 무엇이냐? 건전한 학습자라면, 자극을 받게 되어 있습니다. 자극을 받으면 다음에는 뭐가 나오겠습니까? 이 사람이 기존에 갖고 있던 행위가 다른 방식으로 표출됩니다. 이 다른 방식이 그 사람의 삶을 건강하게 만들었다면, 이런 교육은 인생에 대단히 유용한 작업입니다.

••• 자극과 격려의 전제 — 이해를 통해 새로운 세계로 인도하라

　교육은 그런 건강성을 전제로 합니다. 반응을 하는 사람의 행위가 건강하지 않고, 부패하는 쪽으로 나아가게 만들었다. 그것은 교육적 행위가 아닌 것이죠. 교육은 기본적으로 올바르고 건전한 가치를 지향하니까요. 그런 차원에서 자극과 반응의 문제를 이해하면 좋겠습니다. 앞에서 말했던 교육자체가 학습자에게 자극을 준다고 했을 때, 그러면 교육을 해가는 과정 자체가 무엇이냐? 과정 자체가 또 자극을 통해 나오는 일종의 격려로 변질됩니다. 그런 의미에서 자극이라는 것은 교육을 하면서 쿡 찔렀단 말입니다. 그러니까 여기에 반응이 오고 또 다른 행위를 유도하겠죠. 그러면 이 행위를 유도하는 가운데, 교육과정에서 다양한 양식의 새로운 교육이 있을 거 아니에요. 교육방법적 차원도 있고요. 교수 설계하는 차원도 있고요. 여러 가지 교과서를 가르쳤다가, 현장 활동을 했다가, 또 교과서를 들여다보았다가, 여러 가지 형태가 있겠죠. 이런 교육과정 속에서 자극—반응 행위가 끊임없이 건강하게 지속될 수 있도록 격려를 준단 말입니다. 어깨를 두드려주는 역할을 한단 말입니다. 그렇게 계속 교육을 진행해가다 보면, 학생의 삶이 새로운 세계로 나아갈 수 있도록 인도해주는 역할을 해준단 말입니다. 그것이 격려입니다.

　우리가 격려를 어떻게 합니까? 예를 들어 어떤 사람이 실수를 했을 때, '괜찮아! 다음 번에 실수를 또 할 수도 있겠지만, 그 실수를 줄이려고 노력하는 자체가 중요해!'이렇게 얘기해 줄 수가 있겠지요. 이때 실수한 사람은 그러지 않아도 움츠리고 있는데, 거기에 대놓고 그냥 무작정 비판을 하거나 욕을 하면 그 사람은 어떻게 됩니까? 주눅이 들어 어떤 일도 할 수가 없어요. 교육적 행위는 무엇이냐? '이번에 실패하면 어때! 조금 더 정돈을 잘하고 준비를 해서 다음에 유사한 경우가 생긴다면, 이번에 실수한 것을 만회할 뿐만 아니라, 몇 배 이상으로 성공할 수 있을 거야!' 이렇게 말해 주면, 이 사람은 어떻습니까? 용기를 갖고 행동할 수 있겠지요. 그렇게 우리가 용기를 부여해주는 거죠. 동기부여 해주듯이, 용기를 갖고 끊임없이 자신의 할 일을 보다 당차게 실천할 수 있는 그런 장을 마련해주는 거죠. 그게 바로 무엇이냐? 삶에서 새로운 세계로 인도해 주는 그런 교육적 역할입니다.

그런데 문제가 있습니다. 자극과 격려를 하는데, 그 자극과 격려의 대상이 우리가 학교교육의 차원에서 보면, 어린 아이들, 청소년들, 고등교육 단계에서는 대학생들, 이렇게 됩니다. 편의 상 초등학생, 중학생, 고등학생을 초등학교, 중등학교 학생 이렇게 나눌게요. 그 다음에 고등교육을 받는 대학생이 있습니다. 이렇게 됐을 때, 어린 학습자일수록 나이가 어린 학생일수록, 어떻게 되느냐? 자신의 소질이라든가 자질이라든가 잠재능력에 대해, 정확하게 이해하지 못하고 있는 경우가 많습니다. 그러니까 우리가 자극과 격려를 할 때는 어떻게 됩니까? 어린 학습자가 어떤 자질과 잠재능력을 갖고 있는지, 그 어린 학생, 혹은 청소년의 소질이 무엇인지 파악했을 때, 자신과 외부에서 들어오는 자극과 격려에 대해, 인지하는 속도라든가 정확하게 파악하고 받아들일 수 있는 어떤 그런 장치가 훨씬 더 강화됩니다.

무슨 소리냐? 어린 아이 단계로 아래로 내려갈수록, 쉽게 말하면, 아무 생각이 없어요. 개념이 형성되어 있지 않단 말입니다. 그것이 어린 아이의 특징입니다. 여러분! 초등학생, 중학생 정도 아이들을 잘 지켜보십시오. 초등학교, 중학생 아이들의 교실에 들어가 보면, 아이들이 교실을 날아다닐 정도로 활발하게 활동합니다. 책상 위를 뛰어다니고요. 뒹굴고요. 깔깔대고요. 그게 어린 아이들의 특성이라고요. 아이들은 재미있게 얘기하면, 놀기 바쁩니다. 거기에 대놓고, '야! 조용히 해! 왜 이렇게 시끄러워!' 그것은 아이들의 잠재능력을 다운시키는 겁니다. 아이들은 놀게 내버려 둬야 해요. 어떻게 보면, 마구 그냥 이렇게 분출을 못해서 난리인 아이들에게 '조용히 해!'라고 했을 때, 그 아이들에게 어떤 자극과 격려를 할 수 있겠습니까? 고민을 해봐야 되는 거죠.

그러니까 우리가 어린 아이들 교육의 아래 단계로 내려가면 갈수록, 이 아이들은 자신을 파악하기 힘들어 합니다. 아니, 파악하려고 시도조차 하지 않습니다. 그냥 놀 수 있는 분위기를 주면 놀고 그런 거예요. 흔히 말해서 개념이 없어요. 그런 아이들이 어떤 실패를 경험했을 때, 격려를 해서 그 실패를 성공으로 바꿀 어떤 기제를 마련하지 않고, '너 잘못했으니까 매 맞아!' 그것만이 다가 아닙니다. 교육적인 접근은 무엇이냐? 잘못한 이유를 설명해줄 수도 있고요. 모르니까 아이들의 수준은 몰이해의 단계라고 그랬잖아요. 지금 자신의 처지나 행동에 대해 이해를 못하고 있거든요. 그러니 이해를 가능하게 만들어줘야 되는 거죠. 몰이해에서 이해로 갈 수 있게, 그것이 바로 자극과 격려를 하기 위한 기본 전제입니다.

••• 진학과 진로 — 높은 단계의 공부를 통해 사람들의 길을 열어 주라

이해를 하는 단계는 어떤 상태냐? 실존주의 철학자들에 의하면, 보통 12세 전후, 이게 아마 초등학교 고학년 정도 될 겁니다. 유치원이나 초등학교 저학년 수준과 약간 차이나는 초등학교 고학년 이상이 되면, 중학생 이상이 되겠죠. 이 초등학교 고학년 시기에 어떤 상황이 발생하느냐 하면, 인간으로서 자기를 이해할 수 있는 계기가 마련됩니다. 그것을 '실존적 계기'라고 합니다. 철학적으로 말하면, '실존적 순간' 혹은 '실존적 계기'가 생깁니다. 그러니까 내가 누구인지, 나의 장점이 무엇인지, 내가 남성적 특징을 지녔는지, 여성적 특징을 지녔는지, 내가 무엇을 위해 행동해야 되는지, 내가 어떻게 행동해야 되는지, 이 부분에 대한 일종의 깨달음이 일어난다 이 말입니다

그래서 여러분! 중등학교 청소년 시기에 대해 말이 많지 않습니까? 그런 말 많이 들었잖아요. '제2의 탄생기', '정신적 이유기' 그러잖아요. 그 다음에 '질풍노도의 시기'라고도 하고요. 그래서 중학생 청소년 시기쯤 되면, 아이들이 마구 뛰며 발산하고 분출하며 노는 거예요. 이런 시기에 자신을 자각하며 느껴 보니까, 이전까지는 전혀 경험하지 못한 삶이 다가오는 거지요. 진짜 그동안 '살아지기'였잖아요. 특히 부모로부터 보호를 받는.

다시 살펴보면, 12세 전후까지는 뭐냐 하면, '살아지기'의 시기였단 말입니다.

이제는 뭘 해야 되느냐? 그것을 넘어서서 '살아가기'를 해야 돼요. 그러니까 살아가기 단계에 오면, 질풍노도의 시기가 오고, 자신의 삶이 헷갈리는 거예요. 혼돈이 막 오는 거예요. 이게 뭐지? 지금까지는 엄마 아빠가 다 해줬는데, 지금까지는 선생님이 다 해줬는데, 이게 뭐지? 괴로운 거예요. 그것이 인간의 발달단계에서 나오는 겁니다. 그러면 이때에 '살아가기' 시대의 자극과 격려를, 우리가 적극적으로 합리적으로 교육적으로 해줘야 된다 이 말이죠. 교육자는 학습자를 자극하고 격려를 해주는데, 문제는 무엇이냐? 중요한 것은 이 학습자에게 지식의 체계라든가, 문화양식이라든가, 이런 것들을 알려주는 것도 대단히 중요합니다. 그런데 앞에서 말한 것처럼, 실존적 계기를 맛보고, 그 다음에 살아가기에 돌입한 사람들은 무엇이냐? 그 사람이 나아가야 할 삶의 진로, 인생의 진로와 학교를 진학한다면 상급학교에 진학하는 진학의 문제, 그리고 이후에 자기 삶의 기반이 되는 직업의 문제들, 이런 것에 대한 멘토가 되어야 합니다.

여러분! 초등학교, 중학교, 고등학교에 다니는 학생들에게 우리는 어떤 진로, 어떤 진학, 어떤 직업을 소개하며, 그들이 고민하게 해 주었나요? 한국교육의 문제는 지금 이 시대에 요구되는 것은 무엇이냐? 우리는 대부분 초등학교를 마치면 어디로 갑니까? 중학교로 바로 진학해요. 중학교를 마치면 또 고등학교를 진학합니다. 그런 과정에서 다양한 일이 벌어집니다. 공부를 조금 잘한다든가, 나름대로 여유가 있다고 하면, 쉽게 말해, 고등학교 중에서도 뭡니까? 일반계 고등학교보다 여건이 나은 특수한 고등학교에 가려고 한다든가, 아니면 명문대 진학률이 높은 어떤 특정한 학교에 진학하려고 한다든가, 이런 '진학지도' 밖에 없어요. 진학의 의미가 뭡니까? 진학의 의미가 초등학교에서 중등교육, 중등교육에서 고등교육, 고등교육 중에서 대학원을 간다든가, 유학을 간다든가, 그런 차원에서 진학이 많이 있잖아요.

진학의 의미가 무엇이냐고요? 도대체 고민을 안 해 봤어요. 진학이라는 말은요. 말 그대로 진학進學이라는 것은 한자로 쓰면 '나아갈 진進', '배울 학學'이잖아요. 배움의 수준을 높여서 삶을 전진시켜 나아간다는 거예요. 단순하게 대학을 가기 위해 유치원에서 초등 중등학교를 진학하는 게 아니에요. 초등이라는 낮은 단계에서 중등이라는 높은 단계의 학문 체계, 그 다음에 고등이라는 더 높은 단계의 학문 체계로 나아가는 공부의 과정일 뿐이에요. 여기에 뭐 좋은 학교, 나쁜 학교를 따지고, 이처럼 우리 한국 사람들의 생각 자체가 이상해졌단 말이에요. 그 다음에 진로 문제입니다. '너의 진로는 무엇이냐?' 지금은 그런 것들이 조금 부드럽게 인식되고 있기는 합니다만, 옛날에는 어떻게 되었느냐? 제가 중학교 고등학교 때만해도 대학을 진학하는 경우, 대부분 이런 생각을 합니다. 공부 좀 잘하면 '법대가야지, 상대가야지'라고 했어요. 지금은 상대라는 말이 없고 경영대학 이렇게 바뀌었습니다만, '법상대 가야지' 방송국에 취직해야 하니까 '신문방송학과, 매스미디어학과 가야지!' 때로는 시인이나 소설가 같은 작가가 되려면 '국문학과 가야지!' 지금 생각하면 참 이상한 소리들을 했어요.

물론, 전공에 따라 그렇게 진로를 결정하는 것이 당연할 수도 있지만, 진로라는 것은 무엇이냐? 진로라는 것은 말 그대로 뭡니까? 진로進路라는 것은 한자로 길이잖아요. '나아갈 진進', '길 로路' 마이 웨이My way! 나의 길! 나의 길을 어떻게가야 돼요? 나의 길을 제대로 걸어갈 수 있도록 어떻게 도와줘야 될 거 아니에요? 어떤 길인지 아무도 일러주지 않아요! 아이들 청소년들의 멘토가 되려면, 예를 들어, '너의 개인적인 특성이 이러하고, 너의 능력들이 이런 정도 축적이 되었고, 네가 직접 하고 싶은 것은 이런 거니까, 이런 방식으로 한번 가봐라!' 그렇게 자극하고 격려해 줘야지요. 한국의 어른들, 굉장히 많은 사람들이 학생에게 그런 태도를열어주지 않습니다. 부모가 갖고 있는 생각, 선생님이 갖고 있는 생각, 학교가 갖고 있는 생각이 뭡니까? 도대체, 그냥 무슨 명문대 진학 몇 명, 어떤 아이는 분명히 공과대학 계통의 능력이 있고, 취미가 있고, 흥미가 있음에도 불구하고, '우리집안에서 법관이 하나 나와야 돼!' 그리고는 법을 교육하는 대학으로 보내요. 그것은 아이에게 자극을 주거나 격려를 하는 행위가 절대 아닙니다. 심하게 얘기하면, 아이의 자질을 말살하는 교육적 살인 행위입니다. 그러니까 우리 교육에 대해, 과연 자극과 격려를 어떤 방식으로, 우리 아이들에게 해줘야 되는가? 진지하게 고민해봐야 된다는 거죠.

지금까지 교육의 필요성에 대해 좀 미시적 시각에서 얘기를 나누어 보았습니다. 이전에 거시적 측면에서 교육의 필요성은 인간은 장기간의 준비를 해야 되죠, 또 가치를 지향합니다. 무엇보다도 문화를 전달해야 될 일이 있어요. 이러한 거시적 차원이 우리 인류사회를 둘러싸고 있습니다. 그 가운데 우리는 개별적으로는 또는 사회적으로 무엇을 해야 되느냐? 능력을 훈련해야 되고, 습관을 형성해야 되고, 그리고 자극과 격려를 주고받아야 돼요. 결국 이것은 어디를 지향하느냐? 대부분 능력을 훈련하고 문제를 해결하는 어떤 능력, 그 다음에 문화를 전달할 때 어떻게 전달하느냐의 문제를 해결하는 그런 능력, 장기간의 준비도 마찬가지입니다. 습관형성, 가치지향, 이런 대부분의 사안들이 무엇이냐? 문제해결에 집중됩니다.

　쉽게 말해서, 어떤 교육의 필요성이건 지금 나에게 다가오는 문제 상황에 대해, 그것을 해결할 수 있는 능력을 혹은 실력을 갖추었다고 하면, 어떤 문제 상황이 닥쳐와도 뭡니까? 해결할 능력과 실력을 갖추고 있으면, 고민할 것이 상당히 적어집니다. 그것이 바로 교육의 역할과 기능이라는 겁니다. '교육이 왜 필요하냐?'라고 했을 때, 요지는 그렇습니다. 장기간 준비를 해서 인간으로서 성숙해야 되는데, 문제는 인간으로서 성숙되었음에도 불구하고 인간과 성숙 사이에 다양한 문제들이 끊임없이 겹쳐 온다 이거죠. 이때 다가온 문제를 맞이하여 진지하게 해결하는 것이 성숙도를 점점 확대시켜가는 그런 차원이 될 것이다. 그래서 문제를 해결할 수 있는 능력을 길러주자! 그런 것들이 현재 한국사회가 간절히 요청하는 교육의 역할이나 기능이 아닐까? 이런 생각을 한 번 해 봅니다.

제7강

교육의 본질은 어디에서 찾아야 하는가?

교육은 우리 삶 속에 녹아있고, 우리 생활을 추동해 가는 데 굉장히 중요한 사안인 만큼 화려하게 드러나지 않습니다. 삶 속에 감춰져 있는 경우가 많습니다. 인생이라는 것이, 삶이라는 것이 어떻게 생각하며 좀 규칙적인 일상의 반복이지 않습니까? 아주 진지하긴 한데 상대적으로 재미가 적을 수 있습니다. 교육이나 교육학이라는 것도 그렇습니다. 그러나 또 다른 방식으로 생각하면, 교육은 삶을 재미있게 만들어주는 바탕을 형성하는 것이기도 합니다. 이번에는 1권의 마지막 장으로 교육의 이념과 작용이라는 주제 아래, 함께 논의하는 시간을 가져보려고 합니다. 교육의 이념과 작용은 엄밀하게 따지면, 우리 한국교육을 이끌어 가는 데 근본이 되는 그런 내용들입니다. 이에 한국교육의 이념을 비롯하여, 교육의 목적, 교육의 작용 등에 대해 검토하려고 합니다. 교육의 이상은 교육의 이데아(idea)라고도 합니다. 다른 말로 하면 이상이 되겠죠. 교육이라는 것이 과연 어떤 이상을 지향하느냐? 그것은 개인적으로 사회적으로, 상당히 다른 차원으로 드러날 수 있습니다. 그런 부분들을 구체적으로 성찰해야만 과연 한국교육은 무엇을 지향하느냐? 이런 문제가 도출될 수 있습니다. 다음에 교육의 목적은 목표와도 유사하게 쓰이기도 하는, 우리가 지향하며 구체적으로 달성해야만 하는 어떤 것입니다. 이상은 아주 크고 높은데, 그림으로 그리자면 이상은 높은 고지를 향해 가는 것이고 목적은 고지를 향해가는 중간중간에 단위별로 달성되는 성과들입니다. 이런 목표와 목적, 이념을 달성하기 위해 교육이 어떤 작용을 해야만 되느냐? 그것이 한국교육을 규정하는 하나의 잣대가 될 수 있습니다.

01

교육의 이념을 재확인하라

여러분! 우리 대한민국의 교육이 어떤 이념과 이상에 의거하여 진행되고 있는 지 고민해 본 적이 있습니까? 그냥 아무 생각 없이 주어지는 대로 교육하고 있지 는 않나요? 이 글의 맨 앞에서 교육이 삶의 원현상이라고 했지요? 그런 차원에서 교육에서 이념 문제를 살펴보기 전에, 여러분은 어떤 삶의 이념을 갖고 있습니까? 우리가 이런 물음을 던질 수 있죠.

우리 한반도는 남한과 북한이라는 나라로 분단되어 있습니다. 그랬을 때 우리 남한은 정치 체제로 보면 자유 민주주의를 선택했고요. 북한의 경우에는 자유 민 주주의가 아니고 집단을 중시하는 사회 민주주의라든가 혹은 인민 민주주의 체제 를 채택했단 말입니다. 그러면 정치적으로 지향하는 사회의 방식이 다릅니다. 개 인의 자유를 우선적으로 추구하느냐? 공동체로서 집단을 중시하느냐? 어떤 정치를 구상하느냐에 따라 우리의 삶이 달라지고, 우리 사회의 구조가 달라지는 거예요.

교육도 마찬가지입니다. 어떤 가치를 기준에 두고 교육의 양식을 정하느냐에 따라 교육이 전반적으로 달라진단 말입니다. 그랬을 때 교육적 가치를 결정하는 데 기여하는 가장 중요한 사안이 무엇이냐? 헌법입니다. 국가 체제를 갖추고 헌법 을 둔 모든 나라가 그렇습니다. 헌법에 보면, 그 국민의 기본권을 비롯하여, 다양 한 법적 권리와 의무 등등이 적시되어 있습니다. 가운데 교육에 관한 조항이 구체 적으로 적시되어 있습니다. 이 부분을 먼저 확인해야만이, 우리 대한민국에서 교 육의 존재 근거와 실천 이유가 나오게 되는 거죠.

••• 대한민국 『헌법』에서 우리의 교육이념을 확인하자

대한민국 『헌법』에서 교육과 관련한 조항은 『헌법』 제31조 교육에 있습니다. 물론 『헌법』에 나와 있는 국민의 권리와 의무를 규정하는 다양한 조항 가운데 교육과 연관되지 않은 부분은 없습니다. 그렇더라도 교육을 구체적으로 명시한 부분은 『헌법』 제31조의 여섯 가지 조항입니다. 한 번 볼까요?

"① 모든 국민은 능력에 따라 균등하게 교육을 받을 권리를 가진다. ② 모든 국민은 그 보호하는 자녀에게 적어도 초등교육과 법률이 정하는 교육을 받게 할 의무를 진다. ③ 의무교육은 무상으로 한다. ④ 교육의 자주성·전문성·정치적 중립성 및 대학의 자율성은 법률이 정하는 바에 의하여 보장된다. ⑤ 국가는 평생교육을 진흥하여야 한다. ⑥ 학교교육 및 평생교육을 포함한 교육제도와 그 운영, 교육재정 및 교원의 지위에 관한 기본적인 사항은 법률로 정한다."

여기에서 『헌법』 제31조를 자세하게 풀이하지는 않습니다. 저는 법률 전문가가 아니기 때문에 그것을 법률적으로 해석할 능력도 없고, 이 글의 목적이 기본적으로 우리가 무엇에 기반해서, 무엇을 근거로 교육하느냐의 문제가 초점이므로 그런 부분을 보다 고민하도록 하겠습니다. 헌법을 왜 봐야 하느냐? 여러분, 잘 알다시피 우리 대한민국은 무슨 공화국입니까? 그렇습니다. '민주 공화국'입니다. 민주 공화국! 대한민국은 민주주의에 공화 체제를 선택한 국가입니다. 전제주의나 왕정을 택하지 않았습니다. 그러면 우리는 민주 공화정을 바탕으로 법치를 시행하여 우리의 삶을 추동할 수 있도록, 이 국가가 제도적으로 다양하게 마련하여 국민을 보호해간다 이 말이죠. 이런 차원에서 한국 국민이 누려야 할 교육은 어떠냐는 겁니다.

교육은 『헌법』 제31조에서 구체적 조항으로 정해놓았기 때문에, 이 조항에 의거해서 우리 교육이 이루어져야 합니다. 그러니까 이 조항에 의거해서 이루어지지 않은 교육은 법을 어기는 거예요. 법을 어기면 대한민국의 어떤 교육 가치나 교육이념도 도출될 수 없는 거죠. 그래서 교육이념을 보기 위해서는 먼저 『헌법』의 교육조항을 봐야 됩니다.

앞에서 열거했듯이, 『헌법』 제31조의 첫 번째 조항은 무엇이냐? 과연 21세기를 살아가는 여러분과 저는 이 헌법적 가치, 『헌법』의 교육에 관한 조항에 의해 교육을 제대로 받고 있는지, 아니면 교육을 제대로 실현하고 있는지, 교육적 권리와 의무를 다하고 있는지, 진지하게 고민해야 됩니다. 그런 사전 작업도 없이 일방적인 개인의 주장이나 어떤 특수한 집단의 주장만을 가지고 교육을 논의해서는 안 되는 거예요. 잘 보면 이렇습니다. 모든 국민은, 모든 대한민국 국민은, 국민이 갖고 있는 능력에 따라, 이전 시간에 우리 모두는 능력을 갖고 있다고 그랬죠. 그 능력에 따라, 중요한 건 무엇이냐? '균등均等하게 교육 받을 권리'를 가집니다. 우리에게는 내가 능력을 가지고 다른 사람과 차등 받지 않을 그런 당연한 권리가 있습니다. 떳떳한 권리죠.

여러분! 깊이 생각해 보십시오. 우리 모두는 자신이 지닌 능력에 따라서 교육해야 합니다. 우리 모두가 능력이 있잖아요. 능력에 따라 차등 받지 않아야 합니다. 균등의 반대는 차등입니다. 차등 받지 않고 균등하게 교육이 이루어져야 합니다. 예를 들어, A라는 사람이 초등학교에 들어가면 나도 초등학교에 들어갈 수 있는 자격이 되는 거죠. A라는 사람이 B라는 교육을 받는다면 나도 B라는 교육을 받을 수 있는 거예요. 능력에 따라 균등하게! 이 말이 굉장히 중요한 겁니다. 이것이 첫 번째 조항입니다. 능력이 무시당하거나 차등 받는 어떤 교육을 하고 있다고 하면, 헌법의 이념적 기준에 의해서 보면, 우리가 인간으로서 차별받거나 대한민국 국민으로서 권리를 침해당하고 있는 거예요. 교육적 권리를 그런 차원에서 이해하면 좋겠습니다.

두 번째는 무엇이냐? 모든 국민은 자녀들에게, 우리가 결혼을 하면 자녀가 있겠죠? 그런 자녀들에게 부모로서 적어도 초등교육과 법률이 정하는 교육을 받게 할 의무를 지닙니다. 이게 의무교육義務教育이에요. 여러분! 의무교육이라는 말을 많이 들어봤잖아요. 우리가 보통 현재 초등교육과 중등교육, 상황에 따라 조금씩 다릅니다만, 중등교육 가운데 고등학교 교육까지 의무교육으로 규정되어 있습니다. 특히, 특수교육 같은 경우에는 고등학교까지 교육을 국가가 보장하는 의무교육으로 규정된 그런 사항도 있습니다. 여기서 중요한 것은 무엇이냐? '자녀들에 대한 교육을 부모, 혹은 부모와 동등한 보호자가 책임져야 된다! 그것이 의무이다! 부모로서 보호자로서 의무이다!' 이렇게 보면 되겠습니다.

세 번째는 무엇이냐? '의무교육은 무상無償으로 한다!'입니다. 이 부분은 쉽게 말하면 등록금을 국가가 보장해주는 제도이고, 흔히 무료로 교육을 받는 것으로 알고 있는 사항입니다. 물론 그 속 내용을 보면 여러 가지로 복잡합니다만 어느 정도 잘 알고 있는 내용이므로 넘어가도록 하겠습니다.

그 다음에 또 뭐가 있느냐? 교육의 자주성과 전문성, 정치적 중립성, 그리고 대학의 경우에는 자율성이 있습니다. 즉, 교육에는 뭐가 있느냐? 어떻게 할 수 있느냐? 자주성은 말 그대로 전문성을 지닌 교육 관련기관이나 교육자가 교육을 자주적으로 자체적으로 할 수 있는 어떤 권리가 있다는 겁니다. 전문성도 마찬가지로 나름의 자체 논리들이 있습니다. 좀 괴로운 사안이 정치적으로 중립성입니다. 그러니까 어떤 당파에 의해서, A당, B당의 당파성에 의해 교육이 한쪽으로 끌려가서는 안 되는 겁니다.

교육은 모든 국민을 대상으로 하기 때문에 교육의 자주성, 전문성, 정치적 중립성, 대학의 경우에는 자율성, 이런 것들이 법에 의해 보장되어 있습니다. 예를 들면, 교육의 자주성이 침해되었다든가, 전문성이 훼손되었다든가, 정치적으로 중립이 되지 않고 치우쳤다든가, 대학이 자율성을 보장받지 못한다든가, 그것은 『헌법』 위반입니다. 『헌법』을 위반하고, 교육의 이념을 거론하거나 실현하려는 어떤 논의에도 우리는 제대로 다가갈 수가 없어요. 기본적으로 우리 국민의 삶과 교육을 지속시켜주는 『헌법』 자체를 위반하게 되는 것인데, 어떻게 교육 문제를 논의할 수 있습니까? 없어요.

그 다음에 다섯 번째는 무엇이냐? 평생교육시대가 되면서 '국가는 평생교육을 진흥해야 한다!' 그러니까 국가는 모든 국민이 평생교육을 받을 수 있는 다양한 제도를 마련하여, 제공할 의무가 있는 겁니다. 이를 구현하기 위해 국가나 공공기관의 차원에서 보면, 평생교육과 연관된 재단도 있고요. 평생교육을 진흥하기 위한 기관도 있고요. 또 국가 공공기관뿐만 아니라 민간단체에서도 문화센터를 비롯한 다양한 평생교육 기관을 설치하여 도움을 주고 있습니다. 그런 것들이 여기에 포함되겠습니다.

여섯 번째는 학교교육 및 평생교육을 포함한 교육제도와 그 운영, 교육재정, 교원의 지위에 관한 기본적인 사항은 법률로 정합니다. 그러니까 『교육기본법』을 비롯한 많은 교육관련법이 있습니다. 쉽게 말하면, 우리나라는 이 『헌법』 제31조 교육에 관한 조항에 의거해 교육이 이루어집니다. 교육 법치주의지요. 법치주의, 혹은 교육 법률주의예요. 교육 법률주의! 그러니까 이런 관련 법률을 무시하고 그냥 교사가 학생에 대해 멋대로 교육을 한다든가, 아니면 부모가 자식교육을 멋대로 한다든가, 어떤 사회단체가 멋대로 사회교육을 실시하는 것이 아닙니다. 반드시 관련 법규에 따라 그 법의 테두리 내에서 자율성을 발휘할 수 있는 거죠. 법을 벗어나서 내 멋대로 교육을 한다? 그것은 절대 아닙니다. 그렇게 해서는 안 됩니다. 그러면 국가의 존립 이유도 없고, 헌법과 법률의 존재 근거도 사라지는 것이죠. 물론 법이 시대정신에 부합하지 않는다거나, 국민 대다수가 부정하는 악법이라거나 그렇다면, 빨리 법을 개정하거나 폐기하고 건전한 교육을 유도할 법률로 바꾸어 가야지요. 그런 차원에서 우리가 굉장히 조심해서 우리 대한민국의 교육이념을 고민해야 합니다.

••• 외국의 사례 — 각국의 풍토를 확인하고 참고하라

제가 수시로 말씀드리는 것 중의 하나가 뭐가 있느냐? 최근에 많은 학자들이나 교육자들이 세계 유수의 선진국 교육제도를 들먹입니다. 교육 시스템을 부러워하며 앞다투어 소개하기도 합니다. 예를 들어, 핀란드라든가, 스웨덴이라든가, 독일이라든가, 미국이라든가, 영국이라든가, 그 외에도 다양한 나라의 교육을 말이지요. 모범적인 교육제도나 교육실천 활동을 견학하고 그것을 수입해 소개하면서 정착시키려는 노력도 하고, 실제 교육실험을 해 보려고도 하고, 여러 가지 교육적 고민을 하죠. 저는 정말 고민합니다. 이렇게 하는 것이 정당한지 심각한 비판적 성찰이 앞서야 합니다. 다양한 교육제도나 교육실천 사례를 소개하고 참고하는 것은 좋다! 그러나 그것이 마치 교육의 전형인양, 교육의 완벽한 모델인 것처럼 섣불리 재단하고, 일방적으로 받아들여 정착시키려고 하지 말라! 결단코. 이렇게 생각합니다.

이유는 정말 간단합니다. 앞에서도 언급했습니다만, 모든 나라는 그 나라의 헌법과 법률, 그리고 그 나라의 전통, 기존에 내려오던 문화적 관습, 교육 풍토, 이런 상황들을 반영하여 교육을 실천합니다. 그런데 우리가 받아들인 혹은 소개하면서 받아들이려고 하는 그런 나라의 교육이, 과연 얼마만큼 우리 대한민국의 토양과 맞아 떨어지느냐를 잘 봐야 됩니다! 그냥 껍데기만 보고서, '어떤 나라 교육은 토론식으로 하더라! 어떤 나라는 초등학교에 숙제가 없는데 대한민국 초등학교는 숙제가 너무 많다! 시험도 안보더라!' 등등, 여러 가지 얘기를 할 수가 있잖아요. 그렇다면, 우리 대한민국의 교육풍토, 전통적인 교육의 유전자는 없나요? 있습니다. 우리 교육이 모두 다 잘못되고 부정적인 것인가요? 아닙니다.

그런 부분을 먼저 검토하고 살펴보는 것이 우선이라고 판단합니다. 그래야 그것 가운데 폐기할 것은 폐기하고, 전통으로 이어갈 것은 더욱 발굴하고 질 높은 것으로 승화하여 우리 교육의 장점으로 만들어 가야지요. 그것이 우선 아닙니까? 그러니까, 선진 외국에서는 왜 그런 교육을 하고 있는지, 교육의 속살을 잘 확인해야 합니다. 교육 선진국의 헌법과 법률과 전통적인 문화 풍토를 살펴본 후에, 우리에게 이식할 수 있는지 진지하게 고려한 다음에 실험을 거쳐야 하는 겁니다. 그렇지 않고 그냥 가져와서 적용한다? 전혀 맞지 않습니다! 이런 부분에 대해 우리는 신중하고 조심해서 봐야하는 거죠.

••• 교육이념과 목적 — 이념이 목적을 추동하는가

자, 그러면 우리가 대한민국 『헌법』에서 보았던 여섯 가지 조항을 바탕으로, 그것을 기준으로 만들어지는 것이 바로 『교육기본법』입니다. 『교육기본법』은 한국 교육을 실천해가는 교육의 근간입니다. 그 『교육기본법』 제1장 제2조에 보면, 대한민국 교육의 이념과 목적이 잘 나와 있습니다. 여러분! 혹시 교육학을 전공하지 않거나 교육과 연관된 분야에 종사하지 않는 사람들은 이런 『교육기본법』을 접할 기회가 상대적으로 적을 것입니다. 엄밀하게 따지면, 우리는 초등학교에서 중학교, 고등학교, 대학교를 거쳐, 평생교육에 이르기까지, 이 『교육기본법』에 근거하여 교육을 합니다. 그러니까 사실 우리는 『교육기본법』에 대해 제대로 파악하지 않고, 어쩌면 아무 것도 모르고 그냥 주어지는 대로 교육을 받아왔을 수도 있습니다. 저부터 그랬습니다. 그런데 이 『교육기본법』의 이념과 목적을 살펴보면, 우리 대한민국 교육의 지향이나 목표, 목적이 아름답게 잘 설계되었다는 것을 느낄 수 있습니다. 그것은 다음과 같습니다. 잘 새겨 두십시오. 외워두면 더 좋습니다.

"교육은 홍익인간의 이념 아래 모든 국민으로 하여금 인격을 도야하고 자주적 생활능력과 민주시민으로서 필요한 자질을 갖추게 하여 인간다운 삶을 영위하게 하고 민주국가의 발전과 인류 공영의 이상을 실현하는 데 이바지하게 함을 목적으로 한다."

우리 대한민국 교육은 '홍익인간의 이념 아래', 이 이념이 굉장히 중요합니다. 가장 중요한 것은 무엇이냐? 여러분 대한민국의 교육이념이 홍익인간弘益人間이라는 겁니다. 홍익인간이라는 말 많이 들어봤지요? 우리나라 건국신화인 단군설화에 나오잖아요. 홍익인간! 이렇게 했을 때 어떻게 되는 겁니까? '널리 인간을 이롭게 한다!' 그러니까 많은 사람들에게, 아니면 주변에 있는 모든 사람들에게, 뭡니까? '인간에게 복지 혜택을 준다! 시혜를 베푼다! 배려를 한다!' 그렇게 다양하게 이해할 수 있겠죠? 그것이 우리 대한민국 교육의 이념입니다.

교육적 차원에서 보면, 홍익인간이 무엇이냐? 홍익인간은 대한민국의 교육을 총괄하는 이념, 즉 교육의 가장 큰 틀이자 교육의 큰 우산입니다. 큰 우산으로 보고, 그 우산 속에서 우리가 뭘 집어넣느냐? 교육의 목적과 목표를 추구하고, 교육 작용을 검토하며 교육을 실천하는 겁니다. 자, 그러면 이제 홍익인간의 이념을 큰 우산으로 두고, 대한민국의 모든 국민에게 첫 번째 교육목적으로 무엇이냐? 인격을 도야하게 합니다. 첫 번째가 사람이 자기가 지니고 있던 격을 끊임없이 품위 있게 올려야죠.

그리고 두 번째가 무엇이냐? 자주적 생활 능력과 민주 시민으로서의 자질을 갖추게 하는 겁니다. 그러니까 모든 사람이 교육을 받으면 어떻게 되느냐? 스스로 살아갈 생활능력을 갖추어야 되고요. 그리고 민주주의 사회니까 민주시민으로서의 자질을 갖추어야 됩니다. 사람들 가운데 어떤 사람은, 자주적 생활능력을 갖추지 못한 사람이 많죠. 물론 특수한 장애우라든가, 어떤 특별한 상황에 처한 노인이라든가, 이런 분들은 여러 가지 여건상 자주적 생활능력을 가지기 힘들 수 있지요? 그런 분들은 우리가 주변에서 어떻게 합니까? 국가에서 사회적으로 사회적 약자니까 끊임없이 도와주고 함께 손잡고 나아가야 합니다. 그러나 일반적인 상황에서는 대한민국 국민이라면 누구나 자주적인 생활능력을 갖추어야 됩니다. 자주적인 생활능력을 갖추지 않고, 부모나 주변의 친인척 혹은 친구에게 계속 빌붙어서 사는 경우가 있지요? 그것은 『교육기본법』에 근거하여, 교육의 목적 차원에서 보면, 삶의 방식에 어긋나는 거죠. 교육적으로 대한민국이 추구하는 이념과 목적에 어긋나는 거예요. 법률적으로 한국의 교육정신을 가장 발휘 못한 사람들이에요. 농담으로 말하면, 법률 위반자입니다!

그 다음에 세 번째는 무엇이냐? 이런 기본적인 생활을 넘어서서 대한민국 국민으로서 인간다운 삶을 영위하게 해야 됩니다. 사람이 사람다워야 되죠. 사람이 아닌 짐승과 같은 생활을 즐긴다면, 그것은 법률적으로 추구하는 교육의 목적이 아니에요. 교육을 하는 이유는 인간다운 삶을 영위하기 위한 거예요. 네 번째는 무엇이냐? 민주국가의 발전, 그러니까 우리 대한민국의 발전이죠. 나아가 다섯 번째는 인류 공영의 이상을 실현하는 겁니다. 이게 우리가 대한민국에서 교육을 하는 목적입니다.

개인의 인격 함양에서 어디까지 나아갑니까? 인류 공영이지요. 인류가 함께 번영해 나가는 단계까지, 체계적으로 진행되는 그러한 교육목적을 갖고 있습니다. 그런데 여러분이나 저나 어떻습니까? 뭐 개인적으로 인격이 닦였는지 모르겠습니다. 지금까지 교육을 받아오긴 했습니다만, 그리고 자주적 생활능력이나 민주시민으로서 필요한 자질을 갖췄는지, 또 인간다운 삶을 영위하게 되었는지, 민주주의 국가인 대한민국 발전에 얼마나 기여하고 있는지, 나아가 세계 발전, 인류 공영에 이바지 하고 있는지, 깊이 생각해 보지 않은 것 같습니다. 아! 불행하게도, 잘 모르겠습니다.

그러니까 대한민국 『교육기본법』에 담긴, 교육의 목적을 정말 제대로 달성했느냐? 이런 측면을 고려할 때, 이 문제는 거꾸로 생각해 보면, 아주 쉽게 확인할 수 있습니다. 위에서 말한 여섯 가지의 목적을 제대로 이행했느냐에 따라 달라집니다. 여러분이나 저나 이런 기회를 통해 진지하게 반성해 보자고요. 다시 성찰해 보면, 대한민국 『교육기본법』의 교육이념이 홍익인간으로 나와 있고, '인격도야, 자주적 생활능력, 민주시민의 자질, 그 다음에 인간다운 삶, 민주국가의 발전, 인류 공영의 이상'과 같은 목적들이 있습니다. 나는 내 인생을 살아오면서 이런 교육의 이념과 목적을 얼마만큼 달성했을까요? 앞으로 그 목적을 달성할 가능성은 얼마나 될까요? 이런 차원에서 삶을 고려하면, 교육의 이념과 목적을 보다 구체적으로 살펴볼 수 있겠죠.

자, 다시 정돈해 봅시다. 앞에서 『헌법』과 『교육기본법』을 가지고, 교육의 이념과 목적을 살펴 봤습니다. 교육의 이념이 뭐였지요? 우리 대한민국 사회의 모든 교육정책이나 제도, 교육내용, 혹은 교육방법 등 이런 것들을 포괄하여 교육의 전 과정을 지배하는 어떤 신념체계입니다. 그러니까 우리 대한민국의 교육이념은 홍익인간이라고 했는데, 그것이 우리 대한민국의 교육정책이나 제도에서 교육내용이나 방법에 이르기까지 교육의 전체 과정을 컨트롤 할 수 있는 어떤 큰 테두리로서, 하나의 신념체계로 존재할 때 교육이념이 됩니다.

여러분! 홍익인간이라는 이념, '널리 인간을 이롭게 한다!' 이 얼마나 아름답고 좋습니까? 좀 거시적이고 크죠. 그러다 보니, 형이상학적이고 그것이 구체적으로 가슴에 다가오지 않을 수도 있습니다. 물론 세부적으로 들어가면 다양한 형식으로 설명할 수 있겠죠. 그래서 이 교육의 이념은 교육의 방향을 큰 우산이나 테두리처럼 정해주고 그 속에서 다양한 교육활동을 진행합니다. 그러다 보니까, 어떤 양상이 발생하느냐? 교육행위의 방향을 제시하는 구체적인 의도를 담고 있어야 합니다. 그런데 한국교육의 방향이 어디로 가야 되느냐? 널리 인간을 이롭게 하는 '홍익인간'을 구현하는 방향으로 나아가야 된다! 이 말입니다.

그 다음에, 모든 교육적 행위의 결과에 대한, 여러분 교육을 했잖아요, 그럼 그에 따른 어떤 결과가 나오겠죠. 결과에 대한 평가의 준거가 되는, 사회 윤리적 가치체계를 발현해야 됩니다. 교육을 했는데 가만히 보니까, 이것이 홍익인간이라는 이념에 얼마만큼 맞닿아 있느냐? 인격함양이라는 목적에 다가갔느냐? 인류 공영에 얼마나 이바지 했느냐? 그런 것들이 가치체계로 드러나야 합니다. 그런 가치체계가 담기지 않고, 나 혼자 잘 먹고 잘 살려고 하는 어떤 조치들은, 교육이념으로 볼 수가 없어요. 교육이념으로 설정했다고 하더라도 상당히 낮은 차원으로 전락합니다.

다시 요약하면, 우리 대한민국의 교육이념은 무엇이냐? 우리 대한민국의 교육방향을 제시하는 핵심지침입니다. 그리고 우리 교육의 이상입니다. 그러니까 여러분과 제가 이런 글을 통해 강의를 통해 고민해야 될 것은 무엇이냐? 우리 대한민국의 교육방향을 제시하는 핵심지침이자 이상으로, 지금 대한민국의 교육법, 법률로는 홍익인간이라는 이념이 제시되어 있습니다. 그렇죠. 이것이 지금 시대에 과연 우리 대한민국의 교육이 나아가야 할 방향을 제시하는 핵심지침인가? 이런 부분에 대해 21세기를 살아가는 현재의 시점에서 생각해 보아야 합니다.

홍익인간이 교육이념으로 정해진 것은, 1945년 해방 이후, 대한민국 정부가 수립될 때입니다. 지금으로부터 몇십 년 전이죠. 그런데 시대 상황은 많이 바뀌었습니다. 사회 패러다임도 바뀌었습니다. 물론 교육이념이라는 것이 쉽게 바뀌는 가변적 특성이 강한 것은 절대 아닙니다. 어쩌면 불변의 영원한 이념일 수도 있습니다. 그렇다면 이런 문제에 대해 우리는 어떤 방식으로 해석해야 할 것인가? 어떤 이해가 가능한가? 거기에 대한 고민이 중요하다는 거죠. 그러니까 여러분! 대한민국의 교육이념이라는 것이 홍익인간의 이념 아래 인격 도야에서 인류 공영에 이바지한다 라는 교육의 목적에 이르기까지, 『교육기본법』에서 조목조목 나열되어 있는데, 그것이 과연 지금 이 시대에 어떤 의미를 가질까? 저는 굉장히 회의적인 게 많습니다. 시대가 너무 확확 바뀌다 보니까, 지금 상당히 대한민국의 교육이념이나 목적을 새로운 방식으로 재구성할 필요가 있지 않을까? 이런 생각을 많이 해보기도 합니다. 여러분은 어떻게 생각합니까? 급변하는 시대에, 한국교육의 이념에 대해 진지하게 고민하는 시간이 되기를 바랍니다.

02

교육은 무엇을 달성하기 위함인가

앞에서 『헌법』과 『교육기본법』을 통해 우리 대한민국의 교육이념과 목적에 대해 간략하게 짚어 보았습니다. 여러분, 어떻습니까? 홍익인간이라는 대한민국의 교육이념이 전체적으로 좀 와 닿습니까? '인격도야로부터 인류 공영에 이바지 한 다'에 이르기까지 교육목적이 마음에 깊이 와 닿습니까? 아니면 다른 의미로 다가 옵니까? 이런 내용을 처음 접하는 경우, 상당히 헷갈릴 수도 있을 겁니다. 무슨 소리를 하는 거냐? 초·중·고등학교 시절에 국어, 영어, 수학 등 시험에 필요한 교과목 점수를 잘 맞는 것이 목적인데! 허 참! 어쨌건, 이번에 설명하는 내용을 확인하면 교육의 목적이 조금 이해될 겁니다. 시대별로 그 목적이 조금씩 다르게 전개되어 왔고, 앞으로 우리가 추구해야 할 목적도 우리 삶의 방향에 따라 재고해 봐야되겠다는 측면이 인지될 것입니다

••• 교육목적의 기준 — 개인주의냐 공동체주의냐

『교육기본법』에 적시되어 있는 교육의 목적은 인격도야에서 시작하여 자주적 생활능력, 민주적 시민자질, 인간으로서 삶을 영위하는 것, 그 다음에 국가 발전, 그리고 인류 공영에 이르는 양식으로 나아갔잖아요. 그런데 이런 방식으로 교육의

목적이 단계적으로 설계된 건 무엇이냐? 전 세계적으로 현대 20세기에 들어설 때까지 다양한 교육의 목적이 있었는데, 우리 대한민국은 20세기 중반 무렵에 독립하여 민주국가를 수립하게 됩니다. 그러면서 민주주의의 기본적 이념을 설정하고, 그것을 바탕으로 교육의 목적을 만들어 낸 거예요.

전통적으로 민주국가가 생기기전, 국가의 형태를 보십시오. 어떻습니까? 아주 오래 전 고대사회에는, 부족국가도 있었고 왕정국가도 있었어요. 그 다음에 서양의 경우에는 공화정치도 있었고요. 뭐 여러 가지 정치 체제가 있었잖아요. 그러다가 근대사회에 들어서서 시민이 주축이 되는 민주주의 사회가 도래한단 말입니다. 이런 방식으로 국가의 정치 체제가 발전해 왔습니다. 고대사회부터 현재에 이르기까지 정치체제의 변화를 비롯하여 다양한 시대상황의 전개에 따라, 사회의 존재목적이나 교육의 목적이 지속적으로 바뀝니다. 그런데 전통적으로 변하지 않는 교육의 목적이 있습니다. 이 부분을 투철하게 인식해야 합니다.

어떤 시대를 막론하고, 변하지 않는 공통적인 교육의 목적이 무엇이냐? 영원 불변하는 교육의 목적. 그것은 교육이 '공동체를 지향하느냐? 개인을 지향하느냐?'의 문제입니다. 쉽게 말하면, 한 사회에서 '그 사회의 발전을 위해 교육이 존재하느냐? 아니면 인간으로서 개인의 성장을 위해 교육이 존재하느냐?' 이겁니다. 이 부분은 과거에서 현재에 이르기까지, 끊임없이 논란이 될 뿐만 아니라, 어떤 시대는 사회공동체를 지향하는 부분이 앞섰다가, 어떤 시대는 개인의 성장을 지향하는 부분이 우세했다가, 시대 상황에 따라 끊임없이 강조점이 바뀌어 갑니다. 그러니까 교육이라는 것이 국가 사회 공동체를 지향하느냐? 개인의 성장이나 인격계발을 지향하느냐? 이런 문제에 대한 고민입니다. 그런데 이 둘은 마치 시소게임처럼 어느 하나만을 지향하지 않습니다. 교육이 사회발전, 이른바 공동체의 성장만을 지향하는 데 치우친다든가, 개인의 발달, 이른바 개인의 성숙만을 지향하는 아주 좁은 형식의 교육만을 고민하는 차원으로 존재해서는 안 되는 겁니다. 교육이 그런 측면으로만 진행되면 사회가 한쪽으로 기울어지고 공동체의 모습이 전반적으로 일그러집니다.

그래서 여러분! 전통적으로 교육의 목적은, 사회공동체의 발전이건, 개인의 성장이건 한 부분에 치우친 경향을 경계합니다. 그래서는 곤란합니다. 다시 말해 국가 사회의 발전을 위한 모델이나 개인의 인격계발을 지향하는 그런 교육만을 모색하는 게 아니고, 이 두 가지가 늘 변증법적으로 조화를 이루도록 고민하게 됩니다. 변증법이라는 것이 어떤 겁니까? 서구 고대의 소크라테스나 플라톤으로부터 근대의 헤겔이나 마르크스에 이르기까지 다양한 양태가 있지만, 일반적으로 이렇게 정돈하곤 합니다. 정正이 있고 그것에 질적으로 상대되는 반反이 있을 때, 그것이 통일적으로 합쳐져서 합合이 된단 말입니다. 이 합合이 다시 뭐가 되느냐? 정正으로 전화하여 새로운 정正이 되지요. 이른바 정-반-합, 그리고 또 정-반-합, 또 다시 정-반-합, 끝이 없는 과정을 승화시켜 갑니다. 다양한 대화를 통해 지속적으로 질적으로 단계를 높여가는 거죠.

그러니까 사회공동체적 경향과 개인적 경향이 끊임없이 대화를 주고받고, 쳇바퀴가 맞물려 돌아가며, 발전을 추동해 갑니다. 시소게임 하듯이 이때 여기 한국사회에서 한국교육을 우리가 이렇게 고민을 해야 된다는 거죠. 그런 차원에서 전통적으로 교육의 목적은, '상황을 고려하며 그에 맞게 흘러왔다!' 이렇게 보면 좋겠습니다. 이 문제를 다른 표현으로 하면, '개인주의 교육과 공동체주의 교육!' 이렇게 볼 수가 있는데요. 이 개인주의와 공동체주의는 무엇이냐? 일반적으로 교육목적이 지향하는 이념의 바탕이 됩니다.

여러분은 개인주의 차원에서 교육을 합니까? 사회공동체주의 차원에서 교육을 합니까? 쉽게 얘기해 봅시다. 이 글을 읽고 강의를 듣고 있는데, 이 교육학 강좌를 읽고 수강하면서, 여러분은 개인으로서의 발전을 고민합니까? 우리 사회공동체의 발전도 함께 고민하기 위해 노력합니까? 도대체, 뭡니까?

한 번 생각해 보십시오. 아마 이 둘이 오묘하게 섞여 있을 겁니다. 이 지점에서 중요한 것은 또 무엇이냐? '개인과 공동체 가운데 어떤 것을 교육의 목적으로 내세울까?'라고 했을 때, 동서고금을 막론하고 전통적으로 그 시소게임의 방식이 전개되어 왔단 말입니다. 그 과정에서 중요한 것은 무엇이냐? 시대상황과 여건에 따라, 시대정신이라는 사회특성을 드러내면서 교육목적을 추구해야 됩니다. 이것을 정확하게 간파하는 것이 중요합니다.

그러니까, 어떤 시대에는 개인주의적 차원을 강조하며 인격발달을 추구하는 경우가 있고요. 어떤 시대에는 공동체주의적 사고를 지향하는 경우가 있습니다. 예를 들어 우리나라의 경우 경제개발과 발전이 한창이던 1960년대나 1970년대에는, 흔히 말하는 산업화 시기에는 외국에도 많이 알려져 있는 새마을운동 같은 국가적으로 추진한 사업이 있습니다. 그것의 긍·부정적 기능이나 역할, 그리고 그것을 직접 추동했던 박정희 대통령이라는 사람에 대한 평가는 여기서 구체적으로 논의하지 않겠습니다만, 교육목적의 차원에서 볼 때, 그런 시대의 한국교육이 바로 사회공동체, 즉 국가 발전을 위한 것입니다. 개인의 인격성장이나 계발보다는 상당히 사회공동체주의적인 국가의 경제발전을 중시했습니다. 그러다 보니까 어떤 것까지 등장하느냐? 지금은 거의 사라지다시피 했습니다만, '국민교육헌장' 같은 것도 나오게 됩니다.

옛날에는 일반적으로 사람들에게 교육하는 목적이 무엇이냐고 물으면, 흔히 '나 개인의 인격성숙을 위해 혹은 나 자신의 출세를 위해, 내가 좋아하는 취미를 위해서만 교육하는 건 아니야!' 그러면서 상당수가 '국가와 민족을 위해, 교육한다!' 이렇게 말을 합니다. 그런 경우 교육의 목적이 개인과 사회 가운데 사회 쪽에 치우쳐져 있는 거죠. 그렇다고 해서 그것이 나쁘다든가 좋다든가, 그런 차원으로 볼 것은 결코 아닙니다. 분명한 것은 시대 상황과 여건에 따라, 시대정신이 요청하는 사회의 특성을 드러내면서, 교육목적을 추구해 왔다는 점입니다.

현재는 뭐라고 했습니까? 무슨 시대라고 합니까? 다시 강조하지만, 많은 전문인들이 빅 데이터의 시대, 4차 산업혁명의 시대, 인공지능, 정보지능의 사회라고 누누이 얘기하고 있지 않습니까? 그러면 이 시대에 시대상황과 여건에 따라 교육목적을 추구한다면, 무엇이 될까요? 그것이 중요하다는 거죠.『교육기본법』에서도 봤지만, 교육 법률에 적시된 사항은 이전 시대에 만들어져서 지금도 여전히 유효하지만, 현재처럼 경제와 과학기술 문명의 발전으로 인해 새로운 패러다임이 전개되는 사회에서, 어떤 목적이 추구되어야 하느냐? 직접 교육을 마주하는 우리는 상당히 신중해야 된다는 거죠. 고민을 많이 해봐야 됩니다. 그런 차원에서 우리는 개인과 사회 가운데 국가 사회적 지향이나 개인의 인격계발 차원에서 교육목적을 한번 성찰해봐야 합니다.

••• 교육목적의 흐름 — 시대에 따라 강조점이 다르다

이런 인식을 전제로 교육목적의 흐름을 한 번 봅시다. 여기서 구분하려는 시대는 사관에 따라 다르게 세분화 할 수 있습니다. '고대–근대–현대' 사회로 나누어 본다면, 고대사회로 거슬러 올라갈수록 사회체제의 존속과 계승을 중시합니다. 이는 다른 말로 하면 공동체주의의 시각입니다. 공동체적이고 사회 지향적입니다. 근대사회로 내려오면서 인간사회는 철학적으로 개인의 이성을 발견하고, 개인의 가치를 인식하면서, 인간의 주체성을 깨닫게 되고, 그러다 보니까 무엇이냐? 개인의 인격도야가 주요한 교육목적으로 새롭게 등장합니다. 이런 측면에서 근대사회는 고대사회보다 개인주의적 차원이 강합니다. 개인의 인격발달을 강조하고 그러니까 이전과는 달라졌죠. 물론, 사회체제 존속과 계승을 강조하던 시대도 개인의 인격도야라는 차원은 분명히 존재합니다. 전혀 없는 것이 아닙니다.

여러분! 생각해 보세요. 사회체제의 존속과 계승을 위해, 사회라는 것이 뭡니까? 개인의 유기체잖아요. 개인들이 모인 것이잖아요. 그러면 개인은 뭘 해야 합니까? 사회에는 성숙한 개인도 있어야 될 테고, 지도자도 있어야 될 테고, 일을 할 수 있는 사람도 있어야 합니다. 이는 모두 개인의 성숙이 전제가 되어야 합니다. 인격도야도 무엇이냐? 사회체제도 존속이 되고 나름대로 인격을 도야할 만한 시대 분위기와 사회 환경이 조성되어야 하는 거죠. 이런 부분은 사실 변증법적으로 함께 조화를 이루어 나가는 것입니다만, 강조되는 측면을 보면 이렇다는 거죠. 시대적 경향성이 그렇다는 거죠.

그렇다면 현대사회에 와서 교육의 목적은 무엇이냐? 사회체제 존속과 개인의 인격도야를 훨씬 넘어서서 인간의 사회적 효율성을 재고합니다. 그래서 오늘날 보면, '그게 의미가 있어? 가치가 있는 거야? 얼마만큼 어떤 효과가 있어?' 이런 의문을 던지며 많은 사람들이 기대 효과를 고민합니다. 기대 효과를! 그러니까 이것은 개인의 인격도야 차원에서도 기대 효과가 될 수도 있고요. 사회체제의 존속과 계승 차원의 기대 효과가 될 수도 있어요. 다양한 차원에서 생각되어 집니다. 아주 복잡하게 교육의 차원이 갈라져 나오는 거죠. 고대–근대–현대사회로 교육의 목적이 다르게 전개되어 왔을 때, 반드시 특정한 방식으로 교육의 목적이 변해왔다는 인식보다는 시대의 경향성 혹은 추세에 따라 교육도 목적을 달리하며 흘러온 것으로 이해하면 좋습니다.

••• 교육활동 — 내재적 목적과 외재적 목적을 통일하라

자, 그래서, 이 교육의 목적을 우리가 일반적으로 교육활동의 차원에서 고민해볼 수 있습니다. 교육활동을 하다 보면 교육의 목적이 어떠어떠한 측면에서 구체적으로 설정되어 있는데, 그것이 어떤 차원이냐? 이렇게 볼 수 있겠죠.

그랬을 때 첫 번째가 '내재적 목적內在的 目的'과 '외재적 목적外在的 目的'이라는 차원입니다. 이것은 뭐냐 하면, 교육활동이 있다 보니까 교육의 목적이 그 교육의 활동 안에 내재되어 있는 거예요. 쉽게 말해 제가 여기서 글을 쓰고 강의를 하며 여러분과 교육에 임하고 있지 않습니까? 교육의 내재적 목적은 무엇이냐? 제가 이렇게 글을 쓰고 강의를 하고 있는 자체가 목적이에요. 이 속에 교육의 가치와 의미가 이미 들어있는 겁니다. 이 글을 쓰고 강의를 하면서 제가 기쁨을 느끼고, 여러분은 기쁜지 모르겠습니다만, 함께 대화하며 즐길 수 있고, 제가 지닌 조그마한 지식이지만 나눌 수 있어서 행복합니다. 이것 자체가 내재적 목적이에요. 그런데 외재적 목적은 무엇이냐? 목적 자체가 바깥에 있는 거예요. 목적이 바깥에 있다는 것은 무엇이냐? 이런 겁니다. 지금 제가 쓰고 있는 이 글과 강의를 여러분들이 보고 들은 후, 현재 한국교육을 이해해서 뭐하느냐? 그거죠. '교육학 지식을 알아가지고 다른 무언가에 써먹어야 되겠다!' 이렇게 나오는 겁니다. 앞의 내재적 목적과는 상당히 다르죠.

여러분도 다음과 같은 상황을 경험했을 겁니다. '내가 어떤 내용을 배운다고 했을 때, 그 배움 자체가 즐겁다. 인생의 낙樂이다!' 이겁니다. 배움 자체가 즐거움이면 배운다는 사실 내부에 이미 뭐가 있습니까? 목적이 들어있는 겁니다. 그것을 내재적 목적으로 이해할 수 있습니다. 그런데 나는 어떤 내용을 배워서, 예를 들어 '공무원 시험을 볼거야! 취직 시험을 볼거야!' 이렇게 되면 목적이 배움 자체에 있는 것이 아니고, 어디에 있습니까? 공무원 취직 등과 같이 바깥에 있는 거죠. 그것은 외재적 목적입니다.

그러니까 교육활동 차원에서 보면, 이처럼 목적을 두 가지로 나눌 수 있죠. 내재적 목적과 외재적 목적. 내재적 목적을 다시 정돈하면, 교육활동 내에서 인생의 의미와 가치, 이상을 발견하는 겁니다. 제가 여기에서 글을 쓰며 강의하고 있는데, 저는 교육철학을 전공했습니다만, 한 30여 년 이상 교육학 공부를 해서, 물론 다른 철학도 공부했지만, 교육학 전공을 해서, 현재 교육학과에 재직하고 있습니다. 때문에 제 자신이 배운 전공 지식을 다른 사람들과 다양한 방법으로 나누는 것 자체가 뭡니까? 제 나름대로 교육학자로서 인생의 의미와 가치를 발견하는 거죠. 그런 겁니다. 지금 여기서 강의하는 것 자체가 교육학 전공자로서 내재적 목적이 있는 겁니다. 교육자체에 대한 교육의 본질이 저 자신에게, 그리고 여러분에게 스며들어가는 거죠.

이런 측면의 내재적 목적은 어떤 특징을 가지고 있느냐? 호기심이라든가 지적 정직성이라든가, 정확성이라든가, 근면성, 진리와 정의에 대한 사랑, 이런 지적인 덕목이 스며듭니다. 그 다음에 선이라든가, 절제라든가, 관용이라든가, 정의라든가, 동정과 같은 이러한 도덕적 목적을 갖습니다. 그리고 합리성과 자율성을 갖습니다. 내재적 목적은 호기심이나 지적 정직성과 같은 지적 덕목과 도덕적 덕목, 이런 것들이 '거의 스스로 뭔가를 하겠다'는 자발성에 기인합니다. 억지로 바깥에서 요구해 들어와서 '배워 나가야 되겠다'는 차원이 아니고, 이 자체에서 계속 맴돌면서, '이것이 나의 의무이자 권리이다. 이것은 내가 해야 될 당연한 어떤 가치체계이다. 신념체계이다.' 이렇게 되는 거죠. 제가 교육학을 전공했는데, 교육학을 여러분에게 알려주지 않으면 무엇을 하겠습니까! 이것은 저의 학문적 의무이자 사회적 책무성입니다. 그 자체에 목적이 담겨 있는 거죠.

외재적 목적은 무엇이냐? 교육활동 자체를 수단으로 삼아 가치실현을 하는 겁니다. 그러니까 여기서 한국교육에 대한 여러 문제점에 대해, 글과 강의를 통해 여러분과 의견을 교환하고 논의하고 토론하는 과정에 있는데, '아! 내가 신창호라는 사람의 글과 강의를 듣고 보니까, 교육에 대해 이러이러한 몇몇 내용을 조금이나마 오리엔테이션을 받아서, 내가 이것을 가지고 다른 어떤 쪽에 써 먹어야지!' 내가 기존에 몰랐던, 예를 들어 '교육기본법'이 있었어요. 그런데 교육기본법을 이 글과 강의를 통해 오리엔테이션 받았단 말입니다. 그러면 이것을 수단으로 해서 무엇이냐? 내가 다른 어떤 강의에서 이것을 써먹어야지, 이렇게 이제 여러분이 얘기할 수도 있죠.

내가 배운 이것을 가지고, 아까 말씀드렸듯이, '취업을 하는데, 면접시험 준비하는 어떤 내용 요소로 써 먹어야지!' 이럴 수도 있죠. 이런 것들이 외재적 목적이 될 수 있습니다. 외재적 목적을 추구하는 교육은 일종의 수단이고 도구이고, 효과를 드러내야 하고, 실제로 무언가를 보여주어야 하고, 현실적이어야 하고, 생계 문제와 관련되어야 합니다. 직업이라든가, 직장이라든가, 높은 보수로 이어져야 되고, 사회경제적 지위를 갖출 수 있는, 겉으로 드러나는 것이 어떤 명예를 보장하는 것이어야 합니다. 교육은 이처럼 다양한 형태를 만들어 내는 외재적 목적을 갖고 있습니다.

그러니까 일반적으로 내재적 목적에 치우쳐 사는 사람들을 보면, 어떤 일을 하는 것, 활동자체가 즐거운 거예요. 그런데 외재적 목적에 치우친 사람들은 어떠하냐? 어떤 일을 했는데, 그것을 한 활동결과가 중요한 거예요. 그러니까 우리가 일반적으로 보는, '당신은 대학을 졸업해서 지금 무엇을 하고 있습니까?'라고 했을 때, '나는 대학교육을 받고 지금 대기업에 취직을 했어요. 높은 공직자가 되었어요!' 이런 것은 교육의 외재적 목적 차원에서 설명됩니다. 그런데 이런 사람도 있을 수 있습니다. '나는 교육을 받았다'는 그 자체가 하나의 기쁨입니다. 이렇게 얘기를 할 수 있겠죠. 그런 인식이 내재적 목적입니다.

••• 남한과 북한의 교육목적 — 자유주의와 사회주의

이제 여러분! 교육목적을 전통적인 차원에서 개인, 혹은 사회성을 강조하는 목적을 비교해 보았고, 내재적 목적과 외재적 목적도 비교하며 살펴보았습니다. 그런데, 우리나라 한반도에는 현재, 남쪽은 대한민국이라는 국가가 있고, 북쪽은 조선민주주의인민공화국이라는 국가가 존재하고 있습니다. 우리 한반도가 어떻게 보면 전 세계에서 유일한 분단국가로 남아 있습니다. 그러다 보니까, 통일을 추구하며 다양한 방식으로 남북 간의 화해를 모색하고 민족공동체로 함께 나아가기 위한 노력을 하고 있잖아요. 이산가족 상봉, 경제협력, 군사회담 등 많이 있잖아요. 그런 노력 가운데 가장 중요한 것 중의 하나가 교육이 되어야 합니다.

문제는 남북 간에 교육과 관련된 교류는 굉장히 적습니다. 왜냐하면 교육의 본질 가운데 하나가 체제를 유지하는 것도 있거든요. 이념적 차원에서 생각해 보세요. 대한민국은 앞에서 말했던 홍익인간이라는 교육이념을 갖고 있어요. 여기에 따라 『교육기본법』에 나오는 인격도야에서 자주적 생활능력 구비, 민주시민의 자질 함양, 인간다운 삶의 영위, 민주국가의 발전, 인류 공영 등 이런 목적을 갖고 국가의 발전과 이상을 실현해 가고 있습니다. 그런데 북한은 남한과 달라요. 북한 같은 경우에는 어떻게 되어 있느냐? 거기는 남한의 자유주의와 달리 사회주의잖아요. 인민민주주의잖아요. 흔히 말하는 공산주의 체제란 말입니다. 그것은 엄밀히 따지면, 앞에서 언급한 사회공동체를 중시하는 사회주의적인 거거든요. 때문에 북한은 '사회주의 교육학'의 원리를 따르고 있습니다. 지금은 해체되었지만, 과거의 소련이라든가, 소련이 러시아를 중심으로 여러 나라로 독립되었지만, 전통을 이은 큰 나라는 러시아죠? 소련이 해체된 이후에도 중국이나 쿠바를 비롯한 몇몇 사회주의 국가가 있습니다. 그들과 유사하게 북한은 사회주의적, 집단주의적인 교육원리를 채택하고 있단 말입니다. 지금은 아마 북한사회가 우리에게 잘 알려지지 않아서 그렇지, 일반적인 사회주의 교육학을 넘어, 김일성 주체사상에 입각한 교육원리를 바탕으로 북한교육이 진행되고 있을 것이란 말입니다.

그러다 보니, 북한의 교육목적은 무엇이냐? 우리 대한민국과 상당히 다릅니다. '공산주의를 구현하기 위한 견결한 혁명가를 양성이다! 그리고 공산주의적 새 인간 양성이다! 공산주의적 지덕체智德體를 구비한 인간을 길러내는 것이다!' 이렇게 나온단 말입니다. 때문에 교육목적을 고민할 때, 이런 부분에 대한 이해가 굉장히 중요합니다. 북한은 단순하게 내재적 목적이나 외재적 목적, 개인의 인격성장이나 사회공동체 등 일반적인 교육학에서의 교육목적은 물론 사회주의 교육학의 원리를 질적으로 승화시켰을 뿐만 아니라 주체사상의 원리까지도 고려하고 있단 말입니다.

하지만 체제가 다른 현실에서, 우리는 남한과 북한의 교육목적을 진지하게 비교할 필요가 있습니다. 현대 제4차 산업혁명 시대라는 이 시기에, 어떤 교육목적을 시대상황에 맞추어야 하는지, 시대 추세를 잘 봐가면서 교육의 미래를 고민해야 합니다. 교육을 '백년지대계百年之大計'라고 그러거든요. 100년을 내다보는 그런 어떤 교육 시스템을 갖추어야 할 정도로 중요하다는 말입니다. 100년까지는 아니더라도 이 시대를 조금 더 잘 살 수 있도록 교육목적들을 추구할 수 있는, 그런 한국교육을 해가면 좋겠습니다.

여러분! 현재 한국교육의 목적은 『헌법』과 『교육기본법』에서 보았듯이 분명한 법조문으로 존재합니다. 그러나 엄밀히 말하면, 현재의 교육목적이 지금 시대에도 여전히 유효한지의 문제는 재고할 필요가 있습니다. 기존의 교육목적을 더욱 강화해서 나아가야 할지, 시대에 맞게 고쳐야 할지 신중하게 접근해야 합니다. 문제는 현 시대의 특징상 교육의 목적을 꼭 집어 일러주기에는 굉장히 힘든 시대정신이 존재합니다. 제가 여러분과 함께 나누고 있는 지식들도 이미 과거의 지식들입니다. 현재의 시점에서 보면 낡은 것입니다. 그러므로 이 시대의 요구에 따라 함께 교육목적을 만들어가고 더불어 고민해야 합니다. 여러분, 과연 현재 남한에 살고 있는 우리 대한민국의 교육이념과 목적, 이런 부분들을 어떤 방식으로 구성하면 좋을지, 머리를 맞대고 성찰하면 좋겠습니다.

03

교육은 보편적으로 어떤 작용을 하는가

앞에서 교육의 이념과 목적에 대해 간략하게 살펴보았습니다. 기존의 교육이론을 참고하여 여러분 나름대로, 한국교육의 이념과 목적에 대해 디자인해 보십시오. 내가 대한민국의 지도자라면, 대한민국의 교육을 이끌어가는 교육 관계자라고 가정한다면, 교육의 이념과 목적을 어떤 방향으로 제안하고 싶습니까! 1948년 대한민국 정부를 수립할 때, 교육을 담당하는 부서가 만들어 졌어요. 오늘날은 교육부지만, 옛날에는 문교부에서 부서 이름이 몇 번 바뀌어왔죠. 그랬을 때 거기에서 교육과 관련된 사람이라면, 어떤 방식으로 교육의 이념과 목적문제를 고민하며 추진해 왔을까요? 이런 현실을 염두에 두고 보면 좋습니다.

교육의 이념과 목적에 터해 볼 때, 한국사회에서는 어떤 교육의 작용이 가능하겠습니까? 이 교육의 작용은 크게 보편적인 교육의 작용과 사회적인 교육의 작용으로 나누어 볼 수 있습니다. 교육의 이념과 목적은 구체적인 차이가 있었잖아요. 예를 들어 교육목적에서도 개인이냐 사회냐? 혹은 내재적이냐 외재적이냐? 자유 민주주의적이냐 사회 민주주의적이냐? 이런 부분에 따라 다르단 말입니다. 그럼에도 불구하고 동서고금을 막론하고 중요한 것은, 어떻게 보면, 영원히 변하지 않을 수 있는 보편적인 교육작용이 네 가지가 있습니다. 그러니까 이것을 보통교육 이념이 되었든 목적이 되었든 쉽게 말해 시공을 초월할 수가 있겠죠?

어떤 부분에서 약간의 차이는 있겠지만, 동서고금을 초월할 수 있는 보편적인 교육작용 네 가지가 있어요. 이것은 인간의 특성과 연관됩니다. 그 첫 번째는 생물학적 차원이고, 두 번째는 역사적·사회적 차원입니다. 그리고 세 번째는 이상적 차원이고, 네 번째는 인격적 차원입니다. 이 네 가지 차원이 모든 인간에게, 어떤 시대 어떤 사회를 막론하고, 하나의 일반적 상황으로서의 교육작용이 존재한단 말입니다. 그러니까 교육이 있는 곳에는 반드시 이 네 가지 작용이 있다고 보면 되는 거죠.

••• 생물학적 차원 — 생물학적 영역을 벗어나 문화적 영역으로 들어가라

인간은 자연상태에서 보면 그냥 생물이잖아요. 살아 있는 사물이죠. 그렇지요? 생물 가운데 크게 나누면, 동물이냐? 식물이냐? 했을 때, 인간은 동물에 해당하는 거죠. 인간은 절대 무생물이 아닙니다. 살아 있는 사물입니다.

그렇다고 우리가 일반적으로 인간을 보고 '생물이다, 동물이다'라고 하지는 않죠. 인간의 특성이 있으니까요. 그러나 교육의 작용 차원에서 볼 때는, 모든 인간은 어떻게 되느냐? 생물 가운데서도 성장을 위해 긴 시간을 필요로 합니다. 그래서 여러분 이전 시간에 교육의 필요성을 말할 때, 인간에게 교육이 왜 필요하냐? 미성숙 상태로 태어났으니까 장기간의 성장을 필요로 하기 때문에, 교육이 요청된다! 인간은 생물 가운데, 어떤 동식물보다도 성장을 위해 긴 시간을 필요로 합니다. 때문에 인간사회에 교육작용이 반드시 있어야 되는 거예요. 그것이 없으면, 인간으로서 자라나기가 굉장히 괴로운 것이죠.

그 다음에 인간은 생물학적으로 어떤 특성을 갖고 있느냐? 인간이 살아가는 사회에는 반드시 뭐가 있느냐? 인간의 역사가 있고요. 그 다음에 인간이 살아가는 사회가 있습니다. 때문에 인간은 생물로서 살아가지만, 동시에 생물로서 역사적이고 사회적인 보호영역이 필요해요. 보호영역이. 그러니까 자연처럼 벌거벗은 상태에서, 산림 속에, 아니면 강물 속에, 또는 돌과 자갈이 난무하는 그런 사막 같은 황무지 속에, 던져져서 다른 동물과 식물처럼 살아가는 게 아니죠? 역사적이고 사회적인 보호 장치가 있고 제도가 있고 이런 거죠. 그러니까 이것을 갖다가 다른 사람들 어떤 사람들은 사회생물학이라고도 얘기를 하죠. 생물사회학이라고도 합니다. 이런 차원에서 보면 인간의 생물학적 차원이, 인간이 살아가는 환경은, 자연환경도 있지만, 역사적 환경, 사회적 환경, 이런 것들이 융·복합적으로 얽혀있는 거죠.

　또 인간은 무엇을 해야 하느냐? 그러한 역사적 환경 속에 살다 보니까, 언어를 비롯한 상징 형식, 인간이 살아가는데 지금 제가 이 글을 쓰면서 또는 강의를 하며 말을 하지 않습니까? 이것이 언어란 말입니다. 그 다음에 설명을 잘 하기 위해 다양한 묘사나 제스처를 한단 말입니다. 꾸미는 상징적 행동을 한단 말입니다. 강의를 할 때, 때로는 머리를 긁적이면서 미안해하기도 하고, 때로는 겸손하기도 하고 어떤 때는 잘못 행동하여 건방져 보이기도 하고, 다양한 상징 형식 체계와 특수한 사회 질서를 습득합니다. 왜냐하면, 우리는 본능에 의해 사는 게 아니기 때문에, 이성에 의해 그 사회의 규범에 의해, 이렇게 살아가잖아요.

　특수한 사회질서를 습득하는 것 자체가 인간으로 보면, 인간으로서의 자연성인 생물학적 차원이라는 거죠. 자연의 자연성이 아니고, 인간으로서 자연성입니다. 예를 들어 부모와 자식 사이에는 뭐가 있습니까? 부모－자식 사이는 자연스럽게 혈연관계로서, 부모는 자식에게 자애를 베풀어야 해요. 자식은 부모에게 효도를 해야 되고, 친구 사이에는 신뢰 관계를 맺고 동료 관계를 유지해야 되고요. 사회에 나와서 남녀 관계, 어른과 어린 아이의 관계, 뭐 다양한 관계망이 있지 않습니까? 그런 것들이 전부 상징형식과 특수한 사회적 질서에 해당되는 거죠. 동물들은 그런 것들이 없습니다. 본능이잖아요. 식물도 마찬가지고요. 그런 점에서 인간의 생물학적 차원이라는 거죠. 이것 때문에 교육이 절대적으로 요청되는 겁니다.

　그런데 문제가 있습니다. 문제가 무엇이냐? 인간은 이 생물학적 영역에서만 머물러서는 곤란하다. 생물학적 영역에만 머물면, 쉽게 말해, 요즘 재미있는 얘기로 하면, 개념이 없어요. 아무 생각이 없어 멘탈mental을 놓아버린 거예요. 멘탈이 붕괴되는 거예요. 그리고 또 재미있게 얘기하면, '정신줄'을 모두 놓은 거예요. 그냥 떠밀려서 살아가는 그런 형식의 삶이 되는 거예요. 인간은 역사적이고 사회적인 보호영역 내에 있지만, 아무 생각 없이 그냥 떠밀려 살아가는 거예요. 그 사회 안에 그냥 있는 거죠.

　그래서 어떤 영화에 보면 그런 대사도 나오죠. '너는 이 사회에 살고 있지만, 살고 있다는 사실 자체, 존재 자체가 원수야! 이 녀석아! 이 사회의 적이라고!' 뭐 이렇게도 얘기를 한다고요. 물론 우리가 사람을 그렇게 봐서는 안 되죠. 존재 자체가 조금 활동성이 떨어지더라도 어깨동무를 하고 더불어 손잡고 나아가는 게 또 교육의 목적이기도 하죠. 그랬을 때 인간은 개념 없이 생물학적 영역에만 머물러 있어서는 안 되고요. 거기에서 벗어나 반드시 문화적 영역으로 나아가야 됩니다.

••• 사회역사적 차원 — 문화전승 속으로 편입하라

문화적 영역으로 나왔을 때, 이제 교육의 역사적·사회적 차원이 대두합니다. 생물학적 차원을 뛰어넘어 교육이 문화적·역사적·사회적 차원으로 나아간 거죠. 그랬을 때 이 생물학적 차원을 뛰어넘은 것은 어떤 것이냐? 우리 인간에게는 기술이 있고 제도가 있고 과학이나 사상이나 예술이나 종교를 포함한 다양한 문화가 있습니다. 이 부분을 여러분이나 저나 우리가 향유하죠. 누립니다.

예를 들어, 우리가 돈이라든가, 권력이라든가, 지위라든가, 인간관계라든가, 다양한 어떤 문화 인프라를 통해, 우리는 뭡니까? 우리의 문화를 향유합니다. 그러나 우리 문화를 우리 세대에서 향유하고 끝나는 게 아니라, 동시에 미래세대에게 전승을 해줘야 되죠. 이런 차원에서 교육작용이 절대적으로 필요하다는 겁니다. 그런 다음에 개인을 사회의 정신적 내용과 형식 속으로 받아들여, 문화적 전승 속에 편입시켜야 됩니다.

우리 사회에는 다양한 개인이 있습니다. 개인의 탁월한 어떤 능력만을 믿거나, 그 사람이 살아가는 개성만을 믿고서, '너는 너대로 살어! 나는 나대로 살게! 그러니까 그냥 각자 힘 있는 대로 살어!' 그렇게 해서는 이 사회가 합리적으로 건전하게 구성되지 않습니다. 때로는 '어떤 개인이 사회에서 유리되어 있다! 떨어져 있다! 고립되어 있다!'고 하면 그 개인을 안으로 끌어들여 품어주는 것, 포용해주는 것, 함께 하는 것이 사회역사적 차원에서의 교육작용입니다. 그리고 이 사회형식 속에 개인을 받아들여 우리 문화 속으로 뭡니까? 펼쳐 넣어야 돼요. 그래서 좀 재미있게 얘기하면, 인간을 사회 속에 전향시켜야 됩니다. 전향! 그 사회에 적응하지 못하고 다른 영역으로 비문화적인 비본질적인 상태로 떨어져 있다면, 이것을 본질적 문화로 전향시켜야 돼요.

그랬을 때 우리 사회에서 더불어 살아가고, 거기에 기여하는 것이 교육작용이라는 거죠. 예를 들어, 이런 게 있죠. 적절한 비유는 아닐 수 있습니다. 우리 한국

사회에서 비극적인 현실입니다만, 북한을 탈출한 북한에서 넘어온 주민, 탈북민이 있습니다. 새터민이라고도 하지요. 그러면 그 분들을 대한민국 사회에서 어떻게 합니까. 교육을 시켜 이 대한민국의 문화상징 체계 속으로 편입시켜야 되죠. 외국에서 온 어떤 다문화 가족들이 있습니다. 베트남, 캄보디아, 방글라데시 등 어떤 외국인이 한국인과 결혼한 사람이 있을 때, 그 사람들이 한국에서 살아간다고 했을 때, 어떻습니까? 한국의 사회·정신적 문화를 그 사람에게 일러주는 것, 이것도 교육의 역할이고, 교육의 작용입니다.

••• 이상적 차원 ― 새롭게 창조하기 위한 정신자세를 지니라

자, 그 다음에 교육의 역사·사회적 차원을 넘어, 교육이 갖고 있는, 교육작용을 통해 나온 인간의 이상적 차원이 있습니다. 이것은 인생과 관계됩니다. 그래서 개인과 사회의 가치와 의미에 눈뜨게 해서 올바른 정신과 이상을 심어주는 작업이 바로 이상적 차원에서의 교육작용입니다. 무슨 소리냐? 가장 중요한 것이 앞에서 말씀드렸던 우리 사회의 문화에는 뭐가 있느냐? 긍정적 차원도 있고 부정적 차원도 있습니다. 그러면 이런 부분들을 다양한 차원에서 파악하여 어떤 방향으로 혁신해갈 것인가? 어떤 방향으로 조절해 갈 것인가? 아니면 어떤 방향으로 폐지해 갈 것인가? 아니면 더욱 강화해서 전통으로 만들 것인가? 여러 가지 형태가 있겠죠.

그래서 이상적 차원은 무엇이냐? 중요한 것은 개인과 사회의 가치와 의미에 눈뜨게 하는 것입니다. 깨닫게 해야 돼요. 깨닫게 해서 뭘 줘야 하느냐? 여기에 이상을 부여해 줘야 합니다. 그래야 인생이 업그레이드되고 점점 풍부해지죠. 거기에 교육이 적극적으로 기여하고 작용해야 된다는 말입니다. 이런 이상적 차원은 '새롭게 창조하기 위한 정신 자세이다!'라는 겁니다. 이상이라는 것이, 여기에 현실이 있으면, 이 현실이 바로 사회이자 문화잖아요. 그럼 이 사회와 문화에 대해, 어떻게 하라고요? 이 사회와 문화의 긍정적 측면 혹은 부정적 측면, 이런 것들을 확인하고, 여기에 뭘 해요? 의미와 가치를 우리가 부여해 봐야 돼요.

우리가 이 사회를 바라볼 때, '아! 우리 사회는 참 아름다워! 우리 사회는 형편

없는 사회야! 후진국 사회야!' 그래서 나는 '이런 대한민국에서 살기 싫어! 아니야, 우리 대한민국 사회는 굉장히 아름답고 살만한 어떤 그런 사회 구조를 갖고 있고, 아주 복지가 잘 펼쳐지는 곳이야!' 이렇게 나름대로 사람들이 가치 기준을 갖고 의미 부여를 했지 않습니까? 그렇게 되면 어떻게 되느냐? 그것에 대해 행동할 수 있는 정신자세를 길러줘야 돼요. 단순하게 좋다고 긍정적으로 느꼈을 때는 거기에 안주할 수도 있겠죠. 또 어떤 사람은 지금보다 나은 것들을 추구할 수도 있고요. 어떤 부정적 사태를 느꼈을 때는, 이것을 '혁파해야 되겠다, 개혁해야 되겠다' 이런 자세를 가진 사람도 있고요. '아니야, 그거 해봐야 뭐해! 나 같은 사람은 아무 힘도 없는데 뭐!' 이렇게 포기하는 사람도 있어요. 그 때 새롭게 나아가기 위해, 새롭게 창조하기 위해, 정신자세를 불어 넣어주는 데 적극적으로 기여하는 것이 교육작용이라는 말입니다. 그래서 삶의 의미와 가치를 각성하기 위해, 이상을 지향하게 만드는 것, 바로 그것이 이상적 차원의 교육작용이라고 볼 수 있습니다.

••• 인격적 차원 — 양심을 불러일으키는 전인적 성장을 고려하라

그 다음에 가장 높은 단계라고 볼 수 있는 마지막 단계인 인격적 차원은 무엇이냐? 앞에서 말한 그런 다양한 교육작용들, 생물학적·역사적·사회적 혹은 이상적 차원의 교육작용이 모두 포함되어, 인격체 안으로 들어오잖아요. 쉽게 말해서, 인간에게서 인격은 인간의 품격이란 말입니다. 인간의 품격 속으로 들어와요. 그랬을 때 그냥 인간이 아니고, 개체로서 인간, 그러니까 여러분과 저와 같은 한 인간이 삶의 방향을 전환할 수 있는 작업입니다. 현재의 모습이 동그라미라면, 더 나은 별과 같은 모습으로 전환할 수 있는 차원에 기여해주는 것이 교육이란 말입니다. 교육 받았을 때 무엇을 할 것이냐? 가장 중심에 두어야할 가치가 삶의 전환입니다. 삶의 혁신적 전환을 가져와야 합니다. 옛말로 하면, '온고지신溫故知新'이자, '일신우일신日新又日新'입니다.

여러분은 어떨지 모르겠습니다만, 이 글을 읽고 또는 이 강의를 듣고, 신창호 교수의 글이나 강의가 상당히 의미가 있다. 그래서 '아, 저 사람이 얘기한 내용 가운데 앞에서 얘기했던『교육기본법』에서 나온 어떤 것들, 이런 걸 보니까 내가 고민해야 될 부분들이 여러 가지가 있겠다!' 이런 생각을 하고 삶의 방향이 전환된다면 제 강의는 대성공입니다. 대성공이라고요. 그렇잖아요. 인격적 차원에서 교육작용을 제대로 했으니까요.

이 인격적 차원은 무엇이냐? 절대적인 세계관이나 신념을 형성하도록 도와줍니다. 여러분! 교육을 많이 받으면 받을수록 나름대로 뭐가 됩니까? 신념이 생깁니다. 나아가 세계관이 생겨요. 세계관은 무엇이냐? 뷰포인트viewpoint죠. 뷰포인트라는 것은 무엇이냐? 어떤 것들을 살펴보면서 전체적으로 조망할 수 있는 시선입니다. 자신이 성찰한 만큼 '이것은 이것이다! 저것은 저것이다!'라고 할 수 있지요. 그리고 미래를 예측할 수 있는 데 어떤 바탕을 제공해주는 혜안慧眼입니다. 많이 알면 그만큼 보입니다. 어떤 세계들이 그렇게 보이는 겁니다. 그런 것이 관점觀點이 되지요.

그 다음에 또 중요한 것이 무엇이냐? 인간의 삶에서 중요한 도덕적 양심을 불러일으키는 것은 무엇이냐? 바로 인격적 차원의 전인적 성장입니다. 그래서 우리가 교육을 많이 받은 사람일수록, 학력이 높은 사람일수록, '도덕적 양심이 높다'고 가정할 수 있습니다. 물론 반드시 그런 것은 아닙니다. 왜 도덕적 양심이 높냐? 교육을 많이 받았으니까. 이렇게 생각하는 겁니다. 그런 점에서 인격적 차원은 도덕적 양심을 불러일으켜 전인적 성장에 기여할 수 있도록 교육이 역할을 해야 한다는 것입니다.

이 교육작용 네 가지는 동서고금을 막론하고, 교육의 이념과 가치에 차이가 있음에도 불구하고, 모든 인간에게 일반적으로 적용할 수 있는 보편적인 것이라고 했습니다. 여러분! 이것을 세모꼴로 크게 그려 봅시다. 그리고 가장 아래쪽 밑변에 인간이 살아가는 데 필요한 인프라를 구축해야 하는 것을 자리매김해 보세요. 근본 바탕을 마련해줘야 되는 것은 뭐냐 하면 생물학적 차원입니다. 그렇잖아요. 인간이 살아가는데 몸이 건강하게 성장해야 하죠. 그게 바탕입니다. 그리고 우리 사회에서, 내가 어떤 사회에 소속되어 살아갈 것인가? 환경을 조성하는 일, 그런 거예요! 생물학적 차원입니다. 쉽게 말해 기본 바탕이 되어야 되는 거죠.

이 기본 바탕에서 삼각형의 위쪽으로 나아가면 뭐가 되느냐? 사회문화적 차원으로 조금 성장을 해서 발달해 가는 거죠. 그러니까 우리사회에서 문화를 전수하고, 내가 익히고 내가 편입되기도 하고 때로는 잘라내기도 하고, 이런 것들을 넘어선 다음에는 무엇으로 나아가야 하느냐? 가치 이상적 차원으로 갑니다. 나름대로 내가 추구해야 될 어떤 방향들, 우리가 인간으로 살아가야 될, 어떤 보편적인 그림들이지요. 우리가 설계도면을 그리잖아요. 그런 것들을 고려해보는 거죠. 그리고 나서 무엇이냐? 진짜 그야말로 인간의 품위를 유지할 수 있는 인간의 품격을 고민해볼 수 있는 인격적 차원으로 나아가야죠.

그래서 교육은 가치 이상적 차원 아래에 '교육이 막 주어진다!'고 할까요? 아니면 '교육은 막 집어넣는다!'고 해야 할까요? 그랬을 때 전체적으로 교육이 들어갈 때도 있고요. 생물학적 차원이나 사회 문화적 차원, 그리고 가치 이상적 차원에 제각각 들어갈 수도 있습니다. 그러나 우리에게 필요한 것은 무엇이냐? 교육이 생물학적 차원에서 사회 문화적 차원, 가치 이상적 차원, 인격적 차원 등, 전 방위적 全 方位的으로 반드시 어떤 역할과 기능을 해야 합니다. 그리하여 교육작용이라는 것이 삶의 현장에서 우러나올 때, 그런 차원들에 자연스럽게 접근하면서 우리 인간을 아름다운 모습으로 가꾸어갑니다.

04

교육은 사회적으로 어떤 작용을 하는가

여러분! 앞에서 보편적 교육의 작용을 생물학적, 역사 사회적, 이상적, 인격적 차원으로 분류해서 그 승화의 과정과 단계를 고민해 보았습니다. 이번에는 이와 유사하기도 하지만 인간사회 내부에서 직접적으로 작용하는 사회적 차원을 검토 하겠습니다. 사회적 차원의 교육작용은 교육이 사회 속에서 구체적으로 어떤 작용을 하는가에 대한 관찰이라고 보면 좋습니다. 그러니까 앞에서 본 생물학적 차원은 물론 역사 속으로 들어온 교육이 작용하는 양상입니다.

사회적 차원은 기본적으로 '체제유지'라는 특성을 중심으로 전개됩니다. 즉, 교육이 '우리가 살고 있는 한국사회 체제를 유지하는 데 유용하냐?', '어떻게 한국 사회 체제유지에 기여하느냐?'에 관해 직접적으로 작용해야 한다는 교육적 사명감입니다. 우리나라 대한민국은 자유 민주주의 체제입니다. 그러니까 교육은 이 체제를 유지하는 데 적극적으로 기여하는 방식으로 진행되어야 되겠죠. 기본적으로 그렇습니다.

두 번째는 무엇이냐? '인격을 도야하는 데 어떻게 기여하느냐?', '인격을 도야할 수 있는 거냐? 없는 거냐?' 이런 문제를 고민합니다. 세 번째는 문화를 전달하는 데 어떻게 기여하느냐? 문화를 전달하여 삶을 윤택하게 하는 것이 가능한가? 아니면 특정문화 자체가 의미가 없으니 전달하지 말고 없애야 하는 것이냐? 그 다음에 또 사회 혁신을 어떤 방식으로 가능하게 할 것인가? 그러니까 교육을 통해 사회혁신만 하느냐? 아니죠. 사회개조만 하느냐? 아니란 말입니다. 계속 혁신과 개조만 해 나가면 기존의 전통적인 삶의 방식들이 어떻게 됩니까? 인간이 고수하던 삶의 양식을 버리고 새로운 것만 추구할 수는 없거든요. 이처럼 교육작용의 사회적 차원은 네 가지로 나누어 살펴볼 수 있습니다.

••• 체제유지 ― 좋은 문화를 지속적으로 응축하자

첫 번째 교육작용은 '체제유지'의 차원입니다. 체제유지는 무엇이냐? 이 부분은 상당히 논란이 됩니다. 여러분! 그렇지 않습니까? 인간이 만든 정치체제, 사회문화적 체제가 있는데, 그것은 나름대로 장단점이 있게 마련입니다. 그런데 어떤 것을 지키고 유지해 나가야 하는지 의견이 분분할 수 있어요. 그만큼 논의의 대상이 됩니다. 어쨌든 교육의 작용 가운데 무게중심을 갖는 중요한 영역이기도 합니다.

체제유지는 간략하면 정돈하면, 현재 대한민국 사회에 살면서 좋은 문화나 삶의 양식 혹은 질서나 체계를 현상유지하며 전달하려는 교육적 노력을 말합니다. 그러니까 우리 대한민국의 자유 민주주의 체제를 아름답다고 가정합시다. 그러면 이러한 체제를 현재의 상태 그대로 또는 그 이상으로 더욱 아름답게 만들고 유지 · 지속시켜서 어떻게 합니까? 현재 세대가 그것을 지속 발전시켜 미래세대에게로 전달해줘야 할 것 아닙니까? 그것이 현재 세대의 임무입니다. 그리고 미래세대는 어떻게 되어야 되느냐? 좋은 문화나 삶의 양식, 질서나 체제를 전달받으려고 노력해야 합니다. 무조건적으로 거부를 한다면 그것은 체제 부정이 되어 버려요.

인간의 삶에서 체제를 부정하는 현상만 계속 발생한다면, 어떻게 되겠어요. 이전에 존재하던 것을 부정하면서 '그것은 아니다'라고 하고, 시간이 지난 후 다시 이것을 부정하면서 '또 아니다'라고 하고, 이것을 또 다시 부정하고 '정말 아니다'라는 방식으로 연속적으로 거부해 나가게 됩니다. 그렇게 되면 사회체제 자체가 개혁이나 폐지의 대상이 되어 버립니다. 그럴 경우 어떤 정치제도나 사회제도, 교육제도가 지속되기 힘듭니다. 인간사회에서 어떤 문화나 제도가 지속되기 어려운 현상이 길게 나타나면, 그 사회는 불안하고 혼란이 가중되고, 결국 파멸에 이르게 됩니다. 붕괴하게 되죠. 때문에 우리가 교육에서 체제가 어떤 것이어야 하느냐를 아주 신중하게 고민해야 합니다.

현재 한국사회의 체제는 어떻습니까? 정치체제를 비롯하여 대한민국 사회를 지탱하고 있는 다양한 사회문화적 체제를 유지할 만한 합당한 근거가 존재합니까? 정말 우리의 미래세대에게 현재의 한국사회 체제를 전달해 주고 싶은가요?

그래서 체제유지는 문화계승을 위해, 그것을 구현하기 위한 능력과 태도, 기능을 함양하게 해주는 겁니다. 여러분! 아무리 좋은 문화가 있고 전달해 줄 수 있는 사회시스템이 구비되어 있다고 할지라도, 내가 그것을 인지하거나 전달해줄 어떤 능력을 갖추지 못하면, 아무 소용이 없는 거죠. 그냥 그대로 존속하다가 그 자리에서 지속되지 않고 끝나버리는 거예요. 그렇기 때문에 우리는 교육을 통해, 좋은 문화를 지속적으로 응축해낼 수 있는 능력이 있어야 합니다. 때문에 우리 한국교육은 어떻게 되어야 하느냐? 우리 한국사회의 문화를 성찰하는 안목을 잘 길러서, '이 문화를 어떤 방식으로 개혁하고, 어떤 방식으로 보존하며, 어떤 방식으로 전통을 만들어 가느냐?' 그런 것에 대한 고민이 대단히 중요합니다.

문제는 한국의 사회현실입니다. 우리 청소년들에게 교육은 학교에서 국어, 영어, 수학 등의 교과목을 배우고, 기타 교양을 익히면서 스쳐지나가는 것처럼 보일 수 있습니다. 그런데 사실은 대충 막 넘어가는 것이 아니고, 알고 보면 문화를 보는 시선, 쉽게 말해 문화를 보는 관점, 문화의 눈을 기르며 스펙트럼을 넓혀가는 거예요. 이 문화의 눈을 기르다 보면, 이것이 나중에 세상과 사물을 정확하게 인지하는 안목眼目이 되는 겁니다. 그것이 지속적으로 응축되어야 체제를 현상적으로 유지하는 데 많은 도움을 줄 수 있습니다.

••• 인격도야 — 내재된 소질을 조화롭게 발전시키자

두 번째 교육작용은 '인격도야'입니다. 인격도야에서 핵심은 '인격을 조화적으로 도야한다!' 원칙입니다. 여러분! 인격은 어떻습니까? 인격은 말 그대로 인간의 품격이라고 그랬잖아요. 이 인간의 품격이라는 것이 하나로만 드러나는 게 아니잖아요.

예를 들어 '그 사람 멋있다!', '아주 잘 생겼다든가!', '어떤 부분에서 참 잘 한다!' 이렇게 평가할 수 있잖아요. 또 어떤 경우에는 '그 사람의 삶은 아주 안정적이다!' 아니면 '또 믿을 만하다!' 이런 다양한 얘기들을 우리가 인간의 품격을 논의하는 가운데서 합니다. 그런데 어떤 사람들은 멋이 있긴 한데, '키만 훤칠하다!' 또 어떤 사람은 멋이 있긴 한데, '아주 특별한 재주에만 의존하여 자신을 뽐낸다!' 또 다른 어떤 사람은 멋이 있긴 한데, '자기가 배운 지식 자랑만 늘어놓는다!' 이런 측면의 평가는 대부분 한 쪽으로만 치우친 인간행동에 대한 비판일 수 있잖아요. 엄밀하게 따지면, 멋이 그만큼 줄어드는 거죠. 한 쪽으로 치우쳐 있을 때, 그것을 긍정적으로 얘기하면 전문가로 대우할 수 있지만, 부정적으로 보면 뭡니까? 부정적으로 보면 한 쪽이 마비되어 있는 거예요.

사람에게 팔다리가 있는데, 이 사지를 모두 움직여 쓸 수 있어야 되잖아요. 오른 팔을 쓸 수 없어 왼 팔만 움직인다? 그러면 사람이 멍해 집니다. 바보가 되는 거예요. 몸의 사지 가운데 특정한 팔다리 하나가 마비되었잖아요. 교육작용을 통해 드러나는 현상이나 행위도 그래서는 안 되는 겁니다. 가능한 한 모두 쓸 수 있어야 된다는 거죠. 그런 차원에서 '몸의 조화'나 '삶의 조화'를 얘기하는 겁니다. 그렇다고 해서 인간의 모든 행동에서 사지를 완벽하게 움직이며 사용할 수 있어야 하느냐? 그렇지는 않습니다. 사지를 어느 정도 쓸 수 있어야 된다는 거죠. 그런 점에서 조화를 얘기하고, '인간의 몸과 마음이 조화롭게 도야되어야 한다!'는 생각이 인격도야에서 기본입니다.

그러면 '인격도야를 왜 하느냐?'라고 했을 때, 가장 중요한 이유가 '참된 삶을 위한 일'이기 때문입니다. 진실한 삶, 보람된 삶을 이행하며 인격완성을 위한 참된 삶을 위해서는 의지를 가져야 됩니다. 그 끊임없는 노력의 과정이 무엇이냐? 교육을 받으면 받을수록 참된 삶을 살아가는 데 좋은 인프라를 구축할 수 있고, 훌륭한 요소를 갖추어, 훨씬 의미 있는 삶으로 나아갈 수 있는 교육의 양식을 고민할 수가 있는 거죠. 자! 그래서, 인격도야는 앞에서 '인격을 조화적으로 도야한다!'라고 그랬잖아요. '조화!'가 중요합니다.

인간의 본성에는 사람마다 내재해 있는 여러 가지 소질이 있습니다. 그 소질을 조화롭게 발전시키라는 겁니다. 조화롭게! 여러분! 사람은 누구나 타고난 소질이 있고 능력을 발현시키는 어떤 가능성이 있다고 했지 않습니까? 그것은 양보할 수 없는 교육의 존재 근거이고 삶의 이유입니다. 인간에게는 한 가지 자질이나 소질, 재주나 재능만이 있는 게 아닙니다. 알고 보면, 자신도 생각하지 못한 여러 가지 자질이 꿈틀될 때가 있습니다. A, B, C, D 등 여러 가지 재능을 타고 났잖아요. 이 타고난 자질을 어떻게 해야 됩니까? 교육을 통해 그 타고난 기본 격을 통해, 나름대로 끊임없이 계발시켜가야 되는 거죠. 이런 게 중요합니다. 그래서 어떤 때는 A를 발현하고 어떤 상황에서는 B를 발현하고, 어떤 사태에서는 C를 발현하죠.

때문에 우리는 인간으로 이런 생각을 해서는 안 됩니다. '너는 아무 것도 할 줄 모르는 인간이야!', '너는 쓸모없는 인간이야!' 이런 비난은 인간이라는 사실을 전혀 존중하지 않는 폭압적 표현입니다. 인권의 존엄성에 대한 최악의 잘못된 언표입니다. 사람의 재능을 때에 맞추어 발휘하지 못 했을 뿐이지, 아니, 쓸모없는 사람이 어디 있습니까? 이 세상에 쓸모없는 존재가 어디 있습니까? 모든 인간은 나름대로의 존재 이유가 있는 겁니다. 심지어 짐승도 쓸모가 있는데, 무슨 소리를 하는 겁니까! 인간은 정말 다양한 차원의 쓸모를 갖고 있죠. 그것이 이 세상을 살아가는 이유일 수도 있습니다.

대신, 이런 생각을 할 수는 있지요. '지금 상황에서 보니까 어떤 사람이 지니고 있는 재능이 쓸모없는 것처럼 보인다!' 그러나 그 사람의 재능이 다른 상황에도 쓸모없는 거냐? 아닙니다. 지금 상황에서 쓸모없는 어떤 사람의 재능이, 다른 상황에서는 강력한 힘을 발휘할 수도 있습니다. 그래서 사람들이 평소 때, 뭘 해야 되느냐? 인간성에 내재해 있는 여러 소질들을 발휘하도록 인격을 갖춰나가야 됩니다. 그것이 중요합니다. 그래서 자질이나 소질을 가꾸어갈 준비를 하고 능력을 구비해놓는 것이 좋죠. 그것을 발현하는 일은 상황에 따라 하는 거죠.

이런 측면에서 이해하면, 교육은 능력을 구비하는 데 우선순위를 두어야 합니다. 그래서 인격도야를 다른 표현으로 능력을 구비한 '개인의 완성'이라고도 합니다. 그런데 여러분! 개인을 완성시킬 수 있을까요? 완성? 그게 가능한가요? 말은 참 좋습니다만, 완벽하게 이룬다는 것은 거의 신의 영역일 수 있습니다. 그렇지요? 개인의 완성, 그리고 '자아를 실현한다', '완성한다'라는 말들이 굉장히 좋지만, 실제적 성취나 구현은 정말 어렵습니다. 과연 완전하게 자아를 실현한 사람이 있을까요? 인류 역사에서 소크라테스, 공자, 예수, 부처, 무함마드와 같은 수많은 성인들이 과연 자아를 실현하고 개인을 완성했을까요? 완성의 차원에서 말하기에는 의

문이 많습니다. 물음표를 던질 수밖에 없습니다. 여러분은 어떻게 생각하세요?

저는 '인간의 완성'이라는 표현에 대해 상당히 회의적입니다. 완성이라는 이상, 이데아를 설정해놓고 살아가는 것이 인간이지 않을까요? 거꾸로 얘기하면 절대 완성을 할 수 없으니까 삶을 통해 완성하려는 열망을 담고 있을 뿐이지요. 그래서 저는 자기수양이라든가 수련을 떠올립니다. 끊임없이 자신을 수련하고 수양하고 단련해 가면서 인격도야를 하고 싶다! 그러다 보니 저는 특정한 삶의 결론이나 결정적인 형태의 삶의 완성을 실현하기보다는, 끊임없는 과정으로서 죽을 때까지 '수양을 해가자! 수련을 해가자!' 이런 차원으로 우리의 삶을 이해하면 좋지 않겠는가! '그런 자세로 살아가면 어떨까?'라는 생각을 많이 해봅니다.

인격도야는 개인이 자아, 혹은 자기라고 표현하는 인격을 품격으로 만들어, 다시 개인은 결국 어디로 들어갑니까? 생물학적 차원에서 보았듯이, 사회 역사로 돌아가거든요. 대한민국 국민은 대한민국 사회, 시민 사회의 역사로 들어가기 마련입니다. 그런 개인이 함께 모이고 모여서 대한민국 역사를 만드는 거죠. 대한민국 역사가 또 뭡니까? 그런 개개인의 인격, 품격을 끌어올려주는 거죠. 그런 측면에서 여기서도 변증법적 차원이 작용합니다.

••• 문화전달 ― 정신문화를 계승하며 정체성을 확보하자

세 번째는 문화전달입니다. 문화전달 가운데 어떤 문화전달이냐? 가장 큰 영역이 정신문화의 계승입니다. 특히, 우리 한국문화가 갖고 있는, 대한민국의 전통 속에서 현재 드러나고 있는 어떤 문화적 특징들을, 다음 세대에 계승해주는 겁니다. 그렇다면 여러분! 고민해 봅시다. 우리 한국의 문화가 무엇입니까? 한국의 정신문화가 뭘까요? 한복입니까? 한글입니까? 인정에 이끌리는 온정주의溫情主義 문화입니까? 무엇이죠? 대한민국 곳곳을 여행하다 보면, 정신문화를 강조하는 도시들이 많습니다. '정신문화의 수도!', '정신문화의 본고장!', '정신문화의 상징!' 등등, 그런데 우리 한국의 정신문화에 관한 정체성은 구체적으로 드러나지 않습니다. 그냥 그렇게 도시를 홍보하는 데 열을 올리고 있습니다.

1945년 해방 이후, 대한민국은 정신문화를 갈아엎는 혁명적 변화를 겪습니다.

미국은 우리 한반도에 남쪽을 장악하며 문화적으로 절대적 영향을 미쳤습니다. 그 이전의 20세기 전반부는 대부분 일제 식민지 시기였습니다. 일제 식민지가 본격적으로 시작된 1910년을 기준으로 해서 본다면, 일본과 미국의 문화적 영향권에 들어간 지 벌써 100년이 넘었습니다. 그 100년 동안 우리는 한국고유의 정신문화라는 것에 대해 진지하게 고민해 본 적이 많지 않습니다. 민족과 국가의 독립과 생존, 개인과 가족의 빈곤으로부터 벗어나기에 바빴고, 민주주의 정치를 정착시키는 데 온 힘을 쏟았습니다. 조선시대처럼 유교 이데올로기로 500여 년 이상을 지속한 나라라면 나름대로 고유한 문화들이 있겠죠. 흔히 말하는 산업화와 민주화의 두 마리 토끼를 잡으려고 헐레벌떡 달려온 신생국 대한민국! 대한민국 수립 이후, 과연 우리 한국의 정신문화가 뭐죠? 예를 들어 2002년 한일 월드컵에서 응원전을 펼칠 때, '오 필승必勝 코리아Corea!'라고 외치던 붉은 악마, 전 세계를 놀라게 한 그들이 한국 정신문화의 상징인가요?

크게 떠오르지가 않습니다. 한류韓流라는 문화적 열풍에도 불구하고, 케이 팝 K-POP이나 한국 드라마, 영화가 떠오르긴 합니다만, 뭔가 좀 밋밋합니다. 그런 형태가 우리 한국의 고유한 문화일까요? 무엇이죠? 그러니까 우리가 학문적으로는 '교육의 작용에 문화전달 기능이 있다!'라고 강변하지만, 그러면 그 문화가 무엇을 말하는가? 무슨 정신문화냐? 이거예요. 한국문화가 과연 뭘까요? 우리가 세계에 내놓을 수 있는 게 뭘까요? 아리랑 노래, 판소리, 사물놀이, 한복, 조선왕조실록과 같은 기록물인가요? 제가 말한 이런 것들이 모두 포함될 수도 있겠지만, 교육작용의 측면에서 볼 때, 모두 아닐 수도 있습니다. 청소년, 젊은이들에게 앞에서 언급한 한국의 정신문화, 그런 것이 일상에 녹아드는지 보십시오. 전혀 아닙니다.

그런 차원에서 현재 시점에서 진짜 한국의 정신문화는 뭘까? 우리가 해외여행을 가서, '이탈리아 로마의 콜로세움이다, 프랑스 파리의 루브르 박물관이다. 그리스 아테네의 파르테논 신전이다, 미국 뉴욕의 맨하탄이다, 영국 런던의 대영박물관이다. 등등' 여기 저기를 다니면서 그 나라의 문명들을 살펴봅니다. 그러면서 유럽에 갔더니 '성당이 정말 많더라! 카톨릭의 정신문화가 생생하게 살아 있더라! 이렇게 얘기합니다. 그러면 우리는 무엇이냐고요? 천년고도인 경주의 신라시대 불국사? 세계 최초의 금속활자 고려시대의 직지심경? 조선시대 경복궁? 그런 것을 빚어낸 선조들의 슬기와 지혜? 뭘까요? 한국문화에 대한 고민의 강도가 높아지지 않

04 교육은 사회적으로 어떤 작용을 하는가

는다면 우리에게는 우리의 정신문화를 대변할 정체성이 거의 없는 거예요. 그런 차원에서 우리 정신문화를 어떤 방식으로 계승해야 할까요? 단순하게 정신문화를 계승하고 암기해야 한다고 말만 늘어놓을 사안은 아니라는 겁니다. 우리는 이런 부분을 심각하게 논의해 봐야 돼요.

이런 관점에서 문화전달이라고 했을 때, 문화는 무엇이냐? 특정한 개인에서 다른 개인으로 계승되는 것이 아닙니다. 그러니까 개인적 차원이 아니라는 거예요. 우리 한국 사람들이 갖고 있는 보편적 차원, 보편적인 정서의 측면에서, 이것은 특정한 개인에서 다른 개인으로 옮겨가는 그런 성질이 아닙니다. 문화는 전반적으로 뭡니까? 한 사회에서 다른 한 사회로 옮겨갈 수 있는 그런 특징을 지닙니다. 그러니까 문화는 절대 개인이 만드는 것이 아닙니다. 개인이 문화를 만드는 씨앗이 될 수 있을지 모르지만, 한 개인이 멋대로 삶을 구가한다고 해서 그것이 바로 문화가 되는 것은 아니에요. 문화는 공유를 해야 되는 거죠. 그리고 보편성을 획득할 때까지 시간이 걸립니다. 상당한 사람에게 인정받으며 즐기는 형태로 드러나야 합니다. 그래서 문화는 무엇이냐? 보편적으로 받아들여지면서 가치 있는 것이 다른 집단으로 계승되는 겁니다.

예를 들면, 우리 한국 사람들은 상당수가 김치찌개나 된장찌개를 먹습니다. 최근에는 냄새가 난다고 안 먹는 젊은 친구들도 많이 있습니다만 대부분의 한국 사람이 된장찌개나 김치찌개, 부대찌개를 즐겨 먹습니다. 이런 찌개문화는 한국인의 음식문화를 대표하는 것으로 상당 부분 보편성을 띨 수 있습니다. 모든 사람이 그렇지는 않겠지만, 찌개문화의 대표인 김치찌개를 미국의 어떤 사회에 알려준다고 하면 한국문화가 미국사회로 전달되는 거죠. 그리고 김치찌개를 해먹는 문화를 현재 세대가 미래세대에게 전달해 줄 때, 세대 간에 문화가 전달되는 거죠. 찌개를 나 혼자만 맛있게 먹고 마는, 특정 개인에서 개인으로 말로만 전해졌다 일회성으로 끝나는 것이 아니죠. 그런 차원에서 보면 문화 전달을 이해하기 쉽습니다.

그래서 이 문화는 뭐냐 하면, 개인이 태어나면서부터 지닌 게 아닙니다. 집단 속에 살면서 몸에 차근차근 익혀가는 거예요. 그러니까 우리가 아주 어린 아이 때는 어떻게 되느냐? 문화가 뭔지 몰라요. 살다보면 어떻게 됩니까? 누가 일러주기도 하고, 스스로 체험하기도 하고, 때로는 재미있게 얘기하면서, 또 때로는 얻어 맞아가면서, 뭐 잘못하면 숱하게 얻어 맞잖아요. 저도 많이 맞으며 자랐습니다. 왜냐하면 그 문화와 다른 행동을 할 때, 어떻게 됩니까? 머리를 쥐어박기도 하고, 심하게는 그냥 몽둥이로 얻어맞기도 하고, 회초리로 맞기도 하고, 그렇게 하면서 무엇을 느낍니까? '아! 내가 이 문화에 적응이 안 되었구나! 아직 이 문화를 내가 모르고 있구나!' 그러면서 깨닫고 알아가고, 모르는 사람에게 일러주기도 하죠. 물론 사람을 때려가면서 문화를 전수하는 방법이 좋은 것은 결코 아닙니다. 말로 할 수도 있고, 토의로 할 수도 있고, 다른 좋은 방법이 있겠죠. 요컨대 문화는 태어나면서부터 지닌 것이 아니라, 사회 속에서 집단 속에서 살면서, 몸에 익혀야 됩니다. 이것을 보면 어떻게 되느냐? 내가 어떤 집단이나 사회 속에 들어간다고 했을 때, 그 문화를 받아들일 준비가 되어 있어야 됩니다. 아니면 그 사회에 있는 문화를 잘못된 어떤 것으로 보고, 내가 바깥에서 좋은 문화를 가지고 가서, 그 사회를 변화시킬 각오를 해야 되겠죠. 그런 차원입니다

이 정신문화라는 것이 교육적으로 어떻게 작용할 수 있느냐? 그렇습니다. '개인의 인지적이고 능동적인 노력으로 획득할 수 있다!'는 겁니다. 인지적 활동을 한다든가, 능동적 노력을 한다는 것, 이게 바로 교육적 작용입니다. 이 노력이라는 것을 통해 문화를 획득할 수 있다는 거죠. 거기에서 문화전달은 무엇이냐? 자신이 속한 사회의 정신적 가치를 이어받고, 중요한 것은 궁극적으로 자기 정체성, 이른바 아이덴티티identity를 확보하는 거예요. 아이덴티티를! 그래서 자신이 속한 사회에서, 정신적 가치를 스스로 이어받아야 합니다. 그 후에 '우리 사회에 있는 훌륭한 가치는 이런 거야!'라고 당당히 말할 수 있는 거죠. 내가 그것을 이어받고 나의 정체성을 내 몸 속에 배게 하여, '아! 내가 지금 이렇게 행동하는 것은 우리 사회가 이런 양식을 갖고 있기에 그러하다! 나의 행동은 현재 대한민국 사람의 공통된 삶의 양식이자 우리 사회의 행동이나 마찬가지다!' 이런 자부심을 갖고 얘기할 수 있는 그런 것입니다.

••• 사회혁신 — 사회상황을 이해하며 혁신기반을 조성하자

네 번째로 교육작용 가운데 중요한 것이 바로 사회혁신입니다. 다른 말로 사회개혁이라고 해도 좋습니다. 이것은 무엇이냐? 인간을 한 사회의 성원으로 사회

화하는 작업입니다. 앞에서 사회화에 대한 검토가 있었지요? 사회화가 되면 어떻게 되느냐? 자기가 속한 사회상황을 이해하고 가치를 확인하고 사회에 적응합니다. 사회를 혁신하라고 하니까, 무조건 사회를 개조하거나 혁명하라는 것이 아닙니다. 사회를 개조하려면, 여러분! 어떻게 됩니까? 뭘 알아야 하죠. 우리 사회에 어떠한 부분이 왜곡되었는지, 어떤 불평부당한 점이 있는지, 무엇이 잘못되었는지, 내용을 구체적으로 파악해야 개혁을 하건 혁명을 하건 할 거 아니에요. 그래서 사회상황을 이해하는 것이 아주 중요합니다.

현재 한국사회는 여러분에게 무엇입니까? 어떻습니까? 막연히 '한국사회 이래서 안 돼! 아니야 한국사회 그냥 이렇게 가면 돼!'와 같이 '돼, 안 돼!'의 문제가 아닙니다. 정당한 근거와 기준에 따라 분석하고 나의 삶을 그리고 사회상황을 이해하면서 한국사회의 가치를 확인해야 돼요. 한국사회가 지닌 여러 사회적 상황이 '가치가 높으냐? 가치가 낮으냐?', '시대정신에 부합하는가? 뒤떨어진 낡은 것이냐?' 때로는 한국사회를 파악하지도 않고 적응해 보지도 않은 상태에서, 무작정 자신의 기호에 따라 막연하게 사회에 던져지거나 그냥 나가서 살아가려고 낑낑대는 경우도 있습니다. 그러니까 여러분, 있잖아요. 그런 시도는 사회를 무생물과 같은 존재로 이해하고 역동적으로 움직이는 측면을 간과한 것입니다. 사회적 삶은 무조건 굴복하거나 복종하는 게 아니라 사회화 과정을 거치면서 단련해 나가야 합니다. 사회에 적응한다는 것은, 그 사회의 물결과 파도를 탄다는 겁니다. 적응과 굴복, 복종을 착각하면 안 돼요.

그 사회에 '단순하게 적응 되었구나!'하는 건 뭡니까? 그냥 예스 예스하고 굴복하는 거예요. 그런 상황은 진정으로 그 사회에 적응한 것이 아닙니다. 적응되었다는 것은 때로는 그 사회의 것을 잘 이용하기도 하고, 때로는 그 사회 것을 혁파하기도 하고, 바꾸기도 하고, 개조하기도 하는 겁니다. 그러면 어떻게 되느냐? 마치 바다에서 파도가 일고 있을 때, 그 파도를 탄다고 하잖아요. 파도를 타는 스포츠를 윈드서핑이라고 하나요? 그 원리나 이치를 잘 이용해야 되는 거죠. 그런 점에서 '사회적응이 필요하다! 사회혁신을 한다!' 이런 생각으로 나아가는 겁니다. 이때 사회혁신은 무엇이냐? 그렇게 적응된 사회성원으로서, 사회가치를 발견하고 있는 구성원으로서, 사회적 문제의식을 발견해야 됩니다. 이 사회에는 뭐가 있느냐? 그래서 긍정적인 부분은 계승할 수도 있고, 부정적인 부분은 사회혁신의 기반을 조성하여 바꾸어갈 수도 있죠.

여러분! 지금 눈앞에 있는 대한민국이라는 사회를 보십시오. 현재의 대한민국 사회에 무엇이 문제입니까? 특히, 한국교육의 문제는 무엇일까요? 따져보면 엄청 나게 많죠. 과외를 비롯한 수많은 사교육, 입시문제 등등, 이 글의 앞부분에서 제가 말씀드렸잖아요. 그것을 넘어선 엄청난 문제들이 우글거리고 있단 말입니다. 평준화, 외국어고, 자립형사립고, 무슨 특수학교 등등 문제가 산적해 있단 말입니다. 그것에 대해 사회적으로 어떤 고민을 해야 하느냐?

그런 '고민의 보따리를 한 번 던져보자!' 그리고 '머리 맞대고 해결책을 모색해보자!'는 것이, 바로 이 글과 강의의 의도입니다. 그렇다면 해결책은 어디에 있을까요? 어떻게 찾아요? 교육에 관심 있는 분들이 심사숙고해가면서 대안을 고려해야지요. 온전한 해결책은 절대 어떤 특정한 사람이 던져줄 수 있는 게 아닙니다. 자신이 좀 똑똑하다고 생각하는 사람은, 어떤 해결책이건 '자신의 말대로 하면 된다!'고도 얘기합니다. 그러나 그것은 하나의 주장일 뿐, 궁극적 대안은 아닙니다. 궁극적 대안이나 해소책은 사회적 공감共感에서 출발합니다. 민주주의 사회에서는 우리 모두가 주인이 되어 민주적 토의를 통해 합의를 해 가면서, 해결책을 만들어 내야 합니다.

교육이 어떤 작용을 해야 하는지 전반적으로 요약해 봅시다. 교육작용 네 가지에는 체제유지, 인격도야, 문화전달, 사회혁신의 차원이 있었습니다. 이것이 전부 어디에 있느냐? 말 그대로 우리 인간, 한국인의 삶에 존재합니다. 우리 삶의 영역 안에 있다 이것입니다. 그러면 우리 삶은 어디에서 구현되느냐? 바로 한국사회에서 이루어진단 말입니다. 그러니까 교육작용은 다름 아닌 삶의 차원이라는 것입니다. 사회적 차원인 동시에 삶의 차원입니다.

인격도야, 체제유지, 문화전달, 사회혁신 가운데, 인격도야라는 것은 개인적 차원입니다. 어떻게 보면 나머지 세 가지는 모두 사회적 차원이죠. 공동체적 차원입니다. 그리고 체제유지라는 것은 사회의 현상을 지속하는 일이고, 사회혁신은 그것과 반대편에서 사회의 부조리를 개혁하는 일입니다. 얼핏 보면, 사회를 이해하는 수준이 상반되는 듯합니다. 그러나 이 두 문제는 따로따로 작용하는 것이 아니고 끊임없이 뭡니까? 서로 연결되어 인격도야와 문화전달 사이에서 고심합니다.

나아가 이 네 가지는 상호 유기적으로 연관되어 추세에 따라 적극적 작용을 해내야 합니다. 그게 바로 변증법적 과정입니다. 그런 차원에서 네 가지 교육작용은 변증법적 본질을 특성으로 합니다. 이 교육작용이라는 것 자체가 한 가지만 보고 인식하는 게 아니라, 쉽게 말하면 나 개인을 성장시키는 동시에 우리 대한민국 사회도 발전시켜야 하고, 나아가서는 동아시아 사회, 더 나아가서는 인류 공영에 이바지할 수 있는, 교육이 되어야 합니다. 그것이 교육의 이념과 목적에 맞는 충분한 교육작용이라는 말입니다.

지금까지 일곱 가지 주제의 강의를 통해, 한국교육의 시대적 요청을, 간략한 교육이론과 결부해 가면서 검토해 보았습니다. 여러분! 교육이론에 비추어 보니까, 우리 한국교육, 어떻습니까? 희망적입니까? 절망적입니까? 절망과 희망 사이에서 혼돈을 겪고 있습니까? 여러분이 어떤 진단과 평가를 내리더라도, 잊어서는 안 될 사항이 있습니다. 설사, 한국교육이 최악의 절망과 비관의 쓴맛을 보게 되더라도, 건전한 비판을 통해 희망과 낙관의 단맛을 그려내려고 노력해야 합니다.

어떤 교육이건, '교육'이라는 말은 밝은 미래와 희망을 함축하고 있습니다. 즐거운 사회를 전제하고 있지요. 아니, 교육은 절대적으로, 개인의 성장은 물론, 한국사회가 보다 발전할 것이라는 신념과 희망이 깃든 작업이어야 합니다. 그것만이 교육의 존재 근거입니다.

본 강좌의 제 1권은 여기에서 마무리하고요, 제 2권 일곱 강좌는 이어서 별도의 책에서 정돈하여 제공하겠습니다. 감사합니다.

『論語』, 『孟子』, 『管子』, 『師說』, 『說文解字』

高樹藩(1974). 正中形音義綜合大字典. 臺北: 正中書局.

고요한(1989). 교육의 수월성과 평등. 서울: 학민사.

권대봉(2001). 평생교육의 다섯마당. 서울: 학지사.

김경동 외(1997). 한국교육의 신세기적 구상 : 2000년대 한국교육의 방향과 과제. 서울: 한국교육개발원.

김정환(1988). 전인교육론. 서울: 세영사.

김정환·강선보·신창호(2014). 교육철학. 서울: 박영스토리.

김정환·강선보(2016). 교육학개론. 서울: 박영스토리.

김형찬(1988). 북한교육발달사. 서울: 한백사.

박찬석(2013). 북한교육연구. 파주: 한국학술정보.

신창호(2003). "교육이념으로서 홍익인간에 대한 비판적 검토". 안암교육학회. 한국교육학연구 9-2.

_____(2005). 교육학개설. 고양: 서현사.

_____(2005). 인간 왜 가르치고 배우는가. 고양: 서현사.

_____(2012). 교육과 학습. 고양: 서현사.

_____(2012). 교육이란 무엇인가. 서울: 동문사.

_____(2014). 한국교육사의 통합적 이해. 서울: 박영스토리.

_____(2015). 교육철학 및 교육사. 서울: 박영스토리.

_____(2016). 배려-이론과 실천을 위한 가이드. 서울: 고려대학교출판문화원.

오인탁(2001). 파이데이아. 서울: 학지사.

유네스코 21세기 세계교육위원회 편(1997). 21세기 교육을 위한 새로운 관점과 전망. 서울: 오름.

이종태 외(2000). 한국교육 위기의 실태와 원인 분석. 서울: 한국교육개발원.

이홍우(1991). 교육의 개념. 서울: 문음사.

정영근(1999). 교육과 인간의 이해. 서울: 문음사.

정우현(1988). 교사론. 서울: 배영사.

정 욱·임성현(2015). 2015 다보스리포트. 서울: 매일경제신문사.

하원규·최남희(2016). 제4차 산업혁명. 서울: 콘텐츠하다.

한국교육개발원(2008). 세계의 인재교육과 인재정책 포럼 자료집.

한스 쇼이얼(1993). 이종서·정영근·정영수 옮김. 교육학의 학문적 성격. 서울: 양
서원.

홍후조(2002). 교육과정의 이해와 개발. 서울: 문음사.

A. N. Whitehead(2004). 오영환 옮김. 교육의 목적. 서울: 궁리.

E. Fromm(1986). 박병진 옮김. 소유냐 존재냐. 서울: 육문사.

F. Fukuyama(1995). 이상훈 옮김. 역사의 종말. 서울: 한마음사.

I. Kant(2003). 김영래 옮김. 교육학강의. 서울: 학지사.

찾아보기

찾아보기

신창호(申昌鎬)

현 고려대학교 교육학과 교수

학력 및 경력
고려대학교 교육학과 졸업(철학 부전공)
한국학중앙연구원 한국학대학원 석사(철학 전공)
고려대학교 일반대학원 박사(교육철학 및 교육사학 전공)
경희대학교 교육대학원 교수
고려대학교 교양교육실장
한국교육철학학회 회장

주요 저서
『교육철학』
『교육이란 무엇인가』
『교육철학 및 교육사』
『수기(修己), 유가 교육철학의 핵심』
『유교의 교육학 체계』
『대학, 유교의 지도자 교육철학』
『유교 사서(四書)의 배움론』
『율곡 이이의 교육론』 외 다수

이메일: sudang@korea.ac.kr

고려대학교 무크(MOOC) 강의록 1권

한국교육, 무엇을 고민해야 하는가? 1

초판발행   2017년 9월 1일

지은이   신창호
펴낸이   안상준

편 집   배근하
기획/마케팅   노 현
표지디자인   김연서
제 작   우인도·고철민

펴낸곳   ㈜ 피와이메이트
              서울특별시 마포구 월드컵북로 400, 5층 2호(상암동, 문화콘텐츠센터)
              등록 2014. 2. 12. 제2015-000165호
전 화   02)733-6771
f a x   02)736-4818
e-mail   pys@pybook.co.kr
homepage   www.pybook.co.kr
I S B N   979-11-88040-37-7   04370
              979-11-88040-38-4(세트)

박영스토리는 박영사와 함께하는 브랜드입니다.